Über dieses Buch Das Interesse für die Werke klassischer deutschsprachiger Literatur zu beleben und zu zeigen, daß uns diese Werke auch heute noch etwas angehen, das ist das Anliegen der Autoren dieses Bandes.

Die acht Aufsätze gehen vom Biografischen und vom zeitgeschichtlichen Umfeld aus. Sie vermitteln jeweils eine erste Begegnung mit einem Autor des Realismus oder des Naturalismus, behandeln besonders wichtige Aspekte seiner Werke, erschließen das Verständnis für die Lebensumstände »damals« und bieten einen Einstieg in das Gesamtwerk des jeweils vorgestellten Dichters. Ergänzt wird die Darstellung jedes Autors durch Leseproben, Abbildungen, eine biografische Zeittafel und einige Lesevorschläge für Bücher über Autor und Werk.

Im Fischer Taschenbuch Verlag erschienen bisher:

Hans-Christian Kirsch (Hg.): ›Klassiker heute. Zwischen Klassik und Romantik. Erste Begegnung mit Jean Paul, Clemens Brentano, Achim von Arnim, Heinrich von Kleist, E. T. A. Hoffmann, Joseph von Eichendorff, Heinrich Heine und Georg Büchner.‹ (Band 3024)

Brigitte Dörrlamm, Hans-Christian Kirsch, Ulrich Konitzer: ›Klassiker heute. Die Zeit des Expressionismus. Erste Begegnung mit Georg Heym, Georg Trakl, Gottfried Benn, Johannes R. Becher, Georg Kaiser, Alfred Döblin, Else Lasker-Schüler und Ernst Toller.‹ (Band 3026)

Die Autoren Kurzbiografien der Autoren finden sich am Ende des Buches.

KLASSIKER HEUTE

Realismus und Naturalismus

Erste Begegnung mit

Gustav Freytag
Adalbert Stifter
Christian Friedrich Hebbel
Gottfried Keller
Theodor Storm
Wilhelm Raabe
Theodor Fontane
Gerhart Hauptmann

Fischer Taschenbuch Verlag

Lektorat: Ingeborg Mues

Originalausgabe
Fischer Taschenbuch Verlag
November 1983
Umschlaggestaltung: Jan Buchholz/Reni Hinsch
Fischer Taschenbuch Verlag GmbH, Frankfurt am Main

Satzherstellung: Fotosatz Otto Gutfreund, Darmstadt
Druck und Bindung: Clausen & Bosse, Leck
Printed in Germany
1480-ISBN-3-596-23027-6

Inhalt

ULRICH KONITZER

1850–1890: Der deutsche literarische Realismus

»Es ist eigentlich eine böse Zeit!«
Wilhelm Raabe, *Die Chronik der Sperlingsgasse* (1854)

»'s ist aber auch eine schlimme Zeit, eine heillose Zeit.«
Eugenie Marlitt, *Im Hause des Kommerzienrates* (1877)

Es geht in diesem Buch um den literarischen Realismus, genauer gesagt, um seine Darstellung anhand seiner Vertreter. Es kann nicht darum gehen, den Begriff Realismus wissenschaftlich hochgestochen zu diskutieren, vielmehr sollen in anschaulicher Weise Leben und Werk von Schriftstellern vorgestellt werden. Leben und Werk aber sind in einem Maße zeitbezogen, antworten in einer Weise auf Fragen der Zeit, daß diese vorgeführt werden muß.

Die deutsche Literatur nach der Mitte des 19. Jahrhunderts ist nicht darstellbar, ohne die sozialpolitischen und ökonomischen Vorgänge jener Zeit zu berücksichtigen. Zwei schwerwiegende politische Vorgänge, nämlich die gescheiterte bürgerliche Revolution von 1848 und die Entstehung des Deutschen Reiches von 1871, verbunden mit Boom und Rezession wirtschaftlicher Zyklen, haben das Bewußtsein der Zeitgenossen geprägt. Daher sind Werke deutscher Erzähler nach 1871 wie die von Freytag und Raabe nur scheinbar gegensätzlich in ihrer weltanschaulichen Haltung. Tatsächlich verkörpern sie im wahrsten Sinn des Wortes den literarischen Realismus der Epoche. Beide sind von unterschiedlicher politischer Färbung, beklagen aber gleichermaßen den Zustand der Zeit, betrauern die zerschlagenen bürgerlichen Ideale, reagieren auf die gesellschaftliche Wirklichkeit in wirklichkeitsbezogener Erzählweise.

Die Aussage eines damaligen Historikers über die Zeit soll uns in das Bewußtsein deutscher Bürger nach 1850 einführen: »So ist die Gegenwart: Alles im Wanken... wir stehen in einer jener großen Krisen, welche von einer Weltepoche zu einer anderen hinüberleiten.« Das Gefühl, in einer Krise zu leben, erschüttert und verdunkelt das bürgerliche Lebensgefühl. Sich in einer bedrohenden Krise zu befinden, das kommt in allen Werken zum Ausdruck.

Mit wieviel Optimismus im Glauben an den Fortschritt war man doch in die zweite Jahrhunderthälfte eingetreten! Die Londoner Weltausstellung von 1851 zeigte deutsche Unternehmen erstmals

als ernste Konkurrenten für die Engländer. Der Deutsche Zollverein unter Führung Preußens steigerte seinen Anteil am Welthandel um fast das Doppelte in den ersten fünf Jahren des Jahrzehntes. Die britischen Zollregulationen mit ihren Billigtarifen eröffneten beispielhaft die Märkte. Zwar sah der Krimkrieg die Rauchzeichen kommenden wirtschaftlichen Unheils, indem die massenhafte Nachfrage nach Ausrüstungen, Verpflegung, Transportmitteln zeitweise eine Konjunktur mit riesigen Gewinnen und Spekulationen hervorrief, jedoch in Pleiten und Bankrotten endete, die Staatsfinanzen Rußlands und Österreich-Ungarns nahezu ruinierte. Aber wen scherte das? Europäer und Nordamerikaner waren dabei, einen Welthandel zu schaffen, der sowohl Persien und Indien wie auch Japan und China als Märkte einbezog, damit Arbeit für das Proletariat Europas schuf.

Produktionsziffern und Kapitalsummen verzeichneten schwindelerregende Steigerungen. Innerhalb von neun Jahren, also bis 1857, stieg das Anlagekapital der Eisenbahnen auf preußischem Gebiet von 159 Millionen Talern auf 362 Millionen an. Die Roheisenproduktion in Preußen kletterte von 2,25 Millionen Zentnern 1848 auf 6,8 Millionen bis zum Jahre 1858. Die Kohleproduktion des Zollvereins wuchs um 138 Prozent, die des Roheisens um 250 Prozent. Kalifornisches Gold strömte auf den europäischen Kontinent, wo es den Boom vorwärtstrieb.

Aufregend waren die Gründungen der Aktiengesellschaften. Sie dienten der Kapitalbeschaffung und der Kapitalakkumulation. Einer ihrer deutschen Begründer schrieb: »Die Vereinigung von Kapital und geistigen Kräften auf dem Gebiet der Industrie in Form der Aktiengesellschaft ist mehr und mehr zu einem hervorragenden Moment der Gegenwart geworden . . . die Aktiengesellschaft entwickelt sich mit der Gewalt und Raschheit einer Naturkraft.« Tatsächlich, wie eine Epidemie breitete sich die Spekulation mit Aktien aus, welche die Aristokratie, die kapitalistische Bourgeoisie und den Mittelstand erfaßte und in der Hoffnung auf ansehnliche Kursgewinne, fette Renten und hohe Dividenden auf die Börse gelockt hatte (Rosenberg). Oftmals gab es gar keine Gruben oder Fabriken, für die aber Aktienpapiere auf den Markt geworfen wurden. Oftmals wurde produziert und produziert, obwohl gar keine Nachfrage mehr bestand. Gustav Feytag gab da einen aufschlußreichen Inspektionsbericht vom Juli 1853 an den Herzog von Sachsen-Koburg-Gotha, in dem er die Spekulationen des schlesischen Adels bloßstellt, der in wenigen Jahren seine Güter ruiniert haben wird. Das Ende des Krimkrieges brachte ein Ende mit Schrecken. »Fürstliche Vermögen zerrannen über Nacht wie in nichts; uralte Handlungshäuser, welche seit drei Generationen Kriege und Revolutionen unerschüttert überstanden hatten, brachen wie vom Winde umgehaucht zusammen. Alle Verhältnisse schienen auf den Kopf gestellt bei nie gekannten Warenvorräten; bei vortrefflichen Transportmitteln nirgends Austausch... eine Höhe des Zinsfußes, wie sie das Jahrhundert noch nicht gekannt hatte«, so schrieb 1858 ein verschreckter, fassungsloser, im Grunde ahnungsloser Journalist. Marx sah im Gegensatz zu seinen bürgerlichen Standesgenossen da schon tiefer: »Bei dieser Krise ist die Überproduktion so allgemein gewesen, wie noch nie, sie ist auch in den Kolonialwaren unleugbar und ebenso im Korn. Das ist das Famose und muß kolossale Folgen haben.«

Eine politische Krisensituation schien am Ende der 50er Jahre jedoch nicht gegeben. Die Niederlage des Bürgertums von 1848 galt noch nicht als endgültig. Vielmehr unternahm es einen zweiten Anlauf. Noch einmal schienen Schiller-Fest von 1859 und Gründung des Nationalvereins hoffnungsvoll auf den kommenden bürgerlichen Nationalstaat zu weisen, »zum Zwecke der Einigung und freiheitlichen Entwicklung des deutschen Vaterlandes«. Kaum einer der Fürsten, außer dem badischen Großherzog oder dem von Sachsen-Koburg, nahm überhaupt beifällige Notiz. Der preußische Militärkonflikt von 1862 endete mit dem Sieg Bismarcks und des konservativen Staates. Das Bürgertum wagte nicht mehr den Aufstand, zu viel an Produktionseigentum, an Sicherheit der Existenz stand auf dem Spiel. Aber nicht nur innenpolitisch gewann der preußische Machtstaat einen Sieg, sondern er konnte sein mächtiges ökonomisches Gewicht im Zollverein gegenüber Österreich-Ungarn ausspielen, indem er es durch den Handelsvertrag mit Frankreich vom mitteleuropäischen Markt verdrängte. Der Vertrag hatte zur Folge, daß lange vor der deutschen Einigung der deutsche Süden sich wirtschaftlich ins Lager des preußisch geführten Zollvereins begab. Schon 1864 gestand der bayerische König, es bliebe gar keine andere Wahl, als den Anschluß an Preußen zu suchen.

Der anfangs genannte Historiker von 1854 schrieb ungefähr zehn Jahre später: »Es geht eine geisterschütternde Unruhe durch alle Schichten; es ist ein drückend geängstigtes Überstürzen und Tasten.« Der bisher gänzlich unbekannte Wechsel von Konjunktur und Rezession erschreckte die Menschen aufs neue, vor allem das ökonomisch ohnehin nicht orientierte Bildungsbürgertum, und verband sich mit dem Gefühl der Vergeblichkeit und Hoffnungslosigkeit im politischen Bewußtsein der Liberalen. Ein neuer Typ des Bürgers drängte nach vorne, bisher zahlenmäßig noch nicht auffällig, mit eiskaltem Geschäftsgebaren, nicht zu vergleichen mit der traditionellen Gestalt des Wucherjuden. Das war der Bourgeois, bereit zu paktieren mit Tod und Teufel um des Profites willen. Auch bereit, sich mit der Aristokratie zu arrangieren, selbst unter ihrem Hohn und Spott. Kleinbürger und Bildungsbürger standen dem Treiben des Bourgeois hilflos gegenüber: Alle ethischen und durch bürgerliche Tradition begründeten Werte und Verhaltensweisen prallten an dessen Wirtschaftsgebaren ab. Das Gefühl, dem unternehmerischen Kalkül ausgeliefert zu sein, bewegte vor allem die literarischen Vertreter der Generation, deren Werk um 1850 begann. Waren sie doch weitab von Stadtkultur und Industrie aufgewachsen, verwurzelt in provinzieller Art, auf Treu und Glauben eingeschworen. Deshalb wurde gerade der Bourgeois eine bevorzugte kritische Figur ihrer Romane und, da manchmal ohne klare Unterscheidungsfähigkeit für wirtschaftliche Vorgänge, personifiziert in Gestalt geldverleihender Juden.

Doch der Misere war kein Ende! Der siegreiche Krieg gegen Frankreich brachte die ersehnte Einheit der Nation, aber nicht im Gewande einer liberalen, demokratischen Verfassung. Er brachte sogar in der durch ihn ausgelösten zweiten Welle der Hochkonjunktur mit brutaler Wucht die verabscheuungswürdigen Erscheinungen der 50er Jahre erneut. Wieder begannen die Spekulationen der Aktiengesellschaften: Rund 900 von ihnen mit einem Kapital von fast anderthalb Milliarden Talern wurden von 1871 bis 1874 gegründet. Mitte der 70er Jahre beherrschte eine Handvoll Berliner Aktienbanken beinahe unangefochten den deutschen Kapitalmarkt (Böhme). Schon 1873 zeichnete sich im Verein Deutscher Eisen- und Stahlindustrieller die Konzentration dieser Industrie ab. Die Weltwirtschaftskrise von 1873 bis 1879 ging für die Zeitgenossen auf seltsam unerklärliche Weise mit der eben geschilderten wirtschaftlichen Konzentration einher: Lohnkürzungen bis zu 50 Prozent, Stagnation der Produktion im Eisenverbrauch, Bankenzusammenbrüche, Preisverfall landwirtschaftlicher Produkte, Massenarbeitslosigkeit. Die Wehrlosigkeit gegenüber Fluktuationen im industriellen Zyklus demonstrierte, daß drei Wunschvorstellungen des Kapitalismus jederzeit zerfallen konnten: Stabilität des Wachstums, Vorauskalkulierbarkeit der Erwerbschancen, Aussicht auf dauernde Profitmaximierung (H. U. Wehler). Mir fallen hier die gegenwärtigen Zeiten ein! –

Geborgenheit und Stille waren dahin, für immer! Wehmütig, nostalgisch wie Freytag in seinen »Erinnerungen« richten Schriftsteller den Blick rückwärts in die Kindheit und in die frühe Jugend, als die

Welt noch in Ordnung, als sie heil war. Sie zeigen ein Traditionsbewußtsein, das tief wurzelt im humanitären bürgerlichen Erbe, gestützt durch protestantische Ethik. Raabe erkennt ganz deutlich, wie verantwortungslose kapitalistische Produktionsweise die Natur zerstört, den Menschen aus naturhafter Verbindung reißt. Der Adel hat versagt, seine Kumpanei mit der Bourgeoisie, mit deren Finanzspekulationen ist seiner nicht nur unwürdig, sondern bedeutet seinen Untergang. »Der Freiherr konnte nur in die Hände des Wucherers fallen, weil ihm das fehlte, was dem Leben jedes Menschen erst den Wert gibt: ein besonnenes Urteil und eine stetige Arbeitskraft ... Sehr viele unserer alten angesessenen Familien sind aus dem gleichen Grunde dem Untergang verfallen, und es wird kein Unglück für den Staat sein, wenn sie untergehen«, läßt Freytag in »Soll und Haben« den Kaufmann sagen. Und Fontane, zwar am Ende des Jahrhunderts: »Über unseren Adel muß hinweggegangen werden; man kann ihn besuchen wie das Ägyptische Museum.«

Die Struktur ihrer Werke vermittelt die Weltsicht der Schriftsteller. Sie zeigt sich nicht in Drama oder Lyrik. Das eine gilt als idealistisch, d. h. unrealistisch, das andere als einseitig stimmungsbezogen, gefühlsüberladen. Der Roman, die Erzählung, in wirklichkeitsgetreuer Manier geschrieben, sollen die Spannung zwischen Individuum und Wirklichkeit aufzeigen. Es lassen sich drei charakteristische Merkmale des deutschen literarischen Realismus feststellen. 1. Die Vermittlung der Wirklichkeit erfolgt über eine klar geordnete, wirkungskräftige und phantasievolle gehobene Form (Martini). 2. Die Erzählweise kann sich aber aus der Darstellung der Realität zurückziehen, weil diese nach Meinung des Autors keinen Sinnzusammenhang bildet, damit für ihn nichts mehr aussagt. Er schreibt grüblerisch, versonnen, eine Sprache mit eigenwilligen, dem Leser ungewohnten Wendungen, will diesem mitteilen, diesen Anteil haben lassen an seinem Ringen, die Wirklichkeit zu erfassen und zu deuten. 3. Die Zeit ist nur ganz schwer zu durchschauen in ihren Handlungsabläufen. Wozu also noch Darstellung handelnder Figuren? So erzählt man reflektierend über Zustände und Haltungen von Menschen, ohne sie agieren zu lassen.

Ein solcher Vermittlungsprozeß durch das erzählende Ich in ungewöhnlicher Sprache und mit geringer Handlung nimmt gar keine Rücksicht auf die Forderungen des Marktes. Damit befindet sich das Ich im gleichen Spannungsfeld, über das es erzählt. Es ist wie andere auch dem Markt ausgesetzt. Stellt nun seine Arbeit keinen Tauschwert dar, ist die Existenz bedroht. Entweder schreibt der Autor weiter mit allen drohenden Konsequenzen, oder er paßt sich den Verhältnissen an. Raabe und Fontane haben da sehr schmerzhafte Erfahrungen machen müssen. Mancher geht zugrunde, mancher fristet sein Dasein, als Narr verschrien, weil er seine künstlerische Existenz nicht aufgeben will. Eine zweite Garnitur deutscher Schriftsteller schreibt Exotisches wie Karl May, schreibt über die alten Germanen wie Dahn, schreibt über die heile Ordnung der Natur wie Ganghofer, schreibt wie die Marlitt über feine Leute. Unerträglicher Nationalismus macht sich in der Literatur breit: »Unermeßliche Heerscharen setzen sich in Gang, der Preußenaar steigt auf, das ›tausendjährige Reich‹ wird gegründet. Moltke mit ›Wodansaug'‹, Kaiser Wilhelm, der ›edle Greis‹, Bismarck, ›der getreue Eckehard‹; vor allen liegt man auf den Knien, um stammelnd Dank zu sagen, daß sie den Deutschen endlich ›ein Vaterland geschenkt‹. Was sich daraus entwickelt, ist ein nationaler Maximalismus, der schließlich in dem Aufschrei ›Ein Land – ein Volk – ein Kaiser‹ gipfelt.« (Hermand)

Der literarische Realismus mit seiner programmatischen Absicht, »greifbare Wirklichkeit« zu vermitteln, kann diese schließlich nicht mehr greifen. Wille und Gestaltung klaffen weit auseinander. Die Gesellschaft des deutschen Imperialismus bedarf einer neuartigen Vermittlung. Das letzte Jahrzehnt des Jahrhunderts bringt eine ungeahnte Hochkonjunktur mit Massenproletariat und Konzentration der Unternehmen, dazu die sich verzweifelt wehrende »ökonomisch sinkende Klasse« des Adels. Der Staat steuert intervenierend die Außenwirtschaft zugunsten der Machtelite von Großindustriellen und Großagrariern. »Es gärt und wogt... mit der bloßen Erkenntnis der Nichtigkeit bisheriger Literaturentwicklung ist es nicht getan; es bedarf der schöpferischen Geister. Vor Goethe und Schiller schritt wenigstens Lessing her, um die kritische Herkulesarbeit in dem Augiasstall der Pseudo-Literatur zu verrichten«, schreibt einer sehr kritisch. Die Strömungen des Naturalismus und des literarischen Jugendstils gehören in die neue Literaturentwicklung. Die Naturalisten richten vor allem ihr Augenmerk auf die kapitalistische Wirklichkeit: »Man gewöhne sich bitte daran, allenthalben als das Selbstverständlichste von der Welt nur Dreck, Moder, Schweiß, Staub, Kot, Schleim und andere Parfüms zu erwarten«, heißt es in einem Roman. Die Vertreter des literarischen Jugendstils stehen fern von aller Wirklichkeit. Man denke an Stefan George, der »gegen das unvornehme geräusch des tages... schönheit und geschmack wieder zum siege verhelfen« will. Das Ende des 19. Jahrhunderts mit seinen literarisch neuen Gestaltungen ist auch das Ende des literarischen Realismus als künstlerischer Kraft.

Erste Begegnung mit

Gustav Freytag
Adalbert Stifter
Christian Friedrich Hebbel
Gottfried Keller
Theodor Storm
Wilhelm Raabe
Theodor Fontane
Gerhart Hauptmann

Gurstav Freytag (nach einem Holzschnitt der Illustrierten Zeitung)

ULRICH KONITZER

Gustav Freytag – der tüchtige Bürger

»›Soll und Haben‹ ist mit seinen politischen und literarischen Unerträglichkeiten, die für die Umsetzung in ein anderes Medium gerade zum Vorteil werden können, eine gut gebaute, spannende, aufregende Geschichte, fast schon für den Film geschrieben. Das ist spannende Unterhaltung, das heißt Unterhaltung, die unterhält und spannend ist und nicht langweilt und nicht verdummt und nicht bestätigt, die in Frage stellt und Fragen provoziert ... und nicht zuletzt dem, der den Spaß hat, Brüche und falsche Klebestellen in der eigenen Wirklichkeit zu entdecken, Lust macht, ein paar Widersprüche zu erkennen, aus denen unsere Wirklichkeit besteht.«

Rainer Werner Fassbinder

»Am 13. Juli 1816 wurde in Kreuzburg in Schlesien Gustav Freytag geboren«, so beginnt 1907 eine ausführliche Biographie. Wer weiß heute, wo das Provinznest liegt, wer weiß heute schon über Schlesien Bescheid, wer weiß überhaupt etwas von diesem Schriftsteller mit Bestsellerauflagen, der noch zu Lebzeiten die Gesamtausgabe seiner Werke erfuhr, dessen Romane in den Büchereien der SPD zu begehrter Lektüre wurden, der als Chefredakteur eine der wichtigsten deutschen Kulturzeitschriften 20 Jahre lang leitete. Ein Mann, der vom deutschen Kronprinzen als freimütiger Gesprächspartner gesucht wurde, der zeit seines Lebens ein erbitterter Gegner Bismarcks war, ihm die Schuld für die antiliberale Entwicklung des Deutschen Reiches anlastete.

Freytag ist im Laufe der Jahrzehnte nicht verlorengegangen, die Auflagen seiner Bücher nahmen nach seinem Tode nicht ab. In den letzten Jahren findet er aber kaum Leserschaft. Dagegen beschäftigen sich merkwürdigerweise zahlreiche wissenschaftliche Arbeiten mit zwei seiner Romane. Zu seinen Lebzeiten verstanden ihn Leser und Kritiker als Dichter des deutschen Wesens, an dem die Welt genesen sollte. Heute sehen ihn die wenigen mit ihm Beschäftigten in einer neuartigen Verkleidung, und zwar als Vertreter des nationalistischen deutschen Bürgertums, das sich mit der Gesellschaftsordnung nach 1848 und nach 1871 identifiziert. Weil der Autor die wahre sozialpolitische Wirklichkeit nach Meinung dieser Literaturwissenschaftler nicht wahrnimmt, sind seine Figuren allesamt unrealistisch, taugen nichts, machen die Bücher unqualifiziert.

Die folgenden Seiten sollen deshalb nicht nur eine erste Begegnung mit dem Autor Gustav Freytag sein, sondern zugleich eine Rettung im Sinne Lessings: »Ich selbst kann mir keine angenehmere

Beschäftigung machen, als die Namen berühmter Männer zu mustern, ihr Recht auf Ewigkeit zu untersuchen, unverdiente Flecken ihnen abzuwischen, die falschen Verkleisterungen ihrer Schwächen aufzulösen, kurz, alles das im moralischen Verstande zu tun, was derjenige, dem die Aufsicht über einen Bildersaal anvertraut ist, physisch verrichtet... Ich bleibe also in der Vergleichung und sage, daß auch ich einige große Geister so verehre, daß mit meinem Willen nicht die allergeringste Verleumdung auf ihnen haften soll.«

»Im Osten an der langgestreckten Grenze gegen Polen sind meilenweit die wogenden Halme der Kornfelder oder die dunklen Wipfel des Kiefernwaldes die größte Erhöhung des Bodens, nur ein seichter Bach, den im Sommer ein Knabe durchwatet, scheidet hier polnische Russen und preußische Deutsche, Morgenland und Abendland.«

An der Grenze also, unter Deutschen, Polen und Juden wächst der Knabe auf. Er schaut neugierig auf die schwarzen Wälder in der Ferne, aus denen im Winter die Wölfe heulen. Auf dem Markt der kleinen Stadt erlebt er »ein Gewühl geschäftiger Menschen, kleine struppige Pferde, zahllose Getreidesäcke. Die Bauernfrauen der nahen polnischen Dörfer in ihrer auffallenden Tracht, jüdische Händler, die sich gleich Aalen zwischen den Wagen hindurchwinden.« Er atmet den Geruch der Grenze, hört die nächtlichen Geräusche von fremdem Getier und fremdartigen Menschen. Er sieht die blutigen Köpfe von Deutschen und Polen nach Streitigkeiten der Grenzer. Männergespräche liegen ihm im Ohr über polnische Heimtücke und Hinterlist, über polnische Unzuverlässigkeit und Arbeitsscheu, über slawische Trunksucht. Abenteuerliche Erlebnisse mit polnischen Dienstleuten, mit jüdischen Händlern verstärken entstandene Vorurteile, fördern die Geringschätzung des anderen Volkes. »In der Luft war wildes Schneetreiben, der Weg durch den hohen Schnee fast unfahrbar; der Fuhrmann war schon berauscht, als er uns am frühen Morgen abholte. Er hielt mit dem Wagen in einer Schneewehe still, zog ein polnisches Gebetbuch aus der Tasche und fing laut zu singen an. Da diese Frömmigkeit uns nicht vorwärts brachte und gutes Zureden nicht half, ergriff ich endlich die Zügel und trieb die Pferde an. Dies aber gefiel ihm nicht, er geriet in Wut, zog ein großes Messer aus der Tasche und fuchtelte damit drohend gegen uns. Und ich erkannte in seinen Augen ein häßliches Licht, welches der Teufel anzündet, wenn ihm gelungen ist, sich im Hirn festzusetzen.« Unter diesen Bedingungen lernt Freytag als »Kind der Grenze früh (sein) deutsches Wesen kennen und im Gegensatz zu fremden Volkstum lieben«. Mit phantasieerfüllter Ehrfurcht steht der Junge vor dem 500 Jahre alten Symbol deutscher Herrschaft, den Ruinen der Burg eines Ritterordens. Zeit seines Lebens wird er einem ihm eigentümlichen Nationalgefühl huldigen, das ausschließlich in der deutschen Kultur Erfüllung findet.

Dieses also ist die eine Seite der Kindheit. Sie besteht nicht nur darin, sich als Angehöriger eines Kulturvolkes zu fühlen, das Herrschaft an der Grenze ausübt, sondern zugleich gibt das Elternhaus das Bewußtsein mit, dem Bildungsbürgertum anzugehören. Auch damit erlebt der Knabe eine weitere Heraushebung, ist doch der Vater Arzt und gewählter Bürgermeister der Stadt. Protestantische Ethik und Wertbewußtsein preußischer Beamter sind die ideologischen Grundlagen für den Beruf des Vaters. Kein Plänemacher oder Verfechter von sozialen Utopien, rottet er »eingeschlichene Mängel und Übel« in der Verwaltung aus, entwirft eine »Straßenordnung für die Stadt Kreuzburg«. Der Paragraph 18 zeigt uns den reinlichen Deutschen, der die »schamlose Verunreinigung der Straßen und Plätze durch Befriedigung der Notdurft bei strenger Strafe untersagt«, wobei vor allem die Polen gemeint gewesen sind. Ein aufrechter, mutiger Mann, so recht eine Identifikationsfigur für den Sohn: Er ließ sich nicht in eine studentische Verbindung zwingen, trat

Der Marktplatz (Ring) in Kreuzburg

einem tobenden russischen Offizier entgegen, wurde in seinem Rechtsbewußtsein schwer gekränkt, als es um seinen Sohn ging: »Wäre es der Sohn eines vornehmen Mannes gewesen, sie hätten ihn nicht so behandelt.« Belustigt zeigt er den Söhnen Bettelbriefe des heimischen Adels, die von ihm ein paar lumpige Dukaten borgen wollen, sonst aber vor Hochmut triefen. Zu Hause ist der Vater milde und freundlich, überläßt das Strafen der Mutter. Freytags Vaterbild wird sein Verhältnis zur Autorität bestimmen: Sie ist für ihn nicht gleich negativ besetzt, fordert nicht sofort Kritik heraus, sondern ist vertrauenswürdig. Erst wenn diese Autorität versagt, muß gegen sie angegangen werden. So wird Freytag im Umgang mit Hochadel und Großbürgern nicht unterwürfig sein oder in Devotion verfallen, schon gar nicht aus Minderwertigkeitsgefühl heraus in Neid und Spott.

Die Strafen der Mutter mögen wohl nur wortreich gewesen sein. Ganz eng ist die Mutter-Sohn-Beziehung. Früh bringt sie Gustav das Lesen bei: Das A-B-C-Buch hat auf der letzten Seite einen bunten Hahn eingedruckt; es wird abends mit ins Bett genommen. Wenn der Kleine gut gelernt hat, findet er am Morgen im Buch den Groschen, den der Hahn auf dem Bild ausgekräht hat. Freytag berichtet über die lebhafte Freude, als er »allein die erste kleine Geschichte las und den Sinn verstand«. Geschichten erzählt auch die Mutter, aber keine Märchen, sondern spannende Vorgänge aus der Wirklichkeit. Die Erzählfertigkeiten des kommenden Schriftstellers erhalten von der Mutter die ersten Sprachmuster. Der kleine Sohn hilft in Küche und Haus und Garten, wird überhaupt zum Vertrauten der Hausfrau. Es gibt eine Episode, die deutlich macht, wie tief das Mutterbild im Schriftsteller wurzelt. Der Mutter gelingt es, einen jungen Sperling am Leben zu erhalten. Der Sohn zieht diesen weiter auf, jedoch fällt er nach einem Sommer der Katze zum Opfer. Die Mutter versucht vergeblich zu trösten, er bleibt untröstlich. Die Zuneigung zu Vögeln ist Freytag geblieben; bemerkt er doch selber, wie zahlreich sie seine Werke bevölkern. Hier fällt mir Freuds Aussage ein: »Grenzenlose Befriedigung kann eine Mutter nur durch ihren Sohn erreichen ... dies ist überhaupt die vollkommenste aller menschlichen Beziehungen, frei von Zwiespältigkeit.«

Die Geborgenheit des Elternhauses schenkt dem Sohn nötige Sicherheit gegenüber der Autorität, läßt ihn Kulturwerte verinnerlichen, vor allem literarische, formt für die Ehewahl ein Frauenbild, aber macht Freytag auch zurückhaltend im Umgang, läßt ihn auf Distanz bleiben. Denn Gefühl und Temperament sind in der starken Familienbindung erlebt worden, weniger im Kontakt mit draußen.

Dort fehlt ihm die »hinreißende Kraft des Affektes«. Jedoch zeichnen ihn anerzogene Geduld und Liebenswürdigkeit aus. Vater und Mutter entwickeln in ihm seinen charakteristischen Sinn für die »wirklichen Verhältnisse«, für die praktischen Umstände des sozialen Handelns.

Mit sechs fängt er an, »ein wenig in die Schule zu gehen«. Er bekommt erst einmal Privatunterricht bei einem Onkel, einem protestantischen Pfarrer, der auch auf Polnisch predigen kann. Der Kleine lernt schnell Latein ohne viel Federlesen, liest bald Cicero und Vergil, liest auch eine lateinische Ausgabe des Robinson Crusoe. Mit zehn traut er sich zu, einen Roman zu schreiben. Literarische Aktivität kündet sich an! Dem Alter entsprechend fertigt er eine Robinsonade an. Ein Junge wird zur Hauptfigur, verkörpert Eigenschaften, die in ihrer realistischen Einstellung auf Figuren des kommenden Werkes hinweisen. Zu dieser Zeit begegnet der kleine Gustav der Bühne in Form eines Wandertheaters. Ihn bewegen die gespielten Schicksale, ihn erregen voller Entsetzen Mord und Totschlag auf der Szene. Auch hier in der Kindheit Empfindungen, die sich in seinem Werk wiederfinden werden. Er meint dazu: »Dieser Abscheu vor dem Häßlichen, d. h. vor Wirkungen, welche beängstigen und quälen, ohne zu erheben, ist mir durch das ganze Leben geblieben.«

Mit dreizehn zieht Gustav aufs Gymnasium in die größere Stadt. Er wohnt bei einem Junggesellenonkel. »Am Morgen, an welchem die Eltern heimfuhren, wurde das bange Wehgefühl zu lautem Schmerz, ich klammerte mich an sie und wollte nicht loslassen ... Ich war allein.« Das Gefühl, allein zu sein, der mangelnden Geborgenheit wird bleiben, wird die Jahre der Pubertät überdauern. Der Umgang mit dem einsiedlerischen Onkel fördert noch die Zurückhaltung Schulkameraden und Lehrern gegenüber. Verletzbarkeit und Empfindsamkeit, vor allem in öffentlichen Situationen, werden zu Charaktermerkmalen. Er scheint sich aber nie aus der Fassung bringen zu lassen. Tatsächlich zieht er sich nur auf sein Für-sich-Sein zurück.

Lesewütig stürzt sich der Einsame auf die Bibliothek des Onkels. Von sogenannter hochgeistiger Literatur wird er enttäuscht und abgeschreckt, wandert also in eine Leihbibliothek zu Ritter- und Räubergeschichten, findet dort auch Scott und Cooper. Hausaufgaben sind nicht Gustavs Sache, aber das Lernen fällt ihm leicht, so schafft er alles gut, ist bald Klassenbester. In der Oberstufe versucht er sich an einem sentimentalen Roman, für Familienfeierlichkeiten macht er die poetischen Reime. Im März 1835 besteht er das Abitur.

Im Reifezeugnis lesen wir: »Gegen seine Lehrer zeigte er stets bescheidenen Gehorsam und liebevolle Achtung, und sein Widerspruch überschritt nicht die Schranken guter Sitte ... Nur bisweilen war derselbe weniger eindringend und etwas flüchtig, weil er sich zuviel zutraute ... Nur war er in der Interpunktion und Ortographie nachlässiger.«

»Ich war überhaupt keine Natur, welche frühreif und mit fest geschlossener Kraft in gradliniger Tüchtigkeit fortschreitet.«

Im Mai des Jahres immatrikuliert sich Freytag an der Universität zu Breslau, die mit 800 Studenten für damalige Zeiten voll besetzt ist. Ihn langweilen Vorlesungen über antike Sprachen, er hört lieber über antike Kunst oder lernt als einziger Student in der Wohnung des Professors von Fallersleben Handschriftenkunde, d. h. die Entzifferung mittelalterlicher Urkunden und Texte. Das Studium scheint ziemlich unlustig betrieben worden zu sein. Es fällt Freytag schwer, Anschluß bei den Kommilitonen zu finden. Er gehört zwar einer schlagenden Verbindung an, aber das Absingen der Kommerslieder und die unsinnige Trinkerei widerstreben ihm, und auf dem Fechtboden zeigt er gar kein mannhaftes Verhalten. Seine erste Liebe ist eine Professorentochter, die der Verliebte wegen seiner starken Kurzsichtigkeit am Fenster gegenüber noch nicht einmal ganz genau wahrnehmen kann. Er kann sie auch nicht lange anhimmeln, weil er seine Studentenbude wechselt: Zu viele Hemden verschwinden dort auf geheimnisvolle Weise.

Ein Jahr später geht der Schlesier an die Universität Berlin, in die große Stadt, die den jungen Mann aus der Provinz anfangs ängstigt. Der aggressive Witz der Großstadtmenschen macht ihn unsicher. Wortkarg, verschüchtert sitzt Freytag im Kreise der Studenten. Er kennt zu wenig jenes Witzeln oder ironische Kritisieren akademischer Jugendlicher und argwöhnt, daß sie über ihn in Abwesenheit ihre Witze reißen. Dem Neuankömmling (auch mir!) fällt die ungemeine Belesenheit seiner neuen Bekannten auf, überhaupt ihr Bildungsinteresse. Er betreibt wie in Breslau ein sachtes Studium, legt das Gewicht ausdrücklich auf die Germanistik. Zwei Stunden Vorlesung sieht er als ausreichende Tagesarbeit an! In der Großstadt hat der Student starke Sehnsucht nach Hause, aber die ländliche Heimat ist weit. Da wandert er also in die Mark Brandenburg hinaus, ist regelmäßig Gast auf einem Gut, das damals als Musterlandwirtschaft gilt. Freytag findet dort ein Weltbild realisiert, das in den kommenden Jahren, angelegt in seiner Kindheit, zum Bestandteil seines Werkes werden wird. Es handelt sich um das Bild des kraftvoll schaffenden Mannes in der Praxis des Lebens. Doch wo finden wir Spuren literarischer Qualifikation? Noch ist der junge Mann auf der Suche. Aber seine Doktorarbeit zeigt im Thema und in der Darstellung deutlich charakteristische Züge des kommenden Werkes. Sie behandelt die Anfänge des deutschen Dramas. In lebhaft geformtem Latein erzählt der Doktorand, nirgends abstrakttrocken, von Volksbräuchen, von Zeremonien christlicher Feiertage, von mittelalterlichen Possenreißern und Fahrenden, kurz, vor allem vom gemeinen Volk. Der Student hat sich auch an zwei Dramen gewagt. Über »Die Sühne der Falkensteiner« äußert sich der Autor Jahrzehnte später: »Völlig unbrauchbar . . . übermäßig gefühlsvoll.« Bemerkenswert wäre vielleicht nur, daß schon hier Freytag in der Figurengestaltung die bürgerliche Seite besser erscheinen läßt. »Der Hussit« karikiert die kirchlichen Würdenträger, schildert lustiges Volksleben im Lager und auf dem Markt, alles im Stile Schillers und Goethes. Deshalb hat der Verfasser das angefangene Stück vor den Augen der Freunde verborgen gehalten. Wir entdecken in beiden Arbeiten deutlich Freytags Sympathie für das arbeitende, tüchtige Bürgertum.

Auch in der Lyrik probiert der junge Poet. Das Ergebnis ist nicht erwähnenswert. Er hat einmal bekannt, kein lyrischer Dichter zu sein. Das hängt wohl damit zusammen, daß er Gefühlsäußerungen, wie sie die zeitgenössische Lyrik verlangte, verabscheute oder verdrängte. Es gibt keine Liebesgedichte aus jener Zeit. Er schreibt einiges im Stile Lenaus, Heines, Uhlands, reimt auf Biegen und Brechen. Eine Gedichtausgabe von 1845 läßt gerade die vielen, vielleicht gelungeneren Texte zu Festliedern weg, die er nach 1839 in Breslau geschrieben hat.

Freytag ist 22 Jahre alt. Was will er werden? Er will die Universitätslaufbahn ergreifen. Dazu muß er sich habilitieren, d. h. eine umfangreiche wissenschaftliche Arbeit anfertigen, um irgendwann Professor werden zu können. Der junge Wissenschaftler geht wieder nach Breslau, um dort über einen »talentvollen Blaustrumpf« zu arbeiten, über die Nonne Hroswitha von Gandersheim, die mittelalterliche Komödienschreiberin. Als Freytag, zum Privatdozenten ernannt, die Vorlesungen beginnen will, erhält er seinen Gestellungsbefehl zum Wehrdienst. Er kommt um Aufschub nach, gerät in die Mühle der Bürokratie und muß der Wehrpflicht sofort nachkommen. Er wird vor Aufregung krank, das Kasernenleben paßt ihm nicht, wieder »hitziges Nervenfieber«, endlich Entlassung. Doch auch die Dozentur schafft Mißstimmung. Er bewirbt sich um eine freiwerdende Professur in Breslau. Das dem professoralen Stil offenbar nicht angepaßte, anschaulich geschriebene Bewerbungsschreiben stößt auf Ablehnung, das des Konkurrenten in einer penetrant trockenen Sprache auf Gefallen. Er bleibt weiter Dozent. Beliebt scheint der junge Universitätslehrer gewesen zu sein, spricht er doch die Studenten auf jugendliche Weise an: »Wir sind jung und haben deshalb das Recht und die Pflicht, fröhlich und fest in die Gegenwart, sorglos und getrost in die Zukunft zu blicken. Wir haben das im Gefühl unserer Kraft, in der Überzeugung der Wahrheit und Heiligkeit alles dessen, was wir glauben und verteidigen, eine sichere Garantie für das Gedeihen und Reifen unserer Wünsche und Bestrebungen. Und hat einer Grund und Ursache, der Gegenwart und Zukunft seine besten Gefühle und Wünsche zu widmen, so ist es der deutsche Student.« Die deutsche Universität steuert auf die stürmischen Monate von 1848 zu. Freytag wird mit 28 Jahren die akademische Tätigkeit aufgeben.

In Breslau entwickelt sich der bisher Schüchterne und Unsichere zum Gesellschaftsmenschen: Im Künstlerverein schreibt er die Festlieder, organisiert Maskenbälle, spricht die Toasts, sammelt von Honoratiorentöchtern umschwärmt als junger Dichter viele Tanzschleifen. Die Honoratiorenschaft reicht den Herrn Dozenten von Gesellschaft zu Gesellschaft. Männerfreundschaft erwächst, nicht Stammtischkumpanei, vielmehr Verbindung von Gleichgesinnten, und zwar von Liberalen. »Die Anfänge einer demokratischen Bewegung wurden überall sichtbar.« Gegen Ende des dritten Jahrzehntes beginnen sich langsam Freytags politische und soziale Haltungen und Einstellungen zu formen. Nicht zuletzt unter dem Einfluß des Kaufmanns Theodor Molinari, eines »aufgeklärten Katholiken«, dessen Rechtschaffenheit der Freund in »Soll und Haben« ein Denkmal setzen wird. Er erhält durch Molinari Einblicke in Handel und Wandel der preußischen Provinz Schlesien. Er erkennt die Zusammenhänge zwischen der wirtschaftlichen Strukturveränderung in den Webergebieten der Gebirgskreise und den unmenschlichen Auswirkungen auf die Weber in den Dörfern. Diese Erfahrungen und Erkenntnisse werden ihren Niederschlag in der literarischen Produktion Freytags finden. Vorerst schreibt er an einem historischen Theaterstück, das gar keinen Gegenwartsbezug hat: Es geht um die Heiratsgeschichte Maximilians I. Manch Lustiges, manch Sentimentales, am Schluß festlicher Ausklang. Das alles hat wohl den Ausschlag gegeben, daß dieses Ritterstück zur Hochzeit des österreichischen Thronfolgers 1881 aus der Truhe geholt wurde. Der

Autor liest eine Notiz in der Zeitung, daß das kgl. Hoftheater zu Berlin einen Preis ausgesetzt hat für ein »Lustspiel höheren Stils«. Er erhält den Preis für das Hochzeitsstück. Daraufhin verschickt er Manuskripte an die deutschsprachigen Bühnen: Der rührselige Schinken wird an zwölf Theatern angenommen, fällt überall prompt durch. Selbstkritisch beanstandet der Verfasser später die mangelnde dramatische Bewegung, das Stück ist eher Dialog als Handlung.

Der Bühnenautor probiert eine Posse im Stile Nestroys oder Raimunds. »Dornröschen« heißt sie, ein »Zauberspiel mit Gesang und Tanz«. Umsichtig legt er einen Aktendeckel an, der Korrespondenzen und Einnahmen verzeichnen soll. Aber dann wagt er es nicht, das Stück anzubieten, wohl in der zutreffenden Erkenntnis, keine richtige Posse geschrieben zu haben, denn Burleskes oder Derbheiten sind nicht seine Stärke.

Scheinbar ohne Zusammenhang mit seinen dramatischen Versuchen steht der Text zu einer Oper aus dem Jahre 1843. Tatsächlich experimentiert Freytag. Er will herausbekommen, welche Techniken notwendig sind, um ein gutes Theaterstück zu schreiben. Dazu benötigt der Autor auch Kenntnisse über die Struktur der Oper. Ab Sommer 1844 schreibt er an einem »Trauerspiel in einem Akt«. Das Stück »Der Gelehrte« ist nichts Historisches, sondern Zeitgenössisches wird auf die Bühne gebracht. Psychologisch nicht ungeschickt, figuriert er einen einsamen Mann, ausgesetzt den Lockungen des Ruhms und der materiellen Versuchungen. Diesen Gelehrten zieht es aber aus den Intellektuellenzirkeln zum Volke, zu den Menschen mitten im Leben. Die zweite männliche Figur gibt sich als fortschrittlicher Politiker, endet jedoch im Dienst eines Junkers. In den Planungen zum Stück kommt überdeutlich erstmals Freytags schriftstellerische Idee zum Ausdruck, nämlich »das wirkliche Leben« zu erfassen und in Dichtung umzusetzen, zugleich damit aber dem Volk des wirklichen Lebens Kraft zu vermitteln, ihm politischen Fortschritt zu weisen.

Zwei Stücke folgen noch, bevor sich der ganz große Erfolg einstellt. Es handelt sich um sogenannte Salonstücke, wie sie damals im Schwange waren. »Die Valentine« das eine, »Graf Waldemar« das andere. Freytag scheint weiter zu experimentieren, denn zu seinem ernsthaften Sinn passen nicht die Albernheiten und Witzchen, schon gar nicht das Treiben eines Lebemannes. Aber er hat den Publikumsgeschmack getroffen. Beide Schmarren halten sich über ein Jahrzehnt auf deutschen Bühnen, bringen ihre Honorare. Die Berliner Aufführung des einen Stückes in Anwesenheit des

Autors wird ein Reinfall, weil der Straßenlärm der Revolution die Zuschauer zu Hause läßt.

Beim Schreiben der Theaterstücke empfindet Freytag einen Mangel. Er hat nicht die geringste Kenntnis darüber, wie Regie geführt wird, er bedarf einer perfekten Kenntnis der Bühnenpraxis. In Leipzig und Dresden versucht er nun, das Handwerk des Regisseurs zu erlernen. Einer der damals bekanntesten Dramaturgen will den Provinzler von oben herab abfertigen. Doch der zeigt eine Selbstsicherheit, die für ihn so charakteristisch ist, so daß der hohe Herr am Hoftheater klein beigibt. Mit Richard Wagner streitet sich der Bühnenrealist über technische Effekte, die den Ritt der Walküren hoch über der Bühne bewerkstelligen sollen, aber den Gesang nicht behindern dürfen. Schließlich ist Freytag überzeugt, daß es in Deutschland niemanden gibt, der in der technischen Arbeit des Bühnenschriftstellers besser ist als er!

In Dresden hat es ihm nicht gefallen, ihm schien die Kultur der Stadt zu stark vom Hof bestimmt. Leipzig dagegen repräsentierte deutsches Bürgertum in seiner Arbeit und Liberalität. Die Stadt ist Zentrum des Buchhandels, eine Art Schaltstelle deutschen Journalistentums. Freytags realistische und praxisbezogene Lebenssicht findet hier ihr Umfeld, aus dem heraus seine Arbeit angeregt werden soll. 1847 heiratet der bekannte Schriftsteller Gustav Freytag eine geschiedene vermögende Gräfin, sehr viel älter als er, seit Jahren vertraute Freundin schon. Sicherlich hat er damals bereits so gedacht: »Ein heiterer Ehemann ist Sonnenschein für das Leben der Frau, und sie braucht das, denn sie hat's von beiden am schwersten.«

»Die Zeit ist bürgerlich geworden!«

»Da kam das Jahr 1848 und stellte Aufgaben, die größer waren als alle Eroberungen auf der deutschen Bühne«, schreibt Freytag. Sein Herz schlägt höher, geht es doch nun darum, die verfassungsmäßige Einheit der Nation zu erreichen. Die politischen Ideen des Bürgertums sollen Wirklichkeit werden. Aber der Preuße Freytag sieht im kommenden Bundesstaat allein Preußen zur Führung berufen. So lehnt er es ab, sich um ein böhmisches Abgeordnetenmandat für die Nationalversammlung zu bewerben. Der »wilde Rausch«, die Barrikaden schrecken ihn ab, ängstigen ihn vielleicht sogar. Heftige Emotionen gleich welcher Art und Richtung sind nicht seine Sache. Was soll er bloß tun in diesem schicksalhaften Frühjahr? Mit umgehängter Jagdflinte, ganz fürchterlich kurzsichtig, muß er die

Karikatur eines Bürgergardisten abgegeben haben. Er versucht, den »Drang nach politischer Tätigkeit auf kleinen Seitenwegen zu befriedigen«. Er macht in einem Kreise von Arbeitern und Handlungsgehilfen mit und gründet einen gemeinnützigen Verein, der sowohl der Geselligkeit als auch der Bildung dienen soll. Freytag hat den Eindruck gewonnen, daß seine mäßigende Tätigkeit in diesem Verein ein Beweis dafür sei, daß dem »gebildeten Mann« die politische Führung zustehe.

Freytag begegnet nun einem Mann, der ihm für seine politische und schriftstellerische Arbeit der nächsten zwei Jahrzehnte die materielle Grundlage geben wird. Er lernt den gleichaltrigen Julian Schmidt kennen, Redakteur der Zeitschrift »Die Grenzboten«, mit nicht umfangreichem, aber sehr einflußreichem Leserkreis. In Leipzig erscheinend, richtet sie sich vor allem an die Deutschen in Österreich, die unter der Metternichschen Staatsbevormundung leiden. Man schmuggelt die Exemplare in Kisten mit doppelten Böden, mischt sie unter zugelassene Zeitungen, besticht Zöllner. Schmidt will die Zeitschrift umgestalten, zu einem gesamtdeutschen Presseorgan machen. Er besorgt einen Vertrag mit dem Verleger, so daß er und Freytag eine Hälfte der Eigentumsrechte erwerben. Beide sind Chefredakteure; die Arbeit beginnt am 1. Juli 1848. Im Redaktionsprogramm heißt es: »Sie werden den Regierungen gegenüber entschiedene Demokraten sein, gegen Launen und Unverstand der Masse, die Aristokratie der Bildung und des Rechts vertreten.« Und wenn die »Grenzboten« ihr Volk »demokratisch organisiert sehen, soll es ihnen wenig darauf ankommen, ob seine Führer einen grauen Filz oder einen goldenen Reif tragen«. Wie man sieht, entspricht dieses Programm dem bürgerlichen politischen Bekenntnis der 40er Jahre. Diese Zeitschrift müßte also florieren. Freytag schrieb später in den »Erinnerungen« über das Neuartige, Ungewohnte seiner Redaktionstätigkeit im Sommer 1848: »Wer in solchen Zeiten als Journalist über Politik schrieb, hatte keinen anderen Anhalt, als das Idealbild, das er sich selbst von einer wünschenswerten Zukunft des Vaterlandes gemacht hatte, und keinen anderen Maßstab für sein Urteil, als die Ansichten, die ihm zufällige Eindrücke seines eigenen Lebens vermittelt hatten ... Er war frei wie der Vogel in der Luft, ohne Führer, ohne Partei, ohne die Erfahrung und ohne die Bescheidenheit, welche die Gewöhnung einer Nation an parlamentarische Tätigkeit dem Einzelnen zuteilt.«

Das Programm der Zeitschrift ist das Programm Freytags. Geht es ihm doch um den Verfassungsstaat, also um die demokratische Organisation einer bürgerlichen Gesellschaft. Von Stand und Bildung her gibt es für diesen Bürger gar keine andere Lösung. Sein praxisorientierter Sinn verabscheut eine radikaldemokratische, jakobinische Lösung als wirklichkeitsfremd. Er hat gar keinen Sinn für den utopischen Entwurf einer demokratischen Gesellschaftsordnung. Er greift lieber nach dem Naheliegenden, nach dem im Augenblick Machbaren, mehr nicht. Er will um die Mitte des Jahrhunderts den für Deutschland überfälligen Nationalstaat, will die konstitutionelle Monarchie, will also für Deutschland nachholen, was in Frankreich 1789 längst geschah. Von Preußen aus soll der neue demokratische Staat geschaffen werden. Preußen hat nach Freytags Meinung alle Fähigkeiten, die Vormacht im deutschen Bundesstaat zu sein. Auf keinen Fall aber Österreich, weil dieser Vielvölkerstaat nicht in der Lage ist, die Deutschen zu repräsentieren. Gelingt nicht die kleindeutsche Lösung, kommt es zum bewaffneten Konflikt der beiden Staaten. Doch des politischen Schriftstellers Freytag nationale Pläne werden nicht Realität! Nicht das Volk unter Führung des Bildungsbürgertums wird den neuen Staat schaffen, sondern preußisches Junkertum im Bündnis mit der Bourgeoisie läßt 1871 ein neofeudalistisches Staatswesen erstehen.

Die folgenden zwei Jahrzehnte als Journalist sind ausgefüllt mit beharrlicher Agitation der nationalliberalen Idee, denn nach 1848 »haben sich die Seelen der meisten aus diesem Kreise idealer Empfindungen zurückgezogen«. Sie bedürfen der Aufrüttelung. Die reaktionäre preußische Innenpolitik der 50er Jahre wird ebenso bekämpft wie die Blut-und-Eisen-Politik Bismarcks. 1866 schreibt Freytag: »Was den Frieden mit Bismarck betrifft, so steht das freilich so. Meine Meinung über seinen Charakter habe ich nicht sehr geändert.« In den »Erinnerungen« wird der Name des Reichskanzlers nicht genannt. Freytag hat dessen Rücksichtslosigkeit und brutale Sensibilität in den 60er Jahren nie vergessen können.

Werfen wir wenigstens einen kurzen Blick auf die Arbeiten der ersten Jahre bei den »Grenzboten«. Freytag führt die Feder anschaulich und lebhaft, schildert Zustände. Mit journalistischem Geschick gibt er sich als Korrespondent aus, der unmittelbar vom Ort des Geschehens nachdenkliche Überlegungen schreibt. Oder er fertigt Artikel an, die er mit dem astronomischen Symbol der Venus, als Dr. Schröder, als Rogers unterzeichnet. Ironisch glossiert er »Die Kunst, ein dauerhafter Minister zu sein«, satirisch schreibt er über Menschen, die mittels des Wahlrechts manipuliert werden können. Einfühlsam zeichnet er das Porträt eines unheimlich wirkenden österreichischen Offiziers, den er auf der Bahnfahrt trifft, der dann in Wien als revolutionärer Führer erschossen wird. Manchmal verfällt ein Artikel in lehrhaften Ton, z. B. wenn wir lesen, daß der Bürger »durch die Arbeit erfahren hat, wie Freiheit errungen wird«. Freytag attackiert, wie der junge Virchow aus der gleichen Generation junger Liberaler, die feudalistische Rückständigkeit Schlesiens, schildert das fürchterliche Elend der Juden in Breslau. Als aufrechter Bürger übt er lebhafte Kritik an der Überheblichkeit des Adels, auch in Literatur und Kunst einen Führungsanspruch zu besitzen. Ganz scharf greift der Redakteur den Polizeistaat von 1852 an: »Während (die Sicherheitsorgane) sonst ein großes Pflichtgefühl durch Überwachung der Spitzbuben und anderer armer Teufel des Gesetzes befriedigten, schwelgt ihre Phantasie jetzt in den gräulichen Bildern von politischen Verbrechern, von Demokraten, von Roten, von Kommunisten ... in allen Winkelkneipen halten kommunistische Verschwörer geheime Zusammenkünfte ... gefährliche Journalisten fahren auf allen Eisenbahnen hin und her, um ruhige Untertanen durch bösartige Zeitungsartikel zum Treubruch zu verführen.« Manche Artikel betreiben einen Preußenkult, den Franz Mehring glossiert, als ihm die Schönfärberei preußischer Könige auffiel. Freytag spreche wie der Sohn vom Vater: »Der Alte war ja freilich eine verdrehte Schraube, aber er ist mein Alter, und so halte ich zu ihm.«

Neben allem Politischen gibt es Rezensionen von Büchern, von Theaterstücken; auch über das Anlegen von Hausgärten und Hausbibliotheken lesen wir. Der Bürger hat es zu etwas gebracht, da soll er nach Freytags hausväterlicher Meinung auch etwas für Gemüt und Bildung tun. Erste Ansätze seiner Kunsttheorie sind zu finden: Die Romantik mag unser praktisch denkender Redakteur nicht, sie sei gefühlsgeladen, umgaukle den Menschen, mache ihn untüchtig fürs Leben. Mit Goethe hat er auch nicht viel im Sinn, denn er wirkt auf ihn menschlich unzuverlässig.

Die journalistische Arbeit in Leipzig beglückt den Schriftsteller. 1886 meint er: »Ob mein Leben im ganzen glücklich zu preisen ist oder nicht, das weiß ich nicht, denn ich lebe noch. War ich aber einmal glücklich, so war ich es in diesen Jahren in einer Periode gesteigerten Lebensmutes.« In dieser Zeit des großen journalistischen Engagements schreibt er seine bedeutendsten Werke: 1852 »Die Journalisten«, 1855 »Soll und Haben«, 1864 »Die verlorene Handschrift«, bis 1867 »Bilder aus der deutschen Vergangenheit«. Es muß wahrhaftig eine glückliche Zeit gewesen sein. Freytag fühlt sich dort »fest in den Herzen alter Freunde verankert«. Die sonstige Gesellschaft steht ihm fern, er mag nicht den small talk, den Klatsch auf ihren Veranstaltungen. Er schließt Freundschaft mit einer Schar

Gleichgesinnter, wie überhaupt die gleiche Gesinnung dem Leben gegenüber die Voraussetzung menschlicher Bindung für Freytag gewesen ist. Es sind Männer der Wissenschaft, der Verwaltung, der Wirtschaft, durchweg liberal gesonnen. Da ist der Althistoriker Mommsen, dessen Analyse römischer Geschichte dem zeitgenössischen Leser die demokratischen Fundamente römischer Staatsordnung vorführt. Da ist der Verleger Freytags, Hirzel, von dem er manchen Präsentkorb zugeschickt bekommt. Da ist der Politiker Mathy, der allein nach Meinung des Freundes die demokratische Lösung des deutschen Verfassungsstaates hätte bewerkstelligen können, der über einen kalt abweisenden Brief Bismarcks stirbt. Da ist auch bis 1863 Treitschke, der militante Kämpfer für die Vorherrschaft Preußens im kommenden Nationalstaat. Freytag imponiert dieser Feuerkopf: »Er wandelt durch diese Welt in heroischem Nachtwandel.« Nicht zu vergessen der noble Jordan und der Linksliberale Balte Eckardt als Redakteure bei den »Grenzboten«. Die Freunde treffen sich zweimal wöchentlich in einem Lokal für zwei, drei Stunden. Freytag mag nicht die Sitzerei am Stammtisch, er geht zeitig. Das Zuhause ist eine dunkle Wohnung im zweiten Stock in einem bürgerlichen Wohnbezirk. Im kleinen Arbeitszimmer, von Zigarrenqualm umwölkt, diktiert der Chefredakteur seine Arbeiten einem mürrischen, weißköpfigen Greis, ganz langsam und recht laut, dabei auf und ab gehend. Er muß diktieren, weil die Anfälligkeit seiner Atemorgane die gebückte Haltung am Schreibtisch nicht erlaubt. Um 12 Uhr 30 gibt es Mittagessen. Am späten Nachmittag finden sich die Freunde ein, um in einer Gesprächsrunde Tagesfragen zu diskutieren. Manches Thema dieser Gespräche findet sich in einem Artikel wieder. Gelegentlich gibt es Einladungen zu einfachem Wein und einfacher Kost.

Mit der Gesundheit steht es wirklich nicht gut. Bronchien und Lunge sind dauernd gefährdet. Der Arzt rät Freytag, aufs Land zu ziehen. So kauft er sich ein schönes Landhaus in Siebleben nahe Gotha, in dem einmal Goethe und sein Herzog als Gäste gewohnt hatten. Der neue Besitzer diktiert in dieser Idylle seinem Schreiber, einem ländlichen Unikum, das gelegentlich tagelang bei Kirmes und Schützenfest entweder unauffindbar bleibt oder mit zittriger Hand, weil noch alkoholisiert, niederschreibt. Dort pflegt Freytag seinen sterbenskranken jüdischen Freund in dessen »letztem Sommer, in dem ihm die Erde grün« war.

Die Nähe seines Landhauses zu Gotha führt zur Begegnung des Autors mit dem Herzog Ernst II. v. Sachsen-Koburg-Gotha, aus der eine Freundschaft erwachsen wird. Dieser Fürst hatte schon vor

Herzog Ernst II. von Sachsen-Koburg-Gotha
(nach einem Holzschnitt aus dem Jahr 1860)

1848 einen Verfassungsstaat errichtet und versucht, ihn gegen restaurative Machenschaften zu schützen. Er sah sein Herzogtum nicht als Eigentum eines absoluten Herrschers, sondern verstand sich als Treuhänder der Nation. Unter dem Bildungsbürgertum ist er ungemein populär, wohl wegen seiner Mäzenate. So zieht der Fürst den Schriftsteller an den Hof. Der erliegt schnell dessen Charme, verliert aber niemals im Umgang mit ihm Würde und Selbstbewußtsein eines Bürgers. Für Freytag ist Ernst II. im Besitz gesellschaftlicher Autorität, die er respektiert. In den Briefen verwendet er die zeitgenössische Hofsprache, ohne sich dabei etwas zu vergeben. Von Anfang an hat er kein Blatt vor den Mund genommen, der fürstliche Freund auch nicht. Freytag möchte gerne, der »Landesherr soll sich aus einem Lehnsherrn zum ersten Gentleman seines Landes verändern«. Er warnt Ernst, der sich vor offenherzigen Äußerungen vorsehen soll, vor Illusionen in der Deutschlandpolitik. In den Jahren wilder Spekulationen rät er ihm, keine Banken in Gotha zu konzessionieren. Mißmutig reagiert er auf den Wunsch des fürstlichen Freundes, ihm Orden zu verleihen. Es ist für ihn nicht die höchste Ehre, »mit dem Schelm X und dem Gründer Y die Auszeichnung zu teilen«. Peinlich ist ihm, daß Ernst mit seiner Hilfe einen Roman über das Hofleben schreiben will. Manchmal geht ihm die dauernde Suche des Herzogs nach Tätigkeit auf die Nerven. Mancher Brief an bürgerliche Freunde macht sich lustig über das Treiben des Fürsten. Als die britische Königin Victoria Gotha besucht – der Herzog ist ihr Schwager –, erzählt Freytag: »Ihr zunächst steht der Herzog, man kann nicht schöner und edler repräsentieren als dieser kleine Racker tut, das Musterbild eines vornehmen gentleman.« Vorher hat er noch Glossen über die Hoftracht gemacht, mit der auch er sich auszustaffieren hatte.

Schnell gehört der Journalist Freytag zum politischen Zirkel um den politisierenden Fürsten. Er arbeitet ab 1853 in einem Pressebüro, das die liberalen und nationalen Ideen dieser Gruppe propagiert. Das Büro versorgt deutsche Zeitungen mit unzensierten Informationen über preußische Politik, unterläuft überhaupt die Nachrichten aus den regulierten Büros deutscher Staaten. Der Herzog sieht in Freytag eine entscheidende fördernde publizistische Kraft der liberalen Bewegung. Er schreibt: »Es gehört zu den individuellsten Erscheinungen an Gustav Freytag, daß er ... durch sein publizistisch wohlgeschultes Wirken politisch eingreifender war als die meisten Freiheitssänger des jungen Deutschlands.«

Eine preußische Zirkularverfügung an alle Polizeibehörden greift nach dem gefährlichen Redakteur unter der fadenscheinigen Begründung des Landesverrates. Der fürstliche Freund verleiht ihm pro forma ein Hofamt, damit der Verfolgte die Gothaer Staatsangehörigkeit erlangt und somit dem Zugriff entwischen kann.

Im Umgang mit den politischen Freunden des Herzogs, zu denen auch der preußische Prinz Friedrich Wilhelm, der nachmalige Kaiser Friedrich III., und dessen Gattin, eine Tochter der britischen Königin Victoria, gehören, formt sich im 32jährigen Freytag ein endgültiges nationales und liberales Weltbild. Er macht einen intensiven Lernprozeß durch, muß dabei herbe Kritik, vor allem durch den fürstlichen Freund einstecken, wenn er in Preußenliebe schwelgt:

»Lassen Sie uns für Deutschland, für den Fortschritt und die Aufklärung fechten, nicht aber einseitig für das Preußen, das jetzt vor uns liegt.« Das prinzliche Paar macht in den 60er Jahren keinen Hehl aus der tiefen Abneigung gegenüber der antiliberalen und einseitigen preußischen Politik Bismarcks. Der abgrundtiefe Haß der Prinzessin gegen das Junkertum ist allgemein bekannt. Eine 30jährige Beziehung, die da und dort sogar höfische Schranken zu überspringen scheint und Freundschaft ahnen läßt, entsteht. Aber der Bürger Freytag bleibt reserviert. Er will nicht in Abhängigkeit geraten, ist skeptisch, ob ein Fürst eine »wirkliche, warme und herzliche Freude am Werdenden in der Kunst« aufbringen kann, denn »ungleich reicher, frischer, unbefangener und charakteristischer äußert sich die Lebenskraft des Volkes in den mittleren Schichten der Gesellschaft«.

»Wir aber wollen bürgerliches Wesen zu Ehren bringen!«

Zwei Werke der 50er Jahre begründen Freytags kommenden Ruhm: das Lustspiel »Die Journalisten« und der Roman »Soll und Haben«. Beide sollen nach Meinung ihres Autors die Wirklichkeit gegenwärtiger Gesellschaft aufzeigen. Im Lustspiel geht es um den Wahlkampf zum Landtag in einer preußischen Provinzstadt. Die liberale und die konservative Zeitung greifen ein. Die Wahlmänner müssen noch einen Abgeordneten wählen. Da sie nicht wissen, welcher Partei sie ihre Stimme geben sollen, versucht man, sie zu ködern. Auch ein Tanzfest dient dazu. Das Ganze ist wirklich lustig, gelegentlich ein wenig possenhaft, durchaus lebendig aus der Erfahrung einer Redaktionsstube geschrieben. Da gibt es auch Liebespaare, einen Spießer, über den man lachen muß, auch den bedauernswerten jüdischen Journalisten, der sich anpaßt, um leben zu können, alles schreibt, was man von ihm fordert, »kann schreiben rechts, kann schreiben links«. Eine der Frauengestalten verkörpert das Frauenbild des Autors, sie ist lebensklug, tüchtig. Das Stück wird anfänglich ein sehr großer Erfolg. In Berlin nimmt die kgl. Bühne es wegen seiner liberalen Tendenzen nicht an. Aber Jahre später wird »das gute Fäßlein doch unermüdlich seinen Trank« geben: das Honorar fließt. Der Verfasser ist nicht recht angetan von seinem Stück, empfindet die Handlung als schwach, das Ganze als »schlotterig« gearbeitet.

Viel erfolgreicher als das Bühnenstück wird der Roman »Soll und Haben«. Was beabsichtigt Freytag? Zunächst will er einen Stoff erzählen, der aus der Wirklichkeit kommt, der dem Leben entspricht. (Da erinnern wir uns an die Erzählungen der Mutter in der frühen Kindheit des Autors!) Er will das »arbeitende Leben« des Volkes einfangen, ihm den »Spiegel seiner Tüchtigkeit« vorhalten. Die Darstellung darf aber keine »Daguerreotypen der Wirklichkeit« bringen. Der Dichter soll »nicht das Abenteuerliche, Seltsame, in feindlichem Gegensatz zu der gewöhnlichen Lebensordnung Ringende, sondern Heiteres oder Rührendes geben, das aus unserem Alltagsleben herauswächst«. Er muß nach Freytags Meinung »am Leben, an den Menschen und am eigenen Schaffen Freude haben – er muß an die Menschheit und an sein Volk glauben. Das vermisse ich bei Turgenjew, – durch seine Schöpfungen geht ein unheimlicher pessimistischer Zug.« Die Dichtung hat überhaupt das Ziel, dem Menschen Lösungen für die schwere Daseinsproblematik anzubieten. Dabei darf sie den Leser nicht in einem Maße aufrühren, daß dieser die Beziehung zur Wirklichkeit verliert, sich in Träumen wiegt, den Boden seiner sozialen Rolle verläßt. Ein Satz aus dem Roman zeigt deutlich, wie der Verfasser regelrecht volkspädagogische Tendenzen vertritt: »Denken Sie daran, Wohlfahrt, daß jede Tätigkeit, bei welcher das Gemüt aufgeregt wird, leicht eine Macht über den Menschen gewinnt, die sein Leben ebensowohl stören als fördern kann.« Und damit treffen wir auf den eigentlichen Mangel am Roman »Soll und Haben«, den schon zeitgenössische Kritiker registrierten. Der Verfasser schildert Wirklichkeit von seiner Weltauffassung her, zeichnet Figuren, die in ihrem Verhalten Verkörperungen dieser Weltsicht sind. Für Freytag durchaus kein Mangel: Die bürgerliche Weltsicht ist keine Perspektive unter anderen, sondern die Wahrheit schlechthin, die Tendenz seines Romans damit Dienst an der Wahrheit, Parteinahme für eine gute Sache (Kafitz). Im übrigen wird der Mangel nach Freytag im schöpferischen Werk förmlich aufgehoben, wird dort geborgen als besondere, individuelle Qualität des Dichters: »Es ist aber noch eine andere Betrachtung poetischer Bildungen möglich, welche in der Arbeitsstube des Dichters verweilt und seine besondere Schaffensweise darlegt... Das Gelungene wie das Unvollkommene in den Werken wird alsdann erkannt, nicht nur als ein Mangel der Anlagen, als Fehler der Arbeit, sondern vielleicht auch als eine Eigentümlichkeit des Dichters, welcher nach dem ganzen Zuge seiner schöpferischen Kraft so zu schaffen genötigt war.« (1866)

Drei Elemente kennzeichnen die Struktur von »Soll und Haben«: die Kontrastierung der Figuren, der dramatische Aufbau, die Form des bürgerlichen Entwicklungs- oder Bildungsromans. Auf vielen hundert Seiten erzählt Freytag vom Aufstieg des rechtschaffenen jungen Bürgers Anton Wohlfahrt. Lebensbejahung und Optimismus erfüllen den Helden auf dem Weg in die Zukunft. Politische Wirren, Liebeshändel, Intrigen beirren den Helden zeitweise, verhindern aber nicht Ehe und Teilhaberschaft im Unternehmen am Ende. Der Autor erzählt vom deutschen Bürgertum, das seine Werte und Haltungen auch nach dem Unglück von 1848 als lohnenswert und gültig ansieht. Ganz bewußt schreibt er einen Tendenzroman. Er ist die Programmschrift seines Verfassers: Der Stand des Kaufmanns birgt in sich die Werte, die die Nation benötigt, um sich eine Ordnung zu geben. Jahrzehnte später meint ein Biograph: »In Anton muß der junge Deutsche bürgerlichen Standes ein Stück von sich selbst erkennen.«

Wir finden eine Fülle von Bildern und Schilderungen, die wahr sind, d. h. der Wirklichkeit entstammen, typisch sind für zeitgenössische Vorgänge. Da sind die Adligen, da sind die Polen und Juden. Nicht anders als bei Marx sind die Juden »Versteinerungen« in der sich entwickelnden hochkapitalistischen Gesellschaft, die mit traditionellem Wucher versuchen, ihr Leben zu fristen. Da geht der Adel vor die Hunde. Unfähig zu bürgerlicher Arbeit, uninteressiert an Gewerbefreiheit und parlamentarischer Gleichberechtigung läßt er sich auf Spekulationen mit den Wucherjuden ein. Er verliert, denn nur wer den Weg in eine bürgerliche Existenz findet, kann überleben. So ist alles Erzählte wirklichkeitsgetreu, entspricht den wirklichen Verhältnissen, wie sie der Autor in Artikeln der »Grenzboten« berichtet oder in seinem Inspektionsbericht über Schlesien an Herzog Ernst: »Die letzten zehn Jahre haben den schlesischen Edelmann in vieler Beziehung noch mehr demoralisiert, nicht in seinem Familienleben, sondern in seinem industriellen. Es herrscht dort eine Güterwucherei, die für viele der Anfang vom Ende ist . . . Es ist eine merkwürdige Tatsache, daß der adlige Gutsbesitzer, sobald er Spekulant wird, in großer Gefahr ist, so gemein zu werden wie der schlechteste Jude.« (Juli 1853)

Da das Werk als Bildungsroman konzipiert ist, muß der Weg des Helden notwendig gefährlich verlaufen. Der Verfasser sieht vor allem die Gefährdung in der Hingabe des jungen Mannes an Illusionen, an Schwärmereien. Seine Entwicklung läuft in fünf Abschnitten ab, die der Einteilung des klassischen Dramas entsprechen. Zuerst Begegnung mit dem kaufmännischen Betrieb und einem jungen Adligen mit »rebellischer Gesinnung«. Dann folgt der anfängliche Aufstieg Antons, aber wieder Anziehung durch adliges Leben. Er verfällt in Polen – damit ist der Höhepunkt des Konfliktes erreicht – dem Zauber eines adligen Kreises, »welcher ihm für frei, glänzend und schön galt«. Endlich folgen Erkenntnis und einsichtige Umkehr in die bürgerliche Welt zurück. Am Ende weiß Anton, daß er nie wieder von der »geraden Linie seines Lebens« abweichen wird.

Freytag arbeitet mit starker Kontrastierung, erweckt damit Anteilnahme und Spannung beim Leser. Gegensätzlich sind Frauengestalten, gegensätzlich auch der junge Bürger Anton und der junge Jude Veitel, gegensätzlich Schloß und Patrizierhaus, Solidität und Spekulation, Polen und Deutsche schließlich. Aufruhr, Mord, Betrug erregen die Leser. Sie sind begeistert, die erste Auflage ist sofort vergriffen. Das Buch gehört bis zum Ende des Jahrhunderts zu den meistgelesenen Büchern. Es wird auch gleich ins Englische übersetzt. Innerhalb von drei Jahren werden 22000 Exemplare verkauft. Nach dem Tode des Verfassers erlebt das Werk noch eine Auflage von rund 650000 bis 1945, nachher nochmals an die 400000! Berufsmäßige Kritiker haben den Roman streng beurteilt. Einer ist verärgert über die bürgerliche Selbstgefälligkeit »zugunsten der Geldsäcke«, die aus dem Buch spricht. Ein anderer beanstandet das Bild der Arbeit, das der Autor entwirft, das nicht der Wirklichkeit entspricht. Für Hebbel ist der Roman so langweilig wie ein Sonnabend. Fontane war angetan, für ihn ist das Buch die »erste Blüte des modernen Realismus«. Freytag hat auch selber Kritik geübt: »unbrauchbare Stücke« sind enthalten, Liebesszenen »dürftig geblieben«. Ihm fiel auf, daß das Thema des ruinösen Adels fast das der strebsamen Entwicklung des jungen Bürgers verdrängt. Aber vielleicht hat gerade dieser von ihm empfundene Mangel Lebendigkeit, also Spannung erzeugt?

Selbstkritik übte der Autor auch an seinem zweiten Roman »Die verlorene Handschrift« ein Jahrzehnt später. Er rügt die »geschwätzige Breite«. Schon während der Niederschrift hatte er Schwierigkeiten gehabt, den Stoff zuzubereiten. Die vielen antiquarischen und philologischen Bezüge, seine zahlreichen Erörterungen über Gott und die Welt sieht der Verfasser im ersten Kapitel gleich als Zumutung an. So hat der Roman längst nicht die Leserschaft gefunden wie »Soll und Haben«, obwohl Ehebruchgeschichten, verderbter Fürstenhof und handfester Humor den Geschmack des Publikums hätten treffen müssen.

Wieder führt Freytag uns die Welt des deutschen Bürgertums vor Augen. Wieder attackiert er als Bürger den verkommenen Adel, aus dessen verderbenden Fängen sich der Held lösen kann, der diesmal kein Kaufmann, sondern ein Wissenschaftler ist. Wieder strukturiert er den Roman in fünf große Bücher-Akte. Dabei fällt auf, daß das Buch mehr um das Schicksal der weiblichen Hauptgestalt Ilse konzipiert ist als um das des bürgerlichen Helden. Der ist zeitweilig ein richtiger Träumer wie Anton Wohlfahrt, ein unrealistischer Mensch, der damit schuldig wird an der Bedrohung Ilses. In dieser Frauenfigur hat Freytag alle seine Männerphantasien figuriert: »Ein Stück Alraune, Metspenderin, Reiterstochter, Pietistin.«

Es wird aufgefallen sein, daß die Struktur beider Romane der des Dramas entspricht. Freytags stille Zuneigung gehört der Bühne. So versucht er zwischen den epischen Werken ein Theaterstück und zugleich eine Dramentheorie. Das Trauerspiel »Die Fabier« wird ein massiver Reinfall. Die alten Römer müssen dazu herhalten, die nationalliberalen Ideen des Autors auszusprechen; theatralische Massenszenen können nicht Spannung ersetzen.

1863 dann entsteht »Die Technik des Dramas«. Das Ganze ist im Grunde nichts anderes als ein Aufguß der Theorien von Aristoteles, Lessing und Schiller, versetzt mit handfesten Ratschlägen und Vorschriften für die Bühnenpraxis. Der Dichter soll nicht theoretisieren, vielmehr »sich selbst zu einem tüchtigen Manne machen, dann mit fröhlichem Herzen an den Stoff gehen... solche wohltönende Worte wie Schuld und Reinigung, Läuterung und Erlösung anderen überlassen«. Er hat die Aufgabe, »die Stoffmassen schönend zu umziehen«. Die Regeln müssen auf der Bühne exakt angewendet werden. Dies ist eine Auffassung vom Theater, die dem Mißlingen der Bühnenstücke Freytags entspricht. Als Ehrenrettung wäre allenfalls anzuführen, daß aus dieser Theorie eine hohe Einschätzung des Dramas als Bildungswert ablesbar ist.

»Es rührt und stimmt heiter, wenn wir in der Urzeit genau denselben Herzschlag erkennen, der noch uns die wechselnden Gedanken der Stunde regelt.«

Freytag hatte eine ganze Reihe von kulturgeschichtlichen Artikeln in den »Grenzboten« veröffentlich. Er schilderte lebendig, fast miterlebend Episoden aus der deutschen Geschichte. Einige Titel: »Der Reitersmann im Schwarzen Bären zu Jena« oder »Die Schlesier und ihr toller Herzog Heinrich« oder »Fortuna eines Bürgerlichen nach dem dreißigjährigen Kriege«. Das Material dafür fand der Autor in alten Tagebüchern, Hauschroniken, Biographien und nicht zuletzt in seiner eigenen Flugschriftensammlung aus Reformation und Barock. (Am Ende insgesamt 6265 Stücke!) Über die Sammler meinte er einmal: »Das Behagen an irdischer Existenz betätigt sich in dem Ansammeln von allerlei Dingen, welche lieb und begehrenswert erscheinen.« Nun faßt er die Aufsätze in einem Buch unter dem gelungenen Titel »Bilder aus der deutschen Vergangenheit« zusammen. Er macht gar keinen Hehl daraus, eine politische Tendenzschrift geschaffen zu haben, findet er sich doch in Übereinstimmung mit dem bürgerlichen Leser. Er will die Nation auf ihre große Geschichte aufmerksam machen, denn noch ist sie im Zustand nationaler Uneinigkeit. Der Verfasser propagiert die Einheit der Nation aufgrund ihrer großartigen kulturellen Vergangenheit. Das Buch wird ein Erfolgsschlager! Einerseits spricht es die Leser wegen seiner farbigen Erzählweise an, andrerseits entspricht es dem Fühlen und Denken der deutschen Bürger. Anschaulichkeit ist das Prinzip seines Schreibens. So stellt Freytag im Bilde dar, was eine wissenschaftliche Arbeit allgemein oder abstrakt formuliert. Handelt es sich um barbarisches Schlägertum, das sich in der späten Völkerwanderungszeit im Dienste der Kirche sozusagen veredelt, dann heißt es: »Die aus der wilden Welt in das Kloster gekommen waren, vergaßen nicht ganz, wie sich die Faust über der Waffe ballte. Sie gingen gern für den Herrn Abt auf die Jagd, wußten Spieß und Keule gegen einen Räuber erfolgreich zu gebrauchen und krämpten die Ärmel ihrer Kutte gegen die Dienstleute des Klosters so entschieden auf, daß sie sich und ihr Herr Abt Gehorsam erzwangen.« Die Rezensionen sind des Lobes voll. »Die gelehrte Arbeit, die dahinter steckt, wird gerade von den Gelehrten nicht gemerkt oder nicht beachtet... Das Buch will freilich kein wissenschaftliches sein, und doch ist es die beste deutsche Geschichte, die wir haben.« Schnell findet es auszugsweise seinen Eingang in die Lektüre der Gymnasien. (Übrigens ist mir das Buch 1982 in einer Neuausgabe mit imitiertem Goldschnitt und vielen bunten Bildern auf dem Ramschtisch eines Kaufhauses begegnet.)

1867 macht der Schriftsteller einen Ausflug in die Wirklichkeit der Politik. Er wird zum Abgeordneten des Wahlkreises Erfurt in den konstituierenden Reichstag gewählt. Keine erfolgreiche Zeit für ihn! Seine erste und einzige Rede bringt dem parlamentarisch Unerfahrenen eine Rüge des Vorsitzenden ein. Während er spricht, scheint er dauernd in den Anzugtaschen zu suchen, und schon ruft man im Saale, er suche nach der »Verlorenen Handschrift«. Das Treiben der Politiker stößt Freytag ab: »Von aller Eitelkeit auf Erden ist wohl die parlamentarische die häßlichste, jedenfalls die schädlichste.« Er kommt zum Entschluß: »Ich bleibe bei der Poeterei, ich krieche in meinen Federtopf zurück.« Sehr witzig hat die satirische Zeitschrift »Kladderadatsch« eine Karikatur mit der Unterschrift »Soll und Haben« gebracht, auf der Freytag und sein jüdischer Platznachbar, Bankier von Rothschild, zu sehen waren.

Im Oktober 1870 nimmt der Journalist Abschied von den »Grenzboten«. Die Querelen mit dem Verleger über religiöse Fragen sind mittlerweile unerträglich geworden.

Den deutsch-französischen Krieg von 1870/71 macht Freytag anfangs im Hauptquartier des preußischen Kronprinzen als dessen persönlicher Berichterstatter mit. Seine Berichte über Eindrücke, Erlebnisse und Reflexionen lassen an Lebendigkeit und Anschaulichkeit nichts zu wünschen übrig, vergleichbar mit Fontanes Artikeln. Am Morgen der Entscheidungsschlacht bei Sedan marschieren die deutschen Regimenter. »Dichter Wasserdampf liegt am frühen Morgen über der Landschaft, der Anmarsch des Heeres gleicht einem unabsehbaren Geisterzug. In dem wogenden Nebelmeere schimmern die Brände verlassener Lagerfreuer, hier und da werden ein Pferdehaupt, die schwankenden Umrisse einer Menschengestalt sichtbar, dazwischen ragt ein Baum, ein Hausdach, ein Kirchturm als dunklerer Schatten. Überall tönt um den Fahrenden das dumpfe Geräusch der marschierenden Kolonnen, aber der Weg und die Fuhrwerke darauf sind wenige Pferdelängen entfernt unsichtbar. In der umschließenden Wolkenmasse tönt aus der Ferne ein Dröhnen, nicht wie Geschützdonner, sondern wie Geräusch unzähliger, stürzender Bäume.« Argwöhnisch schaut Freytag auf das Treiben von Offizieren und Mannschaften während des Winters im Besatzungsgebiet. Plünderungen und Requirierungen nehmen überhand. Mancher Offizier packt sich hübsche Stücke aus Schloß oder Bürgerhaus für sein Zuhause ein, mancher Soldat verhökert alte Stiche und Bücher an Händler im Hinterland. Spitz übt er Kritik am Hauptquartier, weil die »zierlichen Herren aus dem Fürstenclub von Versailles« allzu bereit sind, solcherlei Ware zu kaufen, obwohl diese »auf unehrliche Weise in den Handel gekommen ist«.

Die Gespräche mit dem Kronprinzen zeigen gegenseitige Vertrautheit. Im Hochgefühl des Sieges schwärmt der Fürst vom kommenden Kaisertitel. Der Bürger ist skeptisch: »Riesig sind wir gewachsen, und die guten Götter mögen uns vor Übermut bewahren.« Im Kaisertitel sieht er ein überflüssiges Relikt einer mißverstandenen Historie. Das Mittelalter ist vorbei, das Zeitalter des Bürgers ist da. Das Oberhaupt des neuen Staates soll seine persönliche Tüchtigkeit beweisen, es soll »den großen Arbeiter für die Nation« darstellen. Gegen seine Gepflogenheit berichtet Freytag dem Kronprinzen, er wolle über die Geschichte des deutschen Volkes einen Roman schreiben, will diesen Friedrich Wilhelm widmen.

Der Aufenthalt auf dem Kriegsschauplatz ist für Freytag ähnlich gefährlich gewesen wie für Fontane auch. Die Heimfahrt führt ihn durch ein seltsam ausgestorbenes Land, die Bevölkerung verbirgt sich haßerfüllt, da und dort eine Militärkolonne, einsame Posten, der begleitende Feldjäger auf der Suche nach dem richtigen Weg.

Die Einheit der Nation bedarf nun keiner propagierenden Literatur mehr. Jetzt kommt es darauf an, das Selbstbewußtsein der Deutschen zu fundamentieren. Deshalb soll ihre Geschichte vorgestellt werden als ein Prozeß, der in der Staatswerdung von 1871 mündet. Bei der Niederschrift geht der Autor von einer bestimmten Theorie aus, in der zwei Komponenten entscheidend sind. Die erste bezieht sich auf die Erzählart. Er will eine Begebenheit erzählen, die in allen Teilen als abgeschlossene Einheit erscheinen soll. Der Zusammenhang muß sich ergeben aus dem Schicksal der Figuren und »dem logischen Zwange der zu Grunde liegenden Verhältnisse«. Gelingt dieses, dann entsteht im Leser ein Gefühl von Freiheit, wird er doch in eine kleine Welt versetzt, die er übersehen kann, in der das Unrecht verliert, er endlich starke, ideale Empfindungen haben kann. Die Schwierigkeit liegt darin, einen historischen Roman zu schreiben, der die geschichtliche Wirklichkeit nicht vernachlässigen darf. Freytag kommt auf einen Gedanken, der das Buch zum großartigen Erfolg bringen sollte. Er hatte immer schon darüber nachgedacht, auf welche Weise wohl ein Zusammenhang existiert nicht nur zwischen dem Handeln der Zeitgenossen, sondern zwischen ihrem Handeln und dem ihrer Vorfahren, über eine mögliche, schwer erklärbare Einwirkung der Ahnen also auf ein gegenwärtiges Lebensschicksal. So führt der Autor den Leser anhand von Lebensschicksalen durch die deutsche Geschichte, und zwar nicht von sogenannten großen Männern, sondern von Menschen, die zu den »vielen unbekannt Gebliebenen« gehören. Hatte er doch ein Jahr vor der Entstehung des Deutschen Reiches geschrieben, daß »nämlich nicht ein Mann und ein Waffengang allein die Grundlagen eines neuen Staates geschaffen, sondern daß viele in aufregendem geistigen Kampf seit zwei Jahrzehnten daran gearbeitet haben«.

Die zweite Komponente lautet: Der Leser soll erfahren, daß der historische Prozeß kontinuierlich und fortschrittlich verläuft. Er wird froh gestimmt sein, wenn er in der Urzeit denselben Herzschlag entdeckt, »der noch uns die wechselnden Gedanken der Stunde regelt«. Er wird sicher gemacht gegenüber der eigenen Zeit, denn er erkennt, alle Vergangenheit deutet auf das Heute. Insofern sind »Die Ahnen« keine Flucht in die Geschichte aus einer unbefriedigenden Welt heraus, sondern rückgreifend in die Geschichte der optimistische Gang in die gegenwärtige nationale Existenz.

Die Arbeit am Werk über Jahre hinweg lastet schließlich auf dem Verfasser, denn er hat sich die Aufgabe gestellt, über Geschichte von der Völkerwanderung bis ins 19. Jahrhundert zu erzählen. Manchmal wird es mit »Behagen gemacht«, dann ist die »Schreiberei ein Leidwesen«, am Ende »würgt er an der Fertigstellung«.

»Die Ahnen« umfassen acht Teile oder acht in sich abgeschlossene Erzählungen, sind also ein Zyklus, der überall die geheimnisvolle Einwirkung der Vorfahren auf die Nachkommen aufzeigt. Alle Helden bestehen schwere innere und äußere Kämpfe gegen Unfreiheit und Unterwerfung. Sie sind treu gegenüber Frau und Volk, sind Angehörige anfangs des niederen Adels, später des Bürgertums. Charakteristisch für den Autor ist, daß er Sänger, Spielleute, Journalisten, Buchhändler zu besonderen Trägern einer öffentlichen Meinung macht. Die Frauengestalten sind so recht nach dem Geschmack der Zeit: blond, treu, aufopfernd. Im letzten Teil erkennt der Leser in der kleinen Stadt die Heimat des Verfassers. Merkwürdigerweise schließt er das Ganze mit den Ereignissen von 1848 ab, nicht mit dem Jahre 1871. Gehört seine insgeheime Sehnsucht der Aufbruchszeit von damals?

Um »denselben Herzschlag« hörbar zu machen, schreibt Freytag eine Sprache, die in altertümlichen, wie er meint, historisch entsprechenden Wendungen schwelgt. In den »Erinnerungen« erklärt er, daß er diesen Stil »nicht gesucht habe, sondern daß er ihm aus der Feder geflossen sei«. Diese Archaisierung der Sprache mit Anklängen an mittelalterliche Versrhythmen, mit ihren blumenhaften Wendungen bei abstrakten Sachverhalten, mit vielen schmückenden Beiwörtern und mit der Häufung von Sprichwörtern hat das Publikum verblüfft, es aber um so mehr darin bestätigt, echtes deutsches Leben der Vergangenheit zu finden.

Als der erste Band »Ingo und Ingraban« zu Weihnachten 1872 erscheint, erlebt er einen Widerhall wie selten ein Buch zuvor auf dem deutschen Büchermarkt. Jeder folgende Band wird von der Nation wie ein Festgeschenk begrüßt, schreibt ein Rezensent. Das Publikum hatte etwas erwartet in der Art von »Soll und Haben«, einen Roman, der wahrscheinlich »gegen die modernen Wuchergeschäfte Front machen sollte«, schreibt Freytag an den Herzog Ernst. Man ist überrascht von dem historisch groß angelegten Stoff, ist fasziniert durch die Erzählung germanisch-deutscher Urzeit, identifiziert sich mit dem Bürgertum des deutschen Frühkapitalismus, empfindet die historisierende Sprache als lebensecht. Scharfsinnige, sehr kritische Rezensenten haben dem Bestseller keinen Abbruch tun können. Ihnen erscheinen die Gestalten des Romans konstruiert, geprägt von »bloßer Reflexion«, sind aus modernen Romanen in die Vergangenheit umgesiedelt, führen eher eine Art Privatleben als ein geschichtliches, reflektieren wie moderne Menschen ihre soziale Existenz. Ich kann nicht verhehlen, daß ich als Junge die ersten Bände aus germanischer und mittelalterlicher Zeit verschlungen habe! Übrigens war Freytag selbstkritisch genug, Unzulänglichkeiten an den »Ahnen« zu registrieren. In seinen »Erinnerungen« gibt es eine Passage, die sich auf die Mängel dieses Werkes beziehen könnte: »Oft steht der geringe Kunstwert eines poetischen Werkes und das abfällige Urteil, womit ein spätes Geschlecht dasselbe richtet, in schroffem Gegensatz zu der warmen Anerkennung, welche ihm in der Zeit seines Erscheinens zuteil wird... Die Mängel einer Dichtung in Charakteren, Handlung und Sprache sind oft nur ein Abbild der besonderen Mängel, welche der gesamten Bildung einer Zeit anhängen.«

»Drinnen ist es so heiß, so angstvoll, so unbändig, daß ich mich über mich selbst wundere.«

Die Leserschaft ist also hellauf begeistert. Besucher fallen scharenweise in Siebleben ein, darunter manche »Geniussin«, die mit Freytags Hilfe als Schriftstellerin debütieren möchte. Der Autor bekommt Präsentkörbe, Leberwürste, Sektkisten, Pfefferkuchen, Sofakissen, Briefe noch und noch. Ein pensionierter General lobt die »Ahnen« als »im Sinne Bismarcks« geschrieben, was den Autor als Gegner des Kanzlers weidlich amüsiert. Schulen möchten Freiexemplare; die Lehrpläne der Gymnasien nehmen ihn in ihren Lektürekanon auf. Als renommierter Autor soll er seine Unterschrift unter eine sozialpolitische Aktion setzen. Bittsteller gehen ihn um Unterstützung an: Einer weist durch den Augenschein nach, daß er kein Hemd hat. 1877 lohnt sich für seinen Verleger eine Gesamtausgabe. Wiesbaden benennt eine Straße nach ihm. Der preußische Staat verleiht ihm die Friedensklasse des Ordens Pour le mérite. Der deutsche Kronprinz läßt Freytag für die Nationalgalerie porträtieren, was diesem mühselig ist, ihn nur von der Arbeit abhält. Zudem hält er es für unnütz, einen alten Mann zu malen, denn »Ruinen haben Sie ja in der Landschaft«. Er soll die Leitung des Kgl. Schauspielhauses übernehmen, will lieber »eine Mission in Kamerun«.

Mit zunehmendem Alter fällt das Schreiben recht schwer. 1877 schreibt er: »Der alte Löwenmut fehlt.« Jedoch ist es nicht das Altern allein, das beschwerlich ist. Zwar plagen ihn die anfälligen Bronchien und die Lunge, drückender aber sind die Sorgen um die Zukunft der Nation. Am stärksten lastet die Einsamkeit seiner Existenz. Ist sein Deutschlandbild nach 1871 verwirklicht worden? Ein Deutschland des liberalen, patriotischen und honorigen Bürgertums, dessen Haltungen und Einstellungen von der Nation als beispielhaft angenommen werden können? Über Bismarck, den Mann, der »aus dem Bannkreis der Zivilisation in den Urwald riesiger Missetaten« getreten war, ist er sich seit dem Beginn der 60er Jahre im klaren, über dessen gesetzlose und junkerhafte Art zu regieren. Er registriert im Kanzler eine sich steigernde Herrschsucht, ein Spielen mit Menschen und politischen Ideen. »Wir werden noch lange daran zu tragen haben, daß die politische Kraft der Nation sich durch 1½ Jahrzehnt in einem Manne personifiziert hat«, schreibt er an den Verlegerfreund. Andere sind bestürzt über Bismarcks Entlassung, Freytag widerspricht borstig: »Dann macht's ein anderer.«

Schlimm steht es mit der Leitung des Reiches. Kaiser Wilhelm I. zieht Paraden dem Bücherlesen vor. Er hat Aufzeichnungen über eigene schwierige Lebenssituationen publizieren lassen, die »nur auf Wirkung geschrieben sind, und die Bescheidenheit wie die Frömmigkeit erscheinen gemacht«. Sein Nachfolger, Kronprinz Friedrich Wilhelm, wird frustriert durch Tatenlosigkeit, die ihm Vater und Kanzler aufgezwungen haben, ohne Lebenskraft an der Seite einer Frau, die mit der deutschen Welt nicht zurechtkommt. Der Sohn Wilhelm, ein eitler, dummer Junge, besessen vom Ehrgeiz. Die Hoheiten alle samt und sonders nur »weiche, verwöhnte Kinder«, die dem wirklichen Leben auf tragische Weise ausgesetzt sind. Die Vorherrschaft des Adels ist nicht zugunsten des Bürgertums abgeschafft worden. »Er gibt unter anderem der Nation die Hälfte ihrer militärischen Turnlehrer.« Freytag lehnt jedes Ansinnen, ihm den Adel zu verleihen, aggressiv ab. Überhaupt sind die »glücklichen Jahre für Deutschland« verronnen. Damals, als die Liberalen sich im Nationalverein sammelten, als sie Weichen stellten für die kommende Einigung der Nation, da war alles verheißungsvoll, aufbruchsbereit. Nun sind die Liberalen zerstritten, das parlamentarische Leben ist verdorben. Er hat Angst vor der Zukunft: »Es ist merkwürdig, wie sehr die Deutschen von ihren Nachbarn gehaßt werden... Wir müssen doch etwas recht Unliebenswürdiges an uns haben.« Er befürchtet, daß der junge Wilhelm II. die »Verstörung, Isolierung und den Verderb« der Nation beschleunigen wird. Mit zunehmendem Alter verhärtet sich seine politische Einstellung, sie verrennt sich in verbohrte, ganz rückständig Urteile. Daß er der katholischen Kirche mißtraut, sollte man ihm nicht verübeln, darin unterscheidet er sich nicht von anderen. Sie stellt für ihn eine Macht dar, mit der man auf Leben und Tod zu kämpfen hat. Da sich Freytag nie mit Ökonomie ernsthaft beschäftigt hat, fehlt ihm jeder Sinn für eine angemessene Lösung der sozialen Frage, wie sie sich im Erstarken der Sozialdemokratie darstellt.

So gehen die Jahre am alternden Schriftsteller nicht spurlos vorüber. Äußerlich wirkt er wie ein pensionierter General, seine Sprechweise mit den charakteristischen Diminutiven wie »Häusel«, »Kindel«, »Briefel« läßt einen schlesischen Gutsbesitzer vermuten. Ungeschickte Kleidung und gelegentlich brummiger Ton unterstreichen diesen Eindruck. Wenn er früher schon nicht gerne reiste, so will er dies im Alter überhaupt nicht mehr: Hotels sind zu teuer, Capri von den Deutschen überlaufen. Die anfälligen Atmungswege haben ihn veranlaßt, sich in den 70er Jahren im milden Klima Wiesbadens eine Villa zu kaufen – mittlerweile verfügt er über ein schönes Vermögen. In der Villa sitzt er meistens im geräumigen Arbeitszimmer, das auffallend nur mit Bildern und Büsten des deutschen Kronprinzen geschmückt ist. Den Sommer verbringt er in Siebleben, betreut vom Gärtnerehepaar, das ihn gegen unliebsamen Besuch abschirmt. Dort führt er ein Junggesellenleben, verwildert, wie er schreibt, wechselt nicht gerne die Hemden. Er ist allein. Freunde, wie der altliberale General Stosch, vermögen nicht, ihm durch Einladungen über das Gefühl der Einsamkeit hinwegzuhelfen.

Zwei Ehen dauern lange, leidvolle Jahre. Beide Frauen erkranken an »Gehirnleiden«, wie man seinerzeit sagte, wenn es sich um Leute der Oberschichten handelte. Der Ehemann verdeckt ihre Zustände, selbst die Freunde wagen nicht, wohl auch aus der damaligen bürgerlichen Mentalität heraus, ein hilfreiches Gespräch zu führen. Er trägt vor allem die Zustände und Reaktionen der zweiten Frau mit Geduld und Fürsorge. Mit Geduld und einer rührenden, antiautoritär anmutenden Erziehung widmet sich der alte Mann im Alter eines Großvaters seinem kleinen Sohn. Ganz spät, fast schon am Ende seines Lebens, erlebt er die Begegnung mit der Frau, die ihm geben sollte, wonach er sich im Leben gesehnt hatte. Sie müssen jahrelang warten, bis ihre Scheidung erfolgt ist, müssen ihre Beziehung anfangs verstecken. Seine Briefe an sie zeigen Freytag in einer bei ihm bisher unbekannten rückhaltlosen Selbstdarstellung. Unverhüllt erzählt er ihr seine Tagträume, wenn sie im Nordseebad weilt, oder schildert, wie er den Kelch einer Rose küßt. Auf der Brust trägt

Gustav Freytag mit Anna Stakosch 1889 (zwei Jahre vor ihrer Heirat)

er ein »Käpsel« mit einer Haarlocke der Geliebten. Er berichtet über die abgründige Einsamkeit seines bisherigen Lebens, die ihm nun erst besonders schmerzlich bewußt wird. Einmal möchte er für sein Leben wenigstens »eine große frische Freude« haben, denn er sieht »die Dämmerung um mich aufsteigen, und meine Sonne ist tief unter dem Horizont«. Er gesteht ihr, daß seine ihm zugeschriebene Ruhe und Beherrschung nur »die Attrappe (ist), die mir das Leben umgetan hat, drinnen ist es so heiß, so angstvoll, so unbändig, daß ich mich über mich selbst wundere«. Die Glut seines Gefühls verbirgt sich »unter dem Schein eines gemessenen Wesens«. Während der tödlichen Erkrankung des ihm so engverbundenen deutschen Kronprinzen schüttet er ihr sein Herz aus, möchte sich aus Traurigkeit bei ihr anlehnen. Er vertraut ihr Kenntnisse an, die man zu den Staatsgeheimnissen rechnen kann, die nicht einmal der Kaiserhof oder die Regierung kennen, die er aber von vertrauten Freunden erhält. Nach dem Tode Friedrichs III. erfährt die Geliebte von Ratschlägen, die Freytag der Kaiserwitwe gibt, um die Papiere des Verstorbenen vor dem Zugriff Bismarcks zu retten.

Nach dem Tode des Kaisers publiziert er eine Schrift, die ihm viele Feinde macht. Sie behandelt scheinbar das Verhältnis des Verstorbenen als Kronprinz zum Kaisertitel, ist tatsächlich eine zeitkritische Analyse, mit der der Autor den Nachweis bringen will, daß seine trüben Ahnungen und Befürchtungen aus dem Kriege gegen Frankreich bestätigt worden sind. Furchtlos heißt es im Vorwort: »Aber er ist nicht imstande, vor der höchsten Erdenhoheit sein Urteil gefangen zu geben, und er ist der Meinung, daß den Gebietern unseres Staates besser gedeihen muß, über solche zu herrschen, welche sich eine selbständige Auffassung bewahren, als über die, welche Nacken und Meinung gefügig beugen.« Servilität des Volkes und Überheblichkeit des Adels sind Wirklichkeit. Die Fürsten agieren wie Schauspieler um des Beifalls willen. Kaiser Friedrich III. ist schon als Kronprinz das Opfer der Machtverhältnisse geworden. »Er allein hatte den höchsten Preis zu zahlen, sein Glück, vielleicht sein Leben.« Es gab für ihn in dieser Hierarchie keinen rechten Platz als allenfalls zu repräsentieren. So begann er an Leib und Seele schnell zu altern, wollte sogar dem Thron entsagen. Dem Volk jedoch wurde über 20 Jahre das Leitbild von »unserem Fritz« offiziell vorgemacht. Dieses falsche Bild schadete nur der notwendigen Liberalisierung der Nation.

Am Schluß sollte ein Aufsatz nicht unerwähnt bleiben, der unter der Überschrift »Eine Pfingstbetrachtung« 1893 erschienen ist. Freytag wendet sich dort gegen den gefährlich anwachsenden Antisemitismus. Seine dritte Frau ist Jüdin. Er hatte schon 1849 über Judenfeindlichkeit in Breslau nachgedacht, 1869 gegen Richard Wagners törichte Schrift über Musik und Judentum vom Leder gezogen: »Im Sinne seiner Broschüre erscheint er selbst als der größte Jude.« Nun erkennt der Journalist Freytag richtig, »was jetzt mit dem aufgebauschten Namen ›antisemitische Bewegung‹ genannt wird, ist in Wahrheit noch das alte Leiden, die Judenhetze«. Er weist darauf hin, daß die jahrhundertealte Unterdrückung, die unablässige Verunsicherung Spuren in der Psyche des Juden hinterlassen hat. Dieser muß gegenwärtig erfahren, daß »noch immer das alte grausige Schicksal der Vorfahren über seinem Leben und der Zukunft seiner Kinder hängt«.

Die so glückliche Zeit mit seiner jungen Frau, sie haben 1891 heiraten können, geht schnell zu Ende. Am 30. April 1895 endet in ihren Armen das Leben eines noblen deutschen Schriftstellers. Die Grabinschrift lautet: »Tüchtiges Leben endet auf Erden nicht mit dem Tode, es dauert im Gemüt und Tun der Freunde, wie in Gedanken und in der Arbeit des Volkes.«

*Soll und Haben. Gespräch zwischen dem Freiherrn und dem jüdischen Händler**

»Dort hält ein fremder Wagen, ist Besuch gekommen?« fragte der Freiherr, als sie sich dem Hofe näherten.

»Es ist nur Ehrenthal«, antwortete die Baronin, »er wartet auf dich und hat bereits seinen ganzen Vorrat von schönen Redensarten an uns verschwendet; Lenore ließ ihrem Übermut den Zügel schießen, und es war hohe Zeit, daß ich sie wegführte; dem drolligen Mann wurde angst bei der Koketterie des unartigen Kindes.«

Der Freiherr lächelte. »Mir ist er immer noch der liebste in dieser Klasse von Geschäftsleuten«, sagte er; »sein Benehmen ist wenigstens nicht abstoßend, und ich habe ihn in dem langen Verkehr stets zuverlässig gefunden. – Guten Tag, Herr Ehrenthal, was führt Sie zu mir?«

Herr Ehrenthal war ein wohlgenährter Herr in seinen besten Jahren mit einem Gesicht, welches zu rund war, zu gelblich und zu schlau, um schön zu sein; er trug Gamaschen an den Füßen, eine diamantene Busennadel auf dem Hemd und schritt mit großen Bücklingen und tiefen Bewegungen des Hutes durch die Allee dem Baron entgegen.

»Ihr Diener, gnädiger Herr«, antwortete er mit ehrerbietigem Lächeln, »wenn mich auch nichts herführt von Geschäften, so werde ich Sie doch bitten, Herr Baron, daß Sie mir manchmal erlauben, herumzugehen in Ihrer Wirtschaft, damit ich in meinem Herzen eine Freude habe. Es ist mir eine Erholung von der Arbeit, wenn ich komme in Ihren Hof. Alles so glatt und wohlgenährt, und alles so reichlich und gut eingerichtet in den Ställen und in den Scheunen. Die Sperlinge auf dem Dach sehen bei Ihnen lustiger aus, als die Sperlinge von anderen Leuten. Wenn man als Geschäftsmann so vieles erblicken muß, was einen nicht erfreut, wo die Menschen durch ihr Verschulden in Unordnung kommen und Verfall, da tut's einem wohl, wenn man ein Leben sieht, wie das Ihre; keine Sorgen, keine großen Sorgen zum wenigsten, und so vieles, was das Herz erfreut.«

* Der Textauszug hält sich an die Erstausgabe. Spätere Ausgaben haben sprachliche Entfärbungen vorgenommen. Sie veränderten die charakteristischen Sprechweisen von Juden im deutsch-polnischen Grenzgebiet.

»Sie sind so artig, Herr Ehrental, daß ich glauben muß, etwas recht Wichtiges führt Sie her. Wollen Sie ein Geschäft mit mir machen?« fragte der Freiherr gutmütig.

Mit einem Kopfschütteln, wie es dem biedern Mann ansteht, wenn er einen ungerechten Verdacht von sich abweisen will, antwortete Herr Ehrenthal: »Nichts vom Geschäft, Herr Baron! Die Geschäfte, die ich mit Ihnen mache, sind solche, wo man sagt keine Artigkeiten. Gute Ware und gutes Geld, so haben wir es immer gehalten, und so wollen wir's mit Gottes Hilfe auch ferner halten. Ich kam nur herein im Vorbeifahren« – dabei bewegte er nachlässig die Hand, um pantomimisch zu bekräftigen, daß er nur im Vorbeifahren sei –, »ich wollte fragen wegen des Pferdes, das der Herr Baron zu verkaufen haben. Es ist einer im Dorfe daneben, dem ich habe versprochen zu fragen nach dem Preis. Ich kann's ebensogut mit dem Amtmann abmachen, wenn der Herr Baron keine Zeit haben für mich.«

»Kommen Sie mit, Ehrenthal«, sagte der Freiherr, »ich führe mein Pferd selbst in den Stall.«

Herr Ehrenthal machte den Frauen viele Bücklinge, welche von Lenore durch ebenso tiefe Knickse erwidert wurden, und folgte dem Freiherrn zur Stalltür. Dort blieb er respektvoll stehen und bestand darauf, daß das Pferd des Barons und der Baron selbst vor ihm eintraten. Nach kurzer Besichtigung und den üblichen Reden und Gegenreden führte der Freiherr Herrn Ehrenthal auch in den Kuhstall, worauf Herr Ehrenthal den leidenschaftlichen Wunsch aussprach, auch die Kälber zu sehen, und endlich die Bitte zufügte, auch bei den Zuchtböcken zur Audienz zugelassen zu werden. Er war ein erfahrener Geschäftsmann, und wenn das Entzücken, welches er aussprach, auch etwas handwerksmäßig und überschwenglich klang, so war das, was er lobte, doch wirklich lobenswert, und der Freiherr hörte das Lob mit Wohlgefallen an.

Nach Besichtigung der Schafe mußte eine Pause gemacht werden, denn Ehrenthal war zu sehr ergriffen von der Feinheit und Dichtigkeit ihres Pelzes. »Nein, dieser Stapel!« seufzte er in träumerischer Begeisterung; »schon jetzt kann man sehen, was er sein wird im nächsten Frühjahr.« Er wiegte den Kopf hin und her und zwinkerte mit den kleinen Augen nach der Sonne. »Wissen Sie, Herr Baron, daß Sie sind ein glücklicher Mann! Haben Sie gute Nachrichten von Ihrem Herrn Sohn?«

»Danke, lieber Ehrenthal, er hat gestern geschrieben und seine Zeugnisse geschickt«, antwortete der Freiherr.

»Er wird werden, wie sein Herr Vater«, rief Herr Ehrenthal aus,

»ein Kavalier von erster Qualität, und ein reicher Mann, der Herr Baron weiß zu sorgen für seine Kinder.«

»Ich erspare nichts, lieber Ehrenthal«, erwiderte der Baron nachlässig.

»Was ersparen?« rief der Händler mit Verachtung gegen eine so plebeje Tätigkeit; »was sollen Sie sparen? Wenn ich mir erlauben darf, das zu bemerken als ein Geschäftsmann, der schon lange die Ehre hat, Sie zu kennen. Was brauchen Sie zu sparen? Sie werden doch dereinst, wenn der alte Ehrenthal nicht mehr sein wird, auch ohne Sparen hinterlassen dem jungen Herrn das Gut, welches unter Brüdern wert ist ein und ein halbes Hunderttausend, und dem gnädigen Fräulein Tochter außerdem eine Aussteuer von – was soll ich sagen – fünfzigtausend Taler bar.«

»Sie irren«, sagte der Freiherr ernst, »ich bin nicht so reich.«

»Nicht so reich?« rief Herr Ehrenthal mit sittlicher Entrüstung gegen jeden Menschensohn (den Baron ausgenommen), der so etwas behaupten könne. »Es hängt doch nur von Ihnen ab, jeden Augenblick so reich zu sein. Wer ein Vermögen hat, wie der Herr Baron, der kann in zehn Jahren verdoppeln sein Kapital ohne Gefahr. – Warum wollen Sie nicht Pfandbriefe der Landschaft auf Ihr Gut nehmen?«

Die »Landschaft« der Provinz war damals ein großes Kreditinstitut der Rittergutsbesitzer, welches Kapitalien zur ersten Hypothek auf Rittergüter auslieh. Die Zahlung erfolgte in Pfandbriefen, welche auf den Inhaber lauteten und damals überall im Lande für das sicherste Wertpapier galten. Das Institut selbst zahlte die Interessen an die Besitzer der Obligationen und erhob von seinen Schuldnern außer den Zinsen noch einen geringen Zuschlag für Verwaltungskosten und zu allmählicher Tilgung der aufgenommenen Schuld.

»Ich mache kein Geldgeschäfte«, antwortete der Freiherr stolz, aber in seiner Brust klang die Saite fort, welche der Händler angeschlagen hatte.

»Die Geschäfte, welche ich meine, sind so, wie sie heutzutage macht jeder Fürst«, fuhr Herr Ehrenthal mit Feuer fort. »Wenn der gnädige Herr Pfandbriefe der Landschaft aufnimmt auf sein Gut, so kann er jeden Tag erhalten fünfzigtausend Taler in gutem Pergament. Sie zahlen dafür der Landschaft vier vom Hundert, und wenn Sie die Pfandbriefe liegenlassen in Ihrer Kasse, so erhalten Sie davon Zinsen dreiundeinhalb vom Hundert. Dann zahlen Sie ein halbes Prozent zu an die Landschaft, und durch das halbe Prozent wird noch amortisiert das Kapital.«

»Das heißt Schulden machen, um reich zu werden«, warf der Gutsherr achselzuckend ein.

»Verzeihen Sie, Herr Baron, wenn ein Herr wie Sie fünfzigtausend Taler liegen hat, welche ihm jährlich kosten ein halbes Prozent, so kann er damit kaufen die halbe Welt. Immer gibt es Gelegenheit, Güter zu erwerben zu einem Spottpreis, wenn man bar Geld oder Pfandbriefe hat zu rechter Zeit. Da sind Rittergüter, da sind Waldungen, die man kann kaufen, oder Anteile von Bergwerken, oder Aktien von einer soliden Sozietät. Oder der Herr Baron können selbst anlegen ein Etablissement auf Ihrem Gut, wenn Sie wollen schaffen Zucker aus Rüben, wie der Herr v. Bergen am Gebirge, oder amerikanisches Mehl, wie der Herzog von Löbau, oder bayrisches Bier, wie Ihr Nachbar, der Graf Horn. Was ist dabei für eine Gefahr? Sie werden einnehmen zehn, zwanzig, ja fünfzig Taler vom Hundert des Kapitals, das Sie geliehen haben von der Landschaft zu vier vom Hundert.«

Der Freiherr sah nachdenkend vor sich hin. Was ihm der Händler sagte, war durchaus nichts Neues und Unerhörtes, er selbst hatte oft ähnliches gedacht. Es war gerade die Zeit, wo eine Menge von neuen industriellen Unternehmungen aus dem Ackerboden aufschossen, wo durch die hohen Schornsteine der Dampfmaschinen, durch neuentdeckte Kohlen- und Erzlager, durch neue landwirtschaftliche Kulturen große Summen erworben und noch größere Reichtümer gehofft wurden. Die vornehmsten Grundbesitzer der Landschaft standen an der Spitze ausgedehnter Aktienunternehmungen, welche auf einer Verbindung moderner Industrie und des alten Ackerbaues beruhten. Es war nichts Neues und Auffallendes in den Worten des Händlers, und doch schlugen sie als zündender Blitz in die Seele des Freiherrn. Sie kamen im rechten Augenblick. Herr Ehrenthal bemerkte die Wirkung, welche er hervorgebracht hatte, und schloß mit der Gemütlichkeit, welche seine Lieblingsstimmung war: »Wo habe ich das Recht, einem Herrn, wie Sie sind, einen Rat zu geben? Aber jeder Gutsbesitzer muß sagen dasselbe, daß ein solches Geschäft mit Pfandbriefen in unserer Zeit die solideste Art ist, wie ein vornehmer Herr kann sorgen für seine Kinder. Wenn einst das Gras wachsen wird über dem Grabe des alten Ehrenthal, dann werden Sie an mich denken und bei sich sagen: der Ehrenthal war nur ein einfacher Mann, aber er hat mir geraten, was gut war und ein Segen für die Familie.«

Der Freiherr sah immer noch vor sich hin. Was er lange in sich herumgetragen hatte, das war auf einmal zum festen Entschluß geworden. Dem Händler sagte er mit einer Leichtigkeit, die ihm nicht vom Herzen kam: »Ich will mir's überlegen.« Ehrenthal war damit zufrieden und bat um die Erlaubnis, sich den Damen empfehlen zu dürfen, was er als Mann von Welt und Gemüt selten unterließ.

Es war schade, daß der Freiherr nicht das Gesicht des Geschäftsmannes sah, als dieser in seinen Wagen stieg und mechanisch die Bourbonrose ins Knopfloch steckte, welche ihm Lenore beim Abschiede mit schalkhafter Artigkeit überreicht hatte. Auch Herr Ehrenthal machte ein lustiges Gesicht, aber nicht aus Freude über die volle Rose. Er ließ den Kutscher langsam durch die Feldmark fahren und sah wohlgefällig auf die Ackerstücke, welche mit reifender Frucht zu beiden Seiten des Weges lagen. In langem Zuge kamen die Heuwagen des Gutes ihm entgegen. So oft er still hielt, um einen Riesenwagen vorbeizulassen, berupften seine Pferde das Heu, und sein Kutscher drehte sich um und rief schnalzend: »Schönes Futter!«

»Ein schönes Gut«, sagte dann Herr Ehrenthal in tiefem Nachdenken.

Soll und Haben.
Gespräch zwischen Prinzipal und Angestelltem

Wenn ein Mann helfen konnte, so war es sein Prinzipal. Sein Scharfblick wußte in alle dunklen Geheimnisse, denen der Freiherr verfallen war, einzudringen, seiner eisernen Kraft mußten die Schurken erliegen, welche den Gutsbesitzer festhielten. Ja und er hatte ein großes Herz, er fand das Rechte mühelos, ohne Kampf. Anton sah zu dem ersten Stock auf. Die ganze Hausfronte war finster, nur in der Eckstube brannte noch ein Licht. Dort war das Arbeitszimmer seines Chefs.

Mit schnellem Entschluß suchte Anton den Bedienten auf und ließ sich zu Herrn Schröter führen. Verwundert sah dieser auf den eintretenden Anton. »Was bringen Sie, Wohlfart? Ist etwas vorgefallen?«

»Ich bitte um Ihren Rat, ich bitte um Ihre Hilfe«, rief Anton.

»Für sich oder für andere?« frug der Kaufmann.

»Für eine Familie, mit welcher ich durch Zufall in Verbindung gekommen bin. Sie geht unter, wenn nicht eine starke Freundeshand das Unheil abwehrt.« Darauf berichtete Anton in fliegender Eile, was er an diesem Nachmittag erlebt hatte, faßte in seiner Bewegung die Hand des Kaufmanns und rief: »Was ich gesehen habe, war schrecklich für mich. Haben Sie Erbarmen mit den unglücklichen Frauen und helfen Sie.«

»Helfen?« frug der Kaufmann ernst – »Wie kann ich das? Haben Sie einen Auftrag, mich dazu in Anspruch zu nehmen; oder ist es nur Ihre warme Empfindung, welche diese Forderung an mich richtet?«

»Ich habe keinen Auftrag«, sagte Anton, »nur der Anteil, den ich an dem Schicksal des Freiherrn nehme, treibt mich zu Ihnen.«

»Und welches Recht haben Sie, mir diese Mitteilung zu machen, die Ihnen selbst doch nur im engen Vertrauen von der Frau des Gutsbesitzers gemacht sein kann?« frug der Kaufmann zurückhaltend.

»Ich begehe keine Indiskretion, wenn ich Ihnen sage, was in wenigen Tagen auch für Fremde kein Geheimnis sein wird.«

»Sie sind jetzt in einer ungewöhnlichen Aufregung, sonst würden Sie nicht vergessen, daß unter allen Umständen der Kaufmann, der erste Korrespondent meines Comtoirs, solche Mitteilungen nur mit besonderer Erlaubnis der Beteiligten wagt. Es versteht sich von selbst, daß ich keinen Mißbrauch von dem machen werde, was Sie mir gesagt haben, aber es war doch wenig geschäftsmäßig, Wohlfart, daß Sie so offen gegen mich waren.«

Anton schwieg betroffen. Er erkannte, daß sein Prinzipal recht hatte, aber es schien ihm hart, daß dieser in solcher Stunde den Vertrauenden tadelte. Auch der Kaufmann ging schweigend im Zimmer auf und ab; endlich blieb er vor Anton stehen. »Ich frage Sie jetzt nicht, wie Sie dazu kommen, so warmen Anteil an dem Schicksal dieser Familie zu nehmen; ich fürchte, es ist eine Bekanntschaft, die Sie Fink verdanken.«

»Sie sollen alles erfahren«, warf Anton ein.

»Noch nicht«, erwiderte der Prinzipal abwehrend. »Jetzt will ich Ihnen nur wiederholen, daß für mich keine Möglichkeit vorhanden ist, ohne direkte Aufforderung der Beteiligten in fremde Angelegenheiten einzugreifen. Ich füge hinzu, daß ich diese Aufforderung nicht wünsche. Ich verberge Ihnen nicht, daß ich wahrscheinlich auch dann ablehnen würde, etwas für den Freiherrn von Rothsattel zu tun.«

Antons Gefühl wallte auf. »Es gilt, einen ehrlichen Mann, liebenswürdige Frauen aus den Händen von Gaunern zu retten, welche sie umgarnt haben. Dies scheint mir Pflicht eines jeden Mannes, und vollends ich halte es für eine teure Verpflichtung, der ich mich nicht entziehen darf. Ohne Ihre Unterstützung aber vermag ich nichts.«

»Wie also denken Sie, daß dem verschuldeten Gutsbesitzer geholfen werden kann?« frug der Kaufmann sich niedersetzend.

Mit etwas mehr Ruhe erwiderte Anton: »Zunächst nur dadurch, daß ein erfahrener Geschäftsmann wie Sie die Verwicklungen zu durchschauen sucht. Es muß einen Punkt geben, wo die Schurken zu fassen sind. Ihr Rat, Ihre Einsicht würden ihn finden.«

»Beides besitzt jeder Rechtsanwalt in höherem Grade als ich«, entgegnete der Kaufmann, »ohne Schwierigkeit wird der Baron gescheite und ehrliche Juristen gewinnen. Wenn die Gegner des Freiherrn dem Gesetz irgendeine Blöße gegeben haben, so wird das Spürauge eines Sachwalters diese am ersten entdecken.«

»Leider gibt der Anwalt des Freiherrn wenig Hoffnung«, erwiderte Anton.

»Dann, lieber Wohlfahrt, wird auch für andere schwerlich etwas zu machen sein. Zeigen Sie mir einen Mann, der in Verlegenheit ist und Kraft hat, sich an einer dargebotenen Hand aufzuhelfen, und sagen Sie zu mir: ›Hilf ihm!‹ so werde ich, weil ich Ihr Freund und Ihnen zu großem Dank verpflichtet bin, meine Hand dem Gefährdeten nicht verweigern. Ich denke, Sie sind davon überzeugt.«

»Ich bin es«, versetzte Anton kleinlaut.

»So aber steht es nach allem, was ich höre, mit dem Freiherrn nicht. Soweit ich aus Ihrer Erzählung und dem, was man in der Stadt über ihn erzählt, seine Verhältnisse verstehe, konnte er nur deshalb in die Hände der Wucherer fallen, weil ihm das fehlte, was dem Leben jedes Menschen erst Wert gibt, ein besonnenes Urteil und eine stetige Arbeitskraft.«

Anton mußte dies mit einem Seufzer zugeben.

»Einem solchen Manne zu helfen«, fuhr der Kaufmann unerbittlich fort, »ist eine mißliche Aufgabe, bei welcher der Verstand wohl das Recht hat, zu widersprechen. Man soll vor keinem Menschen die Hoffnung aufgeben, daß er sich ändern kann, aber gerade der Mangel an Kraft wird am allerschwersten gebessert. Unsere Fähigkeit, für andere zu arbeiten, ist beschränkt, und bevor man einem Schwächling seine Zeit opfert, soll man fragen, ob man sich dadurch nicht selbst der Fähigkeit beraubt, einem bessern Mann zu helfen.«

Anton rief unruhig: »Verdient er nicht einige Rücksicht? Er ist in Ansprüchen an das Leben erzogen, er hat nicht wie wir gelernt, durch eigene Anstrengung sich heraufzuarbeiten.«

Der Kaufmann legte die Hand auf die Schulter des jungen Mannes. »Grade darum. Glauben Sie mir, einem großen Teil dieser Herren, welche an ihren alten Familienerinnerungen leiden, ist nicht zu helfen. Ich bin der letzte, zu verkennen, wie groß die Anzahl tüchtiger Männer auch in dieser Menschenklasse ist. Und wo ein bedeutendes Talent oder eine edle Persönlichkeit unter ihnen aufschießt, mag sie sich grade in ihrer geschützten Stellung vortrefflich entfalten; aber für den großen Mittelschlag der Menschen ist diese Lage nicht günstig. Wer von Haus aus den Anspruch an das Leben macht, zu genießen und seiner Vorfahren wegen eine bevorzugte Stellung einzunehmen, der wird sehr häufig nicht die volle Kraft behalten, sich eine solche Stellung zu verdienen. Sehr viele unserer alten angesessenen Familien sind dem Untergange verfallen, und es wird kein Unglück für den Staat sein, wenn sie untergehen. Ihre Familienerinnerungen machen sie hochmütig ohne Berechtigung, beschränken ihren Gesichtskreis, verwirren ihr Urteil.«

»Und wenn das alles wahr ist«, rief Anton, »so darf es uns doch nicht abhalten, dem einzelnen als unserm Mitbruder zu helfen, wo unser Mitgefühl angeregt wird.«

»Nein«, sagte der Prinzipal, »wo es angeregt wird. Aber es glüht im Alter nicht mehr so schnell auf, als in der Jugend. – Der Freiherr soll dahin gearbeitet haben, sein Eigentum aus der großen Flut der Kapitalien und Menschenkraft dadurch zu isolieren, daß er es auf ewige Zeit seiner Familie verschrieb. Auf ewige Zeit! Sie als Kaufmann wissen, was von solchem Streben zu halten ist. Wohl muß jeder vernünftige Mann wünschen, daß der adlige Schacher mit Grundbesitz in unserm Lande aufhört, jedermann wird es für vorteilhaft halten, wenn die Kultur desselben Bodens vom Vater auf den Sohn übergeht, weil so die Kräfte des Ackers am ersten liebevoll und planmäßig gesteigert werden. Wir schätzen ein Möbel, das unsre Vorfahren benutzt haben, und Sabine wird Ihnen mit Stolz jeden Raum dieses Hauses aufschließen, zu dem schon ihre Urgroßmutter die Schlüssel getragen hat. So ist es auch natürlich, wenn im Gemüt des Landwirts der Wunsch entsteht, das Stück Natur, welches ihn umgibt, die Quelle seiner Kraft und seines Wohlstandes, den Menschen zu erhalten, welche ihm die liebsten sind. Aber dafür gibt es nur ein Mittel, und dies Mittel heißt, seine Lieben tüchtig machen zur Behauptung und zur Vermehrung ihres Erbes. Wo die Kraft aufhört in der Familie oder im einzelnen, da soll auch das Vermögen aufhören, das Geld soll frei dahinrollen in andere Hände, und die Pflugschar soll übergehn in eine andere Hand, welche sie besser zu führen weiß. Und die Familie, welche im Genusse erschlafft, soll wieder heruntersinken auf den Grund des Volkslebens, um frisch aufsteigender Kraft Raum zu machen. Jeden, der auf Kosten der freien Bewegung anderer für sich und seine Nachkommen ein ewiges Privilegium sucht, betrachte ich als einen Gegner der gesunden Entwicklung unseres Staats. Und wenn ein solcher Mann in diesem Bestreben sich zugrunde richtet, so werde ich ihm ohne Schadenfreude zusehn, aber ich werde sagen, daß ihm sein Recht geschehen, weil er gegen einen großen Grundsatz unseres Lebens gesündigt hat. Und für ein doppeltes Unrecht werde ich eine Unterstützung dieses Mannes halten, solange ich befürchten muß, daß meine Hilfe dazu verwandt wird, eine ungesunde Familienpolitik zu unterstützen.«

Anton sah traurig vor sich nieder; er hatte Teilnahme, ein warmes Eingehen in seine Wünsche erwartet, und fand bei dem Mann, der ihm so viel galt, eine Kälte, die er zu überwinden verzweifelte. »Ich kann Ihnen nicht widersprechen«, sagte er endlich, »aber ich kann in diesem Falle nicht so denken wie Sie. Ich habe den ungeheuern Schmerz in der Familie des Freiherrn mit angesehen, und meine ganze Seele ist voll von Wehmut und Teilnahme und von dem Wunsch, irgend etwas für die Menschen zu tun, welche mir ihr Herz geöffnet haben. Nach dem, was Sie mir gesagt haben, wage ich nicht mehr, Sie selbst zu bitten, daß Sie sich um diese Angelegenheit kümmern. Aber ich habe der Baronin versprochen, ihr, so weit ich mit meiner geringen Kraft vermag und so weit Ihre Güte mir dies erlaubt, beim Ordnen ihrer Verhältnisse behilflich zu sein. Ich ersuche Sie um die Erlaubnis dazu. Ich werde mich bemühen, meine Comtoirstunden regelmäßig einzuhalten, aber wenn ich in den nächsten Wochen zuweilen eine Stunde versäume, so bitte ich Sie, mir dies nachzusehen.«

Wieder ging der Kaufmann schweigend im Zimmer auf und ab, endlich blieb er vor Anton stehen, sah ihm mit tiefem Ernst in das aufgeregte Gesicht, und es war etwas wie Trauer in seinen Zügen, als er mit Überwindung erwiderte: »Denken Sie auch daran, Wohlfart, daß jede Tätigkeit, bei welcher das Gemüt aufgeregt wird, leicht eine Macht über den Menschen gewinnt, die sein Leben ebensowohl stören als fördern kann. Dieser Grund ist es, welcher mir die Gewährung Ihres Wunsches nicht leichtmacht.«

Bilder aus der deutschen Vergangenheit. Über die Kreuzzüge

Ein ungeheures Heer von wildbegeisterten und zuchtlosen Kriegern, ohne einheitliche Führung, unter Fürsten und Bannerherren von hochfahrendem Sinn, die in der Mehrzahl Gold und eigene Herrschaft nicht weniger begehrten als die Gnade ihres obersten Heerführers Christus; so locker der militärische Zusammenhang, daß sich bei jeder Gelegenheit Scharen ablösten und Krieg auf eigene Hand trieben, oder des Streites überdrüssig zur Heimat kehrten; auch die einzelnen Fahrer, nach germanischer Weise höchst selbstwillig, kaum durch ein Band der Landsmannschaft unter dem Banner ihrer Häuptlinge festgehalten: – und dennoch trotz unaufhörlichen Reibungen und blutigem Hader ein unablässiges Wirken der treibenden Kraft. Jahrelang wurde die Selbstsucht der Führer, gegenseitiger Haß der Landsmannschaften durch die frommen Zwecke des Krieges, das ritterliche Gefühl der gemeinsamen Verpflichtung und die Begeisterung der Menge überwunden. Der hochgesteigerte Tatendrang trieb die Fahrenden von Stadt zu Stadt, von einem Siege zum anderen. Wenn sie unter heißer Sonne, in öder Landschaft, bei schlecht geordneter Verpflegung, durch den Kampf gegen leichtbewaffnete Feinde in arge Bedrängnis kamen, dann lief das Kriegsvolk unter den Pfeilen der anstürmenden Türken haufenweise zu den Heiligtümern des Heeres, es beichtete und büßte, sang Kyrie eleison, weinte und rang die Hände gen Himmel, und warf sich dann wieder auf den siegreichen Feind, mit unwiderstehlicher Gewalt vorwärts stürmend. Auf dem Zuge sanken die Menschen durch Hunger und Krankheit aufgerieben längs der Straße dahin, die Kriegsrosse und Troßpferde fielen, und ansehnliche Krieger banden ihre Bündel auf Widder, Ziegen, Schweine, Hunde, und setzten sich mit ihrer Rüstung auf Rinder; aber in solcher Not hielt einer treulich zum anderen, auch fremde Landsleute, die sich nicht durch Worte verständigen konnten, halfen einander mit Speise und Trank aus und bewahrten die gefundene Habe, bis der Eigentümer sich meldete. Es war ein erbarmungsloser Krieg. Dem milden Christengott zu Ehren wurden die Köpfe der erschlagenen Türken in Haufen geschichtet, in den eroberten Städten wurde unmenschlich gewütet, nicht Alter, nicht Geschlecht geschont, Leichen und Blut der Erschlagenen reichten bis an die Steigbügel der stampfenden Rosse; es wurde habgierig geplündert und wenige der Fürsten widerstanden der Versuchung, Geldsummen vom Feinde zu nehmen, auch wenn es zum Schaden des Heeres war, und dann dem Ungläubigen vielleicht die gekaufte Treue zu brechen; viele Kreuzfahrer stürzten sich in arge Ausschweifungen und erschöpften ihren Leib durch die Laster des Orients; aber die unwiderstehliche Tapferkeit blieb dem Heer, ein Heldenmut, der das Kühnste wagte und in gefährlichen Lagen eine fast übermenschliche Dauer bewährte. Wenn die Fürsten uneinig wurden und nicht Rat fanden, zog die Begeisterung der Menge fort. So oft das Heer in Not war, standen Propheten auf, welche durch Erscheinungen erweckt wurden, sie trieben zum Kampf und verkündeten Sieg; gemeine Krieger, Mönche, Einsiedler drängten sich in den Rat der Fürsten, flehten und drohten, meldeten die Gesichte, mit denen sie begnadigt waren, und erboten sich, zum Zeugnis für die Wahrheit ihrer Botschaft jede Todesprobe zu bestehen; ihr Geschrei und der Aufruhr der Menge hinter ihnen bändigten die Herrschergelüste und die ausbrechende Feindschaft der Großen. Gegen die aristokratische Führung rang siegreich die wilde Demokratie des Heeres, die Führer mußten sie benutzen und sich ihr fügen. Auf Grund eines Gesichtes fanden Provenzalen zu Antiochien tief in der Erde die heilige Lanze, mit welcher die Seite des Herrn durchstochen war; die Lanze wurde dem Heere vorausgetragen, gerade wie den deutschen Bauerhaufen die Gans, und sie führte zum Siege, obgleich die Normannen das Wunder höhnten und einen Betrug nannten.

Nach drei Jahren wurde Jerusalem erobert, auf den Trümmern der türkischen Herrschaft wurden christliche Staaten gegründet. Freilich vermochten die gelichteten Haufen der Christen das weite Land, welches sie erobert, nicht allein zu behaupten, immer wieder klang der Notruf durch das christliche Abendland: »Wo nur zwei Männer in einem Hause sind, komme einer zum heiligen Grabe.«

Seitdem strömte durch zweihundert Jahre bewaffnete Kraft aus dem Abendlande nach dem Morgen. Jede der großen Heerfahrten, welche von Fürsten und Herren unternommen wurden, hatte einen besonderen Charakter und ihr eigenes Schicksal. Die Deutschen nahmen in reisigem Kriegszug noch dreimal teil an Kreuzfahrten ihrer Könige. Der letzte Kreuzzug freilich, den Kaiser Friedrich II. im Jahre 1227 unternahm, war bereits das politische Wagnis eines sehr unkirchlichen Eroberers, der im Trotz gegen den Papst sich selbst die Herrschaft über das Mittelmeer sichern wollte und durch eine Landeshoheit im heiligen Lande die Herrschaft über die Herzen der Christenheit.

Aber außer diesen großen Zügen gingen, selten unterbrochen, die Fahrten einzelner und kleiner Gesellschaften, und die Verbindung mit dem Orient wurde durch Jahrhunderte den Abendländern so innig, wie jetzt die zwischen Europa und Amerika. Und in dieser Zeit fuhr während jedes Menschenalters einmal die Begeisterung wie ein zündender Blitzstrahl durch die Seelen der Menge. Dieselben Himmelserscheinungen, dieselben Gesichte und Wunder, derselbe wilde Taumel, Massenaufbruch und Judenhetze. Die Wanderwut erfaßte sogar die Kinder. Aus dem Kölnischen zog. z. B. im Jahre 1212 ein Knabe Nikolaus mit einem großen Schwarm Knaben in die Weite, er behauptete, ihm sei Macht gegeben, mit trockenem

Fuß durch das Meer zu gehen und seinen Genossen unterwegs Kost zu schaffen. Die Kunde davon flog durch Stadt und Land, Knaben und Mädchen verließen ihre Eltern und hefteten sich das Kreuzzeichen an, um durch die wilde Woge zu pilgern. Den Rhein hinauf und durch Frankreich zog der unendliche Schwarm von Kindern, Lehrjungen und Mägden dem Mittelmeere zu; an der Rhone wurde ein Teil auf Schiffe gesetzt und von Seeräubern an die Sarazenen verkauft, viele verhungerten auf dem Rückwege; die Mädchen, welche den Rückzug fanden, kamen in jämmerlichem Zustand zur Heimat.

ZEITTAFEL

1816 13. 4.: Freytag wird in Kreuzburg in Schlesien geboren.

1829 Er fängt an, das Gymnasium in Öls zu besuchen.

1835 Er macht dort das Abitur. Beginn des Studiums der klassischen Philologie in Breslau.

1836 Studium in Berlin.

1838 Dort Promotion zum Dr. phil. mit einer Arbeit über die »Anfänge der dramatischen Poesie bei den Deutschen«.

1839 Habilitation mit einer Schrift über Hroswitha von Gandersheim in Breslau.

1841 Lustspiel »Die Brautfahrt oder Kunz von Rosen«.

1840/45 Er hält Vorlesungen über deutsche Literatur in Breslau. Beginn der Freundschaft mit dem Kaufmann Molinari, dem Vorbild für Schröter in »Soll und Haben«. Erste Begegnung mit seiner künftigen Frau, der Gräfin Dyhrn. Der Versuch, eine Professur zu erlangen, mißglückt. Eine Sammlung von Lyrik mit dem Titel »In Breslau« erscheint. Das Theaterstück »Der Gelehrte« bleibt Fragment.

1846 Schauspiel »Die Valentine«; Aufenthalt in Leipzig, um die Praxis des Regisseurs kennenzulernen.

1847 Schauspiel »Graf Waldemar«; Aufenthalt in Dresden, nicht mehr Dozent.

1848 Vorsitz in einem Handwerkerverein. Ab. 1. 8. Redakteur bei den »Grenzboten« in Leipzig. Freundschaften mit Männern der Wissenschaft, der Verwaltung, der Kultur, z. B. Mommsen, Treitschke, Hirzel, von Ekkardt, Jordan. Über ein Jahrzehnt erfolgreicher Produktion setzt ein.

1851 Erwerb eines Landsitzes in Siebleben bei Gotha, damit Beginn der freundschaftlichen Beziehungen zum Herzog Ernst II. von Sachsen-Koburg-Gotha. Freytag kommt in den Kreis liberal Gesinnter um den Herzog, zu dem auch der preußische Prinz Friedrich Wilhelm und dessen Frau gehören.

1852 Das erfolgreiche Schauspiel »Die Journalisten«.
1853 Freytag arbeitet in einem Pressebüro, das der Herzog zur Propagierung liberaler Ideen ins Leben gerufen hatte.
1854 Drohende Verhaftung des Schriftstellers durch preußische Behörden wegen Hochverrates; der Herzog verleiht ihm einen Hoftitel; damit ist er nicht mehr preußischer Staatsbürger und der Verfolgung entzogen.
1855 »Soll und Haben«, der berühmte Roman, wird veröffentlicht.
1858 Das mißlungene Schauspiel »Die Fabier«.
1859 »Bilder aus der deutschen Vergangenheit«, ein kulturgeschichtliches Werk.
1862 »Neue Bilder aus der deutschen Vergangenheit« folgen. Freytag nimmt engagierten Anteil am preußischen Verfassungskonflikt.
1863 »Technik des Dramas« publiziert.
1864 Der Roman »Die verlorene Handschrift«.
1867 Nationalliberaler Abgeordneter im ersten Reichstag des Norddeutschen Bundes für den Wahlkreis Erfurt.
1870 Biographie über den Liberalen und Freund Karl Mathy. Er geht mit dem preußischen Kronprinzen in dessen persönlicher Begleitung ins Feld. Seine Tätigkeit als Redakteur gibt Freytag auf.
1872 Erster Band der »Ahnen« erscheint. Jahrleange Kritik an Herrschaftsverhältnissen im Deutschen Reich setzt ein.
1875 Tod der ersten Frau; Freytag trägt sich mit dem Gedanken, in Wiesbaden ein Haus zu erwerben.
1876/77 Zwei Söhne aus der zweiten Ehe werden geboren.
1883 Freytag lernt seine künftige dritte Frau kennen; die zweite ist schwerkrank. Das Gefühl von Einsamkeit lastet auf ihm.
1887 Die »Erinnerungen« erscheinen.
1889 Freytag publiziert die zeitkritische Schrift »Der Kronprinz und die deutsche Kaiserkrone«. Er hält gegen Bismarck zur Witwe des verstorbenen Kaisers.
1891 Endlich Heirat mit Frau Anna, geb. Stakosch, die ihm schon fast ein Jahrzehnt in Freundschaft und Liebe zur Seite gestanden hat, so auch bei der Herausgabe seiner »Gesammelten Werke«.
1895 30. 4.: Tod Gustav Freytags.

WEITERFÜHRENDE LITERATUR

Es fehlt eine neue Biographie, die modernen literaturwissenschaftlichen Anforderungen entspricht. Meistens wird nur der Roman »Soll und Haben« analysiert.
Dieter Kafitz: Figurenkonstellation als Mittel der Wirklichkeitserfassung, Athenäum Verlag, Königstein/Ts. 1977.

Adalbert Stifter

BRIGITTE DÖRRLAMM

Adalbert Stifter – »ein ehrwürdig Rätsel«?

»So leben wir in Glück und Stetigkeit gleichsam einen Nachsommer ohne vorhergegangenen Sommer.«

»So«? – wie, verehrter Gastfreund?

»Leben«? – wollen Sie das ›leben‹ nennen?

»Wir«? – wer denn? Sie, Freiherr, und...?

»In Glück«?

»... Glück und Stetigkeit«? – geht das zusammen?

»Gleichsam«? – Sie leben wirklich ›gleichsam‹, Herr von Risach. »Einen Nachsommer«? – was ist das, Herr Stifter, »Nachsommer ohne vorhergegangenen Sommer«?

Könnte ein Leser den Autor nach dieser – genau genommen – logischen Unmöglichkeit fragen – er würde ihn sicher auf das sprichwörtliche »weite Feld« des Freiherrn von Risach verweisen, denn leicht macht er es niemandem, am allerwenigsten sich selbst.

Adalbertus Stifter, Bohemius Oberplanensis, ist schon als Zwanzigjähriger nach den Maßstäben des 19. Jahrhunderts »eminent« humanistisch gebildet, wie das Abschlußzeugnis des Stiftgymnasiums Kremsmünster, das beste dieses Jahrgangs 1826, vielfach ausweist. Aber aus dem Bildungsgang des »Nachsommer«-Autors lassen sich die Fragen, die Stifter wohl als zudringlich empfunden haben würde, nicht beantworten, so merkwürdig und unerwartet dieser auch war:

Am 30. November 1817 – Bertl war vor fünf Wochen zwölf Jahre alt geworden und aus der Dorfvolksschule bereits entlassen – wurde sein Vater, der gelernte Leinweber und nachmalige Flachshändler Johann Stifter, tot unter seinem umgestürzten Fuhrwerk gefunden. Schon länger hatte Magdalene Stifter während der häufigen Abwesenheiten ihres Mannes allein, d. h. unterstützt von den Schwiegereltern, fünf Kinder, das Haus und die kleine Landwirtschaft in Oberplan versorgen müssen. Dennoch: über die Nachricht vom Tod des Familienoberhaupts, des Haupternährers, ist die 33jährige verwirrt und verzweifelt. Sie wird knapp drei Jahre später wieder heiraten und noch zwei Söhne bekommen.

Vorerst übernehmen, den patriarchalischen Verhältnissen des Böhmerwaldes und k. und k. Österreichs entsprechend, die Großväter die Leitung des Hauswesens. Bertl als der älteste Enkel, der in der Schule immer auffallend interessiert gewesen ist, einen angefangenen Latein-Lernversuch beim Kaplan aber abgebrochen hat, muß an die Landarbeit. Er ist auch hier mit Eifer und Freude dabei. Aber der Großvater mütterlicherseits, Fleischhauer des Ortes und mit den Erb- und Geschäftssachen der nicht kleinen Sippe betraut, will, daß der »findige« Junge nicht Waldbauernbub bleibt. Als er im Sommer 1818 ohnehin in Familienangelegenheiten reisen muß, nimmt er den Zwölfjährigen mit, treibt beiläufig in der geistlichen Verwandtschaft eine Referenz auf und besteht mit ihm am honorigen Benediktiner-Internat Kremsmünster ein Testgespräch, das pädagogisch gesehen einem heutigen Unternehmen dieser Art alle Ehre gemacht haben würde: Die Namen der heimischen Berge und Dörfer, Bäche, Bäume, Sträucher, Tiere? – Solches Wissen hat Adalbert Stifter erfahren und im eigentlichen Sinn des Wortes begriffen. In der Klosterschule, wo das leidige Latein ebenso lebendig und wahrnehmbar ist wie die Kräuter, Wege und Häuser in Oberplan, lernt er auch das; und vieles andere: von 1818 bis 1826. Auf die drei Jahre in den sogenannten Grammatikklassen folgen die Humanitätsklassen, und immer – wöchentlich! – werden die Schüler verglichen und nach der Leistungsrangfolge geordnet. Der bäuerliche Aufsteiger klettert und glänzt – auch in den Ferien zu Hause, wo er allerdings inzwischen die »herrliche Mutter«, diesen »unergründlichen See von Liebe«, an den Stiefvater, einen jungen Bäckermeister, verloren hat. Das Dorfleben hat seine eigene Gesetzmäßigkeit. Der Studierte imponiert den ehemaligen Kameraden, aber je weiter er kommt, desto unverständlicher wird er ihnen. Zwischen den Ständen orientiert er sich nach oben, zumal er seit der zweiten Klasse mit Nachhilfeunterricht eigenes Geld verdient und so mit den begüterten Stiftskollegen eher mithalten kann. Die Verbindung zur ländlichen Heimat hält er nun unpersönlicher, über viele Wanderungen ins Gebirge, in den Hochwald und durch die Moldauschluchten ... Einige seiner neuen Freunde in Kremsmünster stammen aus dem böhmischen Friedberg, und da er sie besucht und die Jugend des Ortes sich häufig bei den vier Töchtern des angesehenen Leinenhändlers Greipl trifft – der Sohn des Hauses ist fünf Jahre jünger als Adalbert und ebenfalls Internatsschüler –, entsteht eine Beziehung, so bedrängend eng und zugleich so entfernt wie meist bei Stifter (oder seinen Figuren), eine

Beziehung zu Franziska Greipl – »Fanny« –, die sich auf Spaziergängen und später, als der Lieben- und Habenwollende in Wien studiert, in Briefen an die »herzinnigstgeliebte Freundin«, »die Braut meiner Ideen« realisiert. Was dem 20jährigen (Mittellosen) bleibt – über die Trennung, über ihre und seine (anderweitige) Heirat, ja über ihren frühen Tod hinaus –, ist ein »Nachsommer ohne vorhergegangenen Sommer«.

1826 ist er mit zwei Freunden, Mugerauer und Schiffler, auf einem Floß nach Wien gekommen, hat mit den beiden zusammen eine Wohnung gemietet und auf die große Freiheit gesetzt: la Bohème für die drei Böhmen, die alle drei auch künstlerische Interessen haben. Seit der frühen Schulzeit malt Stifter ambitioniert, daß er auch schreibt, wird man erst später erfahren, denn alles, was er in diesem Bereich macht, kann er selbst noch nicht einschätzen. Poesie war in Kremsmünster Schulfach (und nicht sein bestes), und dichterische Produktionen gehörten zum Pensum, müssen also nicht eigens erwähnt werden.

In der Universität ist er bei den Juristen eingeschrieben, interessiert sich aber wie eh und je für Mathematik und Physik. Der von der Mutter einst in ein geistliches Amt Geträumte hält eine Ausbildung für den Staatsdienst für das in seiner Situation Aussichtsreichste, und seine Situation ist immer noch die eines Aufsteigers. In der Kleidung allzu ländlich ausstaffiert, verfügt er über wenig Bargeld und muß Stunden geben, wenn er die Melange im Café Neuner bezahlen will. Dort trifft er am Stammtisch zwischen damals schon angestaubtem Plüsch die Söhne der im Wiener Kongreß von 1815 restaurierten Aristokratie, Ludwig von Collin z. B., Alexander von Lebzeltern, Baron Sigmund von Handel und Graf Colloredo-Mannsfeldt, den sie Pepi nennen, sämtlich philosophisch-ästhetisch gebildete junge Leute, zwischen denen aber – zumindest wenn man sie vom 20. Jahrhundert her betrachtet – die (Witz-)Figur des Grafen Bobby kaum zu übersehen ist. Für die Beteiligten hat die ritualisierte Szene nichts Lächerliches, und den Studenten Adalbert Stifter schützt sie vor allzu großer menschlicher Nähe. Am 24. September 1834 schreibt er an Adolf Freiherr von Brenner: »... O, was sind alle Liebschaften und Mädchen gegen ein Männerherz, fest, treu, glühend, gut und nimmer lassend von Recht und Freund, wie Du eins trägst, wie Sigmund eins trägt, wie Pepi, – und hol' mich der Teufel, wie ich!« – Ein elitärer Kult: die Männerfreundschaft, geadelt und befrackt! Und wenn der Studiosus seinen hinterwäldlerischen Lodenrock verwünscht und, so gut es ging, verkürzt hatte, so bürstet er als Candidat inzwischen an dem empfindlich schwarzen

Kleidungsstück, in welchem er auf den meisten Bildern zu sehen ist: am Frack des Bildungsbürgers. Sein Umgang treibt ihn in einen Kreislauf, aus dem er zeitlebens nicht mehr herauskommen wird: Über die jeunesse dorée bekommt er Zugang zu den »bedeutenden Kreisen« und Privatlehrerstellen daselbst, dann aber gibt er das verdiente Geld wieder aus, um den notwendigen Standard zu halten... Wie einer seiner Helden verspricht er sich zu dieser Zeit in vielen Momenten »innerlich, daß er ringen wolle, solange ein Hauch des Lebens in ihm sei, bis er geistesgroß und tatengroß vor allen Menschen der Welt dastehe«. In bezug auf den Staatsdienst ist er realistischer geworden: Was er – selbst mit sehr guten Prüfungsergebnissen – erreichen kann, ist eine kleine Beamtenstelle. Die aber reicht ihm nicht. In seiner umständlich nachträglichen – nachsommerlichen – Darstellung klingt die Begründung folgendermaßen:

»Der Staatsdienst oder der Dienst des allgemeinen Wesens überhaupt, wie er sich bis heute (1857) entwickelt hat, umfaßt eine große Anzahl von Personen. Zu diesem Dienste wird auch von den Gesetzen eine gewisse Ausbildung und ein gewisser Stufengang in Erlangung dieser Ausbildung gefordert, und muß gefordert werden. Je nachdem nun die Hoffnung vorhanden ist, daß einer nach Vollendung der geforderten Ausbildung und ihres Stufenganges sogleich im Staatsdienste Beschäftigung finden, und daß er in einer entsprechenden Zeit in jene höheren Stellen empor rücken werde, welche einer Familie einen anständigen Unterhalt gewähren, widmen sich mehr oder weniger Jünglinge der Staatslaufbahn. Aus der Zahl derer, welche mit gutem Erfolge den vorgeschriebenen Bildungsgang zurückgelegt haben, wählt der Staat seine Diener, und muß sie im ganzen daraus wählen. Es ist wohl kein Zweifel, daß auch außerhalb dieses Kreises Männer von Begabung für den Staatsdienst sind, von großer Begabung, ja von außerordentlicher Begabung; aber der Staat kann sie, jene ungewöhnlichen Fälle abgerechnet, wo ihre Begabung durch besondere Zufälle zur Erscheinung gelangt und mit dem Staate in Wechselwirkung gerät, nicht wählen, weil er sie nicht kennt, und weil das Wählen ohne nähere Kenntnis und ohne die vorliegende Gewähr der erlangten vorgeschriebenen Ausbildung Gefahr drohte und Verwirrung und Mißleitung in die Geschäfte bringen könnte. Wie nun diejenigen, welche die Vorbereitungsjahre zurückgelegt haben, beschaffen sind, so muß sie der Staat nehmen. Oft sind selbst große Begabungen in größerer Zahl darunter, oft sind sie in geringerer, oft ist im Durchschnitte nur Gewöhnlichkeit vorhanden. Auf diese Beschaffenheit eines Personenstoffes mußte nun der Staat die Einrichtung seines Dienstes gründen. Der Sachstoff des Dienstes mußte eine Fassung bekommen, die es möglich macht, daß die zur Erreichung des Staatszweckes nötigen Geschäfte fortgehen und keinen Abbruch und keine wesentliche Schwächung erleiden, wenn bessere oder geringere Kräfte abwechselnd auf die einzelnen Stellen gelangen, in denen sie tätig sind. Ich könnte ein Beispiel gebrauchen, und sagen, jene Uhr wäre die vortrefflichste, welche so gebaut wäre, daß sie richtig ginge, wenn auch ihre Teile verändert würden, schlechtere an die Stelle besserer, bessere an die Stelle schlechterer kämen. Aber eine solche Uhr dürfte kaum möglich sein. Der Staatsdienst mußte sich aber so möglich machen, oder sich nach der Entwicklung, die er heute erlangt hat, aufgeben. Es ist nun einleuchtend, daß die Fassung des Dienstes eine strenge sein muß, daß es nicht erlaubt sein könne, daß ein Einzelner den Dienstesinhalt in einer anderen Fassung als in der vorgeschriebenen anstrebe, ja daß sogar mit Rücksicht auf die Zusammenhaltung des Ganzen ein Einzelnes minder gut verrichtet werden muß, als man es von seinem Standpunkte allein betrachtet tun könnte. Die Eignung zum Staatsdienste von Seite des Gemütes abgesehen von den andern Fähigkeiten besteht nun auch in wesentlichen Teilen darin, daß man entweder das Einzelne mit Eifer zu tun im Stande ist, ohne dessen Zusammenhang mit dem großen Ganzen zu kennen, oder daß man Scharfsinn genug hat, den Zusammenhang des Einzelnen mit dem Ganzen zum Wohle und Zwecke des Allgemeinen einzusehen, und daß man dann dieses Einzelne mit Lust und Begeisterung vollführt. Das letztere tut der eigentliche Staatsmann, das erstere der sogenannte Staatsdiener. Ich (Freiherr von Risach) war keins von beiden...«

Der Greis aus dem »Nachsommer« läßt noch eine rückerinnernde Betrachtung folgen und dann nicht etwa Zweifel an der Qualität des oder eines Staates, sondern Selbstkritik: »Ihr seht, daß mir zwei Hauptdinge zum Staatsdiener fehlen, das Geschick zum Gehorchen, was eine Grundbedingung jeder Gliederung von Personen und Sachen ist, und das Geschick zu einer tätigen Einreihung in ein Ganzes und kräftiger Arbeit für Zwecke, die außer dem Gesichtskreise liegen, was nicht minder eine Grundbedingung für jede Gliederung ist. Ich wollte immer am Grundsätzlichen ändern und die Pfeiler verbessern, statt in einem Gegebenen nach Kräften vorzugehen, ich wollte die Zwecke allein entwerfen, und wollte jede Sache so tun, wie sie für mich am besten ist, ohne auf das Ganze zu sehen, und ohne zu beachten, ob nicht durch mein Vorgehen anderswo eine Lücke gerissen werde, die mehr schadet, als mein Erfolg nützt.« Wenn der Autor sich in diesem Erzähler-Ich mitmeinen sollte, dann ist sein Bekenntnis ebenso nachträglich wie das seiner Romanfigur, die fortfährt: »Wenn Ihr fragt, ob es denn notwendig sei, daß sich in der Gliederung des Staatsdienstes eine so große Anzahl von Personen befinde, und ob man nicht einen Teil der allgemeinen Geschäfte, wie sie jetzt sind, zu besonderen Geschäften machen, und sie besonderen Körperschaften oder Personen, die sie hauptsächlich angehen, überlassen könnte, wodurch eine größere Übersichtlichkeit in den Staatsdienst käme, und wodurch es möglich würde, daß sich hervorragende Begabungen mehr im Entwerfen und Vollführen von Plänen zu allgemeinem Besten geltend machen könnten: so antworte ich: diese Frage ist allerdings eine wichtige und ihre richtige Beantwortung von der größten Bedeutung; aber eben die richtige Beantwortung in allen ihren Einzelheiten dürfte eine der schwersten Aufgaben sein, und ich getraue mich nicht, von mir zu behaupten, daß ich diese richtige Beantwortung zu geben im Stande wäre.« – Wahrlich ein Politiker, dieser nachsommerliche Herr von Risach, was seine rhetorischen Möglichkeiten angeht! Aber: er getraut sich nicht. Darin unterscheidet er sich kaum von seinem Erfinder.

Im Umgang mit Vorgegebenem ist dieser allerdings sicher. Die sichtbare Welt, überzeugend für ihn vor allem die Natur, ist vorgegeben; also kann Adalbert Stifter malen. Die Bildung, damals ein Katalog von Stoffen, Fertigkeiten und – was die Naturwissenschaften betrifft – von deutlich sich abzeichnenden Fragestellungen, ist in der Form, in der sie vermittelt werden kann, ebenso vorgegeben; also kann Stifter lehren. Und da »die Ehrfurcht vor den Dingen, wie sie an sich sind, ... bei mir so groß (ist), daß ich bei Verwicklungen, streitigen Ansprüchen und bei der Notwendigkeit, manche Sachen zu ordnen, nicht auf unsern Nutzen sah, sondern auf das, was die Dinge für sich forderten, und was ihrer Wesenheit gemäß war, damit sie das wieder wurden, was sie waren, und das, was ihnen genommen wurde, erhalten, ohne welchem sie nicht sein können, was sie sind« – da er, der Entdecker des »sanften Gesetzes«, solche Ehrfurcht vor dem Werdend-Bestehenden hat, kann er gut, einfühlsam und wirksam lehren, ist er kein bloßer »Anlackierer«, wie sie nach seinem Urteil häufig sind. Als Schriftsteller übrigens greift er nur selten, eigentlich nur einmal, nämlich in seinem Witiko-Roman, auf vorgeformten oder vorgegebenen Stoff zurück.

Als Lehrer im sogenannten Stubenunterricht empfiehlt er sich gewissermaßen selbst weiter durch sein Wissen und Können, gepaart mit etwas, das begüterte Eltern des späten 20. Jahrhunderts immer noch gern voraussetzen würden: Dienstleistungsmentalität.

Der Privatlehrer Stifter bekennt: »So wie ich in den Kreis der vornehmen Leute trete, wiederholt sich in mir regelmäßig die Empfindung des Schulknaben, wenn der Direktor, der Pfarrer oder gar der Bischof vor ihm steht. Es dauert immer eine Weile, ehe ich mein Gleichgewicht und mit diesem meine Sprache wiederfinde.« Dergleichen mag ihn als Lehrer für Richard, den Sohn des Staatskanzlers und Fürsten Metternich, qualifiziert haben, nachdem er sich immerhin schon mehrfach vergeblich um öffentliche Stellen, sogenannte Lehrkanzeln, u. a. in Prag, bemüht und beworben hat: Mathematik und Physik, auch Forstbotanik wäre einmal vonnöten gewesen, in Mariabrunn, »eine Wiener Meile westlich von der Stadt«.

Obwohl er auf diese Aussicht hin am 15. November 1837 heiratet – die fast sechs Jahre jüngere standes- und mittellose, aber »unbeschreiblich schöne« Putzmacherin Amalia Mohaupt –, wird nichts aus der Sache. Er bleibt beruflich frei und ungesichert und muß nun für zwei – er bleibt auch kinderlos – ein standesgemäßes Leben verdienen. Das Malen bringt nicht viel; es macht Auslagen. Aber 1844, als sich der Autodidakt um die Aufnahme in den Witwen- und Waisenpensionsfonds bildender Künstler in Wien bewirbt, begründet er seinen Antrag damit, daß er »seit einer Reihe von Jahren die Landschaftsmalerei ausübt, und von dem Ertrag derselben lebt«. Jedenfalls macht sie ihn auch interessant, für die Fürstin Schwarzenberg z. B und ihre Gesellschafterin, Baronin Mink.

35 Jahre ist Adalbert Stifter, als eines Tages die Tochter dieser Dame ein Manuskript in seiner Rocktasche bemerkt, es liest und neckischerweise verkündet: »Mama, der Stifter ist ein heimlicher Dichter...«

Das klingt anekdotisch und soll es auch. Der Autor selber, der von sich sagt, daß er »sehr wenig Äußerliches erlebte«, hat mit Fleiß und vielen Worten dafür gesorgt, daß er sich jederzeit hinter das Erzählte wie hinter einen Paravent zurückziehen kann. »Der Condor« heißt die Geschichte, die die Baronesse Ida entdeckt haben soll und die daraufhin vorgelesen werden muß. Wie der sagenumwobene Vogel oder zumindest wie der Fesselballon dieses Namens, der in der Erzählung vorkommt, möchte der Erfinder der Idee fliegen: »pfeilschnell, senkrecht in den Morgenstrom des Lichts empor... höher und höher... wohl über vierzehntausend Fuß«, aber: er getraut sich nicht. Stifter hat Shakespeare gelesen und »seinen« Goethe, er verehrt den berühmten Zeitgenossen Grillparzer – wie könnte er da von sich selber glauben...? Ob die adelige Patin, deren Mutter gelegentlich in Zeitschriften etwas publiziert, die Sache hinreichend ehrbar macht? – Jedenfalls datiert Stifter mit dieser Anekdote später seine künstlerische Vaterschaft vor, ebenso wie er in einer autobiographischen Skizze für Herrn Dr. Hermann Meynert seine physische Sohnschaft kurzerhand vordatiert hat, um den Hochzeitstermin seiner Eltern und die bürgerlichen Moralvorstellungen zusammenzubringen. Es gibt nämlich schon früher Geschriebenes von ihm, nicht nur die unter Pseudonym im »Österreichischen Bürgerblatt für Verstand, Herz und gute Laune« seinerzeit an Fanny gerichteten Gedichte. Was er sich mit der Liebesgeschichte nun ein- und zugesteht, ist auch schon ein Nachsommer, in dem der Eros und die Leidenschaft, die den Dichter bedrängen, bereits temperiert sind. Daß es ihm dabei gut gehe, ist mehr Wunsch als Realität: »... elend ist alles ohnehin, wie ich mir's täglich vorsage, aber aufhören zu schreiben kann ich doch nicht, weil es mir an sich so viel Vergnügen macht, ich kann da die Leute machen, wie ich will, und kann sie sich zu Tode lieben, opfern, freuen, unschuldig und lustig und herrlich über die Maßen sein lassen, und dann leb' ich und web' ich mit ihnen, und vergesse, daß andere um mich herum sind.« Das klingt nach Flucht ins Schreiben, in einen Bereich, in dem er sich durchaus noch nicht sicher fühlt: »... die Leute machen, wie ich will« – wenn er das schon glaubte! Statt dessen mißtraut er sich weiterhin. Ein Talent hat er, gewiß, aber seine Produktionen kann er noch nicht für Dichtungen halten. »Studien« wird deshalb die Sammlung heißen, die nicht mehr wie »Der Condor« nur in der »Wiener Zeitschrift für Kunst und Literatur, Theater und Mode« erscheinen wird, sondern schon bei seinem lebenslangen Verleger-Freund Gustav Heckenast in Pest.

In der Vorrede von 1843 kommt zu den persönlich-künstlerischen Skrupeln noch die Konvention, der Stifter allezeit verpflichtet ist: »In den beifolgenden Versuchen wird dem Publikum eine Sammlung loser Blätter vorgelegt, die sich zu verschiedenen Zeiten von meinem Schreibtisch verloren hatten. Es lag eigentlich nie in meiner Absicht, als Schriftsteller aufzutreten, sondern wie die meisten Menschen eine Lieblingsspielerei haben, der sie sich zur Erheiterung hingeben, so liebte ich es an gegönnten Stunden mich in Bildern und Vorstellungen zu ergehen, wie sie eben der Gemütslage zusagten, und solche Dinge zu Papiere zu bringen: allein wie es mit jeder Liebhaberei geht, daß man sie nämlich immer weiter treibt, so ging es auch hier. Die Zeit am Schreibtische ward endlich die liebste und gewünschteste, und wie jede heimliche Liebe zuletzt eine offene wird, wird es auch die Schriftstellerei – und ist man einmal so weit, daß man mehrere zerstreute Blätter in den Händen des Publikums weiß, so ist der Schritt ein ganz leichter, daß man sie sammelt und ein Buch daraus macht, ob mit Recht, oder Unrecht, weiß ja der Verfasser selbst nie, da er aus seinen Arbeiten zuletzt doch immer nur das Gewollte herauslieset, nicht das Gewirkte. Auf diese Weise entstanden folgende Bände, und auf diese Weise wünscht der Verfasser, daß man ihr Erscheinen entschuldige.«

Man machte das so, ehe die Werbung raffiniertere Methoden der Captatio, das ist des Käufer-Kaperns, entwickelte. Konvention bestimmt und schützt auch das Privatleben in der Mansarde in der Wiener Seitenstettengasse 2, Konvention, wie sie der renommierte

Amalie Stifter

Privatlehrer und -gelehrte im Bratenrock und wie sie die ungebildete, aber in ihre Rolle schnell hineinfindende »Gattin«, die nur im Tagebuch »die Frau« heißt, versteht: Er gewöhnt sich an sie wie an das auf Pump gekaufte Meublement. Sie versorgt ihn, kocht gut und reichlich. Er braucht sie. Beide brauchen das Hündchen Muffi, dessen Nachfolger Puzi und Lilli heißen werden, und bald ein, später mehrere Hausmädchen. Das Geld für dieses Leben und zur Unterstützung notleidender Verwandter ist häufig Gegenstand der Briefe zwischen Stifter und dem Verleger Heckenast, der nun in schneller Folge, wenn auch oft genug verzögert durch das ständige Feilen und Bessern des Autors, zahlreiche Erzählungen und Novellen herausbringt. 1845 geht man zum ersten Mal im Sommer nach Linz, wo Stifter ruhiger arbeiten kann.

Politisch gärt es in Wien wie in den andern europäischen Hauptstädten; Bürger stehen auf; Unterdrückte erheben sich. Adalbert Stifter hält sich für nicht befugt. Er ist betroffen – das bemerken Freunde wie die Lyrikerin Betty Paoli, bürgerlich Barbara Elisabeth Glück, und Gustav Heckenast in der Rückerinnerung an die turbulenten Märztage von 1848 –, und er ist beteiligt, als es darum geht, nicht mit Gewalt und Umsturz, sondern in vernünftiger Beratung die Wahlen zum Frankfurter Parlament vorzubereiten. Am 1. Mai 1848 meldet die Constitutionelle Donau-Zeitung seine Nominierung als Wahlmann für seinen Wohnbezirk.

Im Zuge der Veränderungen – Metternich flieht – kommt auch Grundsätzliches zur Sprache; Verhaltensweisen werden analysiert, Bedingungen – zumindest im geistigen Bereich – werden reflektiert. Und für ein paar österreichische Bildungsreformer steht fest: »Wo Tiere in Konflikt geraten, ist ihr Gesetz Vernichtung, wo Menschen zusammenleben, ist das Gesetz Vernunftkoexistenz. Daher ist fortlaufende Vernunftentwicklung nicht nur der unermeßlich wichtigste, sondern er ist auch der einzige Zweck des Menschen auf der Erde.« Das kann Adalbert Stifter unterschreiben, und im kommenden Jahr schreibt er darüber hinaus im »Wiener Boten« mehrere Aufsätze über das Schulwesen, nicht über die Universität, die eben im Gespräch ist. Dem Aufsteiger, der ein Amt »aus größter Vaterlandsliebe« anstrebt, geht es um die Breitenbildung und in diesem Sinn um das Volk. Denn: »Wer sittlich frei ist, kann es staatlich sein, ja ist es immer; den andern können alle Mächte der Erde nicht dazu machen.« Es geht um »die Kleinen« . . ., »denn durch die, wenn der Staat ihre Erziehung und Menschwerdung in erleuchtete Hände nimmt, kann allein die Vernunft, d. i. die Freiheit, gegründet werden, sonst ewig nie«.

Aber so verändert ist der Staat nach der 48er Revolution nicht, daß er nur noch darauf aus wäre, »daß wir in ihm Menschen seien... daß er Staatsbürger habe und ein Staat sei, keine Strafanstalt, in der man immer Kanonen braucht, daß die wilden Tier nicht losbrechen«. Vor allem kennt das k. und k. Unterrichtsministerium nach wie vor Unterschiede in bezug auf die Dringlichkeit der Stellenbesetzung: Anfang November 1849 könnte Stifter Schulrat für die Gymnasien Wiens werden, auf das Dekret seiner Ernennung zum »Inspektor der Volksschulen Oberösterreichs mit dem Titel eines k. und k. Schulrats« wartet er noch bis zum 3. Juni 1850. Das Ehepaar wohnt zu dieser Zeit bereits ganz in Linz, bei ihm die Ziehtochter Juliane, eine verwaiste Nichte Amaliens, mit deren Erziehung sie beide nicht zurechtkommen, er – wie modern! – vor allem aus Zeitmangel nicht. Der beamtete Volkspädagoge ist nämlich mittlerweile auch noch Redakteur beim »Wiener Boten«, Mitherausgeber der »Zeitschrift für oberösterreichische Gymnasien«, dann Konservator der Zentralkommission zur Erforschung und Erhaltung der Kunst- und historischen Denkmale und Obmannsstellvertreter des oberösterreichischen Kunstvereins, Mitglied und Referent des kirchlichen Kunstvereins, Mitglied und Referent des Museums. Kein Wunder, daß der bei alledem fleißige Erfolgsautor 1854 das Ritterkreuz des Franz-Josephs-Ordens bekommt. – Elf Jahre später, 1865, wird man den kranken Mann, nicht ohne Bitten, Warten und Querelen, als Hofrat und – ausnahmsweise – ausgestattet mit dem vollen Gehaltsanspruch in den Ruhestand versetzen. Aber nur drei Jahre wird Adalbert – ursprünglich wohl Albert – Stifter diesen ehrenvollen Lebensabend aushalten, ehe er sich, 62jährig, eigenhändig mit dem unsicher geführten Rasiermesser verabschiedet, immer verfolgt von quälenden Wahnvorstellungen und pedantisch akzeptierten Verpflichtungen, die ihn zeitlebens am Leben hinderten.

So, wie er sich hat abhalten lassen, einen – seinen – Sommer zu genießen, so läßt er sich antreiben, den ersehnten Nachsommer für sich und seine Gattin auszustaffieren und – wenn diese Quälerei seine Kräfte aufzehrt und das Ende beschleunigt – auf nachträgliches Verständnis zu hoffen. Am 13. Mai 1854, eben von »unser(m) treffliche(n) Kaiser« dekoriert, schreibt er an Heckenast: »Ich bin zwar kein Goethe, aber einer aus seiner Verwandtschaft... Sie tun nach Ihren Kräften viel für mich, die Nachwelt wird es wissen, wer weiß, ob dieser Brief nicht gedruckt wird; aber dann werde ich im Grabe liegen, die Leute werden nicht begreifen, warum es so gewesen ist...« Zweifel an der Möglichkeit zu begreifen! Damit steckt nicht nur der Mensch, sondern auch der Künstler Stifter in einer Existenzkrise. Denn daß etwas »begreiflich ist«, das gehört zu den ausdrücklichen Botschaften des Romans »Der Nachsommer«, wo diese Formulierung für die Verständigung zwischen dem Ich-Erzähler und dem Leser eine Schlüsselfunktion hat.

Die Sprache nämlich ist es, mit der der »Beschreiber der Dinge« und all ihrer Varianten, von den »Naturdingen« über die »Staatsdinge« bis zu den »Dingen an sich« seine Welt und sich begreiflich, erfahrbar, einleuchtend und wahrnehmbar macht. So stellt der erzählende Heinrich Drendorf fest: »Ich erfuhr, daß meine Vermählung mit Natalie Tarona Aufsehen errege; ich erfuhr, daß insbesonders einige meiner Freunde – sie hatten sich wenigstens immer so genannt – geäußert haben, das sei unbegreiflich. Nataliens Neigung zu mir war mir stets ein Geschenk und daher unbegreiflich; da aber nun diese es aussprachen, begriff ich, daß es nicht unbegreiflich sei!« Das steht auf Seite 727 des Werks, an dem sich die Geister der Stifter-Leser scheiden. Für Hebbel ist es »das Komma im Frack«, für Nietzsche zählt es zu den nach Goethes Schriften noch verbleibenden vier deutschen Prosa-Literaturwerken. Für Stifter selbst scheint es – gelebt wie geschrieben – eine unmögliche Utopie zu sein, nicht autobiographisch der eher schematisch-kanonisierten Handlung nach und doch ihn selbst darstellend bis in so problematische Abseitigkeiten wie die zelebrierte Kakteenliebhaberei hinein. Zehn Jahre lang daran dichtend, realisiert sich der Autor in den drei Bänden unter Kapitelüberschriften, die die menschliche Existenz bis zum »Abschluß« markieren: Die Häuslichkeit – Der Wanderer – Die Einkehr – Die Beherbergung – Der Abschied – Der Besuch – Die Begegnung – Die Erweiterung – Die Annäherung – Der Einblick – Das Fest – Der Bund – Die Entfaltung – Das Vertrauen – Die Mitteilung – Der Rückblick.

Der Maler Stifter arbeitet sich schreibend durch zum Dichter, nicht zum Höhepunkt seiner schöpferischen Möglichkeiten, sondern eben zu dem »Nachsommer«, den sich der Mensch Adalbert Stifter so sehr wünscht. Er zeichnet nichts nach, er schildert nichts ab – er entwirft sich. Was liegt da näher, als daß der bald 50jährige sich gewissermaßen aufspaltet in den jungen und den alten Mann: Heinrich Drendorf und Gustav von Risach, die sich je im anderen spiegeln und ergänzen, erinnern und entwickeln. Beide sagen »ich«, der jüngere dem lesenden und lauschenden Publikum gegenüber, und der Alte, der dem Autor nähersteht, aber zugleich idealer ist, diskreterweise und erst spät im Buch gegenüber den Nachwachsenden.

Der Rahmen, in dem sich diese Selbstwerdung abspielt, ist – was die ökonomischen Bedingungen angeht – unrealistischer, als es der erste Satz: »Mein Vater war ein Kaufmann« vermuten läßt. Alle handelnden, besser tätigen Personen besitzen ungefährdet und angemessen Kapital, Boden, Haus und Gut, und bei dem Wort »angemessen« liegt der Einschätzung ein Maß zugrunde, das nicht nur Wohlstand für das eigene Leben und das der Familie einschließt, sondern auch unbegrenzte Gastfreundschaft und Entwicklungsmöglichkeit für alle Freunde. Dem jungen Paar z. B., das der Roman – von Stifter zunächst als Erzählung geplant – zustandebringt, stehen schließlich nicht weniger als drei komplette Wohnungen zur Verfügung, was sich – Heutigen sei es gesagt – nicht mit der guten alten Zeit erklären läßt. Die Stifters ihrerseits haben lange genug in der Wiener Mansarde gesessen und ehelang an ihrer Einrichtung abbezahlt, dabei hat Stifter keineswegs weniger gearbeitet (höchstens weniger gespart) als sein kapitalgläubiger, buchhälterisch-umsichtiger Kaufmann oder die gutsherrlichen Grundbesitzer. Letztere verfügen über ein ungeheueres Areal an Land und Landschaft, und das wiederum ist eingebettet in eine Natur, die man vermittels gründlicher Realien-Kenntnis – in diesem Sinn ist Stifter Realist – kultivieren kann, als Hof, Garten und Gewächshaus einerseits, als Erlebnis, etwa der Bergwelt, oder Gemälde andererseits. Man tut es.

Der zitierte Kaufmann läßt seinem Sohn, und leicht variiert und abgeschwächt auch seiner Tochter, eine in allem sinnvolle Erziehung und Grundbildung angedeihen: bei Hauslehrern, »die uns in den Anfangsgründen der Kenntnisse unterwiesen . . ., die man heut zu Tage für alle Menschen für notwendig hält, dann . . . in den Gegenständen . . ., die man Kindern beibringen läßt, welche zu den gebildeteren und ausgezeichneteren Ständen gehören sollen«, in Sprachen etwa, in »wissenschaftlichen Zweigen«, auch Leibesübungen, Schwimmen und Reiten, für das Mädchen Klothilde: Hauswirtschaft, Klavier- und Harfenunterricht, Gesang und Malen. Dazu kommen im Umgang mit den Eltern, vor allem dem Vater und dessen Bibliothek, Münz-, Waffen-, Gemmen- und Gemäldesammlung, ständig Erläuterungen aus Geschichte und Kunst.

Vom Vater »zu einem Wissenschaftler im allgemeinen« bestimmt, nimmt der Erzähler, dessen Name noch sehr lange unbekannt bleibt, weil er offenbar nichts zur Sache tut, seine Weiterbildung selbst in die Hand und wendet sich zunächst vor allem der Mathematik zu, dieser »schwerste(n) und herrlichste(n) Wissenschaft«. Zeitweise lebt er von seiner Familie entfernt bei Bekannten. Die Briefe, die er deshalb schreiben muß, üben den »großen Freund der Wirklichkeit der Dinge« im schriftlichen Darstellen, und dies wiederum interessiert ihn für das Beschriebene selbst: für allerlei landwirtschaftliche und gewerbliche Techniken, für Naturgeschichte, Pflanzen-, Mineralien-, später Tierkunde. All das hat der Stifter-Bertl auch betrieben, wenn auch bäuerlich-laienhafter und nicht in so schöner Systematik und Freiheit wie sein Wiener Kaufmannssohn, der inzwischen sorglos von der Zinsrente seines Erbteils lebt. Er sammelt und zeichnet auf seinen allsommerlichen Gebirgsreisen; da nämlich »stellten sich nun dem geübteren Auge die bildsamen Gestalten der Erde in viel eindringlicheren Merkmalen dar und faßten sich übersichtlicher in großen Teilen zusammen. Da öffnete sich dem Gemüte und der Seele der Reiz des Entstehens dieser Gebilde...«, und »als Schlußstein« aller seiner bisherigen Arbeiten studiert er nicht nur theoretisch, sondern wandernd, sehend und begreifend Erdgeschichte, Geologie und Meteorologie. – Welch ein Programm! Daß es nichts mit dem für Stifter selbst so leidigen Broterwerb zu tun hat, ist leicht zu erkennen. Daß es auch nicht »der menschlichen Gesellschaft wegen« absolviert wird, mag überraschen. Sogar der kaufmännische Vater meint, »der Mensch sei... zuerst seiner selbst willen« da, und der alte Risach, der zweite, der Über-Vater, pointiert die Aussage: »Es wäre die schwerste Sünde, seinen Weg nur ausschließlich dazu zu wählen, wie man sich so oft ausdrückt, der Menschheit nützlich zu werden. Man gäbe sich selber auf, und müßte in den meisten Fällen im eigentlichen Sinn sein Pfund vergraben.« Der Schulrat Stifter hat das leidvoll erfahren. Dem erfolglos sich bewerbenden Lehramtskandidaten ist es erspart geblieben. Der Berufspädagoge fragt: »... was ist es mit der Wahl? Unsere gesellschaftlichen Verhältnisse sind so geworden, daß zur Befriedigung unserer stofflichen Bedürfnisse ein sehr großer Aufwand gehört. Daher werden junge Leute, ehe sie sich selber bewußt werden, in Laufbahnen gebracht, die ihnen den Erwerb dessen, was sie zur Befriedigung der angeführten Bedürfnisse brauchen, sichern. Von einem Berufe ist da nicht die Rede. Das ist schlimm, sehr schlimm, und die Menschheit wird dadurch immer mehr eine Herde. Wo noch eine Wahl möglich ist, weil man nicht nach sogenanntem Broterwerbe auszugehen braucht, dort sollte man sich seiner Kräfte sehr klar bewußt werden, ehe man ihnen den Wirkungskreis zuteilt. Aber muß man nicht in der Jugend wählen, weil es sonst zu spät ist? Und kann man sich in der Jugend immer seiner Kraft bewußt werden? Es ist schwierig, und mögen, die beteiligt sind, darüber wachen, daß weniger leichtsinnig verfahren werde.« Während er dies schreibt, ist der wirkliche Schulrat Stifter

»beteiligt« und wacht über Verwaltungsvorgänge und Kollegiumsquerelen...

Heinrich Drendorf hingegen reist nun regelmäßig jeden Sommer aus der Stadt, die ihm winters ihre Anregungen in Theater und Gesellschaft bietet, ins Gebirge. Die Begegnung mit dem zweiten Ich des Romans kommt zustande, und zwar aus Anlaß eines möglicherweise drohenden Gewitters. Dieses ehrfurchtgebietende Naturphänomen, das sich nach einer überweltlichen Dramaturgie abspielt und ohne menschliches Zutun reinigende Wirkung ausübt, war schon für das Dorfkind anziehend und ist für den Autor Stifter von Anfang an Gegenstand vieler Darstellungen. Daß es hier gewissermaßen vorüber ist, ohne gewesen zu sein, ist nachsommer-spezifisch, was der ortskundige Gutsherr weiß, als er mit dem theoretisierenden Wanderer wettet. Jedenfalls wird, während sie abwarten, aus der Gastfreundschaft eine Freundschaft. Der Erzähler hat das Rosenhaus gefunden: »über und über mit Rosen bedeckt, und wie es in jenem fruchtbaren hügeligen Lande ist, daß, wenn einmal etwas blüht, gleich alles miteinander blüht, so war es auch hier: die Rosen schienen sich das Wort gegeben zu haben, alle zur selben Zeit aufzubrechen, um das Haus in einen Überwurf der reizendsten Farben und in eine Wolke der süßesten Gerüche zu hüllen... Die Rosen waren an einem Gitterwerke, das sich vor der Wand des Hauses befand, befestigt. Sie bestanden aus lauter Bäumchen. Es waren winzige darunter, deren Blätter gleich über der Erde begannen, dann höhere, deren Stämmchen über die ersten emporragten, und so fort, bis die letzten mit ihren Zweigen in die Fenster des oberen Geschosses hinein sahen... Es waren zudem fast alle Rosengattungen da, die ich kannte, und einige, die ich noch nicht kannte. Die Farben gingen von dem reinen Weiß der weißen Rosen durch das gelbliche und rötliche Weiß der Übergangsrosen in das zarte Rot und den Purpur und in das bläuliche und schwärzliche Rot der roten Rosen über. Die Gestalten und der Bau wechselten in eben demselben Maße. Die Pflanzen waren nicht etwa nach Farben eingeteilt, sondern die Rücksicht der Anpflanzung schien nur die zu sein, daß in der Rosenwand keine Unterbrechung stattfinden möge. Die Farben blühten daher in einem Gemische durch einander.

Auch das Grün der Blätter fiel mir auf. Es war sehr rein gehalten, und kein bei Rosen öfter als bei andern Pflanzen vorkommender Übelstand der grünen Blätter und keine der häufigen Krankheiten kam mir zu Gesichte. Kein verdorrtes oder durch Raupen zerfressenes oder durch ihr Spinnen verkrümmtes Blatt war zu erblicken. Selbst das bei Rosen so gerne sich einnistende Ungeziefer fehlte.

Ganz entwickelt und in ihren verschiedenen Abstufungen des Grüns prangend standen die Blätter hervor. Sie gaben mit den Farben der Blumen gemischt einen wunderlichen Überzug des Hauses. Die Sonne, die noch immer gleichsam einzig auf dieses Haus schien, gab den Rosen und den grünen Blättern derselben gleichsam goldene und feurige Farben.« –

Diese Beschreibung ist die ästhetische Anwendung dessen, was der junge Autodidakt bisher gelernt hat. Sie markiert seinen und seines Autors Zugang zur Kunst, die für Stifter »das Göttliche im Gewande des Reizes« ist. Daß der Reiz der Blumenwand rein und unbeschädigt ist, das ist das Verdienst des kundigen Gärtners, daß er nur »gleichsam« feurig ist, das macht der Beschreiber, der sich einer Gefährdung, wie sie z. B. von den »Fleurs du Mal« ausgeht (Baudelaires Gedichtsammlung erscheint wie »Der Nachsommer« 1857), nicht aussetzen kann. Reiz hat alles Wahrnehmbare, Stoffliche, das in einer »holden Gestalt« erscheint, Ton und Klang in der Musik, Linien und Farbe in der Malerei, Stein und Metall in der Bildhauerkunst . . . »nur die Dichtkunst hat beinahe gar keinen Stoff mehr, ihr Stoff ist der Gedanke in seiner weitesten Bedeutung, das Wort ist nicht der Stoff, es ist nur Träger des Gedankens, wie etwa die Luft den Klang an unser Ohr führt. Die Dichtkunst ist daher die reinste und höchste unter den Künsten.«

Der Dichter Stifter sieht die Rosen durchaus in ihrer Vergänglichkeit, aber sie sind auch verblühend noch Symbol für Schönheit, z. B. für die Schönheit einer alternden Frau, auf die der Rosenhausherr seinen jungen Freund allererst hinweist, und sie sind – das Göttliche! – jedes Jahr zu ihrer Zeit wieder da, bestimmen den menschlichen Jahreskreis mit, indem sie Rahmen und Anlaß sind nicht nur für die Begegnung der beiden Männer, sondern der ganzen edelelitären Gesellschaft, die sich verwandt und wahlverwandt in dem kultivierten Utopia trifft. Die Ausstrahlung dieses Nicht-Ortes empfindet der Wanderer zwischen den zwei Wirklichkeiten besonders stark; er stellt fest: »Es ist seltsam, da ich von Eurer Besitzung in die Stadt und ihre Bestrebungen kam, lag mir Euer Wesen hier wie ein Märchen in der Erinnerung, und nun, da ich hier bin und das Ruhige vor mir sehe, ist mir dieses Wesen wieder wirklich und das Stadtleben ein Märchen. Großes ist mir klein, Kleines ist mir groß.« Und die weise Antwort auf die Verwunderung: »Es gehört wohl beides und alles zu dem Ganzen, daß sich das Leben erfülle und beglücke . . . Weil die Menschen nur ein einziges wollen und preisen, um sich zu sättigen, sich in das Einseitige stürzen, machen sie sich unglücklich. Wenn wir nur in uns selber in Ordnung wären, dann würden wir viel mehr Freude an den Dingen dieser Erde haben.«

Noch hat sich der Gastfreund Heinrich Drendorf nicht offiziell vorgestellt. Aus unklaren Auskünften der Dörfler und aus den reflektierenden Gesprächen in der Wiener Familie sowie einer zufälligen, kurzen Begegnung in der Stadt weiß der Leser aber, daß es sich um den verdienten hohen Staatsbeamten Gustav Freiherr von Risach handeln muß, der sich seinerzeit aufs Land zurückgezogen hat. Der Junge, der im Rosenhaus lebt, ist Gustav, der Sohn von Mathilde, der Herrin des benachbarten Sternenhofs, die mit ihrer Tochter, Natalie, der späteren Braut, dem Erzähler Drendorf schon nach der ersten Einkehr im Rosenhaus, im Wagen fahrend, begegnet ist. Es gibt weitere namentlich genannte Nachbarn, übrigens mit einem Sohn im heiratsfähigen Alter... Auf dem Asperhof, wie das Rosenhaus nach einem früheren Besitzer ortsüblich heißt, sind außerdem der Kunstschreiner Roland und dessen zeichnerisch begabter Bruder Eustach sowie ein altes Gärtnerehepaar zu Hause, er: Kakteenfreund, in dem Stifter die eigene Liebhaberei sanft ironisiert. Hirten, Landarbeiter und Gesinde sind ohne Belang und Namen, sie handeln nur auf Anweisung.

Verkehr und Kontakt zwischen diesen Menschen dienen einem höheren, von allen gesehenen und geglaubten Nutzen, anregender Geselligkeit oder Belehrung und Erkenntnis. Konflikte sind nicht nur nicht nötig, sondern nicht möglich.

Der junge Drendorf reist, wie schon gesagt, zu Bildung und Forschung zunehmend höher und dann auch während der kalten Jahreszeit hinauf ins Gebirge, macht Zeichnungen und Aufzeichnungen, lernt Zitherspielen und in den ersten Wintern in der Stadt beiläufig Spanisch, führt schließlich seine Schwester zu deren Bildung in seine Welt ein und liefert als Erzähler ausführliche Beschreibungen von Landschaften und Räumen, Gärten, Geräten, Garderoben, Kunstwerken und Möbeln, zum Beispiel einem Intarsienschrank. Stifter selber ist, soweit und ein bißchen weiter, als es sein Budget zuläßt, Sammler von Antiquitäten, und mit seiner Arbeit für den Kunstverein ist er zuständig für die Erhaltung auch der kirchlichen Kunst; der Roman-Ort Kerberg mit Kirche und wertvollem Altar hat wie der Intarsienschrank mindestens eine Entsprechung in der historischen Realität.

Die meisten Personen tragen Züge von Menschen aus Stifters Biographie und Umgebung, aber es sind erzählte Figuren, bis zu einem gewissen Grad schematisiert, ohne Brüche und Widersprüche. Bruch und Widerspruch liegen in der künstlerischen Existenz des Nachsommer-süchtigen Autors: Krise nach der Lebensmitte, die als solche selbst nicht aufgefallen ist. So gesehen, klingt die belehrende Tröstung des alten Risach nach Mathildes trivialem Vergleich: »abgeblühte Rosen – abgeblühtes Glück« hilflos billig: »Es ist nicht abgeblüht, es hat nur eine andere Gestalt.«

Dieser »anderen Gestalt« ist der kinderlose Gatte, der Zeuge österreichischer k.-und-k.-Restauration, der Dichter aus Goethes Verwandtschaft, immer nachgelaufen. Sein Risach-Ich kann sie im »Rückblick«, dem vorletzten Kapitel des »Nachsommers«, einholen. Eine – wie würde Hofmannsthal, der 1874 nachgeborene Landsmann, sagen? – eine delitiose Situation: Der Gastfreund-Hausherr fragt den Gast, ob er »eine Zeit« in dessen Zimmer »zubringen« dürfe, dieser bejaht »begreiflicherweise«, und der Hausherr-Gastfreund fängt an zu erzählen:

»... Als ich ein Knabe von zehn Jahren war, kannte ich alle Bäume und Gesträuche der Gegend, und konnte sie nennen, ich kannte die vorzüglichsten Pflanzen und Gesteine, ich kannte alle Wege, wußte, wohin sie führten, und war in allen benachbarten Orten schon gewesen, die sie berühren. Ich kannte alle Hunde von Dallkreuz...« Für Adalbert Stifter hätte es hier »Oberplan« heißen müssen – aber sonst?... Auch Risachs Vater stirbt früh und »eines plötzlichen unvorhergesehenen Todes«, auch er muß sparen, sparen, auch er reist zu Wasser in die Stadt, auch er bereitet sich studierend auf den Staatsdienst vor, wird erst einmal Hauslehrer und kommt so zu einem Knaben in »eine gebildete und wohlhabende Familie«. Diesen soll er allerdings nicht unterrichten, sondern ihm vor allem seine »Gesellschaft gönnen«, denn: »Erziehung ist wohl nichts als Umgang«, meint die Mutter des Knaben, und Erziehung ist außerdem schwerer als Unterricht. Der junge Pädagoge steht, was seine eigene Familie angeht, mittlerweile ganz allein, er ist also voll verfügbar für seine Aufgabe. Wie schon viele Male zuvor in dem Roman wird nun durch Haus und Garten geführt, wird sich umgezogen und spazierengegangen... Dabei fallen ungewöhnlich viele und sorgfältig gehütete Rosen auf.

Die junge Tochter des Hauses, Mathilde, ist bei Dienstantritt des Erzählers Risach noch keine 14 Jahre alt. Sie gerät erst nach dem Winteraufenthalt in der Stadt deutlicher in das Blickfeld des Berichtenden: »Mathilde wurde immer herrlicher, sie war zuletzt feiner als die Rosen an dem Gartenhause, zu denen wir sehr gerne gingen.« – Und dann – unvermittelt und unter »heftigsten Tränen« – offenbaren sich die beiden ihre gegenseitige Zuneigung: »›Teure, teure Mathilde.‹ ›Mein teurer, teurer Gustav‹, antwortete sie. Ich reichte ihr die Hand, und sagte: ›Auf immer, Mathilde.‹ ›Auf ewig‹, antwortete sie, indem sie meine Hand faßte.« Eine pubertäre Leidenschaft von der Ernsthaftigkeit eines Mozartschen Cherubino: »... je tiefer sich das Gefühl verbergen mußte, desto gewaltiger war es, desto drängender loderte es in dem Innern.« Über ein Jahr lang: »Die Verbindungsfäden wuchsen tausendfach, Mathilde wurde stets noch herrlicher, sie wurde von andern immer heißer begehrt, aber ihre Seele schloß sich nur desto fester an die meinige.« Endlich, »eines Tages, da eben die Rosenblüte war«, treibt das Verantwortungsbewußtsein, das Pflichtgefühl, den Erzählenden, Mathildens Mutter von der Beziehung in Kenntnis zu setzen. Die erhoffte Zustimmung bleibt aus, das Urteil beider Eltern lautet: »Die Verbindung, welche ihr beide geschlossen habt, ist ohne Ziel, wenigstens ist jetzt ein Ziel nicht abzusehen« ... Es folgen eine Reihe vernünftiger Vorhaltungen, wie sie der junge, noch berufs- und stellungslose Stifter über Fanny Greipls Bruder von deren Eltern bekommen haben mag. Jedenfalls entschließt sich der so Beschiedene nolens volens zu vernünftigem Abstand, »denn der Wille der Eltern ist das Gesetz der Kinder«. Und anders als vor damals knapp 100 Jahren in Wetzlar–Frankfurt gelingt es diesem österreichischen Werther der Restauration, den »Treubruch«, den die Geliebte ihm vorwirft, mit beruflicher Strebsamkeit zu kompensieren: »Nach dem Verlaufe von mehreren Jahren war ich in einer der ehrenvolleren Stellungen des Staatsdienstes, welche zu dem Verkehr mit dem gebildeteren Teile der Stadteinwohnerschaft berechtigten, und ich hatte die begründete Aussicht, noch weiter zu steigen.« – O heiliger Komparativ, wo es keinen Positiv gibt! Nachsommer der Sprache als Abbild sozialer Verhältnisse!

Der Aufsteiger heiratet, wie Fanny Greipls Adalbert Stifter, anderweitig »ohne Liebe und Neigung«, aber in wechselseitiger großer Hochachtung und – anders als sein Autor – reich. Die Ehe ist kinderlos und dauert lediglich zwei Jahre.

Es folgt, was sowohl der Zuhörende als auch der Leser schon weiß: der ehrenvolle Rückzug aus dem Staatsdienst, Erwerb und Ausbau des Asperhofes und die spätere Wiederbegegnung mit Mathilde, deren Gesicht »schon verblüht« ist; »aber auf den Wangen und um den Mund lag der liebe Reiz und die sanfte Schwermut, die an abgeblühten Frauen so rührend sind, wenn gleichsam ein Himmel vergangener Schönheit hinter ihnen liegt, der noch nachgespiegelt wird«.

Die Witwe bringt den Sohn Gustav zu Gustav von Risach, der auch der »väterliche Freund« Nataliens wird – wiederum ein Nachsommer-Verhältnis, integriert in eine Art Familie, über die die Altersweisheit des Freiherrn von Risach und der Realitätssinn des Volkspädagogen Stifter so urteilen: »Die Familie ist es, die unseren Zeiten not tut, sie tut mehr not als Kunst und Wissenschaft als Verkehr Handel Aufschwung Fortschritt, oder wie alles heißt, was begehrenswert erscheint. Auf der Familie ruht die Kunst die Wissenschaft der menschliche Fortschritt der Staat.« – Der Neuvermählte ist ein Musterschüler, und deshalb ist ihm zum Schluß eines »gewiß, das reine Familienleben, wie es Risach verlangt, ist gegründet, es wird, wie unsre Neigung und unsre Herzen verbürgen, in ungeminderter Fülle dauern, ich werde meine Habe verwalten, werde sonst noch nützen, und jedes selbst das wissenschaftliche Bestreben hat nun Einfachheit Halt und Bedeutung«. Er hätte auch sagen können: »So leben wir in Glück und Stetigkeit gleichsam einen Nachsommer...«

Die schwierige Existenz des Künstlers und des Menschen Adalbert Stifter geht durchaus ineinander über; wenn der Autor sie wie in der »Mappe meines Urgroßvaters«* beschreibt, entsteht: das Menschliche im Kleide des Reizes:

Da wir heran wuchsen, erzählte uns die Mutter, daß der Doktor unser Urgroßvater gewesen ist. Er heilte viele Meilen in der Runde, und war sonst ein fröhlicher Herr. Das alles ist er in der hohen Schule zu Prag geworden, von wo er aber, da er kaum den neuen Doktorhut auf hatte, wie er selber sagte, gleich einem geschnellten Pfeile fort schießen mußte, um sein Heil in der Welt zu suchen. Warum er so schnell fort gemußt hatte, sagte die Mutter nicht, und wir fragten auch nicht darnach. Es lebten noch Greise, die ihn gekannt, und mit seinen zwei großen Rappen herum fahren gesehen hatten. Auch redeten noch viele Leute von ihm.

Er ist sehr alt geworden, ist dann gestorben, und hat seinem Sohne, unserm Großvater, hinterlassen, was er erworben hatte. Wir wußten nicht, was das war; aber in dem innersten schönen Zimmer des Hauses standen noch Geräte von dem Doktor. Der Vater las in diesem Zimmer gerne in einem alten Handschriftenbuche desselben, und der Großvater erzählte uns dort von ihm.

Wenn er an einem Winterabende, da es draußen recht kalt war, und der Mondschein in den gefrierenden Fensterscheiben glitzerte, von den Taten und Abenteuern des Doktors sprach, von seiner Furchtlosigkeit bei Tag und Nacht, in Wald und auf Heiden, wie er so zu seinen Kranken fuhr, und wie er Scherze und Schnacken liebte, wie er Arzneigläser hatte, die rot und blau und gelb glänzten wie Karfunkel und Edelstein, wie er Macht hatte über die Dinge auf der Erde und in der Luft, und wenn nun Geräte in der Geschichte vorkamen, die noch vor uns standen, bald, wie es in einem derselben in einem bedeutungsvollen Augenblick krachte, bald, wie ein Glas auf dem Simse verwechselt wurde, da der Böse dem Doktor schaden wollte, was dieser aber immer wußte, bald, wie auf einem derselben ein schwer Verwundeter ächzte, wie ihm der Doktor den Körper wieder fügte, den ein Waldbaum gänzlich auseinander geschlagen hatte, bald, wie in einem Fache ein Gift war, das aber sehr heilsam

* Hier zitiert nach der letzten Fassung von 1867.

wirkte, so sahen wir mit Verwunderung und Ehrfurcht auf die Dinge. Da stand neben der Tür ein Schrank, hoch und dünn wie Ritterfräulein, er gleißte im Kerzenlichte, und warf einen scharfen Schatten, uns war, daß jetzt Dinge auf ihm stehen, die am Tage gar nicht dort gestanden waren, dann an der gegenüberstehenden Wand der Arzneischragen, der gleichsam immer leuchtender wurde, der Ahorntisch mit dem eingelegten perlmutternen Osterlamme, die Uhr mit der Spitzhaube, der lange Lederpolster auf der Ofenbank, der mit Bärentatzen wie mit lebendigen griff, dann die Stühle, welche Füße hatten, als wären lauter Kugeln angefaßt, und endlich vorne gleich neben dem Fenster mit bleichen Tropfen und Streifen des herein scheinenden Mondes bezeichnet das Schreibgerüste, vielfächrig, vielgliedrig, mit emsig ausgearbeitetem Geländer und Füßen, darauf geschnitzte Frösche und Eidechsen und Gewürm krochen, die Schreibplatte überwölbt von einem hölzernen Himmel wie von einem Herdmantel, auf dem ein ausgestopfter Balg saß, den der Vater eine große Eule nannte, dann lange Schemel, niedere Bänke, wie für Kinder, und allerlei anderes.

Als ich einmal fragte, warum denn der Vater, wenn er in der Nacht von einer Reise zurück komme, und später eintreffe, als ihn die Mutter erwartete, nur von schlechten Wegen oder vom Regen aufgehalten worden sei, antwortete Ursula die Großmutter: »Ich habe meinen Schwiegervater den Doktor selber sagen gehört: Alles nimmt auf der Welt ab, der Vogel in der Luft und der Fisch im Wasser. Und so nimmt auch das Seltsame im Leben ab. Als ich ein Mädchen war, wimmelte die Glökelbergau von Kiebitzen und der Hinterhammerbach von Krebsen, und jetzt ist hie und da nur eine Feder auf der Au und ein Krebs in dem Bache. Man hört nicht mehr in den Losnächten in den Lüften über der Kehrau weinen, und sieht nicht mehr den Mantel unter dem Heerwagen der Gestirne, höchstens daß auf den Mooswiesen ein Irrlicht scheint, oder der Wassermann an der Moldau sitzt.«

So verging Jahr um Jahr. Sie vergingen sehr langsam, und es mußten viele vorüber schwinden, ehe wir größer wurden.

Endlich waren wir größer, und es entstand die Frage, was mit uns geschehen solle.

Da traf uns ein schweres Unglück. Unser Vater wurde von einem stürzenden Wagen erschlagen, und alles änderte sich nun. Der Vater meiner Mutter nahm mich an der Hand, und führte mich weit fort in die Abtei in die lateinische Schule. Der andere Großvater der Vater unsers Vaters der Sohn des Doktors leitete das Hauswesen, und die Mutter besorgte die Pflege der andern Kinder. Ich kam nun jedes Mal nur in den Herbstferien nach Hause. Im Laufe der Zeit sagten die Leute, die Mutter müsse, da der Großvater immer älter werde, für das Haus und für die Kinder vorsehen, daß ein rechter Verwalter und Vater erschiene, und so kam ein Stiefvater in das Haus. Er war ein guter Mann; aber er ließ bald die Geräte des Doktors in die Stube stellen, die hinter der Wohnung der Großeltern lag, und immer unbewohnt war. In das Doktorzimmer wurden neue schöne Geräte gebracht.

Meine Brüder zerstreuten sich auch nach und nach in die Welt. Als sieben Jahre vergangen waren, und ich mich wieder einmal im Herbste zu Hause befand, ging ich in die abgelegene Stube, und sah die alten Geräte an. Sie waren sehr bestaubt, und das Mehl des Bohrwurmes lag unter ihnen. Ich rief zwei Mägde, und ließ sie abwischen, und stellte sie in eine andere Ordnung, wie es mir schöner schien. Als die zwei Mägde fort gegangen waren, blieb ich in der Stube stehen, und betrachtete die altertümlichen Dinge, wie der sanfte Herbstglanz der Sonne so an ihnen hinstreichelte, und sie beleuchtete. Mir kam zu Sinne, daß sie Zeugen einer langen Geschichte sind, die von den ersten Menschen bis zu ihnen und mir herab geht, und von mir weiter, wer weiß, wohin. Ich blieb, bis es dämmerte, in der Stube. Dann ging ich wehmütig zu dem Abendessen, das ich mit der Mutter, dem Stiefvater und der Schwester verzehrte.

Als meine Zeit in der Abtei aus war, ging ich nach Wien, und wenn ich auch in den ersten Jahren in jedem Herbste nach Hause kam, so erschienen doch später Zeiträume von mancher Mühe und Arbeit, die mir nur selten erlaubten, auf kurze Frist meine Heimat zu besuchen. Ich erlebte in der Stadt manches Gute und manches Üble. In der Stadt fand ich endlich auch ein weibliches Wesen, das es auf Lebenszeit mit meinem Herzen wagen mochte, und wir traten vor den Traualtar. Die Mutter trauerte zu Hause, daß sie wegen Kränklichkeit nicht kommen konnte, mit den Angehörigen der Braut den Brautkranz flechten zu helfen, und mit ihnen den Kirchengang zu feiern. Deshalb beschlossen wir, sobald es möglich würde, zur Mutter zu reisen, und eine gute Weile bei ihr zu bleiben. Es wurde bald möglich gemacht, und ich führte meine junge Gattin in unser Waldtal und in das Haus meiner Vorfahren. Es war bald nach dem Morgen, da wir ankamen. Die Mutter stand, da wir daher fuhren, bereits auf der Gasse. Als meine Gattin abgestiegen war, drückte sie die neue Tochter an das Herz. Wir gingen in die große Stube, setzten uns an den Tisch, und Mütterlein war im Anschauen der Schönheit ihrer Schwiegertochter verloren, ohne uns eine Erquickung anzubieten. Auf die Erinnerung des Stiefvaters wurden wir in die Stube geführt, in der einst die Doktorgeräte gestanden waren, und es wurde uns gesagt, daß diese Stube für uns eingerichtet worden sei. Wir legten die Reisedinge ab, es wurden unsere Habseligkeiten von dem Wagen herein gebracht, und es lösete sich immer mehr das Band der Rede und Gegenrede. Als die Zeit gekommen war, wurde der Tisch in der großen Stube gedeckt, und wir verzehrten alle ein Mahl, welches für uns bereitet worden war. Als der Nachmittag gekommen war, durchwanderten wir alle Räume des Hauses, und wir gingen in den Garten und auf die Wiese, die hinter dem Hause lag, und auf den Anger und auf die Gasse vor dem Hause.

Vieles hatte sich geändert. Die Großmutter Ursula, die Schwiegertochter des Doktors, und der Großvater Augustinus, der Sohn des Doktors, waren nicht mehr in ihrer Wohnung, sie waren in das Jenseits gegangen. Dafür war in den Räumen des alten Paares meine Schwester mit ihrem Gatten und ihren Kindern, welche Kinder aber nicht bloß in diesen Räumen sondern im ganzen Hause spielten, wie wir einst darin gespielt hatten, nur daß das damalige Mütterlein jetzt ein Großmütterlein geworden war. Im Hause war hie und da ein Geländer weggebrochen, hie und da eines befestiget worden, eine Holztreppe war weggenommen, und anderswo eine andere aufgestellt worden, das Brunnenwasser rann in eine neue Kufe, die Gartenbeete waren in einer andern Ordnung, der alte Kirschenbaum stand nicht mehr, dafür wucherte die Angelikawurzel des Doktors fort, in der Holzlaube war vieles geordneter, aber hinten standen genau noch die alten Stangen und staken die alten Strohbünde. Ich hätte mir jetzt nicht mehr gefürchtet, durch sie hindurch auf die Haberstelle der Scheune zu kriechen; aber ich hatte jetzt nicht mehr den Drang darnach. In der Hinterstube standen die Dinge in der Ordnung, wie ich sie einst gestellt hatte, aber vieles war noch mehr verfallen, als einst. Ich erkannte jetzt, daß diese Geräte sehr schön sind, daß sie meistens aus einer älteren Zeit stammen, als da der Doktor gelebt hatte, daß er sie gesammelt haben müsse, und daß sie, besonders das wunderschöne geschnitzte Schreibgerüste, der Erhaltung und der Aufbewahrung wert sind. Ich sprach zu der Mutter und dem Stiefvater davon, und sie sagten, ich könne mir nehmen, was ich wolle, und könne es in meinen nunmehrigen Wohnort bringen lassen. Die Geräte, welche der Stiefvater in die Doktorstube hatte neu machen lassen, waren nun auch alt, und manches, das mir einst gefallen hatte, war nun klein und unscheinbar.

Ich fragte die Mutter um das Buch des Doktors, in welchem der

Vater öfter gelesen habe. Sie sagte, daß der Vater oft in einem ledernen Schriftenbuche des Doktors gelesen habe, daß sie aber gar nichts von dem Buche wisse, und daß sie auch nicht sagen könne, wohin es gekommen sei.

In den folgenden Tagen führte die Mutter meine Gattin in meiner Begleitung auf unsere Felder, auf unsere Wiesen und in unsere Holzungen. Sie freute sich, wenn meine Gattin die Getreide oder den Weißkohl oder den Klee oder den Flachs oder die Erbsen oder die Kartoffeln bewunderte, die auf den Feldern wuchsen, wenn sie auf der Wiese manchen Handgriff ländlicher Arbeit versuchte, wenn sie zwischen den Stämmen des Waldes dahin wandelte, und manchen eßbaren Schwamm pflückte, und in ihr Körbchen tat. Ich führte Amalia an alle Stellen, welche mir seit meiner Kindheit her lieb geworden waren, in Wälder, an rauschende Bäche, zu ragenden Klippen und auf sonnige Weiden. Es war mir, als würde sie auf diesen Wanderungen immer blühender. Im Hause zeigte ihr die Mutter, was in Fächern und Truhen und Schreinen, was im Keller und Stalle in der Scheune und Speisekammer und in dem Schüttboden aufbewahrt wurde. Sie suchte indessen auch sorgsam nach dem Buche, um das ich gefragt hatte, konnte es aber nicht finden.

Wir waren schon zwei Wochen in dem alten Hause in der Stube des Doktors. Die Mutter und die neue Tochter lebten sich in gegenseitige Liebe hinein. Der Sonnenschein der Freundlichkeit in dem Angesichte der Mutter und die Güte in den Augen meiner Gattin führten sie zuerst zusammen. Auch die Schwester liebte meine Gattin, und die Kinder hingen ihr an, weil sie ihnen von jedem Gange etwas brachte. Der Stiefvater sann zuweilen Aufmerksamkeiten für die Stiefschwiegertochter aus. Ich lebte froh ohne Sorgen und Mühsal unter den Meinigen. Die Abwesenheit der Brüder ersetzten manche Briefe, und die zwei, welche nach mir die ältesten waren, ließen hoffen, daß sie kommen würden, so lange ich noch in dem Hause wäre.

Eines Tages, da ein grauer Landregen, der nicht so bald enden zu wollen schien, Wälder und Hügel und Felder verhing, da die Mutter meine Gattin und die Schwester im Hofstübchen saßen, und plauderten, und selbst die Kinder, die sonst schwer in die vier Wände einzufangen waren, in ein Häufchen zusammen geduckt da saßen, und zuhörten, weil draußen alles in Wasser schwamm, stieg ich auf den obern Boden des Hauses empor. Mich leitete der Gedanke an die heilige Margaretha und eine Empfindung, nach welcher ich von jeher gerne das sanfte Trippeln eines stillen Regens auf einem Dache oberhalb mir hörte. Ich stieg die Treppen hinan, bis ich auf dem obersten Estrich des Hauses war. Dort ging ich gebückt in den Gang zwischen dem Schüttboden und dem Dache hinein, weil ich jetzt den Schein der heiligen Margaretha nicht mehr fürchtete. Ich trug sie in das Licht hinaus. Sie war ein vergoldetes am Angesichte und an den Händen bemaltes Standbild, halb lebensgroß, aber in dem Laufe der Zeiten bereits vielfach abgerieben und zerschleift. Ich dachte mir, daß das Standbild etwa von einer eingegangenen Feldkapelle unserer Besitzungen herrühre, und jetzt in dem Hause herum stehe. Es war nichts Merkwürdiges daran. Da ich es wieder auf sein Untergestelle setzen wollte, hörte ich, daß dieses keinen Ton gab wie ein Block, sondern wie ein hohler Raum. Ich untersuchte die Sache näher, und fand, daß wirklich das Untergestelle eine Truhe sei. Ich trug die heilige Margaretha wieder in das Licht hinaus, und zog die Truhe an einer ihrer eisernen Handhaben nach. Im Hellen sah ich nun, daß sie nicht versperrt, sondern nur mit einer Arbe in ein Öhr eingeklinkt war. Ich befreite zuerst den Deckel von dem vielen Staube, und öffnete dann die Truhe. Was sich mir in ihr zeigte, war zu oberst ein Gewirre von Papieren Schriften Päckchen Rollen Bindzeugen Lappen Handgeräten und anderm Wust. Meist aber waren es Papiere. Man hatte diese Dinge, die man nicht wegwerfen wollte, in die Truhe gelegt, und sie nicht mehr angesehen. Ich setzte mich auf den Rand der Truhe, und begann die Sachen heraus zu nehmen, und anzuschauen.

...

Stammbuchblätter

Für Fräulein Marie Ringseis

Linz, am 23. April 1849

Es gibt nur zwei göttliche Dinge auf dieser Welt: das Eine göttlich an und für sich, die Religion, das andere göttlich in dem Kleide des Reizes, die Kunst. Dies zwei sind das Höchste auf Erden. Wer etwas anderes über sie stellt, etwa Gewerbe, Wissenschaft Staatseinrichtungen, der verkehrt die Ordnung der Dinge, und setzt das Mittel über den Zweck.

Linz, am 21. April 1851

Das höchste irdische Gut ist die Kunst, die Darstellung des Göttlichen im Kleide des Reizes: alles andere Wohlfahrt, Handel, Gewerbe ja der Staat selbst ist nur Mittel und steht unterhalb der Kunst. Nur Eines ist noch höher, die Religion, das Göttliche an sich; aber es ist dies kein Irdisches mehr, und könnte von uns auch gar nicht gefaßt werden, wenn es sich nicht auch wieder eines Kleides bediente. Daher sind die Künste so gerne die Gesellschafterinnen und Dienerinnen der Religion geworden, welcher Standpunkt ihr höchster und in der Geschichte auch ihr erfolgreichster geworden ist.

Gut ein Vierteljahrhundert nach der Erstveröffentlichung der »Mappe« und im privaten Brief an den Jugendfreund (einen wohlhabenden Wiener Juwelier, dem Stifter übrigens Geld schuldete) sieht die unmögliche Nachsommer-Existenz anders aus:

An Joseph Türck

Linz, 3. November 1867

Mit diesem Briefe geht der dritte Band des »Witiko« an Dich ab. Nimm ihn gütig und freundlich an wie seine zwei Vorgänger. Ich wünschte nur, daß er so trefflich wäre, Dir die Freude zu machen, die ich Dir machen möchte. Ich habe das Werk mit aller Liebe gearbeitet, deren ich fähig bin. Seine Mängel sind eben der Mangel meiner Kräfte. Die Sendung hat sich wieder verspätet wegen der Verspätung des Empfanges und des Einbindens und leider auch durch meine Schuld. Ich bin mit Arbeit so angestrengt, um die Wunden, die Krankheit meiner Habe geschlagen hat, zu heilen, daß ich oft gar nicht fähig bin, nur noch einige Zeilen zu schreiben, und Dir hätte ich gar so viel zu schreiben. Wäre Reden von Dir schon Schreiben, so hättest Du Bände von Briefen. Wenn nur einmal wieder ein persönliches Zusammenkommen erfolgte, daß wir uns recht des Längsten und Breitesten besprechen könnten. Alte Freunde sind wie alter Wein, er wird immer besser, und je älter man wird, desto mehr lernt man dieses unendliche Gut schätzen. Meine teuersten Freunde sind aber nicht bei mir, und zu einer Wienerreise werde ich so bald nicht kommen. Auch allerlei Bedrängnisse suchen uns noch immer heim. Eben leidet meine Gattin schon in der dritten Woche an einer so heftigen Grippe, wie ich nie eine gesehen habe, daß ich oft schon zage, es möge ein tödlicher Keim in diesem Dinge liegen. Ich bin davon unsäglich angegriffen. Wenn ich diese Lebensgefährtin, das Teuerste, was die Erde für mich trägt, verlöre, würde ich den Schlag kaum ertragen können. Der Arzt findet gar keine Gefahr, und das Herz zittert mir doch. Wie wir an Euch allen den innigsten Anteil nehmen, so tut gewiß auch ihr, und darum klage ich Dir mein Leid. Mich hat mein Karlsbader Arzt gesund erklärt, so wie das Leberleiden meiner Gattin in Karlsbad geschwunden ist, und so könnten doch noch einige Jahre eines milden, heiteren Nachsommers für uns kommen. Doch wie es der Herr im Himmel will.

Wir leben still und zurückgezogen. Meine Gattin ihrem Hauswesen, ich meinen Arbeiten. Als Vergnügen habe ich manchen lieben Brief eines Freundes, manches liebe Buch, manchen Spaziergang und etwas Malen, das ich mir erlaube. So lösen sich die Tage, die Wochen ab. Meine Wohnung ist mein Königreich. Der Welthändel entschlage ich mich, sie sind so trübselig. Wirken kann ich in ihnen nicht mehr, wie es in jüngeren gesunden Jahren meine Pflicht und Freude war, so weit mein Kreis reichte, und das Leiden durch sie will ich wenigstens mildern. Möge der Himmel mir noch meine lieben Freunde eine Weile lassen, und möge insbesonders noch bei Euch das liebevolle Zusammenleben mit Eurer verehrten Mutter lange, lange dauern. Es ist Euer Erdenglück und ein gutes Stück des unsrigen.

Manche gütige Stimme, die mir über mein schwaches Wirken zukömmt, tut mir auch wohl. Der Großherzog von Sachsen-Weimar hat mir nach dem Ausdrucke seines Briefes für das Verdienst, das ich mir durch »Witiko« um die deutsche Literatur erworben habe, das Ritterkreuz erster Klasse des Ordens vom weißen Falken geschickt, des Ordens, den Karl August, der Freund Goethes, wieder erneuert, und zu dem Goethe den Wahlspruch gegeben hat: »Seid wachsam.« Mich freute die Anerkennung sehr. Zustimmung und Tadel geht mir nahe, wenn sie von bedeutenden Menschen kommen: die erste belohnt mich, den zweiten beherzige ich. Wenn etwa auch der große Markt spricht, so kann mich das weniger berühren. Zum Öftesten erfahre ich es nicht, und wenn, dann sind mir die Stimmen unbekannt, und ich vermag sie meistens nicht zu wägen. So möge meine Tätigkeit manches kleine Gute wirken, und was in ihr unzulänglich ist, liegt wenigstens nicht in meinem Willen.

Gott gebe Dir und den Deinigen Gesundheit und Heiterkeit und denkt zuweilen an uns, die wir Euch Freunde von ganzem Herzen sind.

...

ZEITTAFEL

1805 23. 10.: Adalbert/Albert Stifter wird als erstes von fünf Kindern des Leinwebers und reisenden Flachshändlers Johann Stifter und dessen Ehefrau Magdalena, geb. Friepes, in Oberplan in Böhmen geboren.

1817 30. 11.: Der Vater wird tot unter seinem umgestürzten Fuhrwerk gefunden.
1818 Im Sommer tritt Adalbert nach abgeschlossener Volksschule in das Benediktiner-Internat Kremsmünster ein.
1826 Stifter verläßt das Gymnasium, fährt mit Kollegen zusammen auf einem Floß nach Wien und immatrikuliert sich an der juristischen Fakultät der Universität.
1827 Stifter fährt mit Freunden und ehemaligen Schulkameraden in den Ferien nach Friedberg und lernt dort Franziska – Fanny – Greipl kennen; er verliebt sich in das begüterte Mädchen.
1832 Stifter bewirbt sich (und dann immer wieder) vergeblich um ausgeschriebene Lehrer- und Professorenstellen.
1837 15. 11.: Stifter heiratet die Putzmacherin Amalia Mohaupt, die er seit über vier Jahren kennt.
1840 Als erste Veröffentlichung erscheint unter Adalbert Stifters Namen die Erzählung »Der Condor«; in der Folge erscheinen: »Der Hochwald«, »Iris«, die erste Fassung von »Die Mappe meines Urgroßvaters«, dann u. a. »Abdias«, »Brigitta«, »Der Hagestolz«, »Der Waldsteig«.
1843-46 Der Hauslehrer Stifter unterrichtet den Sohn des Staatskanzlers Fürst Metternich.
1847 Stifter verbringt – wie in den beiden Vorjahren – die Sommermonate in Linz.
1848 1. 5.: Die Constitutionelle Donau-Zeitung meldet Stifters Nominierung als Wahlmann für seinen Wohnbezirk in Wien;
6. 5.: Stifter ist wieder in Linz.
1849 Die Stifters ziehen endgültig nach Linz um.
1850 3. 6.: Stifter wird »Inspektor der Volksschulen Oberösterreichs« mit dem Titel eines k. und k. Schulrats.
1853 15. 12.: Stifter wird zum Konservator der Zentralkommission zur Erforschung und Erhaltung der Kunst- und historischen Denkmale ernannt.
1854 Stifter bekommt das Ritterkreuz des Franz-Josephs-Ordens.
1855 Stifter erholt sich in den Lackenhäusern von den ersten sich stetig steigernden Krankheitsbeschwerden.
1857 Stifter beendet die Arbeit am »Nachsommer«.
1865 Stifter wird zum Hofrat ernannt.
25. 11.: Er wird in den Ruhestand versetzt.
1868 28. 1. Adalbert Stifter stirbt, nachdem sich der hoffnungslos Kranke zwei Tage vorher mit dem Rasiermesser in den Hals geschnitten hat.

WEITERFÜHRENDE LITERATUR

Adalbert Stifter: Sämtliche Werke in fünf Bänden, jeweils mit Nachwort von Fritz Krökel und Anmerkungen von Karl Pörnbacher, Winkler Verlag, München o. J. (Sonderausgabe für die Wissenschaftliche Buchgesellschaft Darmstadt.)

Friedrich Hebbel

BRIGITTE DÖRRLAMM

Christian Friedrich Hebbel: keine Schema-Existenz – Erlösung durch die Frauen

Er hatte: leibliche Eltern, bei ihnen einen Bruder, zwei Vormünder, eine geistige Mutter, eine mütterliche Freundin, mit ihr zwei Söhne, einige Geliebte, eine festangestellt schauspielende Ehefrau, von ihr einen Stiefsohn und zwei Töchter, Vorbilder, manchmal Gönner, darunter einen König und zwei Edelleute, vorübergehend einige Freunde...

Er besaß: die längste Zeit nichts außer dem Glauben an seine Berufung als Dichter: Christian Friedrich Hebbel, geboren am 18. März 1813 in der tiefsten Provinz Norddeutschlands, gestorben am 16. März 1863 in Baden bei Wien.

Er war ein Dichter und ein Mann, wie einer,
Er brauchte selbst dem höchsten nicht zu weichen,
An Kraft sind wenige ihm zu vergleichen,
An unerhörtem Unglück, glaub ich, keiner.

Er stieg empor, die Welt ward klein und kleiner,
Und auf der Höhe, die wir nicht durch Schleichen,
Die wir nur fliegend oder nie erreichen,
Ward über ihm der Äther immer reiner.

Diese Strophen, geschrieben am 6. September 1841, meinen Kleist, drücken aber durchaus auch Hebbels eigene Selbsteinschätzung aus. Er traut sich zu fliegen, wenn man ihn nur läßt, wenn man ihn aus der »Dithmarsischen Sklaverei« loskauft, in der er bis zu seinem 22. Lebensjahr schmachtet: Als Dichter und Mann will er erlöst werden, immer wieder.

Geboren als erster Sohn des 23jährigen ehrsamen, aber mittellosen Maurers Klaus Friedrich Hebbel und dessen drei Jahre älterer Ehefrau Antje Margarethe, geb. Schubart, verliert er seinen Vater mit 14, d. h. in einem Alter, wo er noch nicht für die Mutter und den zwei Jahre jüngeren Bruder sorgen kann, ihnen aber dank seiner bisherigen Bildung – zwei Jahre »Klipp-«, das bedeutet »Schreib«-Schule, sechs Jahre Elementarschule – nicht mehr zur Last fallen muß. Sein Lehrer, Franz Christian Dethlefsen, bringt seinen besten Schüler bei dem seit einem Jahr amtierenden, selbst noch nicht 30jährigen Kirchspielvogt Johann Jakob Mohr als Gehilfe unter.

Hebbels Heimatort Wesselburen ist damals Hauptort eines Bezirks in der dithmarsischen Marschlandschaft zwischen Eider- und Elbemündung. Knapp 100 Kilometer nordöstlich von Hamburg gelegen, gehört es zum Herzogtum Holstein, das zusammen mit Schleswig (»up ewig ungedeelt!«) mit dem Königreich Dänemark in Personalunion regiert wird. Die Vogtei ist Verwaltungs- und Steuerbehörde, und der Jurist Mohr ist zuständig in der sogenannten niederen Gerichtsbarkeit. Für den jungen Friedrich wird er nun zum »Prinzipal und Obervormund« – zum Erlöser für den Immer-Strebenden wird er nicht, obwohl er über eine Bibliothek von 1000 Bänden verfügt, die er dem Botenjungen und bald schon hauptamtlichen Schreiber »nicht geradezu aus der Hand (ge)rissen« hat, wie der arrivierte Autor später bissig gegenüber dem »Pseudo-Wohltäter« feststellen wird.

Im Hause nahe der Kirche, das stattlicher ist als die elterliche Kate der frühen Jahre und geräumiger als die enge Wohnung nach 1819, herrscht die Ständeordnung der Zeit: Der Botenjunge teilt das Bett mit dem Kutscher, ißt am Gesindetisch und trägt die Kleider des Herrn auf.

Ihm fehlt die Mutter, deren Liebling er war, aus deren »blauen Augen ... die rührendste Milde« leuchtete. So flüchtet er sich in angelesener »Sehnsucht«, wie das Gedicht heißt, das der 16jährige im »Königlich privilegierten Ditmarser und Eiderstedter Boten« veröffentlicht, zur Muse, einem Wesen, das manchmal für ihn sogar menschliche Gestalt annimmt, als Gretchen Carstens, Doris Voß oder als die Schauspielerin Hedwig Schultz, die unerreichbar wie die andern, 1830 Theatervorstellungen in Wesselburen gibt.

Der Schreiber Friedrich Hebbel weiß danach um so deutlicher, daß er dichten muß, und er bringt seine Erzeugnisse seit 1828 – oft anonym – zunächst in besagtem »Boten«, dann in zwei Zeitschriften, »Iduna« und »Neue Pariser Modeblätter«, unter, die in Hamburg redigiert werden. Redakteurin ist eine Frau. Wird sie den versklavten Genius erlösen? Als Arztwitwe (darum »Doktorin«) ernährt die unermüdlich schreibende Amalie Schoppe bereits drei Söhne. Nun will sie – 44jährig – bei Hebbel »geistig ... Mutter« werden. Der Jungdichter akzeptiert die mehr als hundertfache Buchautorin gewissermaßen als Ersatz für Ludwig Uhland und Adam Oehlenschläger, die er sich vergeblich als geistige Väter vorgestellt hat. Die Schoppe findet immerhin in dem Altonaer Pastor Schmalz einen neuen Vormund. So kann Hebbel im Februar 1835 nach Hamburg kommen.

Aber er tut sich schwer im Umgang mit dem »weiblichen Jean-Jacques«, wie sich Madame selbst nennt, und das Orientierungsproblem löst sich für den Jungen vom Lande keineswegs, als sie ihn als Untermieter an die Familie des Schiffszimmermeisters Ziese weitergibt, denn sie läßt ihn nicht los. Sie erwartet ihn als regelmäßigen Gast in ihrem literarischen Zirkel, leiht ihm Bücher und Zeitschriften und ist pikiert über Kaffeeflecken, die sie hinterher daran findet. Sie vermittelt ihm aber auch die »freilich sehr demütigenden Freitische« und bestärkt ihn in seinem Vorhaben, sich zum Akademiker hinaufzuarbeiten, d. h. für ihn zunächst, das Abitur nachholen, und das wiederum bedeutet damals: Griechisch und Latein lernen. Ein Schüler soll als Nachhilfelehrer fungieren, er wird schnell zum Gesprächspartner über Gott und die Welt. Hebbels Geist ist williger, als die Doktorin Schoppe es vorsieht. Und was den anderen Teil seiner Menschlichkeit angeht, so lebt im Haus am Stadtteich 43 auch Zieses Stieftocher, die 31jährige Elise Lensing, vor der die literaturpädagogische Witwe den Lernwilligen mütterlich gewarnt hat. Auch eine Muse? Eine Erlöserin?

Am 23. März 1835 beginnt er in der gewissen Aussicht »auf Unsterblichkeit« und seinem »künftigen Biographen zu Gefallen« ein Tagebuch, das er als »Notenbuch« seines Herzens bis zum Ende seines Lebens fortführen wird: nächstens in Heidelberg, München, dann Hamburg, Kopenhagen, wieder in Hamburg, Paris, Rom, Wien, Marienbad, wieder in Wien, schließlich in Gmunden. Unter dem Datum des 3. Oktober 1839, genau ein halbes Jahr nach seiner mühsamst zu Fuß bewerkstelligten Rückkehr aus München, vermerkt er dort: »Gestern fing ich meine Tragödie ›Judith‹ an und schrieb ein paar Szenen, die mir gefielen. Heute schrieb ich fort und es glückte wieder... Gott, wenn das ginge! Wenn die bisherige Pause, dies Stocken des poetischen Stroms nichts bedeutet hätte, als ein neues Bett! Ich wäre glücklich! Von meiner Poesie hängt mein Ich ab; ist jene ein Irrtum, so bin ich selbst einer!« – Was das Lernen in Hamburg, das Studium in Heidelberg und München nicht gebracht haben, nun muß er es zwingen: Dichten als Erlösung, als Selbstvergewisserung.

Immer wieder scheint sich der Autor zusammen mit seinem Holofernes, später mit Golo, Gyges usw., an einen Zustand zu erinnern, wo »die Zivilisation die Nabelschnur, wodurch sie (die Männer) mit der Natur zusammenhingen, noch nicht durchschnitten hatte, sich mit dem All fast noch alle eins fühlten...«

Sein Stück heißt »Judith«, aber »das Faktum, daß ein verschlagenes Weib vor Zeiten einem Helden den Kopf abschlug«, läßt ihn gleichgültig; er will »in Bezug auf den zwischen den Geschlechtern anhängigen großen Prozeß den Unterschied zwischen dem echten, ursprünglichen Handeln und dem bloßen Sich-Selbst-Herausfordern in einem Bilde zeichnen«. – Es wird, wie immer bei Hebbel, ein dramatisches Bild:

Holofernes, der sieggewohnte Feldherr Nebucad Necars, belagert die Ebräer-Stadt Bethulien, aber seine Selbstsicherheit ist Pose. Er muß sich erst von einem Boten seines Gott-Königs befehlen lassen, sich »selbst (zu) lieben«. Seine äußere Macht, bestätigt durch gnadeflehende Gesandte, nützt ihm nichts in einer Situation, in der er aussieht »wie ein Feuer, das ausgehen will«, vor dem man sich also »in acht nehmen muß«. Da geschieht etwas in der belagerten Stadt, in der schon die Nahrung ausgeht und das Wasser fehlt, weil die Brunnen an der Stadtmauer bereits in der Hand der Feinde sind: Judith, die fromme Witwe des Manasses, dem sie durch Gottes Dazwischentreten nie angehört hat, erkennt plötzlich, als sie sich, ihre ganze Existenz, im Spiegel betrachtet, ihre Berufung, die mehr ist als das freundliche Erwidern der menschlichen Liebe eines Bürgers namens Ephraim. Geschmückt und schön bricht sie auf, Holofernes, der die Weiber liebt »wie Essen und Trinken«, »aber seine Mutter so wenig (hätte) sehen mögen, als ich mein Grab sehen mag«, in der Umarmung zu töten. Von ihm gefragt, warum sie die Stadt verlassen habe und zu ihm gekommen sei, antwortet sie – wahrsprechend und lügend zugleich: »Weil ich weiß, daß dir niemand entgehen kann!«

Von da ab sprechen die Verräterin und der Belagerer als Partner miteinander. Judith erkennt das männliche Gegenüber und fragt wissend.: »Könnte Holofernes sich selbst, alles, was ihn groß und einzig macht, in anderen anfeinden und verfolgen? Das ist wider die Natur und geschieht nimmermehr!... O, ich mögte du sein! Nur einen Tag, nur eine Stunde! Dann wollt ich dadurch, daß ich das Schwert einsteckte, einen Triumph feiern, wie ihn noch keiner durch das Schwert gefeiert hat. Tausende zittern jetzt vor dir in jener Stadt; ihr habt mir getrotzt – würd ich ihnen zurufen – doch eben, weil ihr mich beleidigt habt, schenk ich euch das Leben; ich will mich rächen an euch, aber durch euch selbst; ich lasse euch frei ausgehen, damit ihr ganz meine Sklaven seid!« – Ist das der »zwischen den Geschlechtern anhängige große Prozeß«?

Der Kriegsmann versteht Judiths rollentauschende Idee auf seine männliche Weise und ruft sie – väterlich gönnerhaft – zur Ordnung: »Judith, wir müssen nicht miteinander rechten. Ich bin bestimmt, Wunden zu schlagen, du, Wunden zu heilen. Wär ich in meinem Beruf lässig, so hättest du keinen Zeitvertreib.« Aber als sie sich auf ihren Gott als Auftraggeber bezieht, wird er unsicher: »Weib, es kommt mir vor, als ob du mit mir spieltest.« – Fünf Tage immerhin will er sie gewähren lassen, und in höflicher Verachtung dem schwachen Geschlecht gegenüber – »Ich ließ die Schritte eines Weibes noch nie bewachen» – gibt er ihr alle Freiheit. Fast alle! Denn als ein Hauptmann, von ihm nach ihr gefragt, sein Interesse an ihr erkennen läßt, »haut er ihn nieder«, ohne Umstände: »Weib ist Weib«, hier schöpft Holofernes aus der noch neuen, aber schon gebrochenen Lebenserfahrung seines 26jährigen Autors, wenn er weiter sinniert: »und doch bildet man sich ein, es sei ein Unterschied. Freilich fühlt ein Mann nirgends so sehr, wie viel er wert ist, als an Weiberbrust. Ha, wenn sie seiner Umarmung entgegenzittern, im Kampf zwischen Wollust und Schamgefühl; wenn sie Miene machen, als ob sie fliehen wollten, und dann mit einmal, von ihrer Natur übermannt, an seinen Hals fliegen, wenn ihr letztes bißchen Selbständigkeit und Bewußtsein sich aufrafft und sie, da sie nicht mehr trotzen können, zum freiwilligen Entgegenkommen antreibt; wenn dann, durch verräterische Küsse in jedem Blutstropfen geweckt, ihre Begierde mit der Begierde des Mannes in die Wette läuft, und sie ihn auffordern, wo sie Widerstand leisten sollten – ja, das ist Leben, da erfährt mans, warum die Götter sich die Mühe gaben, Menschen zu machen, da hat man ein Genügen, ein überfließendes Maß!«

Die Frau Judith kennt diese fast banalen männlichen Wunschvorstellungen, darauf beruht schließlich ihr Plan, und so kann sie magdlich für ihn schlußfolgern: »Herr, du müßtest mich verachten, wenn ich – . . . Wenn ich dich lieben könnte.« Damit ist die Situation ausweglos, tragisch im spezifisch Hebbelschen Sinn: Die »Gewalt«, die Holofernes anwenden muß, als er Judith endgültig »kennen lernen« will, war vorgesehen . . .

Als sie den Schlafenden danach »mit aufgelöstem Haar, schwankend . . .« verläßt, steht fest, daß dem Heiden gelungen ist, was er wollte, als er sagte: ». . . in ihrem Herzen wohnt niemand als ihr Gott, und den will ich jetzt vertreiben!« Der zwischen den Geschlechtern anhängige große Prozeß ist gelaufen; was folgt, ist bloßes Nachspiel und hätte doch Ziel und Ende sein sollen: An Mirza, die Magd, die Geschlechtsgenossin, gelehnt, tötet sie den Geliebten und erinnert die andere daran, »das Wichtigste nicht (zu) vergessen«. Der abgeschlagene Kopf, ihr »Eigentum«, soll in Bethulien etwas beweisen, wofür man sie, wie sie vorher weiß, paradoxerweise rühmen und preisen wird: Sie hat den »ersten und letzten Mann der Erde getötet«. – Hebbel hat Holofernes für sich sterben lassen. Holofernes-Hebbel aber kann nicht auch noch verhindern, daß Judith sich weigert, durch ihn Mutter zu werden. Sollte ihr Schoß fruchtbar sein, will sie, daß man sie tötet. – Aber das führt aus der Tragödie hinaus.

Faktum, wenn auch nur Theater-Faktum, ist, daß ein mächtiger Unterdrücker umgebracht wurde. Deshalb ist Hebbel jedoch kein Revolutionär, schon gar nicht in sozialer Beziehung! Friedrich Hebbel war hier (wo er Schillers »Jungfrau von Orleans« vervollkommnen wollte) ergriffen und wird immer von neuem ergriffen und getrieben sein von der Idee des Bessermachens, einer auch poetischen Sisyphus-Hoffnung auf Erlösung, in der er selbst zu allererst immer wieder enttäuscht werden muß.

Am 28. Januar 1840 ist das Stück fertig; ein halbes Jahr später, am 6. Juli, wird es am Königlichen Hoftheater in Berlin uraufgeführt. Aber schon am 1. April kennt es Amalie Schoppe; in einem Brief an Helmina von Chézy reklamiert sie Mutterrechte (oder sind es Großmutterrechte?), indem sie verkündet: »Sie müssen wissen, daß ich geistig Hebbels Mutter bin; ich grub diesen Schatz ans Licht.« – Die ältliche Literatin *will* sich hier über ihr Verhältnis zu dem jungen Dichter täuschen. Wenn es einmal ihr Ziel war, den Künstler in Hebbel zu fördern, dann ist ihr dies offensichtlich in dem zwischen den Geschlechtern anhängigen großen Prozeß abhanden gekommen... Als sie den Brief schreibt, ist das Zerwürfnis zwischen ihr und Hebbel bereits irreparabel, und der »Schatz«, auf den sie hinweist wie Judith auf das Holofernes-Haupt, ist blutig.

Unterdessen lebt Friedrich Hebbel dies Leben weiter – mit und von jener Mamsell Lensing, zu der die Doktorin ihn 1835 warnend geschickt hatte und aus deren Haus er zunächst wegen des Geredes der Leute ausgezogen war. Das Fräulein, das in jungen Jahren von einem Gönner eine kurze Erzieherinnenausbildung bezahlt bekommen hat, lebt ihrerseits von verschiedenen Tätigkeiten: Sie verdient als Gesellschafterin, Reisebegleiterin, Näherin, Putzmacherin. Seit sie Friedrich Hebbel kennt und mitunterhält, scheint sie die Hoffnung auf eine anderweitige Heirat aufgegeben zu haben, hat sie ihm doch sein Studium in Heidelberg, wo er ohne Abitur ankommen konnte, und auch den Wechsel nach München bezahlt. In München allerdings hat sie der Freund, der eine Ehe für sich ablehnt, mit seiner dortigen Wirtstocher, Beppi Schwarz, betrogen – solange es gehen wollte. Dann ging er – zu Fuß, 14 Tage lang, gehalten von der Hoffnung, die Lensing werde ihm wieder aufhelfen. Sie hat es getan. Unter dem 15. Oktober 1839 hält das Hebbelsche Tagebuch fest: »Ihr und nur ihr danke ich, was ich bin. Von ihren Mitteln habe ich in Heidelberg und in München, so wie früher und jetzt in Hamburg gelebt. Sie hat alle meine Launen ertragen und mich in der Krankheit mit einer himmlischen Aufopferung gepflegt. Ihr bin ich verpflichtet, wie keinem.«

Es gibt in dieser Zeit tatsächlich keinen andern, der sich auf die permanente Bedürftigkeit des Poeten einlassen möchte. Karl Gutzkow, der Schriftstellerkollege und Autor des eben von Hebbel gelesenen Romans »Wally, die Zweiflerin«, der bei Hoffmann und Campe den »Telegraph für Deutschland« herausgibt und Hebbels Mitarbeit anregt, erweist sich als arrogant, der Verleger Campe selbst als lästig und penetrant, was die Rückforderung von Vorschüssen angeht. Erst im Juli 1841 wird er die Buchausgabe der »Judith« herausbringen, für die Hebbel zehn Louisdor bekommt. Noch ist Winter, und so rücken Elise und Friedrich zusammen, und wenn nichts sonst, so provozieren Krankheiten und Unpäßlichkeiten ihr gegenseitiges Interesse aneinander: sein Zahnweh gegen ihr Leberleiden. Schließlich jedoch scheinen es andere Umstände zu sein, wovon unter dem 18. März, dem 27. Geburtstag Hebbels, in dessen Tagebuch die Rede ist: ». . . Elise schrieb mir von ihrem Bett aus ein Briefchen, das mich unendlich gerührt hat. Niemals kann ich auf Erden eine wiederfinden, die ihr gleicht! Und sie ist krank, sie leidet an der Leber. – Gott, wenn ich irgend etwas gelte, so stelle sie wieder her! Mir ist furchtbar zumute.« Und am 19. März: »Wie glücklich könnte ich jetzt sein, wenn Elise nicht so krank wäre! Meine Judith erregt allenthalben, und in den verschiedensten Kreisen Enthousiasmus . . . Ach, Gott wird doch nicht alle Knospen aus meiner Seele hervorlocken, um sie dann auf einmal zu ersticken! Nein, meine teuerste, geliebteste Freundin muß wieder gesund werden!«

Am 13. April weiß Hebbel, daß Elise schwanger ist, und sie »hat nichts mehr, und ich habe die Qual, daß ich ihr Weniges zum größten Teil aufgebraucht habe, ohne ihr Ersatz leisten zu können. O!« Der Seufzer, so banal er klingt, kündigt einen neuen Selbsterlösungsversuch an.

Bevor aber der Dichter zum Höhenflug ansetzt, wird der Mann

Friedrich Hebbel Auftrieb bekommen. Mitte Juli lernt er auf einer Gesellschaft die junge, hübsche Patrizierstochter Emma Schröder kennen und verliebt sich in sie. Am 19. Juli schriebt er an Elise, die, um Geld zu verdienen, Sommerfrischler auf einer Reise an die See begleitet: »Seit dem Tag, daß ich dies liebliche Wesen sah, bin ich, wie im Rausch, voll im Herzen, wie im Kopf. Du wirst Dich dessen freuen, wenn ich Dir sage, daß ich dem innerlichen Ersticken nah war. Die Welt drängte auf mich ein wie ein zusammenfallendes Gewölbe; es war ein Flüchten ins Tiefste hinein, ein Schlüpfen und Verstecken in den verborgsten Winkel. Jetzt bin ich wieder frei, und es kommt etwas heraus. Wer einer ist, wie ich, der hat eigene Lebensbedingungen, er kann nun einmal nicht eine Schema-Existenz führen, er muß nach oben und nach unten greifen und wird freilich oft ein Menschenfresser. Gott hat das so eingerichtet. Auch Deine Gesundheit wurde getrunken. Ich brachte die Schröder zu Hause. Gönnst Du es mir? Gewiß!« – Was bleibt dem schwangeren Fräulein Lensing übrig, wenn er sich schon selbst die Antwort gibt? Sie gönnt ihm auch die Rose, die das Tagebuch erwähnt, und so kann er, wenn schon nicht sofort schreiben, so doch lesen. Er liest eine »Genoveva«, und wie seinerzeit bei Schillers »Jungfrau« erfaßt ihn wieder die Idee des Bessermachens. Am 13. September, so die Tagebuchnotiz, »habe ich Genoveva angefangen, weil ich die Tiecksche las, mit der ich nicht zufrieden bin. Die ersten Szenen sind recht geglückt. Doch wird es wohl kein Drama fürs Theater.«

Mit dieser Einschätzung wird er recht behalten. Erst nachdem er 1851 als bereits arrivierter Wiener Autor ein glücklich endendes Nachspiel dazu geschrieben und die Titel-Heilige gegen die Volksbuchfigur ausgetauscht haben wird, erscheint das Stück als »Magellona« 1854 auf der Bühne des Burgtheaters.

Im Zustand von 1840/41 steht es, wie das nachgeschobene Vorwort einräumt, in einer »tiefen Beziehung ... zu meiner individuellen Lebensentwicklung« und ist ein »künstlerisches Opfer (,) dargebracht ... der Zeit, wie ich sie in Bedürfnis, Richtung und Bewegung auffasse«.

Es ist wahr: der 27jährige hat Bedürfnisse, und wenn die graue Hamburger Gegenwart nicht darauf eingehen will, transponiert sie der Dichter kurzerhand in »die poetische« Zeit, wie ein entsprechender Vermerk unter der Personenliste der »Genoveva« lautet.

In dieser existentiellen Dimension sind die dramatischen Abläufe – wieder ist es jener zwischen den Geschlechtern anhängige große Prozeß – durch die Empfängnis und die Geburt eines Sohnes markiert: Wenn der Vorhang sich hebt, verabschiedet sich der Pfalzgraf

Siegfried für »zehn Monate« von seiner »lieblichen« Frau, indem er sie seinem ritterlichen Freund Golo anvertraut, in einem Moment, in dem er, sie anblickend, bekennen muß:

> Mir deucht, ich tu ins Allerheiligste
> Mit aufgeschloßnen Augen einen Blick.
> Dies fehlt dem Mann noch, wenn ihm nichts mehr fehlt,
> Daß er das Weib nicht kennt, so wie sie ist.
> Sie bildet aus sich selbst, was er umsonst
> Aus äußerm Lebensstoff zu bilden sucht,
> Drum ist sie auch sich selbst nur untertan,
> Er jedem Element, das ihn umgibt.

Golo, »zu jung zum Bruder, und zu alt zum Sohn«, ist durchaus willens, seine Lehnsmannspflicht zu erfüllen, aber er ». . . ist ein Mann geworden über Nacht/ Und blieb ein Kind dabei«, d. h.: er ist erlösungsbedürftig. Schmachtend zuerst wie sein Mozartscher Bruder Cherubino, dann heftig und immer wilder begehrt er die »Heilige«, für die er zum »Schurken« werden muß, was er sich sogar durch ein Gottesurteil bestätigen läßt, denn er ist unsicher wie Holofernes. Und wie jener seinen Soldaten unheimlich ist, weil er sich selbst nicht liebt, so ist Golo Balthasar unheimlich. »Ich haß den Menschen, der sich selbst nicht liebt«, sagt der alte Diener über seinen jungen Herrn.

Befreiung suchend, bedrängt Golo sein Opfer, die Frau, von der er weiß, daß sie »Sünde . . . sich nicht denken« kann. Mehr als ein halbes Jahrhundert vor Freuds tiefenpsychologischen Erkenntnissen läßt Hebbel seinen Anti-Helden vor ihr »in plötzlicher Bewegung sein Schwert ziehend« sie bitten: »O Genoveva, weihe du mein Schwert!«

Und sie antwortet:

> Am liebsten dazu, daß es immerdar
> In seiner Scheide bleibe. Doch, es will
> Geschwungen sein. So weihe ichs denn als Weib,
> Gedenkend meines eigenen Geschlechts,
> Das, schwach und waffenlos, in seinem Feind
> Zugleich den Freund und den Beschützer sieht,
> Gedenkend dessen, was von Jugend auf
> Als aller Greuel höchster mir erschien.
> Wenn irgendwo ein edles Frauenbild,
> Von einem Ehrvergeßnen Mann verfolgt,
> Nur kaum sich schnöder Übermacht erwehrt;

Wenn sie durch wilde Wünsche, halb verhehlt,
Halb ausgesprochen, schon befleckt sich dünkt,
Und fort und fort sich nun in Tränen wäscht;
Wenn alle Heilgen ferne sind, von Gott
Zurückgehalten, der den Himmlischen
Verbot, den irdschen Helden eine Tat
Zu rauben, die sie jenen zugesellt:
Dann hat dies Schwert
(sie berührt es)
ein Recht auf Blut, dann solls,
Der hart bedrängten Unschuld letzter Hort,
Dräuen, verwunden, töten, wenn es muß.
Ist doch das Schwert ein rächerischer Blitz,
Der, statt aus Himmelshöhn, aus dunklem Schoß
Der Erde kommt, die, innerlich ergrimmt
Ob all dem Frevel, den sie tragen muß,
Ihn sendet, daß er ihn bestraft und tilgt.

Der Mann Golo ist von der Erde; er fühlt es wonnevoll-schmerzlich: »Und führe uns nicht in Versuchung...!«:

Denn auch ein Schurk hat Recht. Er kann nicht mehr
Zurück, drum muß er vorwärts. Wie es sich
Vergessen läßt, daß man ein Räuber war?
Man wird ein Mörder. Vater-Mörder dann,
Welt-Mörder! Gottes-Mörder!...

Wo so viel auf dem Spiel steht, fängt der Mensch – und sei es der fiktive – an, zu rechnen und zu wägen:

Wenns Sünde ist, so ists die kleinste doch;
Begehe denn die kleinste Sünde, Weib,
Damit du vor der größten mich bewahrst.
Denn rauben muß ichs, wenn du mirs versagst,
Und rauben will ichs.

In dieser nun vollends irdischen Situation finden sich menschliche Helfer, d. h. bezeichnenderweise: Helferinnen, für die jetzt fällige Intrige: die Mutter, genauer – wie allenthalben im Märchen – die Stiefmutter als Kupplerin. Ein treuer Diener, den man mit gespielter Besorgnis dazu bringt, jeden Schritt und sogar das Bett der Gräfin zu bewachen, wird als Liebhaber der angeblichen Ehebrecherin auf der

Stelle erstochen. Nun muß Genoveva nach Golos Ermessen erpreßbar sein. Aber sie geht lieber in den Turm, gebiert dort ihren Sohn und bleibt standhaft.

Golo muß Siegfried in den Handel einbeziehen. Verwundet, ist der inzwischen vom Kreuzzug zurückgekehrt und rastet in einem Gasthof bei Straßburg. Golo reitet ihm entgegen und meldet:

> Ich traf Eur Weib im Ehbruch mit dem Knecht,
> Dem Drago, und der Knab, den sie gebracht,
> Kam vor drei Tagen erst, Ihr selber müßt
> Am besten wissen, ob zur rechten Zeit.

Wenn nicht daraufhin, so doch nach der gespenstischen Beschwörungsszene, arrangiert von der weisen Frau und Hexe Margaretha, die schon auf dem gräflichen Schloß die Männer beraten hat, befiehlt Siegfried Golo, vorauszureiten und Genoveva und ihren Sohn zu töten. Aber Golo, der Herr, versteht sich als Richter, nicht als Henker; Diener sollen den gräflichen Auftrag erledigen. Er geht ein letztes Mal zu Genoveva, und sie erscheint ihm wie am Anfang:

> Durch Foltern ward sie immer schöner noch,
> Vielleicht ist sie am schönsten, wenn sie stirbt.

Sie ist wie am Anfang, eine Märchengestalt, und wie im Märchen überlassen sie die Diener schließlich dem Wald – der Natur – Gott.

Golo, gehalten von dem ungebrochenen Vertrauen des Freundes, bleibt ungestraft – es geht nicht um Gerechtigkeit! –, aber auch unerlöst. Siegfried verspricht, ihn anstelle des Sohnes als Erbe einzusetzen und schickt ihn in die Welt. Da greift sein Autor zu: Golo ist Hebbels Ödipus, und an sich selbst wird er zum Richter und zum Henker; er blendet sich und verlangt von seinem Diener Caspar:

> Ist das geschehn, so führst den Blinden du
> Ins Innerste des Waldes, reißest ihm
> Die Kleider ab und bindest nackt und bloß
> Mit Stricken ihn an eine Eiche fest,
> Damit der Eber und der zornge Bär,
> Die Schlange, die von unten sticht, der Aar,
> Der aus der Höhe schießt, sich in sein Fleisch
> Mit Zahn und Kralle teilen. Wenn der Baum,
> Vom Wind durchrauscht, auf den Verhungernden

Von seinen Eicheln eine niederwirft,
So darf er sie nicht fangen mit dem Mund,
Doch wenn er seine Zunge essen will,
So sei es ihm vergönnt.

Es sei! – Aber hält der Autor, der hier in der Möglichkeitsform spricht und der doch in seiner wachen Existenz so bemüht danach trachtet, bürgerliche Gesittung an den Hamburger Tag zu legen, solche Ausschweifung wirklich für möglich? Nicht erst das fromme Nachspiel, das mit Genovevas Einsicht endet: »Ein Mensch ist nicht so stark, wie ich gedacht«, verneint die Frage. Schon 1841 reagiert der Dramatiker gegenüber so viel Andrang aus dem Unterbewußten über die brave Gestalt seines Caspar abwehrend und beruhigend: »(für sich): Ich töt ihn gleich!«, und dann »fällt rasch der Vorhang«. Wenn er sich am 19. Oktober 1846 im Stadttheater in Leipzig hebt, wird es wiederum um eine Frau als Titelfigur gehen: »Maria Magdalene«. Der Autor wird dann gerade »ein sehr schönes Logis mit wunderbarer Aussicht bezogen« haben, d. h.: bis dahin wird biographisch sehr viel geschehen, unter anderem »das Wunder von Wien«.

Wunder sind unverdiente Lösungen und Erlösungen; also braucht sich der Mann, der am 12. November 1842 Hamburg, Elise Lensing und seinen gerade einjährigen Sohn Max verläßt, nicht zu rechtfertigen – zumal es sich zunächst ja nur um ein Reisestipendium handelte. Elise mußte das einsehen und tat es auch, schließlich war sie selbst erfreut über die königlich dänische Großmut, die ihren Dichter im April 1843 für zwei Jahre auf Bildungsreise schickte.

Als Unterpfand ihrer Zusammengehörigkeit hatte sie, wie gesagt, Max und – als der knapp dreijährig starb – Ernst, der als Frucht eines kurzen Besuchs am 14. Mai 1844 zur Welt kam. Vater Hebbel war zu dieser Zeit in Paris. Es folgte Rom, und auch Neapel sah er und starb nicht, obwohl er dort wie auch bei seiner Ankunft in Wien am 4. November 1845 immer wieder mit dem Existenzminimum zu schaffen hatte. In seinen Briefen ist wie schon in den Berichten aus München die Rede von heimlich-einsamen Mahlzeiten aus Brot und schwarzem Kaffee, von wirklichen oder »gemachten« Krankheiten, die den Mittellosen daran hindern auszugehen, von kalten Tagen im Bett ...

Vor solchem Hintergrund muß es schon wunderbar erscheinen, daß die Wiener Presse den Verfasser von »Judith«, »Genoveva« und »Maria Magdalene« – das »bürgerliche Trauerspiel in drei Akten« ist in Paris fertig geworden – recht ausführlich begrüßt. Aber das

»Wunder« geschieht erst, als Hebbel, trotz allem entmutigt, weil nichts vorangeht, wieder weg will. Er beschreibt es für Elise am 6. Dezember so:

»Ich war schon im Begriff abzureisen und ging eben auf die Post, als mir ein Herr, der mich ein wenig kannte, begegnete und mir sagte, es seien ein paar Barone aus Galizien hier, die sehnlichst wünschten, meine Bekanntschaft zu machen... Natürlich war ich augenblicklich geneigt, diesem Wunsch zu willfahren und bestimmte ein Café zum Rendezvous... Im Café erhielt ich durch jenen Herrn eine Einladung, die Barone zu besuchen und einige Stunden bei ihnen zu verbringen. Ich tats und wurde auf eine Weise empfangen, die mir fast peinlich war. Von einem solchen Enthousiasmus hatte ich noch keine Vorstellung gehabt, und es waren nicht junge Leute, sondern Männer, die dem Greise näherstanden, als dem Jüngling... Dann gabs eine wilde Nacht, kostbares Essen, Fasane und Rebhühner, Champagner, Toaste, auf den Knien vor mir ausgebracht, und, weil dritte Personen hinzukamen, fortwährendes leidenschaftliches Rezitieren und Interpretieren der Judith und der Genoveva. Ich konnte der Sache keinen Einhalt tun, sowenig durch Ernst, als durch Spaß; ich mußte mich daher benehmen, als ob ich meine eigene Bildsäule wäre, d. h. stillschweigen. Doch würzte ich mir die für mein Gefühl viel zu übertriebene, wenn auch wohlgemeinte Situation durch Torte-Essen und Weintrinken. Auch die Nacht mußte ich dableiben, mein kostbares Leben durfte der Gefahr einer Erkältung nicht ausgesetzt werden und ich schlief unter damastenen Decken mit goldenen Frangen. Mir war, als ob mir ein Märchen passierte, halb ungereimt, halb tiefsinnig, aber im ganzen angenehm. Diese Herren sind seitdem in ihrem Eifer nicht erkaltet, sondern sie tun für mich, was sie mir nur an den Augen ablesen können, und das ist ein noch größeres Wunder, als das erste; sie können mir, da sie hier mit den ersten Familien verwandt sind, von großem Nutzen sein. Sie heißen von Zerboni.«

Das größte Wunder aber, »das herrliche Weib«, heißt Christine Enghaus und ist Kaiserlich-Königliche Hofschauspielerin. Seine schnell hergestellte Beziehung zu ihr ordnet Hebbel seinem Freund und Diskussionspartner in Sachen Hegelsche Philosophie Felix Bamberg gegenüber folgendermaßen ein: »Sie kennen mein Verhältnis in Hamburg, Sie kennen es ganz und wissen, daß ich dort verehrt, ja angebetet habe ohne zu lieben. Hier verehre ich, wie ich dort verehrte und liebe, wie ich noch niemals liebte. Rechnen Sie die glühendste Gegenliebe, eine brillante Lebens-Situation und die unbedingteste Ergebenheit in meine Wünsche, die entschiedenste Bereitwilligkeit, mir alle Verhältnisse zu opfern, hinzu, und fragen Sie, ob ich glücklich bin!« – Fürwahr ein unverdientes Wunder! Eine Frau, etabliert und emanzipiert genug, sich selbst und einen Sohn zu ernähren, ist sich gerade gut genug, den völlig verschuldeten, aber inzwischen zu einer »Art von Lion der Saison« gewordenen Friedrich Hebbel zu retten; was Wunder, daß er nur den »Neid der (männlichen) Götter« fürchtet! »Aber die in Hamburg? werden Sie fragen. Liebster Freund, alles Falsche muß ein Ende nehmen. Zehn Jahre lang habe ich versucht, ob die Liebe sich dem Herzen einimpfen lasse und es zuweilen geglaubt, im elften lehrt mich die Natur ihre schreckliche Wahrheit kennen.«

Diese schreckliche Wahrheit ist kaum neu, ging doch spätestens seit den Münchner Tagen mit Beppi Schwarz nicht nur der Mann, sondern auch der Autor Hebbel mit ihr um, bis sie in »Maria Magdalene« Gestalt annahm. Und so kann, als sich der gefeierte Neu-Wiener einen Monat nach der Eheschließung mit Fräulein Enghaus immer noch für sein Wunder entschuldigen muß, der Bürger auf den Dichter zurückgreifen. Freilich verheddert sich seine Argumentation dabei heillos zwischen »Opfer« und »Pflicht«, und es hilft ihm wenig, wenn er, um der vielen Personen in diesem realen bürgerlichen Trauerspiel Herr zu werden, die Mutter seiner zwei Söhne, wie oben, als »mein Hamburger Verhältnis« bezeichnet. »Jedes Opfer darf man bringen, nur nicht das seines ganzen Lebens, wenn dies Leben einen Zweck hat, außer dem, zu Ende geführt zu werden... Ein Weib, was einen Mann in seinen Armen verwesen sehen könnte und in dem Bewußtsein, ihn zu besitzen, wie man jede andere Sache besitzt, Ersatz fände, würde das Opfer des Mannes nicht verdienen, und ein anderes Weib würde ein solches Opfer nicht verlangen.«

Doch das andere Weib, »das sehr schöne Mädchen mit dem edlen Herzen«, stellt den pflichtbewußten Herrn Hebbel immerhin vor die Frage, »ob ich fliehen solle, aber nicht aus Rücksicht auf mein Hamburger Verhältnis, denn dieses war für mich abgetan, sondern weil mir das neue eine bittere Pflicht auflegte [man erinnere sich: die Enghaus hat einen Sohn!], eine Pflicht, der ich mich im ersten Moment ebensowenig gewachsen fühlte wie der Sekretär in der Maria Magdalene. Wissen Sie, warum ich nicht floh? Weil ich Verfasser dieses Dramas bin, weil ich mich der Probe, die das Schicksal mir auflegte, nicht entziehen konnte, ohne mein Stück, und also meine ganze Poesie für eine schnöde Heuchelei zu erklären, weil ich mich schämte in einem Lebensbilde moralische Forderungen ausgesprochen zu haben, die zu erfüllen mir selbst zu schwer fiel.«

Hier handelt es sich sicherlich um einen recht trivialen Aspekt der

Problematik »Kunst und Leben«, die Friedrich Hebbel allerdings intensiv beschäftigt hat. In dem vergleichsweise umfangreichen Vorwort zu »Maria Magdalene« und in seiner Schrift »Mein Wort über das Drama«, welche beide der Autor in einer Art von trivialem Pragmatismus bzw. bürgerlichem Kosten-Nutzen-Denken zur Erlangung des Doktortitels erfolgreich an die Universität Erlangen schickte, sagt er: »Ich will nur den weitverbreiteten Wahn, als ob der Dichter etwas anderes geben könne, als sich selbst, als seinen eigenen Lebensprozeß, bestreiten; er kann es nicht und hat es auch nicht nötig, denn wenn er wahrhaft lebt, wenn er sich nicht klein und eigensinnig in sein dürftiges Ich verkriecht, sondern durchströmt wird von den unsichtbaren Elementen, die zu allen Zeiten im Fluß sind und neue Formen und Gestalten vorbereiten, so darf er dem Zug seines Geistes getrost folgen und kann gewiß sein, daß er in seinen Bedürfnissen die Bedürfnisse der Welt, in seinen Phantasien die Bilder der Zukunft ausspricht...« Denn – und hier scheint Hebbels Auseinandersetzung mit der Hegelschen Philosophie durch – »das Drama stellt den Lebensprozeß an sich dar... in dem Sinne, daß es uns das bedenkliche Verhältnis vergegenwärtigt, worin das aus dem ursprünglichen Nexus entlassene Individuum dem Ganzen, dessen Teil es trotz seiner unbegreiflichen Freiheit noch immer geblieben ist, gegenübersteht.«

In dieser Konfrontation, die Friedrich Hebbel als Gabe und Aufgabe erfuhr und verstand, beschreibt der Bürger-Künstler eine sehr moderne Situation, in der es Schuld als tragische Möglichkeit gibt, Vereinzelung, der Maßlosigkeit »eingepflanzt« ist: »In der Maßlosigkeit liegt die Schuld, zugleich aber auch, da das Vereinzelte nur darum maßlos ist, weil es, unvollkommen, keinen Anspruch auf Dauer hat und deshalb auf seine eigene Zerstörung hinarbeiten muß, die Versöhnung, soweit im Kreise der Kunst darnach gefragt werden kann.« Man muß sich auf Schuld einlassen.

Im Vorwort zu seinem Stück »Julia« bekennt der Autor: »Ich behaupte (...), daß gar kein Drama denkbar ist, welches nicht in allen seinen Stadien unvernünftig oder unsittlich wäre. Ganz natürlich, denn in jedem einzelnen Stadium überwiegt die Leidenschaft und mit ihr die Einseitigkeit oder die Maßlosigkeit. Vernunft und Sittlichkeit können nur in der Totalität zum Ausdruck kommen und sind das Resultat der Korrektur, die den handelnden Charakteren durch die Verkettung ihrer Schicksale zuteil wird. Genau besehen, nimmt der Dichter die unvernünftigen und unsittlichen Elemente aus der Welt und löst sie seinerseits in Vernunft und Sittlichkeit auf, indem er Ursache und Wirkung enger zusammen rückt, als es in der

Friedrich Hebbel

Wirklichkeit zu geschehen pflegt. Man soll daher nie fragen, von welchem Punkt er ausgeht, sondern stets, bei welchem Punkt er anlangt, und wenn man mir die Gerechtigkeit erweist, so wird man gewiß ein befriedigendes Resultat finden.«

Als Dichter postuliert Hebbel Erlösung in der Kunst und durch die Kunst; als bürgerlicher Mensch des 19. Jahrhunderts, als Mann, hat er – im »großen anhängigen Prozeß zwischen den Geschlechtern« –

Christine Hebbel, geb. Enghaus

Erlösung von den Frauen erwartet: Amalie Schoppe, Elise Lensing, Christine Enghaus. In seiner Ehe mit der Schauspielerin verbindet sich beides. Sie spielt die großen Frauenrollen seiner Stücke. Vielleicht liegt hier ein Grund für das Glück der 17 Jahre. Hier vereinigt sich die »bewußte Darstellung in der Kunst« mit »der unbewußten im Leben« so, daß der Lyriker Hebbel am 9. März 1853, sieben Jahre nach der Heirat, »In das Album meiner Frau« schreibt:

In deiner Seele unbeflecktem Adel,
In ihrer Unschuld, wurzeln deine Schwächen,
Und was die meisten vor gemeinem Tadel
Bewahrt, das ist ihr innerstes Gebrechen.

Es könnte einer dir das Leben rauben,
Und wäre dir schon halb dein Blut entquollen,
So würdest du ihm noch im Sterben glauben,
Er hätt dir bloß die Ader öffnen wollen.

Will die Natur die Schönheit rein entfalten,
So darf sie nichts von ihrem Feind ihr sagen,
Sie kann nur dann das Herrlichste gestalten,
Doch muß sie seinen Untergang auch wagen.

Oft wünsch ich dir zu deinem vollen Frieden,
Du mögtest in der Brust des Feindes lesen,
Doch weiß ich wohl, es wird dir nicht beschieden,
Denn dieser Mangel trägt dein ganzes Wesen!

Ein zeitloses Gelegenheitsgedicht auf Christine-Genoveva!

Das Stück, das am 19. Oktober 1846 »mit einigem Beifall«, aber nicht in Anwesenheit des Autors aufgeführt wird, heißt – infolge eines Druckfehlers – »Maria Magdalene«; gemeint ist Maria Magdalena, die große Sünderin, die große Büßerin. Im bürgerlichen Trauerspiel heißt sie Klara und ist die Tochter eines Tischlers.

Gleich zu Beginn steht sie als Opfer und Täterin in dieser kleinen Welt »einer mittleren Stadt«, in der alle Rollen und Abläufe nach uraltem Vor-Urteil festgelegt sind, in der aber schließlich alles von ihr erwartet wird. Ihre Jugendliebe, namenlos im Stück, ist zum Studium lange weg gewesen und als »Sekretär« zurückgekommen. Inzwischen jedoch war einer aufgetaucht, der, wie es der Vater verlangt, »nicht bloß Liebe im Herzen« hat für seine Tochter, »sondern auch Brot im Schrank für sie«: Leonhard, ein Schreiber, ein Kassierer, dem die Familie eine Zukunft zutraut. Und tatsächlich! Er versteht sich aufs Konkurrieren, und als Mann beherrscht er die Regeln, nach denen hier alles abläuft, zwischen den Myrten, die eine züchtet für ihren Brautkranz, und dem Sarg, den der Tischler macht. Frauen haben in dieser Ordnung wenig zu wollen; Klara rekapituliert: der Mond nach einem Tanzabend, eine Laube ... da kannte sie ihre Rolle: ».. . ich traute mich selbst nicht mehr, da standst du vor mir, wie einer, der eine Schuld einfordert, ich – ach

Gott!« – Nun ist sie schwanger. Aber Leonhard ist ja da; er will ja um sie und um die Mitgift anhalten. Gott, der Redens-artige, ist sein Zeuge: »Sogar die heiligen Erzväter verschmähten nicht den Mahlschatz ihrer Weiber, Jakob liebte die Rahel und warb sieben Jahre um sie, aber er freute sich auch über die fetten Widder und Schafe, die er in ihres Vaters Dienst gewann. Ich denke, es gereicht ihm nicht zur Schande, und ihn zu übertreffen, heißt ihn rot machen.« – Welch würdige Konkurrenz! Nur übertroffen von Meister Anton, dem »ehrlichsten Mann der Stadt«, »in dessen Haus zweimal die zehn Gebote« gelten, der seine Begriffe von Fleiß, Rechtschaffenheit, Frömmigkeit und Ordnung aber leider nicht an seinen Sohn hat weitergeben können; die verständnisvolle Frau und Mutter ist ihm dazwischengekommen . . . So kann er nur noch allenthalben zusammenhalten, wo Karl »unschuldig« aufs Spiel setzt. Dabei hat der Vater gar nichts gegen das Spiel, wie er sagt: »Vornehme Herren müssen einen Zeitvertreib haben. Ohne den Karten-König hätte der wahre König gewiß oft Langeweile, und wenn die Kegel nicht erfunden wären, wer weiß, ob Fürsten und Barone nicht mit ihren Köpfen bosseln würden! Aber ein Handwerksmann kann nicht ärger freveln, als wenn er seinen sauer verdienten Lohn aufs Spiel setzt. Der Mensch muß, was er mit schwerer Mühe im Schweiß seines Angesichts erwirbt, ehren, es hoch und wert halten, wenn er nicht an sich selbst irre werden, wenn er nicht sein ganzes Tun und Treiben verächtlich finden will. Wie können sich alle meine Nerven spannen für den Taler, den ich wegwerfen will.«

Meister Anton bekennt sich als Christ. Er geht nicht nur in die Kirche, um »Gottes Gebote in sich aufzufrischen«, er handelt auch christlich, jedenfalls hat er schon mal so gehandelt, als es an ihm war. Hat er nicht ein Recht darauf, von den Seinen zu verlangen, ihm keine Schande zu machen? Aber die Schulden seines Sohnes sind Schande, und der Verdacht, auch der falsche Verdacht, eines Juwelendiebstahls ist Schande. Der Mutter, einer alten Frau in der starren, männerbestimmten Struktur, bleibt nur, wortlos und hilflos zu sterben, als die Gerichtsdiener kommen, dem Vater bleibt die Tochter. Von ihr erwartet, von ihr verlangt er, auch nachdem er es schon anders weiß: ». . . schwöre mir, daß du bist, was du sein sollst!« Sie schwört und erniedrigt sich anschließend auf das Unmenschlichste vor Leonhard, der sich bürgerlicher Norm und seiner Leumundsverpflichtung als Kassierer entsprechend erwartungsgemäß von ihr losgesagt hat. Sie offenbart sich auch dem Jugendfreund, der – ritterlich – die Verlassene nehmen will, bis er – immer ohne daß ihr Zustand beim Namen genannt wird – erfährt, daß sie schwanger ist. Da bindet auch ihn die Norm: »Darüber kann kein Mann weg!«

Nun ist Klara frei, als einzige frei, zu wählen zwischen Selbstmord, der zugleich Kindesmord ist, wie Leonhard sie beflissentlich aufklärt, und Vatermord, denn Meister Anton hat angedroht: »In dem Augenblick, wo ich bemerke, daß man auf dich mit Fingern zeigt, werd ich (mit einer Bewegung an den Hals) mich rasieren, und dann, das schwör ich dir zu, rasier ich den ganzen Kerl weg...« Sie wählt den ersten Weg und geht ihn ganz nach der Ordnung: Als sie ihren Bruder bedienend zum Brunnen muß, springt sie hinein. Vorher hat sie zwar noch einmal das Vaterunser aufgesagt, aber bei dem Sekretär, der sie an Leonhard mit einem gezielten Pistolenschuß gerächt hat, konnte sie sich nicht mehr bedanken. Und – ein Fehler, der schwerer wiegt – ihrem Vater, der angesichts der Todesnachricht noch befinden konnte: »... so ist alles gut«, hat sie schließlich nichts erspart, denn »... man hats gesehen!«, daß sie gesprungen ist. Das ist die bürgerliche Seite der Tragik.

Als Hebbel das Stück in Paris zu Ende brachte, hatte er außerdem Briefe zu schreiben, in denen er seiner schwangeren Freundin Elise Fußbäder verwies, ihr die Heirat anbot und gleichzeitig mit sehr rationalen Gründen wieder ausredete: Meister Friedrich, Leonhard und Sekretär in einem!

Nun, an der Seite von Christine Enghaus-Hebbel, beendet er ein in Rom begonnenes Stück – »es ist ein zweiter Teil der Maria Magdalene«; Klara heißt nun »Julia« und heiratet. Immerhin nimmt sich der Autor laut Tagebuch in den Weihnachtstagen 1846 vor: »daß erst die Ehe den Menschen zum ganzen Menschen macht, dramatisch darzustellen«. Die unstandesgemäß verliebte und dann von ihrem Antonio verlassene Julia wird, als sie lebensmüde durchs Gebirge irrt und unter die Räuber fällt, von einem unheilbar kranken Adligen gerettet und schließlich geheiratet, obwohl sie schwanger ist. Allerdings hat der Herr Graf – welcher Mann in diesen Kreisen hat das nicht? – seinerseits dafür zu büßen, daß er ein Mädchen sitzengelassen hat. Und da der Vater, diesmal kein von allen Seiten beengter Kleinbürger, sondern ein oberitalienischer Renaissance-Mensch, nicht als frommer Eiferer, sondern mit urbanem Anstand (wenn auch ebenso definitiv) auf den Konventionen besteht, haben alle mehr Spielraum: der Graf zum Verzicht auf seine ehelichen Rechte und zur langsamen Demaskierung seines (vermeintlichen) Edelmuts, der wieder aufgetauchte Liebhaber Antonio zum Eingeständnis seines unedlen und seines edlen Motivs, Julia, die »engelsgute«, zu Dankbarkeit, Humanität und Liebe und alle zusammen zum Warten auf den »natürlichen Tod« des Grafen. Denn – so Antonio: »Dann wollen wir uns fragen, ob wir noch glücklich sein dürfen!« Und Julia: »Wir wollen uns fragen, ob wir noch glücklich sein können!«

Die Hebbels können es, und sie laden sogar Elise Lensing zur Teilnahme ein, zunächst, um ihr über den Tod des zweiten Söhnchens hinwegzuhelfen. Sie kommt und dient, während Suche und Arbeit des Künstlers weitergehen, denn nicht nur Christian Friedrich Hebbel, Maurerssohn aus Wesselburen und jüngst durchgefallener Kandidat für die Frankfurter Nationalversammlung, sondern die Welt, die Meister Anton nicht mehr verstand und die nicht nur nach des Dichters Meinung zur Jahrhundertmitte im Umbruch ist, braucht Erlösung. In solchem Sinn fühlt er sich berufen; aufgrund dieser Berufung richtete er sich schon am 6. September 1841 in Hamburg »An die Kunst«:

Dir, heilge Kunst, dir hab ich mich ergeben!
Nicht drängt ich mich, du riefst mich zum Altare,
Ich rang mit dir, ob ich mich frei bewahre,
Du siegtest, nimm mich denn auf Tod und Leben!

Nun wollen Träume meinen Blick umweben,
Ich aber schau hinab auf ernste Jahre
Doch, wie sich auch zum Kampf der Pöbel schare,
Am Ende siegt ein gottgebornes Streben.

Viel trage ich, doch schlägt mir die Entehrung
Der Welt-Idee, auf deren Leib ich hoffe,
Durch Puppen-Larven leicht die Todeswunde.

Was tuts? Die echte Zeugung ist Entleerung
Des Einzelwesens von dem Weltenstoffe
Und geht mit ihrem Vater nicht zugrunde.

Hebbels vielfältige journalistische Versuche aus diesen Wiener Jahren gehören wohl nicht zu seinen echten Zeugungen, sie fruchten auch nichts. Er ist weder Teamworker noch Parteigänger, und alle seine menschlichen, freundschaftlichen und kollegialen Beziehungen überanstrengt er schließlich mit seinen rigorosen Forderungen nach Aufrichtigkeit und Hingabe. Noch seine literarischen Gestalten überholt er immer wieder mit seinem Urteil. Dabei fehlt es ihm keineswegs an Selbstbewußtsein. Am 15. Januar 1847 notiert er in sein Tagebuch:

»Heute habe ich die Abschrift des Trauerspiels beendigt. Nun ists fertig, fertig in dem Sinn, worin ein Mensch etwas fertig machen kann, es ist der Punkt erreicht, wo sich nur noch das Ganze verwerfen läßt, wo man mit diesem aber, wenn man ihm die Existenz-Berechtigung nicht abzusprechen wagt, jede Einzelheit hinnehmen muß. Ich werde mich, und gelobe es hiedurch feierlich an, der Mühe, meine Arbeiten selbst ins Reine zu schreiben, nie entziehen, denn sie haben dadurch noch immer gewonnen; ich bin gewiß einer der gewissenhaftesten und sorgsamsten Autoren, die es gibt und weiß sicher bei jedem Schritt, wohin ich will, aber wenn man, wie das Abschreiben es mit sich bringt, jeden Gedanken, der vorkommt, eine ganze Minute allein im Kopf hat, so treten die Beziehungen, worin er zu allem steht, was ihm vorhergeht, und was ihm nachfolgt, mit einer vielleicht nur auf diesem Weg zu erreichenden Deutlichkeit hervor und das ist für die Nachhülfe im kleinen in Bezug auf die Verständlichkeit von außerordentlichem Vorteil. – Abends war ich im Verein und unterhielt mich eine Stunde mit Engländer... Er schalt auf das Publikum, ich sagte ihm: geben Sie mir eine Bude, pressen Sie Menschen dafür, wie sie auf der Straße stehen und gehen und lassen Sie drei Stücke aufführen, Nr. 1 von Gutzkow, Nr. 2 von Laube und erst Nr. 3 von mir; wenn ich trotzdem, daß die Leute müde sind, nicht dennoch gewinne, so soll der Henker, der draußen mit dem Beil passen mag, mir den Kopf herunterschlagen. Ich bin dessen so gewiß, daß ich mich noch obendrein anheischig mache, mich während der Zeit, daß etwa die Judith gespielt wird, zu rasieren, ohne mich zu schneiden. Das klingt außerordentlich stark, aber es ist meine innerste Überzeugung, soll jedoch nicht für meine Kraft, sondern für die Ohnmacht jener anderen Zeugnis ablegen!«

Bei »Herodes und Mariamne«, das am 14. November 1848 abgeschlossen und am 19. April 1849 mit Christine Hebbel im Hofburgtheater in Wien uraufgeführt wird, verhält sich »das Publikum... nicht eben ablehnend aber eiskalt«, und die »Agnes Bernauer« – Weihnachten 1851 fertig – wird bei ihrer Uraufführung am 25. März 1852 in München »mit dem entschiedensten Beifall vor einem überfüllten Hause« – übrigens in Anwesenheit des Autors – aufgenommen, obwohl »alle Rollen... furchtbar schlecht« gespielt worden sind. Dieser Erfolg wird nur noch von dem übertroffen werden, den die Nibelungen-Trilogie im Februar und Mai 1861, wie »Herodes und Mariamne« mit Christine Hebbel, in Weimar erleben wird. In »fünfundzwanzig Jahren... keinen ähnlichen«.

»Gyges und sein Ring« ist zu Hebbels Lebzeiten nie und erst 26 Jahre nach seinem Tod aufgeführt worden. Aber der Dichter bleibt damit durchaus auf seiner Spur: Erlösung durch die Frau. – »Rhodope«, so der Name der Königin, ist im Winter 1853/54 der Arbeitstitel der »Tragödie in fünf Akten«, obwohl nach Hebbels Tagebuchnotiz vom 14. Dezember 1853 gerade »die Motivierung der Königin« dieser auf einen beiläufigen Hinweis bei Herodot und Platon gefundenen Fabel »schwer seyn« dürfte. Wenn der Autor von »Der Diamant« und »Der Rubin« schließlich den Ring in den Titel nimmt, dann vordergründig, weil der arme Poet, der auch in seinem Wiener Glück noch rechnen und Haushaltsbücher führen muß, von Pretiosen und Märchen zeitlebens angezogen wird, eigentlich aber – so stellt Hans Gerd Rötzer in seiner »Deutung und Dokumentation« fest – weil er den Ring, wie schon Platon »als Katalysator für verdeckte menschliche Anlagen« benutzt: »Er entblößte die Charaktere der drei Hauptpersonen durch die unterschiedliche Reaktion auf das Vorhandensein des Wunderringes...« Wenn es Hebbel um Realismus geht, dann um den Realismus psychologischer Reaktionen, um das Schicksal, das, wie es im Motto des Stücks heißt, »einzig der menschlichen Brust entsteigt«. Und wie stets ist das Schreiben des Stücks sein »Ring« oder besser: sein »Regenbogen«, der dem Motto gemäß »funkeln« sollte, wo »der Mensch... im Helldunkel des Bewußtseins allerlei Streiche« verübt, »die zwar nicht der subjectiven, aber doch der objectiven Wahrheit zu nahe treten und dennoch durch den Rausch der Stimmung gegen die Zurechnung gedeckt sind«.

Also taucht Friedrich Hebbel erst einmal in eine »vorgeschichtlich(e) und mythisch(e)« Handlung, die sich »innerhalb eines Zeitraums von zweimal vierundzwanzig Stunden« ereignet. – Kandaules findet er dort vor, den König von Lydien, der sich für sein Erscheinen bei den Spielen rüstet. Sein alter Sklave Thoas reicht ihm das Schwert und das Diadem, das traditionsreiche alte, wie sich's für einen solchen Auftritt gehört. Aber der König besteht auf den neuen Insignien, die er hat machen lassen und die zwar nicht mehr an die Herakliden und Hephästos mahnen, die dafür aber, zumal in der Krone, »alles, was mein Königreich/ Im Schacht der Berge und im Grund des Meeres/ An Perlen und Kleinodien nur liefert«, vereinen. Und in bezug auf das Schwert gilt: es »ist etwas leichter wie das alte/ Doch dafür kann man's schwingen, wenn man muß«. – Funktion also gegen Repräsentanz; Volksfürsorge gegen Gottesgnadentum?! So kurz nach dem Revolutionsjahr ist das sicher ein gemäßigt fortschrittlicher Standpunkt. Doch diese kostbaren Utensilien sind ja gewissermaßen nur Vorboten für den Ring, den Gyges, der junge griechische Gast des Königs, diesem für seine Gastfreundschaft und die Teilnahme an den wild-gefährlichen Spielen bietet. Er sieht unscheinbar aus, kann aber, wenn sein Träger den kleinen dunkelroten Stein nach außen dreht, unsichtbar machen, und er ist in einem weit tieferen Sinn als die Herrschaftsinsignien an die Person gebunden: Du kannst »für dein Königreich/ Ihn dir nicht kaufen, noch ihn mit Gewalt/ Trotz aller deiner Macht, dem Träger rauben,/ Wenn er ihn dir nicht willig reichen will«.

Gyges hat ihn, wie er dramatisch schildernd berichtet, unter abenteuerlichen Umständen aus einer später unauffindbaren Grabeshöhle, und dann hat ihn Kandaules... Und der hat auch eine Frau, wie man einen Besitz hat, – eine kostbare, aber eben eine Sache! So ist es Rechtens in seinem Reich und in seiner Kultur, und damit es ein Besitz sei, den er nicht einmal im Anblick mit einem andern Mann zu teilen braucht, hat er sich Rhodope – immer verschleiert – aus Indien geholt, direkt von ihrem Vater, der in entsprechender Weise über sie verfügte. Sie selbst ist so sehr eins mit ihrer Situation, daß sie sich paradoxerweise freier fühlt als z. B. ihre Dienerinnen, denen sie, als sie zum Fest gehen und sie mitnehmen wollen, sagt: »Schaut nicht auf mich!/ Was euch erlaubt,/ Ist mir nur nicht verboten«, und den Ring betreffend, vor dessen Möglichkeiten sie schaudert, als der König davon erzählt: »Herr, wirf ihn fort!« und gleich darauf als naiv-selbstbewußte Alternative: »Gib ihn mir!« – Der königliche Ringbesitzer aber, völlig bestimmt von seinem männlich-funktionalen Denken, vereinbart es durchaus mit seiner Königswürde, vermittels der schmucken Tarnung bei seinen konservativen Gegnern zu spionieren, und kommt dann, angeregt durch Gyges' Interesse an der schönen Sklavin Lesbia, auf eine verhängnisvolle Idee: Er bittet, ja fordert von seinem neuen Freund, Rhodope in ihrem Schlafgemach nackt anzusehen, um bestätigen zu können, daß sie schöner ist als jede andere Frau...

Der Grieche verliebt sich in die Königin und weiß zugleich deutlicher als vorher, daß Kandaules und er nicht das Recht zu diesem frevelhaften Wagnis gehabt hätten, d. h.: alles, was er von nun an tut, geschieht zwangsläufig, auch, daß er der Sklavin, die der König ihm schenkt, die sogenannte Freiheit gibt. Lesbia reagiert eher hilflos:

> Die Freiheit, sagt man, ist ein hohes Gut,
> Ich kenn sie nicht, ich ward als Kind geraubt,
> Allein für hohe Güter muß man danken,
> So danke ich für meine Freiheit dir!

Die Königin hat den Unbefugten bemerkt, mußte ihn bemerken, denn er hat in der Nacht für einen verwirrten Augenblick den Ring gedreht (rationalisierter Grund: er wollte büßend dem Gatten Gelegenheit geben, ihn zu töten), er hat auch – Mann und Verliebter! – etwas geraubt, einen Diamanten, den er Kandaules morgens mit dem Ring zusammen zurückgibt. Allein Rhodope kann auf solche Weise nicht zurückgegeben werden; sie ist zur Person geworden, emanzipiert aus dem Besitz des Mannes, ein Weib, das seine Pflicht kennt und nun – unverschleiert – in radikaler Freiheit dazu steht, ganz gleich, ob es, wie sie schrittweise erkennt, den Tod für sie, für Gyges oder Kandaules bedeutet.

Als sie im Gespräch mit Gyges begreift: »Er hat sein Gattenrecht dir abgetreten?«, verlangt sie von ihm, den Frevler zu töten: »Du mußt es tun,/ Wie ich es fordern muß. Wir dürfen beide/ Nicht fragen, ob's uns schwer wird oder leicht.« Danach werde sie, was sie schon sein soll, auch vor den Göttern, seine Frau. – Bei dem anschließenden Zweikampf geht es also nicht mehr um die Frau als Preis, sondern es kämpfen zwei Freunde für ihre Liebe. Der König fällt, und so gewinnt ein ganzes Volk die Freiheit, in Gyges sich den neuen Führer gegen die andrängenden Feinde zu wählen. Er gelobt zu kämpfen. – Vorher aber schreiten Rhodope und er zum Altar.

Rhodope: O Hestia, du Hüterin der Flamme,
Die das verzehrt, was sie nicht läutern kann:
Ich dank es diesem Jüngling, daß ich wieder
Vor deinem Angesicht erscheinen darf,
Und, wie das Volk zum König, so erhebe
Ich ihn, sei du mir Zeugin, zum Gemahl.
(Sie reicht Gyges die Hand.)
Als Morgengabe sieh die Krone an,
Die schon gebietend dir vom Haupte funkelt.
Mir aber gib den Totenring zum Pfand.
Gyges: Den trägt der König noch an seinem Finger.
Rhodope: Dann hat er schon den Platz, der ihm gebührt.
(Sie läßt Gyges' Hand los.)
Nun tritt zurück und halte dein Gelübde,
Wie ich das meinige! Ich bin entsühnt,
Denn keiner sah mich mehr, als dem es ziemte,
Jetzt aber scheide ich mich (sie durchsticht sich)
so von dir!

Opfer und Täterin! – Eine Verbindung, zu der die Männer in Hebbels Stücken nicht oder doch nicht von selbst fähig sind; deren Lebensraum ist immer abgesteckt, ihr Verhalten ist geregelt, ihre

Wege sind genormt, die Ziele sind vorgegeben: Bürger, auch wenn sie als Feldherrn, Ritter oder Könige auftreten. Die Frau ist in ihrem eigentlichen Lebensraum – und seien die äußeren Grenzen so eng gezogen wie für Klara! – nicht de-finiert.

Das ist so im Bereich der Kunst, die in ihrem papierenen Pathos – heute nach 130 Jahren wahrgenommen – erstaunlich an das Mechanische und die gewollte Buntheit moderner Plastic Art erinnert. In der Realität, im Leben, nicht nur des 19. Jahrhunderts, müssen solche Erwartungen eine Frau überfordern.

Friedrich Hebbel hat sie dennoch immer wieder gestellt, am nachhaltigsten und unerbittlichsten an Elise Lensing, die zehn Jahre lang seine meist entfernte Gefährtin gewesen ist, die Mutter zweier Söhne, zweier »Schmerzensreichs«. Am 18. November 1854 stirbt sie, 50jährig, allein in Hamburg.

Hebbels Tochter, die überleben wird, hat die andere, die Ehefrau, geboren: Christine Hebbel, die am 13. November 1863 in Wien am Sterbebett des ebenfalls 50jährigen stehen wird.

Hebbel und seine »Prätentionen« an seine Frauen – in Briefen, die nie so ganz privat gemeint sind.

Der erste Text findet sich in seinem Tagebuch »München 1838«:

Du ahnst nicht, liebe Elise, wie unendlich gern ich das Weihnachtsfest bei Dir und in Hamburg zubrächte! Gerade dieses Fest wie jeden anderen Tag gleichgültig und ungenossen an sich vorübergehen zu lassen, ist so schmerzlich. Das hat wohl jedem Kinde, und auch mir etwas gebracht; dann wurde von den blauen Hirsch-Tellern – so genannt, weil in ihrer Mitte ein Hirsch, den mein Vater gewöhnlich mit Kreide auf den Tisch nachzuzeichnen pflegte, gemalt war – gegessen, es gab einen Mehlbeutel, zuweilen wohl gar mit Rosinen oder Pflaumen gefüllt, später ward guter Tee getrunken, hauptsächlich der lieben Mutter wegen, die ohne Tee nur halb vergnügt sein konnte, bevor das Essen kam, sang der Vater in Gemeinschaft mit mir und meinem Bruder ein geistliches Lied, nachher mußte ich aus der ehrwürdigen dickbäuchigen Postille mit den vielen Holzschnitten, die mich so seltsam-fremdartig begrüßten, das Evangelium und eine Predigt vorlesen, darauf erschien der Nachtwächter mit seiner weitdröhnenden Knarre unter dem Fenster, sang einen Vers und erhielt durch mich oder meinen Bruder den schon längst bereitgehaltenen, nicht selten geborgten Schilling, wofür er ein fröhliches Fest anwünschte, die Eltern waren heiter, auch der Vater, den wir fast das ganze Jahr nicht heiter sahen, die dumpfen, erstickenden Gespräche über die Schwierigkeit, Brot herbeizuschaffen (lagen doch meistens zwei oder drei köstliche weiße breite Wecken im Schrank!) unterblieben, Scherz und Lachen waren erlaubt und wir Kinder deuchten uns im Himmel. Dazu am Weihnachtsabend der schöne Gedanke: diese Herrlichkeit dauert zwei volle Tage! Ich bin immer sehr traurig, wenn – was besonders im vorigen Jahr geschah – der Weihnacht mir nicht die geringste Freudenblume zuwirft; an wenig andre Feste mach ich ähnliche Prätensionen, von meinem Geburtstag weiß ich z. B. fast nie, wann er ist.

An Elise Lensing Rom d. 30sten März 1845.

[...] Auch die Villa ist an und für sich sehr schön und man hat von einer Terrasse aus eine Aussicht, die auch so leicht nicht übertroffen wird. Man sieht in den vollen italienischen Frühling hinein, der sich einem zu den Füßen gelagert hat und das Auge lange fesselt; wenn man den Blick weiterstreifen läßt, so stellt sich die Stadt Rom in höchst eigentümlicher Gestalt dar, nämlich wie verschlungen von dem wuchernden Grün, das aus tausend Gärten und Villen hervorbricht und sie zu ersticken droht, wie die Unmasse von Veilchen die Gäste des Kaisers Heliogabalus; und in der Ferne stellen sich die Berge dar, unten blau, oben mit Schnee bedeckt, zur Erinnerung, daß er noch nicht allenthalben geschmolzen ist. Ich versichre Dich, teuerste Freundin, es ist schwer, schwerer als Du denkst, sich aus einem solchen Paradies wegzusehnen, kein Mensch bringt es weiter, als, diejenigen, die er liebt, herbeizuwünschen, und das tu ich so gut, wie Du es tun würdest, wenn es mich gleich von Jahr zu Jahr mehr anekelt, Gefühls-Ergüsse zu Papier zu bringen und Wünsche und Gedanken, die nichtig und unerreichbar sind, und sich ohnehin von selbst verstehen, schwarz auf weiß nach Deutschland zu schicken. Wunderbar ist es übrigens, wie bald ein Mensch sich an den Himmel gewöhnt; mögte es mit der Hölle ebenso leicht gehen! Dies alles kommt mir jetzt schon vor, als ob es so sein müsse, ja, als ob es allenthalben so wäre; wenn ich unwillkürlich an meine Freunde denke, so stelle ich sie mir spazierengehend und den Schatten suchend vor, wie ich selbst es mache, und lache über mich selbst, wenn mir nachher einfällt, daß die Allgemeine Zeitung von 17 Grad Kälte spricht. Anfangs war es nicht so, da schien mir jede Blüte ihr Datum an der Stirn zu tragen und mich zu erinnern, wie ganz anders es in Deutschland aussehe. In mir hat dieser italienische Frühling ein Gedicht angeregt, das ich beischließe, und worin ich, einer so schönen Welt gegenüber, zu leisten suchte, was in deutscher Sprache möglich ist. Ich habe dies Gedicht bis ins Einzelste und Kleinste durchkomponiert und mir darin nicht bloß die Aufgabe gesetzt, auf dem Instrument unserer Sprache zu spielen, sondern dies Instrument selbst reiner zu stimmen. Mit dem Resultat glaube ich zufrieden sein zu dürfen, denn ich zweifle, ob unsre gesamte Literatur ein lyrisches Stück aufzuzeigen hat, worin die äußerste Reinheit und Grazie des Verses und der höchst-mögliche sprachliche Wohlklang mit so vollkommenem Ausdruck der Idee und so viel Tiefe und Zartheit der letzteren verbunden ist. Man wird es sehr oft lesen müssen, um alle seine Verdienste zu erkennen, um gewahr zu werden, wie hier ein Bild immer aus dem anderen, wie aus der Knospe hervorgeht und wie ich hier nicht bloß Wort gegen Wort und Silbe gegen Silbe, sondern Vokal gegen Vokal abgewogen und die Verse, wie im Contre-Tanz gegeneinander geordnet habe. Von Seiten des Wohlklangs sind, soviel ich weiß, nur Bürgers Nachtfeier der Venus und sein hohes Lied von der Einzigen damit zusammenzustellen; von Seiten der Vers-Reinheit einiges von Platen. Aber ich glaube nicht, daß diese Produktionen, die doch mehr rhetorischer Natur sind, meine Idee aufwägen. Ich sage ehrlich, was ich meine; es wird mich nicht verdrießen, wenn ich eines Besseren belehrt werde. Es ist dies ein Seitenstück zu meinem Liebeszauber. Ob es sich aber in Deutschland hinter dem Ofen genießen läßt, ist die Frage. Mir sind diese beiden Stücke ein Zeichen, daß die Natur, wenn das Glück mich nur einigermaßen begünstigt und mich nicht in Sorge und Not, die ich durchaus nicht ertragen kann, ersticken läßt, mir vielleicht noch eine höchste, nie von mir geahnte oder gar gehoffte Gunst bewilligen, daß sie mich würdigen wird, durch meinen Mund nicht bloß das Bedeutende, sondern auch noch das Schöne auszusprechen. Aber fürchterlich ist auch wieder das Ringen meines Geistes, ich bin nicht umsonst nach Italien gekommen, mir ist, als ob ich wieder in die Elemente zerfallen und als ob die Natur beschäftigt wäre, mich wieder neu zusammenzusetzen. Das ist kein Spiel in mir, wie in den übrigen dummen Jungen, die der deutsche Jan Hagel bekränzt, das geht anders her, wie beim Kränzewinden oder beim Schmetterlingsfang; eben deswegen aber, weil ich mich dieses tiefen Ernstes und meiner Schmerzen bewußt bin, weiß ich auch, daß ich, wenn ich mich um andere Dinge nur so weit bekümmre, als meine Kunst es mir gestattet, nicht unsittlich handle. –

Deinen Brief erhielt ich an meinem Geburtstag und sparte ihn, wie immer, für den Abend auf. Dies Mal wäre es besser gewesen, wenn ich ihn gleich gelesen hätte. Du hast mir durch diesen Brief das Herz zerrissen. Und das, weil ich natürlich und menschlich empfinde, weil ich vor Verhältnissen zittere, die mich nur vernichten können! Du hast Dinge aus meinem Brief herausgelesen, die nicht darinstehen und sie auf eine Weise beantwortet, die mich tief schmerzen mußte, nicht meinet- sondern Deiner selbst wegen. Wo steht, daß *Du* auf die Verheiratung dringst? Ich sagte: die Welt, unsre Lage dringt darauf, und ist das etwa nicht wahr? Wird nicht ein jeder, der mich kennt, mich mit der Frage: Sie werden sich nächstens verheiraten? begrüßen oder mich ohne weiteres als verheirateten Mann behandeln? Werden wir nicht beide, Du und ich, als Lügner dastehen, wenn es nun doch unterbleibt, da Du schon jetzt für meine Frau giltst? Werden nicht Folgen, die unberechenbar sind, daraus hervorgehen? Ist das etwa alles Hypochondrie? Könnte ichs ertragen, wenn man anfinge, mich *in den Zeitungen* zu verspotten? Und fehlt es mir in H. an Feinden? Und auf der anderen Seite, ist es möglich, zu heiraten, ohne Geld, ohne Aussicht auf Geld, ohne alles? Würde die heftigste Leidenschaft einen solchen Schritt unter solchen Umständen wagen? Wenn ich Dir die Frage vorlegte, so geschah es, weil ich dachte, auch Dir müsse die Unmöglichkeit einleuchten; auf die Äußerung, daß Deine Mutter die Trauungskosten hergeben werde, wenn sie mir fehlen sollten, war ich freilich nicht gefaßt, denn, allmächtiger Gott, wenn man nicht einmal *die* hätte, woher das Übrige nehmen? Geradeso hast Du auch das auf den Kopf gestellt, was ich über Dein Benehmen während der Münchner Zeit sagte. Ich habe das Faktum ausgesprochen, aber nicht, ohne Deine Rechtfertigung hinzuzufügen, denn der ist doch wohl gerechtfertigt, der etwas tut, was kein Mensch lassen kann. Man muß besitzen wollen, wenn man liebt, es ist nicht anders möglich; dieser Natur-Notwendigkeit warst auch Du unterworfen; kann das Verbrechen sein (Du behauptest ja, Deine Liebe sei in meinen Augen ein Verbrechen!) was nicht vom Willen des Menschen abhängt? Sowenig als es Tugend ist, wenn er dem, was sein höchstes Gut ausmacht, alles Übrige opfert. Ist in diesem allen etwas Falches? etwas Bitteres? auch nur, aus meinem Munde, etwas Neues? Wozu denn solche Exagerationen, wie der Heirats-Vorschlag mit einer Italienerin, um die Mylords und Marquis, Grafen und Barone sich drängen? Wenn die Freude eines eben vom Fieber Genesenen über eine Rose, die ihm eine Viertelstunde duftete, zu laut war, mußtest Du ihn so hart dafür bestrafen? Du mußt ja selbst empfinden, teuerste Elise, daß solche Erfahrungen mich scheu machen könnten, Dir die wenigen Augenblicke meines Lebens, in denen ich froh bin, noch zu malen! Kannst Du es denn noch immer nicht lernen, Dir aus *allen* meinen Briefen mein Bild zusammenzusetzen, die guten nicht zu gut, die schlimmen nicht zu schlimm zu nehmen? Es ist schon ein Zusammenhang in all dem scheinbaren Widerspruch. Ich bin ein Mensch, der nie etwas zurückhält, dabei wird denn aber auch vieles ausgesprochen, was nur für den Moment gilt. *Deine* Gefühle für mich kann ich nicht erwidern, das hast Du immer wissen müssen und immer gewußt, und es ist doch wohl sowenig bei mir eine Sünde, wie bei Dir, daß ich über mein Herz nicht gebieten kann. Aber desungeachtet bist Du mir das Teuerste auf der Welt, und wenn das entsetzliche Schicksal mich treffen sollte, Dich zu überleben, so würde mir die Brust zerspringen und das Gehirn bersten. Mein Gott, ich dächte, die Briefe aus Paris zur Zeit der Not wären ein Zeugnis, das mich neuer Versicherungen dieser Gefühle für ewig überhöbe. Siehst Dus denn nicht? Wendet sich nicht meine ganze Seele nach Dir? Teil ich Dir nicht jeden meiner Gedanken mit? Hab ich Ruhe, ehe ich meine besten Gedichte in Deinen Händen weiß? Fühle und erkenne Dich selbst! Du hast keinen einzigen Zug von denen, die Du Dir in der Verzweiflung selbst andichtest. Du hast mehr Geist, als die meisten Deiner Mitschwestern, und ein Herz, wie nie ein edleres geschlagen hat. Du bist eins der herrlichsten Weiber, die je über die Erde geschritten sind, und es ist mein höchster Schmerz, Dich nicht so lieben zu können, wie Du es verdienst. Alles dies solltest Du wissen, und wenn Du es weißt, wie kannst Du irre werden an Dir und mir? Natur-Notwendigkeiten können wir alle beide nicht ändern, man kann sich sowenig ein anderes Herz geben, als ein anderes Gesicht. Ich schaudre vor der Rückkehr, es ist wahr, aber nicht, weil mich hier ein Frätzchen oder auch nur die Natur gefesselt hält, sondern weil mich in Deutschland alle Schrecknisse erwarten, die ich am meisten scheue. Hättest Du mir ein Asyl zu bieten, wie gern wollt ich kommen. [. . .]

An Christine Hebbel München d. 15ten März 1852.

Meine teuerste Christine!

[. . .] Ich hoffe, daß Deine Brust nicht mehr so ängstlich wogt und wallt, wenn du dies alles gelesen hast, darum schickte ich es voran. Daß ich nur schreibe, wie ich denke, weißt Du; es ist nicht meine Art, etwas für unmöglich zu erklären, was gleich darauf wirklich wird, und dann nur um so schrecklicher wirkt. Nein, nein, sei ganz unbesorgt! Es würde mir unendlich weh tun, wenn ich mir vorstellen müßte, daß Dus nicht wärst, und ich würde es selbst hier in der Ferne fühlen, denn zwischen uns besteht gar keine Grenze, wir können uns nichts verbergen. Nicht wahr, mein teuerstes Weib, Du glaubst mir und verlässest Dich unbedingt auf mein Wort? Du machst mir mit diesem Vertrauen, das Dich wahrlich nicht täuschen wird, ein Geburtstags-Geschenk? Ich sehe Dich nicken, Du sagst ja und reichst mir in Gedanken die Hand. So. Nun bin auch ich beruhigt!

Richte es jedenfalls so ein, daß Du am 18ten des Abends nicht allein bist. Bei Tage hast Du Dein Titele*! Ich werde, wenn ich irgend kann, die Einsamkeit suchen und alles, was durch meine Seele geht, in einem Gedicht auffangen. Von irgend einer Feier darf nicht die Rede sein, die sparen wir bis zum Wiedersehen und dann wird das Gedicht gelesen. Ich habe ja in München schon drei solche Geburtstage zugebracht, es kommt nun ein vierter hinzu. Aber jubeln wollen wir, wenn wir wieder beieinander sind und das Kind

* die am 25. Dezember 1847 geborene Tochter

soll auch mitjubeln! Mein Gott, wie freu ich mich auf den Moment!

Von meinem hiesigen Tun und Treiben schreib ich Dir nichts mehr. Es geht so fort, wie es anfing, nur daß der Kreis sich immer mehr erweitert. Ich habe keinen Abend für mich und kann doch den gesellschaftlichen Verpflichtungen nicht nachkommen. Eine wahre Hölle für mich, wenn ich nicht von Dir träumen und reden dürfte! Aber damit helf ich mir! Wie man sich sehnt, Dich hier zu sehen, glaubst Du kaum. Überhaupt ist es allgemeiner Wunsch, uns herüberzuziehen und es ginge gewiß nicht schwer. Ich darf mir auch wohl das Zeugnis geben, daß ich mein Klavier noch nie mit solcher Virtuosität gespielt habe, wie diesmal. Nur eins ist zu bedenken, was sich nicht schreiben läßt! Jetzt ist Emanuel Geibel hier, der sich für einen Lyriker von 27 Auflagen bescheiden genug gegen mich stellt, und mich, nicht allein gegen mich selbst, sondern überall für Deutschlands einzigen großen dramatischen Dichter erklärt. Er scheint ein ehrenwerter Charakter zu sein, wir begegnen uns oft in Gesellschaft. Ihn hat man zuerst berufen, andere sollen folgen, zunächst vielleicht ich. Dingelstedt vermag viel, sehr viel! Und wir würden sehr gut miteinander leben können. Nur, wie gesagt, eins, eins!

Wie unendlich hat mich Dein gestriger Brief erfreut! Du wirst sie alle sehen, wie abgeküßt sie sind! Dieser war nun auch sogar lang und mannigfaltig! Aber das kleinste Blättchen genügt mir schon; wenn bloß die beiden Namen Christine und Titele darauf stehen, ist es mir mehr, wie der Sternenhimmel mit all seinen Herrlichkeiten. O, auf dieser Reise habe ich was gelernt; schon deshalb wollen wir sie segnen. Du ahnst gar nicht, wie öde mir im Innern die ganze Zeit über gewesen ist; kein einziger Quell gab einen Tropfen! Nun, bald ists vorbei und dann wollen wirs einbringen; nicht wahr, mein Herz? [...]

O, mein Herz, mein teuerstes, teuerstes Herz, Deine Sehnsucht kann gar nicht größer sein, wie die meinige. Du hast doch den Titele! Mit der unendlichsten Liebe und den heißesten Küssen für Euch beide

Dein Friedrich.

An Christine Hebbel München d. 19ten März 1852.

Meine teuerste Christine!

Unendlich viel habe ich heute zu tun, aber ich muß Dir dennoch gleich für Dein Geschenk danken, wenn es auch nur ein sehr kurzer Brief werden kann, da ich jeden Augenblick erwarten muß, daß einer meiner Quälgeister in die Tür tritt. Das war der schönste Gedanke, der Dir kommen konnte, mir die Haarkette hieher zu schicken; ich habe sie geküßt, als ob Du selbst es wärst, und sie umgehängt, ehe ich noch Deinen lieben Brief gelesen hatte. Daran magst Du meine Freude erkennen.

Meinen Geburtstag verbrachte ich ganz so, wie ich Dir schrieb, daß ich ihn verbringen wolle. Schon um zehn Uhr verließ ich mein Zimmer und ging in den Englischen Garten, in dem fast alle meine früheren Gedichte entstanden sind und an den sich also ein großes Stück Leben für mich knüpft. Das herrlichste Wetter begünstigte mich; der Himmel war tief dunkelblau und die Sonne schien hell auf die grünen Tannen herab, an denen der Park reich ist. Ich dachte mit jener Sehnsucht, die mich gar nicht verläßt, an Euch und es entstand ein Gedicht, in dem Vergangenheit und Gegenwart auf märchenhafte Weise durcheinanderlaufen; wann es gelesen werden wird, weißt Du. Einen Vers schrieb ich auf dem chinesischen Turm nieder, den ich ehemals so oft bestieg; einen anderen in einem kleinen Tempel, von dem aus ich, als ich den Garten vor dreizehn Jahren zum letztenmal betrat, Abschied von ihm nahm; dabei schmückte ich die Wand mit Euren Namen. Ich besuchte, immer fort wandelnd und dichtend, alle alten Plätze und kehrte von meiner einsamen Pilgerschaft, die wirklich nur hie und da durch einen Bauer unterbrochen wurde, erst gegen zwei Uhr in die Stadt zurück. Als ich an die Arkaden kam, sprengte der König an mir vorbei und rief mir vom Pferde sehr freundlich einen guten Morgen zu. Vergessen hab ich noch, daß mein alter Freund Gartner mir ganz in der Frühe einen sehr schönen Blumenstrauß brachte und daß ich ebenfalls, wahrscheinlich von Dingelstedt, einen Lorbeerkranz empfing, letzteren nicht ganz ohne einen kleinen Schauder im gegenwärtigen kritischen Moment. Von Werner war schon den Tag zuvor ein allerliebstes Gedicht eingegangen. [...]

Einige Blumen – ihr Duft erfüllt mein ganzes Gemach – schließe ich bei, auch ein Lorbeerblatt. Gottlob, bald sind wir wieder beisammen. Tausend, tausend Küsse!

Ewig, ewig Dein Friedrich.

1813 18. 3.: Christian Friedrich Hebbel wird in Wesselburen in Schleswig-Holstein als erstes Kind des Maurers Klaus Friedrich Hebbel und dessen Ehefrau Antje Margarethe, geb. Schubart, geboren.

1817–26 Er besucht zunächst die Klippschule, dann die Elementarschule in Wesselburen.

1827 Nach dem Tod des Vaters vermittelt ihn sein Lehrer Dethlefsen als Gehilfe (später: Schreiber) an den Wesselburener Kirchspielvogt Johann Jakob Mohr.

1835 Im Februar läßt Amalie Schoppe den Autor mehrerer bei ihr veröffentlichter Gedichte nach Hamburg kommen, wo er im Hause des Schiffszimmermeisters Ziese und dessen Stieftochter Elise Lensing wohnt.
23. 3.: Hebbel beginnt sein Tagebuch.

1839 Hebbel wandert nach einem in Heidelberg begonnenen und abgebrochenen Jurastudium und einer Reise nach München von dort wiederum nach Hamburg zu Elise Lensing.
2. 10.: Er beginnt seine Tragödie »Judith«.

1840 28. 1.: Er beendet »Judith«.
5. 11.: Hebbels und Elise Lensings erster Sohn Max wird geboren.

1841 1. 3.: Friedrich Hebbel beendet »Genoveva«.
29. 11.: »Der Diamant« wird beendet.

1842 12. 11.: Hebbel reist nach Kopenhagen.

1843 Im April bekommt er ein zweijähriges Reisestipendium von (seinem) König Christian VIII.
Hebbel geht nach einer Zwischenstation in Hamburg zunächst nach Paris.
2. 10.: Der Sohn Max stirbt.
4. 12.: Friedrich Hebbel beendet »Maria Magdalena«.

1844 14. 5.: Hebbels und Elise Lensings zweiter Sohn Ernst wird geboren.
Hebbel reist nach Rom.

1845 19. 6.: Er reist nach Neapel.
8. 10.: Reise nach Wien.

1846 26. 5.: Hebbel heiratet die Kaiserlich-Königliche Hofschauspielerin Christine Enghaus.
27. 12.: Friedrich und Christine Hebbels Sohn Emil wird geboren.

1847 14. 2.: Der Sohn Emil stirbt.
Der Sohn Ernst stirbt; die Hebbels laden Elise Lensing nach Wien ein.
23. 10.: Friedrich Hebbel beendet »Julia«.
25. 12.: Friedrich und Christine Hebbels Tochter Christine (»Titele«) wird geboren.

1848 Hebbel kandidiert erfolglos für die Frankfurter Nationalversammlung.

1854 14. 11.: Hebbel beendet »Gyges und sein Ring«.
18. 11.: Die 1804 geborene Elise Lensing stirbt in Hamburg.

1863 13. 12.: Friedrich Hebbel stirbt in Baden bei Wien.

WEITERFÜHRENDE LITERATUR

Heinz Stolte: Friedrich Hebbel. Welt und Werk. Vier Essays, Holstein-Verlag, Hamburg 1965.

Sibylle Knauss: Ach Elise oder Lieben ist ein einsames Geschäft. Roman, Hoffmann und Campe Verlag, Hamburg 1981.

Gottfried Keller um 1870

HANS-CHRISTIAN KIRSCH

Gottfried Keller – ein Schuldner seiner Welt
Sein politisches und gesellschaftliches Bewußtsein im Spiegel des Alterswerkes

Für Elinor

»Es wird eine Zeit kommen, wo der schwarze Segen der Sonne unter der Erde aufgezehrt ist, in weniger Jahrhunderten, als es Jahrtausende gebraucht hat, ihn zu häufen. Dann wird man auf die Elektrizität bauen. Aber da die lebenden Wälder jetzt schon langsam aber sicher aufgefressen werden, wo werden die geregelten Wasserkräfte sein, welche die elektrischen Maschinen betreiben sollen? Dahin führt das wahnsinnige ›Mehr, mehr! immer mehr!‹ welches das ›Genug‹ verschlingen wird...«

Gottfried Keller

Ein rätselhaftes Leben

Freilich ist jedes Leben rätselhaft, aber dieses ist es in besonderem Maße.

Im Jahr 1855 kehrt ein Mann aus Berlin in seine Heimatstadt Zürich zurück, dessen bisheriges Leben nicht gerade in den Bahnen eines Erfolgsmenschen verlaufen ist. 1819 geboren in einer Handwerkerfamilie, verliert der Fünfjährige im August 1824 den Vater. Die Mutter heiratet wieder – den ersten Gesellen ihres verstorbenen Ehemannes. 1834 muß die Ehe der Witwe Elisabeth Keller, die außer diesem Sohn, Gottfried, auch noch eine ihm gegenüber drei Jahre jüngere Tochter, Regula, hat, mit dem Drechslergesellen Hans Heinrich Wild schon wieder geschieden werden.

Schwerer vielleicht noch als eine Kindheit ohne Vater und mit einem Stiefvater, mit dem die Mutter unglücklich wird, wiegt der Hinauswurf des 15jährigen aus der zu dieser Zeit noch nicht sehr lange bestehenden kantonalen Industrieschule wegen eines harmlosen Vorfalls, der offenbar als politische Demonstration gewertet wurde, als deren Rädelsführer man Keller ansah.

Wie tiefgreifend Gottfried Keller selbst die damit bewirkte seelische Verletzung empfand, kann man aus der folgenden Bemerkung des reifen Mannes ersehen:

»Wenn über die Rechtmäßigkeit der Todesstrafe ein tiefer und anhaltender Streit obwaltet, so kann man füglich die Frage, ob der Staat ein Recht hat ein Kind oder einen jungen Menschen, die gerade nicht tobsüchtig sind, von dem Erziehungssystem auszuschließen, zugleich mit in den Kauf nehmen. Gemäß jenem Vorgange wird man mir, wenn ich im späteren Leben in eine ähnliche ernstere Verwicklung gerate, bei gleichen Verhältnissen und Richtern, wahrscheinlich den Kopf abschlagen; denn ein Kind von der allgemeinen Erziehung ausschließen, heißt nichts anderes, als seine innere Entwicklung, sein geistiges Leben köpfen.«

Schon zu diesem Zeitpunkt hat der Junge ein besonderes Talent zum Schreiben, aber auch eine Begabung für die Malerei erkennen lassen. Nachdem er sich einen Sommer lang bei Verwandten der Mutter von dem Schock des Schulverweises einigermaßen erholt hat, erhält er Zeichen- und Malunterricht bei einem gewissen Rudolf Meyer in Zürich. Der Mann hält sich für einen Napoleoniden, sieht sich in die europäische Politik verwickelt und verläßt im Frühjahr 1838 – Keller ist 19 – die Stadt, weil er angeblich anderswo nötiger gebraucht wird.

Die Auszahlung einer Hinterlassenschaft seiner Großmutter väterlicherseits erlaubt es Gottfried Keller, an die Kunstakademie nach München zu gehen. Er fühlt sich dort unglücklich. In München malt er Zürcher Landschaften! Als er im Herbst 1842 in die Heimat zurückkehrt, hat er so hohe Schulden, daß er der Mutter vorschlagen muß, ihr Haus mit einer Hypothek von 500 Gulden zu belasten.

Er ist sich inzwischen nach verschiedenen schmerzhaften Erfahrungen darüber klargeworden, daß er wohl nie ein guter oder auch nur ein erfolgreicher Maler werden wird. Nachdem ihm eine Anzahl von Bildern in München beim Trocknen hinterm Ofen verkohlt sind und er seine gesamte Habe hat veräußern müssen, um zu überleben, hat er zuletzt in der Fremde sein Geld mit dem Anstreichen von Fahnenstangen verdient.

In Zürich wirkt der junge Mann von Anfang 20 immer noch seltsam unentschlossen. Träumerische Melancholie wechselt ab mit wilden Ausbrüchen gegen den politischen Konservativismus in der Schweiz, bei denen stark selbstquälerische Züge nicht zu übersehen sind.

Es sind dies die Jahre der heftigen Auseinandersetzungen zwischen Konservativen und Liberalen in der Schweiz, die schließlich sogar zu den Zügen der Freischaren (an denen sich Keller aktiv beteiligt) und zum Bürgerkrieg (Sonderbundkrieg) führen. Die Positionen und Programme der verschiedenen Gruppierungen müssen hier etwas näher erklärt werden, zumal sie auch in Kellers Werken immer wieder auftauchen.

Die Konservativen treten dafür ein, daß sich die Kantone im Rahmen eines Bundesvertrags selbst regieren sollen. Sie sind gegen eine Vermischung der Konfessionen und sehen in der Religion das Fundament des Bildungssystems. Eine Vorherrschaft der städtischen Aristokratie über andere Bevölkerungsgruppen scheint ihnen gottgewollt. Wo sie regieren, kommt es zum Abbau der Freiheitsrechte, werden willkürliche Bestimmungen erlassen, die die ländliche Bevölkerung benachteiligen.

Demgegenüber verlangen die Liberalen einen einheitlichen starken Staat, Räte, die vom Volk aufgrund der Bevölkerungszahl gewählt werden. Sie treten für die Vermischung von Katholiken und Protestanten in der Schule ein und fordern eine Rückdrängung des kirchlichen Einflusses im Erziehungswesen, eine Entwicklung der Wirtschaft und Industrie in voller Freizügigkeit und gemäß den Ideen des Liberalismus. Diese Grundsätze teilen die Liberalen mit den Radikalen, aber Letztere wollen sie kompromißlos und rasch in die Tat umsetzen.

Der Widerstand gegen die Restauration in der Schweiz organisiert sich vor allem in Schützen-, Turn-, Gesangs-, Wohltätigkeits- und Studentenvereinen. Insofern spielt auch das Dichten von Liedtexten eine wichtige und einem jungen Literaten Ansehen verschaffende Rolle.

1833 war in der Eidgenossenschaft eine moderne Verfassung zunächst abgelehnt worden. Das bedeutete den Triumph der Konservativen, die sich nun zu formieren begannen. Der Graben zwischen den beiden Lagern wurde immer tiefer. Mit den sogenannten »Freischarzügen« der Liberalen gegen die katholischen Kantone und gegen die dort errichtete Jesuitenherrschaft bereitete sich ein als »Sonderbundkrieg« bezeichneter Bürgerkrieg vor. Bestimmte Kantone hatten sich zur Wahrung ihrer Rechte zu einem Sonderbund zusammengeschlossen. Sie sollen dazu gezwungen werden, ihre separatistischen Bestrebungen aufzugeben. Dank des umsichtigen Vorgehens des aus Genf stammenden Generals Guillaume Henri Dufour, der die Strafexpedition gegen die Sonderbündler leitete, dauerten die Kämpfe nur kurz, und es gab relativ wenige Kriegsopfer. Die Führer des Sonderbundes flohen ins Ausland, und zwar in jene Länder, von denen sie vor dem Krieg Unterstützung erbeten hatten.

In der Versammlung, die einen Verfassungsentwurf ausarbeitete, der »Tagsatzung«, gab es eine radikal-liberale Mehrheit, die schließlich ein fortschrittliches Grundgesetz durchsetzte.

Im Oktober 1848 finden die ersten Nationalsratswahlen statt, die mit einem Sieg des Leberalismus enden. Im November 1848 nimmt die Bundesversammlung ihre Arbeit auf. Damit ist für die

Schweiz der Übergang vom Staatenbund zum Bundesstaat vollzogen.

Keller hat Ende der 30er Jahre in seinen Versen und Liedtexten heftig gegen alles, was konservativ war, Front gemacht. Er hat sich auch mit der Waffe in der Hand an Freischarzügen gegen Luzern beteiligt, wo es über die Frage der Zulassung der Jesuiten zu einer Auseinandersetzung zwischen der konservativen Regierung und der radikalen Opposition gekommen ist. Er schreibt, malt, dichtet, ohne daß dabei viel mehr als Dilettantisches herauskommen würde. Er wird berüchtigt dafür, daß er sich in Gasthäusern herumtreibt und in angetrunkenem Zustand Schlägereien beginnt. Liebesversuche enden immer unglücklich. Er entwickelt sich immer mehr zu dem, was man eine »gescheiterte Existenz« zu nennen pflegt. Eine Anstellung als Volontär auf der Staatskanzlei seit dem Sommer 1847 ist nur ein Provisorium. Endlich im Herbst 1848 bewilligt ihm der Erziehungsrat der Stadt Zürich ein Stipendium von 800 Franken. Er reist nach Heidelberg, studiert, sieht sich um. Er setzt sich mit dem Feuerbachschen Atheismus auseinander, schreibt Gedichte, die nun schon Eigenständigkeit verraten, und skizziert seinen großen Entwicklungsroman, den »Grünen Heinrich«. Die ersten Ideen zu einem solchen Buch gehen auf das Jahr 1843 zurück. Es wird 1855 werden, ehe die erste Version des gesamten Textes vorliegt. 1879/80 wird er das vierbändige Werk noch einmal vornehmen, es durchgehend in der Ich-Form schreiben, vieles streichen und ihm einen versöhnlicheren Schluß geben. Für seine immer noch starke Unsicherheit ist kennzeichnend, daß er eine der schönsten Szenen der ersten Version, das Badeabenteuer mit Judith, streicht, und das letztlich nur, weil ihm der Wiener Literarhistoriker Emil Kuh aus Prüderie einen unsinnigen Rat gegeben hat:

»Ohne Schädigung des Organismus Ihrer Dichtung können Sie, nach meiner Empfindung, die Szene streichen, wie Judith vor Heinrich Lee sich entkleidet. Diese Szene hat neben dem Lüsternen, das sie erregt, einen phantastischen Charakter, im Stile Achim von Arnims; dergleichen aber hat ein Gottfried Keller nicht nötig«.

Kellers Antwort darauf:

»Die Nuditäten etc. müssen selbstverständlich wegfallen; sie stammen aus der Zeit, da dergleichen in der Luft lag, sind völlig unnötig und hindern ein Werk, seinen Weg zu machen, abgesehen davon, daß es die roheste und trivialste Kunst von der Welt ist, in einem Poem den weiblichen Figuren das Hemd überm Kopf wegzuziehen.«

(Es ist der schweizerische Keller-Interpret Hans Schumacher, der

Gottfried Keller 1840 (Bleistiftzeichnung von Johann Salomon Hegi)

demgegenüber darauf hingewiesen hat, daß durch die Streichung entgegen der Auffassung Emil Kuhs eine deutlich wahrnehmbare Lücke entstanden ist, weil die Badeszene in dialektischer Beziehung zu einer entsprechenden Szene steht, worin Anna auf ihre Weise vor dem Grünen Heinrich erscheint.)

Aber zurück zu dem nicht mehr so jungen Mann, der diese Szene gerade erst plant oder niederschreibt. In völliger Verkennung seiner tatsächlichen Begabung möchte er zu diesem Zeitpunkt seines Lebens Dramatiker werden. Noch einmal erhält er von der Zürcher Regierung im Oktober 1849 ein Stipendium von 1000 Franken und siedelt im April 1850 nach Berlin über, wo er hofft, »den Besuch des Theaters mit den nötigen historischen Studien« verbinden zu können.

Er versucht den Agnes-Bernauer-Stoff zu dramatisieren, aber Hebbel kommt ihm zuvor. Er entwirft einen Dramenplan, »Therese«, der ihn bis an sein Lebensende beschäftigen wird.

Als eigentliche Frucht der Jahre in Berlin bleiben »Der Grüne

Heinrich« und die Novellen des ersten Bandes »Die Leute von Seldwyla«.

Mit Recht schreibt Adolf Muschg in seiner Gottfried-Keller-Biographie, kein literarischer Ort sei vom zitierenden Volksmunde gründlicher mißdeutet worden als Seldwyla: »als wäre er mit Schilda zu verwechseln, ein Pfahlbürgerstädtchen, das sich in seiner Borniertheit selbst die lustigsten Streiche spielt«.

Demgegenüber betont Muschg, ausgehend von den Handlungsabläufen der Novellen:

»Seine (Seldwylas) Bürger bewohnen eine ländliche Kleinstadt in der Mitte des 19. Jahrhunderts. Ihr Problem, mit dem sie nicht fertig werden, ist das Übergreifen kapitalistischer Weltwirtschaft und ihrer Verwertungsformen auf den Marktflecken, der bisher vom ländlichen Tausch gelebt hatte. Sie müssen ihr Land und sich selbst zu Kapital machen, wenn sie überleben wollen: das gelingt ihnen nur ausnahmsweise. Das typische Wirtschaftsschicksal des Seldwylers ist der Abstieg vom Ackerbauer zum Landproletarier. Dazu gehört die Zwischenstufe des Wirteberufs, wo die ›Wirtschaft‹ gleichsam unverstellt zum Zuge kommt und, da unverstanden, bald zum Bankrott zwingt. Es ist diese Form der ›Liquidierung‹ – sie hat auch mit Alkohol zu tun –, die gewöhnlich am Ende der seldwylerischen Existenz steht. (...) Keller kannte diese von Überschuldung und Deklassierung bedrohten Bauern und Kleinbürger aus den Nachbarstädtchen seiner Landheimat, Eglisau, Bülach, Regensberg, aber auch aus dem Hintersassenmilieu Zürichs. Es war seine eigene soziale Herkunft, die er hier im Lichte der Selbstironie und des Heimwehs zeichnete...«

Es ist festzuhalten, daß schon den »Leuten von Seldwyla« ein gehöriges Maß an kritischer Beschreibung eines bestimmten, bedrohlichen gesellschaftlichen Zustandes innewohnt, verdeckt noch von einer gewissen Schnurrigkeit, hinter der man, wenn man genau hinsieht, dann doch Ernsteres entdeckt.

Während seiner Aufenthalte in Heidelberg und Berlin hat sich der kurzbeinige Mann mit den großen und beängstigend intensiven Augen mehrmals unglücklich verliebt, zuletzt in Betty Tendering, die elegante und sportliche Schwägerin seines Verlegers Duncker.

(Erwähnenswert – und mehr als ein Zufall – scheint auch, daß fast alle Frauen, um die Keller geworben hat, später durch Selbstmord oder in geistiger Umnachtung geendet sind.)

Er selbst, von Mutter und Schwester aus Zürich her ewig beargwöhnt, ob er es nun endlich zu etwas bringen werde, denn, um ihn unterstützen zu können, hat die Mutter schließlich das väterliche

Betty Tendering (Zeichnung von Ludwig Pietsch, 1853)

Haus verkaufen müssen, und die Summe materieller Schulden transferiert sich in eine noch größere der psychischen; er selbst also, schuldgeplagt, sucht, wenn dazu auch noch Enttäuschungen und Fehlschläge im Liebesleben oder in seiner Karriere als Künstler hinzukommen, Trost durch Alkohol und im Randalieren. Diese unheimlich-pathologischen Züge seines Charakters sind in Selbstdarstellungen durch Sarkasmus und einen schwarzen Humor kaum verschleiert:

»Ich hatte nämlich nicht nur den Schlivian geprügelt, sondern in der folgenden Nacht wieder einen, wegen dessen ich verklagt und von der Polizei um fünf Taler gebüßt wurde. In der dritten Nacht zog ich wieder aus, fand aber endlich meinen Meister in einem Hausknecht, der mich mit dem Hausschlüssel bediente, worauf ich endlich in mich ging. Es war eine Donnerstag-, Freitag- und Sonnabendnacht, wo ich so mit gebrochenem Herzen mich umtrieb und anderen Leuten mir zu Erleichterung an den Köpfen kratzte.«

Als er Berlin im Dezember 1855 verläßt, ist er Mitte 30. Er klagt, es habe ihm an einer festen Heimat und an Ruhe gefehlt, das Leben in den Wirtshäusern sei ihm zum Sterben verleidet. Was hat er vorzuweisen vor Mutter und Schwester, die sich für ihn krummlegen mußten und an denen zudem auch noch der Zweifel nagt, ob man ihm denn tatsächlich helfe, wenn man ihn immer wieder finanziell unterstütze?

Haben sich die aus Steuergeldern seiner Mitbürger fließenden Stipendien tatsächlich ausgezahlt? Nun ja, da ist ein Roman, da sind ein paar Gedichte.

Aber als Autor ist er höchstens in einem kleinen Kreis Interessierter und Versierter bekannt. Bedenklich scheint die Tatsache, daß es ihm immer noch nicht gelungen ist, sich eine gesicherte Existenzgrundlage zu schaffen. Und er bringt Schulden mit, die die Mutter wieder einmal bezahlen darf. Wenn wir ihn einen »Schuldner« genannt haben, so trifft das in einem sehr umfassenden Sinn zu. Und es scheint wenig Aussicht, daß sich das ändern wird.

Man lese in der ersten Version des »Grünen Heinrich« die Passagen über die Heimkehr Lees. Die Vorstellung von der Mutter, »wie wenn er einer strengen Richterin entgegenginge, die ihn um ihn und sein Leben zur Verantwortung zöge«. Oder an einer anderen Stelle die Bemerkung, es sei ihm, »als wenn er vor eine Königin hätte treten müssen«.

Diese erste Version des »elegisch-lyrischen Buches ... mit heiteren Episoden« hat einen »zypressendunklen« Schluß. Er verrät viel über Ausmaß und Last der Schuldgefühle.

Als der Held des Romans nach siebenjähriger Abwesenheit in seine Vaterstadt zurückkommt, begegnet er einem Trauerzug. Um »eine gesellschaftliche Pflicht« zu erfüllen, folgt er ihm in die Kirche und stellt dort fest, daß er an der Beerdigung seiner Mutter teilnimmt.

In der zweiten Version trifft Heinrich die Mutter zwar noch lebend an und erlebt ihr Sterben mit, liest dann aber jenes von der Mutter hinterlassene Blatt, auf dem es heißt:

»... Hätte ich nicht suchen sollen, daß unter Mitwirkung Erfahrener einiger Zwang angewendet und der Sohn einem sichern Erwerbsberufe zugewandt wurde, statt ihn, der die Welt nicht kannte, unberechtigten Liebhabereien zu überlassen, die nur geldfressend und ziellos sind ...«

Hier wie dort schwebt über der Erzählung der Heimkehr eine Wolke von Schuld.

»Mich wundert, daß ich so fröhlich bin.«

Aus den guten Vorsätzen, wie sie Gottfried Keller bei seiner Rückkehr aus Berlin nach Zürich gefaßt hat, ist zunächst nicht viel geworden. Statt dessen folgen nun noch einmal sechs verbummelte Jahre. Von »Trübsinn«, »Arbeitsunlust«, »psychischer Lähmung« lesen wir in den Briefen. Noch immer spielen die Vereine und ihre Feste im politischen Leben der Eidgenossenschaft eine besondere Rolle. Und es scheint, als wolle dieser Mann sein literarisches Talent in kleiner und kleinster Münze vertun. Er dichtet Festlieder. Er träumt davon, daß auf großen Heimatfesten »Fragen und Antworten einer Musik gewordenen Ethik« erörtert werden könnten. Wie hat man sich das vorzustellen: Folklore, Männerchor, Scheibenschießen und politisches Weihespiel? Die neue Geburt der Tragödie aus dem Geist der Volksmusik? Aus der Rückschau des Heute wirkt derlei nicht nur unrealistisch, sondern lächerlich. Gewiß hat die Schweiz um die Jahrhundertmitte in manchen Teilen noch gewisse archaische Züge und eine große Tradition. Andererseits ist die Schwelle des Industriezeitalters unwiderruflich überschritten. Aber vielleicht erklärt ja gerade das solche Sehnsüchte. Und schließlich ist es die Zeit, in der auch andere solche Gedanken hegen: Wagner, mit dem Keller gut bekannt war, die Präraffaeliten in England, von denen Keller nichts gewußt haben dürfte ...

In diesen langen Jahren wird lediglich der zweite Teil der Novellensammlung »Die Leute von Seldwyla« fertig. Warum es nicht recht vorangehen will, erklärt Keller gegenüber Lina Dunckert, der Frau seines Verlegers, so:

»Ich bin... ein paar Monate lang ganz aus allem Arbeiten herausgekommen, denn ich habe Leitartikel geschrieben, in die Scheibe geschossen, in den Kaffeehäusern gekanngießert und lauter solches Teufelszeug getrieben.«

Verdammt, denkt man, wann wird sich dieser Bursche nun endlich einmal aufraffen. Statt dessen erfährt man zunächst weiterhin von politischen Aktionen, die es gewiß verdienen, »kannegießerisch« genannt zu werden. So, wenn Keller bei einem Konflikt zwischen der Eidgenossenschaft und Preußen um Neuenburg einen scharfmacherischen Aufruf an die Bundesversammlung richtet.

Auch sonst ist bei ihm eine starke Aggressivität überall spürbar. In der Außenpolitik kommt es zu einem Konflikt zwischen der Schweiz und Frankreich um Nordsavoyen. Keller steht in Opposition gegen den zwar liberalen, aber plutokratischen, doch zu Mäßigung und Frieden ratenden Alfred Escher.

Die Möglichkeit einer Lehrtätigkeit an der Universität Zürich, die besorgte Freunde ihm zuschanzen wollen, faßt Keller gar nicht ernsthaft ins Auge: zuviel Arbeit, zuviel Unbequemlichkeit. Statt dessen betätigt er sich als politischer Journalist: Kläffend, polemisch. Endlich bemüht er sich um die Stelle eines »festen-freien« Mitarbeiters bei Cottas »Morgenblatt«. Wie so mancher Autor nach ihm, möchte er Spielraum zum Schreiben und finanzielle Absicherung.

»Ich würde mich verpflichten«, schreibt er an die Redaktion, »jährlich eine Anzahl Bogen verschiedener Art und Weise für Ihre periodischen Werke zu schreiben, wogegen die löbliche Cottasche Buchhandlung ein mit diesen Bogen im Verhältnis stehendes Fixum quartaliter (vierteljährlich) auszahlen würde. (Natürlich nur bei laufender Pflichterfüllung meinerseits.) Und der Umfang des ganzen Geschäfts müßte so beschaffen sein, daß ich dabei einstweilen sorglos existieren könnte. Ich würde die poetische Arbeit dabei als Erholung vom Hauptgeschäft betrachten und dabei vielleicht weiterkommen als bisher...«

Wenn selbst bei seinen politischen Aktivitäten das Nörglerisch-Querköpfig-Querulantenhafte in seinem Wesen häufig durchbricht, so ist sein politisches Engagement eben doch nicht nur »Kannegießerei«. Es ist eine erstaunliche Selbständigkeit in seinem politischen Urteil. Erstaunlich, weil er ja sonst eher leicht zu beeindrucken und zu beeinflussen ist. Bernd Breitenbruch schreibt:

»Kellers Liberalismus ist... nicht gleichzusetzen mit Parteizugehörigkeit, sondern mehr eine Angelegenheit politischer Moral, die er von einer um sich greifenden ›geistigen Verharzung‹ (ein typisch schweizerisches und sehr anschauliches Wort!) bedroht sieht. Er richtet sich gegen diejenigen... die der Ansicht sind, das Zürcher Wahlgeschäft habe füglich nur innerhalb der stehenden Kader der Beamtenwelt und der Bezirksintriganten auf organisatorischem Weg stattzufinden. Im Grund stand er über den Parteien...eine Partei wird ad hoc gebildet und darf nicht zur Ideologie werden...«

Daß solche Gedanken bei ihm nicht nur vollmundige Leitartikel zieren, sondern daß er vielmehr als integre und durchaus auch kompetent arbeitende Person für sie bürgt, vermag vielleicht zu erklären, daß er am 14. September 1861 zum ersten Staatsschreiber der Regierung des Kantons Zürich gewählt wird – jener Regierung, muß erklärend hinzugefügt werden, mit der er eben noch als Journalist und politischer Gegner nicht gerade glimpflich umgegangen war. Das Amt – die Bezeichnung Kanzlei würde die damit verbundenen Funktionen besser kennzeichnen – war »die anspruchvollste und bestdotierte vollamtliche Verwaltungsstelle (die Exekutive war ehrenamtlich tätig) in einem eidgenössischen Kanton«. Sie war das Sprungbrett zum Regierungsrat (Minister). Gefordert wurde von einem »Staatsschreiber« nicht nur die Koordination und Protokollierung der Regierungstätigkeit, durch die Zwischenstellung zwischen Exekutive und Legislative war mit ihm beträchtlicher Einfluß verbunden. Man könnte als Vergleich in unserer Zeit das Amt eines Regierungssprechers in der Bundesrepublik nennen. Wie jeder Vergleich, so hinkt auch dieser. Denn dem Staatsschreiber oblag auch der Verkehr mit dem Bund und den übrigen Kantonen, die Ausfertigung von Pässen und Heimatscheinen. Er war Mitglied zahlreicher Kommissionen, Aktuar des Komitees der Eisenbahn Zürich–Zug–Luzern, der Linie Bülach–Regensberg, Sekretär des Hilfskomitees für die Polen. Von einer Sinekure, einer Versorgung könne da keine Rede sein, urteilt Kurt Guggenheim. »Das Amt erforderte den ganzen Mann.« Allein in einem Amtsjahr (1874) hat Keller 438 Auslandspässe, 508 Wanderbücher, 216 Reiseausweise und 846 Zeugnisse ausgefertigt. 200000mal hat Keller seinen Namen als Stadtschreiber unter Dokumente gesetzt. In 200 Bänden sind die Manuskripte gesammelt, die der Staatsschreiber Keller schrieb.

»Die Republik entgalt diese Dienstleistung mit freier Wohnung, Licht, Holz, fünfundvierzig Prozent der Sporteln, dem festen Jahresgehalt von 1750 Franken, was alles zusammen etwa einem jährlichen Einkommen von 6000 Franken entsprach. Weder Ferien noch eine Pension waren vorgesehen.« –

Er ist jetzt 42 Jahre alt.

Am Abend vor seinem Amtsantritt hat er sich wieder einmal im Wirtshaus geprügelt und ist auf die Straße gesetzt worden.

Am Morgen seines ersten Amtstages verschläft er und muß von dem Mann, dem er diese Anstellung hauptsächlich zu verdanken hat, dem Regierungsrat (Minister) Franz Hagenbuch, aus den Federn geholt werden. Es ist das erste und letzte Mal, daß er zu spät zum Dienst kommt. Seine Amtsführung muß vorbildlich und souverän gewesen sein. Anders ist das, was sich 1869 abspielt, nicht zu erklären.

In diesem Jahr stürzt die liberale Regierung, die ihn seinerzeit eingestellt hatte.

Unter das Protokoll der Schlußsitzung schreibt der Staatsschreiber Gottfried Keller den scheppernden und doch ergreifenden Vers:

»Her kommt der Tod, die Zeit geht hin.
Mich wundert, daß ich so fröhlich bin.«

Kellers Schreibunterlage

Er läßt sich dahingehend interpretieren, daß Keller, nach einer Zeit gesicherten Daseins, mit 50 Jahren wahrscheinlich wieder einmal in völlige Unsicherheit gestoßen zu werden fürchtet.

Was dann geschieht, liest sich in Kurt Guggenheims stilistisch vielleicht etwas sprödem, aber an anschaulichen Fakten reichen Buch »Das Ende von Seldwyla« so:

»Am Nachmittag desselben Tages konstituierte sich die direkt vom Volk gewählte neue Regierung, und Gottfried Keller, der Staatsschreiber, erwartete nicht ohne Galgenhumor... seinen Abschied.

Aber – Sieg der Persönlichkeit – die neue, demokratische Regierung, in der sich welche befanden, die ihm just den Verrat an ihren Idealen vorgeworfen hatten, bestätigte den Ersten Staatsschreiber in seinem Amt...«

Dies wäre wohl kaum geschehen, wenn ein besserer Mann zur Wahl gestanden hätte. Die Entscheidung ist also nicht ganz so altruistisch, wie man vielleicht annehmen könnte.

Eine merkwürdige Veränderung geht mit Keller in diesen Amtsjahren, die schriftstellerisch eher unproduktiv sind, vor sich.

Es ist, als würden mit der Übernahme des Amtes und dessen gewissenhafter Ausfüllung nicht nur die immer noch anstehenden Schulden getilgt... das auch. Es ist, als befreie sich Keller von einer inneren Schuld: gegenüber der Mutter, gegenüber dem Gemeinwesen, dem er angehört.

Ablesen lassen sich die Auswirkungen dieser »Schuldaufhebung« an dem Unterschied zwischen den Schlußpassagen der ersten Version des »Grünen Heinrich« (1851–55) – Heinrich folgt, erdrückt von seiner Schuld gegenüber seiner Mutter, ihr bald in den Tod nach – und der zweiten Version (in den 70er Jahren): Heinrich trifft die Mutter bei seiner Heimkehr zwar auf dem Totenlager, aber noch lebendig an. Er trifft später die aus Amerika zurückgekehrte Judith wieder und lebt glücklich und *frei* (ohne daß sie einander heiraten) mit ihr zusammen.

Der Juli des Jahres 1869 bringt den mit festlichem Pomp begangenen 50. Geburtstag Kellers mit der Verleihung der Ehrendoktorwürde der philosophischen Fakultät der Universität Zürich. »Gefeiert«, schreibt Breitenbruch, »wurde nicht so sehr der Dichter des ›Grünen Heinrich‹ als der Patriot und Liedersänger. Es war kein Ereignis der deutschsprachigen literarischen Welt, sondern ein schweizerisches. Das konnte gar nicht anders sein. Seit 13 Jahren hatte Keller keine umfangreiche Arbeit mehr veröffentlicht.«

Bis 1876, Keller geht jetzt auf die 60 zu, hat sich das einschneidend geändert. Der Durchbruch im Publikumsinteresse kommt 1856 mit der Gesamtausgabe der Novellensammlung »Die Leute von Seldwyla«, von der nun vier Bände vorliegen, die schon nach zwei Jahren eine Neuauflage erleben. Vorangegangen ist der relative Erfolg der »Sieben Legenden«. Schon 1875 hat Keller seine Staatsschreiber-Stelle aufgegeben und sich dabei vorgenommen, »die Regelmäßigkeit der Amtsgewöhnung« beizubehalten. Er hofft, daß die im Amt erzwungenermaßen geübte Disziplin nun auch seine Existenz als freier Schriftsteller werde sichern helfen: »Erzogen bin ich endlich auch, wie ich glaube, so daß ich wieder in die Freiheit hinaustreten darf.«

1864 ist die Mutter gestorben. 1866 hat Luise Scheidegger, mit der sich Keller verlobt hatte, beeindruckt von den Gerüchten über das unsolide Leben ihres Bräutigams in der Vergangenheit, Selbstmord begangen. Zusammen mit Keller lebt seine Schwester Regula, die ihm den Haushalt führt, eine alte Jungfer, die mit zunehmendem Alter im Umgang auch immer schrulliger und schwieriger wird. Anstoß dazu, es wieder als freier Schriftsteller zu versuchen, ist nicht zuletzt der Vorschlag des Herausgebers der damals sehr angesehenen »Deutschen Revue« (später: »Deutsche Rundschau«), Julius Rodenberg, gelegentlich für diese Zeitschrift Novellen zu schreiben.

Keller plant daraufhin einen ganzen Novellen-Zyklus (»Tatsächlich – und Persönlichkeiten aus dem 13., 14. und 18. Jahrhundert mit einer Rahmennovelle aus dem 19.«), alles Stoffe aus der Geschichte von Zürich. Sie sollen einerseits so etwas wie einen Abriß der Kultur- und Sittengeschichte Zürichs geben, andererseits aber auch der modischen Vorliebe für historische Novellen entsprechen. Zusammen mit den in »Die Leute von Seldwyla« behandelten Stoffen werden sie ein weitgespanntes Geschichtspanorama bilden. Einer der dann »Züricher Novellen« genannten Texte, »Das Fähnlein der sieben Aufrechten«, ist schon früher als Beitrag für Auerbachs Volkskalender entstanden (1860). In dieser Geschichte unternimmt Keller den mehr oder minder geglückten Versuch, »das Didaktische im Poetischen aufzulösen wie Zucker oder Salz in Wasser«; in ihr gibt er sein politisches und moralisches Kredo. Gewiß kommt er dabei »hyperpatriotischer und überschweizerischer philiströser Ruhmrederei und Duselei«, die er nach eigenen Angaben vermeiden möchte, gelegentlich doch bedenklich nahe. Andererseits ist dieser Text der positive Gegenpol zu der nachhaltigen und scharfen Kritik an der Schweiz bzw. der Gesellschaft von »Münsterburg« (= Zürich), wie sie sich in dem zwischen 1881 und 1886 entstandenen Roman »Martin Salander« äußert.

Während in dem einen Text so deutlich wie vielleicht nirgends sonst das Idealbild einer Gesellschaft dargestellt wird, wie sie sich Keller gewünscht und erträumt haben mag, hat er in den anderen seine Ängste über die Gefährdungen der Schweiz im Zeitalter des expandierenden Kapitalismus hineingeschrieben. Insofern sind es gerade diese beiden Texte Kellers, die man einem Leser empfehlen sollte, der bezogen auf das Heute eine erste Bekanntschaft mit Keller sucht.

»Das Fähnlein der sieben Aufrechten« und »Martin Salander«

»Partei ist ein Mittel, wie alles im Staate,
Zuletzt gilt der Mann, was er ist im Rate;
Und ist die Parteischrift dein einzig Brevier,
So bist du dem Ganzen ein schädliches Tier.«

Gottfried Keller, *Epigramm 1854*

Literaturwissenschaftler haben das Handlungsmuster der Züricher Novelle »Das Fähnlein der sieben Aufrechten« »etwas einfältig« genannt. Die Fabel sei zu glatt, »um mit dem Politisieren der sieben Aufrechten in ein dialektisches Verhältnis treten« zu können. Daß eine Mutter durch eine unschuldige Kuppelei die Liebschaft ihres Sohnes begünstige, der solcher Unterstützung gar nicht bedürfe, sei denn doch eine sehr schwache, wenig überzeugende Konstruktion und vermöge die Last der politischen Grundsatzerklärungen kaum zu tragen. Gegen diese Kritik ist nichts einzuwenden. Was macht dennoch den Reiz aus, den diese Geschichte, wie ich meine, selbst noch auf Leser 100 Jahre nach ihrem Erscheinen auszuüben vermag?

Zunächst einmal erhalten wir in ihr ein sehr anschauliches Bild der Ansichten des bürgerlichen Mittelstandes in Zürich um die Mitte des Jahrhunderts, seiner Wünsche, Erwartungen, Illusionen und Werte.

Mit Vorwissen, d. h. unter Kenntnis jenes mit dem Stichwort »Selbstbiographie« versehenen Manuskriptes aus dem Jahre 1889, bietet sich hier das Bild einer Gesellschaft, wie sie Keller für gut und richtig angesehen hat.

Betrachten wir sie uns deshalb einmal etwas genauer: Sieben Männer aus dem bürgerlichen Mittelstand, wohlhabend, der eine mehr, der andere weniger, aber keiner ganz arm, meist Handwerker, bilden eine kleine, von ihnen durchaus auch politisch verstandene Vereinigung, eben das Fähnlein der sieben Aufrechten. Als sich herausstellt, daß sich Karl, der Sohn des Schneidermeisters Hediger, in Hermine, die Tochter des reichen Bauschreiners und Zimmermanns Frymann verliebt hat und sich das junge Paar mit Nachen heimlich auf dem See trifft, beteuern die Väter an ihrem Stammtisch, man werde sich einer Verschwägerung unbedingt widersetzen. Wörtlich heißt es, man wolle keinen »durcheinanderwerfenden Kommunismus«, wobei die Herren nur ungenau wissen, was damals in gewissen Kreisen radikaler Handwerksburschen unter Kommunismus verstanden wurde. Vielmehr meinen sie eigentlich, daß durch die unterschiedlichen Vermögensverhältnisse der beiden Familien sich Spannungen ergeben könnten. Mobilität, Veränderung und die damit verbundenen Konflikte sind dem ärmeren Schneider ebenso suspekt wie dem reicheren Frymann.

Unterdessen wird die Neigung der Jungen zueinander von Karls Mutter begünstigt.

Es nähert sich eines jener (Keller in einer bestimmten Periode seines Lebens so sehr beschäftigenden) politischen Feste, das eidgenössische Freischießen in Aarau. Wir befinden uns in der Zeit nach Annahme der Bundesverfassung von 1848.

Die sieben Aufrechten wollen an dem Fest mit einer neuen Fahne teilnehmen. Es entspinnt sich aber ein heftiger Streit darum, was man als Ehrengabe im Wert von 200 Franken stiften solle. Alle Beteiligten versuchen mit beträchtlicher Schläue und Redegewandtheit, solche Produkte ihres Gewerbes abzustoßen, die sich als schwer verkäuflich erwiesen haben: einen eisernen Pflug, ein zweischläfiges Himmelbett, eine Milchkuh, die nur den kleinen Fehler hat, immer dann auszuschlagen, wenn sie gemolken wird.

Noch lebhaftere Konflikte entstehen in der Runde, als ein Mann bestimmt werden soll, der die bei der Fahnenweihe auf dem Schützenfest übliche Rede zu halten in der Lage ist. Nach längeren Diskussionen und mehreren Wahlgängen, deren groteske Darstellung Keller zu Seitenhieben auf gewisse negative Aspekte der Basisdemokratie nutzt, wird die Rede schließlich Frymann aufgeladen. Er entwirft einen Text, in dem aber vor allem Mißstände angeprangert werden, die inzwischen längst beseitigt sind. Sehr schön jene Szene, in der Frymann den Entwurf seiner Tochter vorliest, diese ihn vorsichtig kritisiert, worauf der Vater einen Wutanfall bekommt und sein Konzept zerreißt. Die Tochter rät ihm deshalb, am Festtag einfach frei zu sprechen.

Der Festtag kommt. Nicht nur die sieben Aufrechten finden sich in Aarau ein, auch Karl und Hermine sind zur Stelle. Im entscheidenden Augenblick überfällt Frymann Verlegenheit und Aufregung. Er kann nicht reden. Karl springt für ihn ein. Seine durchaus nicht unkritische Rede, in die Keller sein eigenes politisches Kredo hineingeschrieben hat, wird begeistert aufgenommen und als Beweis dafür gewertet, daß Feste wie dieses als »Sittenschule für die Jungen und ein Verjüngungsbad für die Alten« nützlich sind:

»Wie kurzweilig ist es, daß es nicht einen eintönigen Schlag Schweizer, sondern daß es Zürcher und Berner, Unterwaldner und Neuenburger, Graubündner und Basler gibt, und sogar zweierlei Basler! Daß es eine Appenzeller Geschichte gibt und eine Genfer Geschichte! Diese Mannigfaltigkeit in der Einheit, welche Gott uns erhalten möge, ist die rechte Schule der Freundschaft, und erst da, wo die politische Zusammengehörigkeit zur persönlichen Freundschaft eines ganzen Volkes wird, da ist das Höchste gewonnen! Denn was der Bürgersinn nicht ausrichten sollte, das wird die Freundesliebe vermögen und beide werden zu *einer* Tugend werden.«

Etwas von jenem Festideal Kellers, in dem sich Brauchtum, politische Willensbildung und Sangeskunst (hier Redekunst) zu einem dritten verbinden, scheint hier Wirklichkeit geworden, und zwar vor allem durch Karls Offenheit, durch ein Bewußtsein, in dem sich Elemente des Alten und Neuen, des Konservativ-Bewahrenden und des Kritisch-Liberalen die Waage halten.

Wenn nun der Leser des Textes vielleicht gedacht haben mag, diese Rede allein könne hinreichen, um Karl seine Hermine erringen zu lassen, so sieht er sich enttäuscht.

Als Beispiel für die Kunstform der Novelle mag »Das Fähnlein der sieben Aufrechten« vielleicht nicht gelten können, in der psychologischen Linienführung aber beweist Keller beträchtlichen Kunstverstand. Man darf sich nicht täuschen lassen: so einfach, so simpel, so naiv, wie sie auf den ersten Blick vielleicht erscheint, ist nämlich diese Geschichte ganz und gar nicht.

Schon die Begegnung des Liebespaares in den beiden Booten auf dem Zürich-See besticht dadurch, daß das äußere Bild sehr überzeugend eine heikle psychologische Situation mit auszudrücken weiß. Dem steht an Sicherheit und Überzeugungskraft im Psychologischen der Einfall für die folgende Szene aus dem Fest um nichts nach.

Zunächst einmal scheint der Autor dem Leser, der sich schon auf ein Happy-End gefreut hat, die Zunge herauszustrecken.

Zwar sieht sich Frymann sofort zu einem Lob Karls veranlaßt.

Dies wird aber sogleich dadurch wieder relativiert, daß auch die Mahnung beigefügt wird, Karl möge jetzt nur nicht gleich übermütig werden. Und schon Minuten nach der Rede erklärt Frymann: »Ein gutes Mundwerk wird nicht gleich mit einem Weib bezahlt. Wenigstens in meinem Haus gehört noch eine gute Hand dazu.«

Diese Bemerkung, so selbstverständlich, wie sie da steht, könnte leicht mißverstanden werden. Wenn nämlich das Reden eine intellektuelle Fähigkeit ist, so wird das Schießen hier als eine handwerkliche Fähigkeit aufgefaßt, und zwar als eine, die mit der Politik eng zusammenhängt. (Die Eröffnungsszene des Textes mit der Diskussion zwischen Vater und Sohn um das Ausleihen des Gewehrs und dem Verlangen des Vaters, der Sohn müsse beweisen, daß er die Waffe auch selbst zusammensetzen könne, samt der erstaunlichen Fähigkeit der Mutter signalisiert diesen Bedeutungszusammenhang von Anfang an.)

Zum rechten Mann, zum idealen Staatsbürger, so hat man Daniel Frymanns Bemerkung zu übersetzen, gehöre die Fähigkeit zu Kopf- *und* Handarbeit.

Diesem alten Ideal, das in der Zeit, zu der die Novelle spielt, und erst recht zu jener Zeit, in der sie geschrieben wurde, zu einem romantischen Traum geworden ist, dem die alte Generation noch nachhängt, der aber nicht mehr der gesellschaftlichen Wirklichkeit entspricht, hängt der Autor selbst nicht mehr an. Er weiß, daß durch das Aufkommen der Maschinenarbeit und den Übergang vom Handwerkstum zur Fabrikproduktion eine fortschreitende Arbeitsteilung notwendig geworden ist, die solche Träume für die Gegenwart und Zukunft nostalgisch werden läßt. Die Realisierung solcher Träume ist, das zeigt der weitere Fortgang der Handlung ganz deutlich, nur noch als Ausnahme-, als Glücks- und Sonderfall möglich.

Um einen Becher auf dem Fest zu gewinnen, um also eine »gute Hand« zu beweisen, sind Ruhe, Genauigkeit und Sicherheit notwendig – alles handwerkliche Tugenden. Mit 25 Schuß muß Karl 25 Treffer erzielen. Eine schier unmögliche Aufgabe. Und doch schafft er es. Er schafft es allerdings nur dadurch, daß Hermine ihm mit anstachelnden Worten und faszinierten Blicken ein Selbstvertrauen gibt, mit dem er als Schütze über sich selbst hinauswächst.

Danach wird noch einmal das Happy-End aufgehalten, und zwar durch das Auftauchen eines 80jährigen mit seinem 50jährigen Sohn. Sie stellen gewissermaßen die personifizierte »Verharzung« dar. Dann erst kann Vater Hediger die neue Zeit preisen, »die den Menschen wieder zu erziehen beginnt, daß er auch zum Menschen wird, und nicht nur dem Junker und dem Berghirt, nein, auch dem

Schneiderkind befiehlt, seine Glieder zu üben und den Leib zu veredeln«.

Nun nehmen Hediger und Frymann ihren Beschluß, nie »Gegenschwäher« zu werden, zurück, und das Faß Schweizerblut kann demnächst zur Hochzeit angezapft werden. Und freilich wird das junge Paar, Karl und Hermine, auch das Himmelbett des Bürgi als Hochzeitsgeschenk erhalten.

Nun kommt die Schlußszene, in der noch einmal das Politik-Motiv aufblitzt. Hermine hat sich im Laufe der Handlung als eine erstaunlich selbstbewußte und eigenwillige junge Frau erwiesen. Kein Wunder also, daß sich nach dem Kuß bei Karl eine gewisse Skepsis regt und er sagt: »Aber wie steht es nun mit dem Regiment? Willst du mich wirklich unter den Pantoffel kriegen?«

»Sosehr ich kann«, antwortete Hermine. »Es wird sich indessen schon ein Recht und eine Verfassung zwischen uns ausbilden, und sie wird gut sein, wie sie ist!«

Der Zusammenhang, der so zwischen privater und öffentlicher Sphäre hergestellt wird, ist nicht zufällig. Es geht Keller um mehr als nur um eine elegante Redewendung. Das wird klar, wenn man diese Stelle mit ein paar Sätzen aus Kellers Rezension von Jeremias Gotthelfs »Zeitgeist und Bernergeist« zusammen liest, die lauten:

»... denn heute ist alles Politik und hängt mit ihr zusammen, von dem Leder an unserer Schuhsohle bis zum obersten Ziegel am Dache, und der Rauch, der aus dem Schornstein steigt, ist Politik und hängt in verfänglichen Wolken über Hütten und Palästen.« (Man bemerke die Ähnlichkeit mit der Parole aus Büchners »Hessischem Landboten«!)

Von solcher Einsicht scheint auch der Plan mitgeprägt, einen »Zeitroman« zu schreiben, eben den »Martin Salander«, ein Plan, der zwischen 1882 und 1886 dann eher schleppend verwirklicht wird. Man fühlt sich dabei unwillkürlich an den alten Fontane erinnert, der sich etwa zehn Jahre später an einen »Zeitroman«, an »einen politischen Roman« macht. (Er selbst setzt hinter das Wort »politisch« in dem entsprechenden Brief zwei Ausrufungszeichen.) Und man sieht bei den beiden alten Herren, in der Schweiz wie in Deutschland, wie »politisch Lied« hier wie dort vom breiten Publikum als »garstig Lied« betrachtet wird, weshalb beide alten Routiniers bei aller Einsicht in die Notwendigkeit ihre Zweifel haben.

Ob Kellers »Martin Salander« einen »Protest gegen die totale Politisierung des Lebens« darstellt, wie das manche Interpreten behauptet haben, scheint mir eher fraglich.

Vielmehr scheint mir hier ein in praktischer politischer Arbeit versierter Mann – die Erfahrungen als Staatsschreiber sind überall zu spüren – die negativen Seiten einer Demokratie, die an ein kapitalistisches System gebunden ist, zu beleuchten. Wenn sich die Arbeit an diesem Buch lange hinzieht, so vor allem deswegen, weil Keller wegen der großen Aktualität mancher Motive und Episoden Skrupel empfindet. Er will nicht, daß der Roman »als eine Art Pamphlet angesehen oder wirken könnte«. Er hat die Befürchtung, man werde ihn in eine Reihe mit den »auf allen Punkten auftauchenden Verfallspropheten und Sittenrichtern« stellen. Und er hat wohl auch gewisse Probleme mit der für ihn neuen Kompositionsform und Erzählweise. Im Gegensatz zu vielen anderen Texten Kellers erfahren wir hier das, was erzählt wird, nicht von einem Erzähler, sondern direkt durch dessen »Figurenkram«, also durch die in der Handlung auftretenden Person.

Schließlich ringt sich dann Keller aber doch dazu durch, das schwierige Manuskript zu beenden, und seine Begründung sagt auch einiges über die »Botschaft« des Buches aus:

»Der Umstand jedoch«, schreibt er, »daß es sich am Ende lohnt zu zeigen, wie keine Staatsform gegen das allgemeine Übel schützt, und ich meinem eignen Land sagen kann, voilà, c'est chez nous comme partout (es ist bei uns wie überall), läßt mich über jenes Bedenken hinwegsehen.«

Was also geschieht nun in »Martin Salander«? Was schlägt der alte Keller für den weiteren Weg der Eidgenossenschaft vor, mag es dort auch nicht besser zugehen als anderswo?

Martin Salander ist ursprünglich Lehrer gewesen. Mit Hilfe des durch seine Frau mit in die Ehe gebrachten Vermögens ist er zum Unternehmer geworden. Bei der Unterstützung seines Freundes, des Spekulanten und Hochstaplers Wohlwend, an den Salander immer auf fast magische Weise gebunden bleibt, und zwar auch dann noch, als er schon mehrfach schlechte Erfahrungen mit ihm gemacht hat, verliert er zum ersten Mal Geld. Er geht nach Brasilien und wird dort bei nur recht vage beschriebenen Geschäften reich. Das in Übersee, fast ist man geneigt zu schreiben: in der Dritten Welt, erworbene Geld, ist per Wechsel von einer Bank in Brasilien an eine Firma in Zürich überwiesen worden, die als vertrauenswürdig gilt. Tatsächlich aber ist einer der Geschäftsteilhaber wiederum dieser Louis Wohlwend, und eben hat diese Firma abermals Konkurs angemeldet.

In diesem Handlungszug werden vor allem zwei Aspekte betont: Einmal das Ungediegene, das Hochstaplerische der neuen Zeit, personifiziert durch Wohlwend, der ein Schurke ist, von dem aber immer auch eine gewisse Faszination ausgeht, gerade weil er so ganz anders ist als der solide, nüchterne, auf Gediegenheit dringende Salander. Keller hat hier, meiner Ansicht nach, eine noch heute gültige gesellschaftliche Grundkonstellation sehr treffend in Romanhandlung übersetzt.

Den anderen Aspekt könnte man den der großen, weiten Welt nennen. Hier merkt man, daß Keller selbst außer dem Deutschen Kaiserreich nie Ausland zu sehen bekommen hat. Andererseits muß ihm der Zusammenhang des Geldverdienens durch die Beziehung zu fernen Ländern wichtig gewesen sein.

Martin Salander, der glücklicherweise nur den Hauptteil, aber eben nicht alles Geld bei diesem Firmenzusammenbruch verloren hat, muß also wieder von vorn beginnen. Er richtet seiner Frau ein Geschäft ein, kehrt nach Brasilien zurück, um dort abermals ein Vermögen zu verdienen, was ihm auch rasch gelingt... so rasch, daß der Leser doch etwas verwundert den Kopf schüttelt.

Bei seiner zweiten Rückkehr in die Heimat muß Salander feststellen, daß seine beiden Töchter, Setti und Netti, die nun schon 25 Jahre alt sind, im geheimen ein Verhältnis mit zwei wesentlich jüngeren Zwillingsbrüdern aus der Familie Weidelich unterhalten, Karrieristen, von denen aber die Mädchen nicht lassen wollen.

Private und öffentliche Sphäre überschneiden sich, als es gerade Julian und Isidor Weidelich sind, die Martin Salander als Kandidaten für das Kantonsparlament vorschlagen und dann auch seine Wahl auf einer Parteiversammlung durchzusetzen wissen.

Martin Salander, der als Inbegriff des integren »citoyen« geschildert wird, ist es höchst unangenehm, daß er gerade diesen, von ihm mit Skepsis und Mißbilligung beurteilten jungen Burschen, die es noch dazu auf seine Töchter abgesehen haben, seine Kandidatur verdanken soll. Er tritt zurück. Julian und Isidor aber, nachdem sie erlebt haben, wie leicht es doch ist, in der Politik Karriere zu machen, würfeln aus – einer der satirischen Höhepunkte des Romans! –, welcher Partei sie beitreten wollen, um sich als Notare wählen zu lassen und dann den Sprung ins Kantonsparlament zu machen. Das alles gelingt ihnen. Sie setzen schließlich auch durch, daß Setti und Netti ihre Ehefrauen werden. (Von Anfang an haben sie es vor allem auf die Mitgift der Mädchen abgesehen, aufgestachelt dazu von ihrer Mutter.)

Die Hochzeit wird von Martin Salander zu einer jener politischen Festlichkeiten ausgestaltet, von denen Keller 20 Jahre zuvor selbst geträumt haben mag. Im Roman wird diese Festivität eher ironisch beschrieben, mit Verständnis für solche Träume des Romanhelden, aber unter deutlicher Distanzierung durch den Autor.

Nach der Hochzeit wird Salander ebenfalls ins Kantonsparlament gewählt. Mit einem gespenstischen Ereignis deuten sich schon jene Gründerzeit-Katastrophen an, die sich dann gegen Ende des Buches in der Weise häufen, wie sie sich in der Wirklich des Zürich um 1880 tatsächlich gehäuft haben. Kurt Guggenheim berichtet dazu:

»Im Kanton Zürich folgten sich die Skandale sozusagen auf dem Fuße. Es fing damit an, daß der Statthalter des Bezirks Zürich, Hafner, nach Unterschlagungen von sechsundzwanzigtausend Franken Gebühren floh und dann verhaftet wurde. Sanitätssekretär Schwarz mußte wegen Veruntreuung öffentlicher Gelder seiner Stelle enthoben werden. Statthalter Weidmann in Embrach mußte wegen unordentlicher Amtsführung seinen Rücktritt nehmen. Der Gemeindepräsident (Bürgermeister) von Sternenberg wurde wegen Unterschlagung verhaftet. Notar Koller von Thalwil hatte durch Manipulation mit Hypotheken sechshunderttausend Franken veruntreut. Notar Rudolf von Dielsdorf hatte durch Fälschung von Schuldbriefen sich dreihunderttausend Franken angeeignet und war nach Brasilien geflüchtet. Notar Heß von Wald unterschlug neunzehntausend Franken.« Gewissermaßen als Vorbereitung auf eine solche Lawine von Unheil, die hernach auch im Roman niedergehen wird, ist die Episode mit dem ehemaligen Ratsherrn Kleinpeter anzusehen, dessen Söhne mit ihrer Firma in finanzielle Schwierigkeiten geraten und den biederen Vater veranlassen wollen, ihre Zahlungsunfähigkeit durch einen Griff in die von ihm verwaltete Steuerkasse zu beheben.

Steht die Putzsucht der Frau des Ratsherrn, die schon pathologische Züge hat, als Metapher für eine Zeit, die sich von Grundtugenden Schweizer Bürgersinns wie Gediegenheit und Verantwortungsbewußtsein immer mehr entfernt, so erweist sich in der nächsten Runde abermals die enge Verzahnung von Privatem und Öffentlichem.

Salander und seiner Frau fällt auf, daß ihre beiden Töchter sie nicht mehr besuchen kommen. Sie fahren zunächst zu Setti und zwingen diese, sich mit ihnen auszusprechen. Auf die Frage hin: »Ist vielleicht das Glück ausgeblieben oder schon verschwunden, auf das ihr hofftet«, bricht die Tochter in Tränen aus und antwortet mit einem vernichtenden Urteil über den eigenen Ehemann und den der Schwester: »Es ist nichts mit ihnen! Sie haben keine Seelen. O Gott, wer hätte das denken können!«

Bei Netti, die sie darauf besuchen, steht es nicht viel besser. Der Ehemann kommt, als seine Schwiegereltern auf Besuch sind, gerade von der Jagd zurück. Er schüttet seine Waidtasche aus. »Über dreißig arme Vögel mit verdrehten Hälschen und erloschenen Guckaugen, Drosseln, Buchfinken, Lerchen, Krammetvögel und wie sie alle heißen, lagen als stille Leute da und streckten die starren Beine und gekrümmten Krällchen von sich...«

Als der Schwiegervater Julian vorhält, daß doch die Jagd auf Singvögel verboten sei und er als Mitglied des Großen Rates das doch wissen müsse, antwortet der Schwiegersohn:

»›Herr Vater, ich habe nicht gejagt, sondern Garn gespannt, und da sind allerdings ein paar Finklein dazwischen gekommen, die nicht geladen waren. Übrigens wird sich wohl kein Wächter des Waldes an mich machen.‹ ›Gleichheit vor dem Gesetz, nicht wahr?‹ erwiderte Salander auf Julians Rede, der offenbar auf den Schutz seines Ansehens als Ratsmann anspielte, allerdings sehr ungeschickt...«

In solchen Szenen werden mit Details des Alltäglichen die Situationen der Allgemeinheit gekennzeichnet. In solchen Szenen, in denen sich Keller als ein grimmiger Moralist zu erkennen gibt, liegt auch das bestürzend Aktuelle dieses Buches. Man achte beispielsweise nur einmal darauf, wie das achtlose Fällen von Bäumen in der Handlung mehrfach mit Unheil in Zusammenhang gebracht wird. Im Gegensatz zu Kellers eigenen Bedenken, mit der Erzählung der »ewigen Wechsel- und Fabrikaffären« »Lumpenprosa« zu schreiben, wissen wir heute besser, daß ihm mit »Martin Salander« ein bedeutender politischer Roman gelungen ist.

Adolf Muschg, der in seiner Gottfried-Keller-Biographie mit gewissen Einwänden gegen den Handlungsverlauf in »Martin Salander« nicht hinter dem Berg hält, legt auf der anderen Seite jene psychologische Triebfeder frei, die dem Buch seine bohrende Intensität gibt. Er schreibt:

»Von ›Martin Salander‹ zu reden, heißt zurückkommen auf das dunkelste Motiv in diesem Lebenswerk; auf den Verdacht, um ihn nicht eine Erfahrung zu nennen, daß das persönliche Opfer des Staatsdieners durch die Entwicklung dieses Staatswesens selbst um ihren Sinn gebracht sei. Der gealterte Keller kämpft im doppelten Sinn des Wortes mit diesem Verdacht, den er nicht zur Gewißheit werden lassen möchte. Er bemüht sich, das Lachen nicht zu verlieren; das Lachen des – bei allem Außenstehen – herzlich Beteiligten...«

Ehe am Ende Hoffnung aufkommt, wird es erst einmal noch viel schlimmer.

Zunächst das Präludium. Martin Salander erlebt auf einem Volksfest die Verhaftung eines Bankrotteurs mit:

»Die Erschütterung rührte aber davon her, daß ein Festgenosse von zwei bürgerlich bekleideten Polizeibeamten unversehens aufgefordert wurde, sich zu erheben und mit ihnen hinauszugehen, und sich dessen weigerte, so daß der leicht gezimmerte Tisch einen Stoß empfing, als sie Hand an den Mann legten und ihn zum Aufstehen zwangen. Erbleichend fügte er sich und folgte ihnen, nicht ohne mit niedergeschlagenen Blicken verschiedene Dekorationen, bestehend in Rosetten, Schleifen und silbernen oder vergoldeten Emblemen, vom schwarzen Kleide zu nehmen, eine nach der andern, so unbemerkt als möglich...«

Der gesellschaftliche Verfall macht nicht vor Salanders eigener Familie halt. Was der Leser, zumindest seit den Berichten der beiden frustrierten Schwestern über ihre Ehemänner und deren arrogantes Verhalten, schon fürchtet, bestätigt sich auf schlimmste Art und Weise.

Die Brüder Weidelich haben ihre Ämter dazu benutzt, um sich zu bereichern bzw. ihre Börsenspekulationen zu finanzieren. Der eine wandert in Untersuchungshaft, der andere flieht ins Ausland.

Beiden fehlt es an Unrechtsbewußtsein. Was sie getan haben, taten die meisten. Nur sie haben das Pech gehabt, überführt zu werden. In seinem Brief an seine Ehefrau spricht Julian von der Schweiz als jenem »kleinen Lumpenländchen, wo ich geboren und in jugendlicher Unerfahrenheit dem allgemeinen Verderbnis anheimgefallen bin«. Er hofft, »in kurzer Frist den von einer philisterhaften und gelddurstigen Krämerwelt mir aufoktroyierten Fehltritt gutzumachen«.

Als die beiden Brüder zu jeweils zwölf Jahren Zuchthaus verurteilt werden, als Martin Salander für seine Töchter Scheidungsklage erhebt, bricht der Mutter der Zwillinge das Herz. Der Vater wird beim Rasieren von Selbstmordgedanken heimgesucht. Es ist Martin Salander, der schließlich für die Veruntreuung der beiden in Höhe von 76000 Franken einsteht und so den leiblichen Vater der beiden, den diese Zahlung um seinen Hof gebracht hätte, entlastet.

Offenbar geschrieben bzw. erfunden in einem Anflug von Selbstkritik, vielleicht aber auch, um diesen Martin Salander nicht durch allzu viele Positiva dem Wohlwollen des Lesers zu entfremden, erleben wir am Ende des Buches, vor dem politischen Finale, noch mit, wie sich der ewig Gutgläubige in eine exotisch hübsche, aber dumme, wenn nicht gar schwachsinnige Frau verliebt, die Schwägerin seines Freundes Wohlwend. Gerade noch rechtzeitig wird Martin

Salander durch seinen die Dinge kühler und schärfer sehenden Sohn vor einer Alterstorheit bewahrt.

Der Sohn Arnold ist aus der Fremde zurückgekehrt. Er ist draußen von einer kaufmännischen Ausbildung zu geschichtlichen und juristischen Studien übergewechselt.

In dem entscheidenden Gespräch will der Vater dem Sohn, der in sein Geschäft eingetreten ist, das Versprechen abnehmen, Land und Volk nie zu verlassen, »es mag beschließen, was es will«.

»›Das kann ich wohl geloben!‹ antwortete der Sohn den Handschlag des Vaters erwidernd, ›höhere Gewalt immerhin vorbehalten!‹

›Was meinst du damit?‹

›In diesem Fall zum Beispiel eine völlige Entartung.‹«

Das könne ja eine schöne reservatio mentalis werden, ein innerer Vorbehalt, unter dem selbst geschlossene Verträge ungültig seien, meint der Vater und darauf wieder der Sohn:

»Nun, also ohne Vorbehalt! Es würde doch chez nous comme partout sein.«

Was soll das heißen: es sei in der Schweiz alles wie überall? Zunächst einmal wird damit jener Gedanke unterstrichen, der in einem Brief Kellers von ihm noch eindeutiger zu Protokoll gegeben worden ist, nämlich, daß keine Staatsform, auch nicht die beste, gegen Verfall und Mißstände gefeit sei. Es ist wohl aber auch mitgedacht, daß die Schweiz sich auf die Dauer nicht als Insel werde begreifen dürfen. Und es steckt die Einsicht darin, daß die Produktionsverhältnisse über die Gesellschaft bestimmen. Dies, obwohl Keller davon überzeugt ist:

»... Zuletzt gilt der Mann, was er ist im Rate ...«

So wird denn vom alten Salander auch angenommen, der Junge, sein Sohn Arnold, werde es besser machen können. (Im Gegensatz zum alten Stechlin, der solchen Optimismus, was seinen Sohn Woldemar angeht, so unbedingt nicht haben dürfte!)

Martin Salander (und mit ihm Keller) ist nicht gegen den Fortschritt. Er erteilt nur einem unbesonnenen Fortschrittsglauben, dessen höchstes Ziel nichts anderes ist als materieller Besitz, eine entschiedene Absage.

Mögliche Aufklärung eines Rätsels

»Die Hoffnung, das Verlorensein
Sind gleicher Stärke in mir wach;
Die Lebenslust, die Todespein,
Sie ziehn auf meinem Herzen Schach.«

Gottfried Keller

Gottfried Keller hat dem Roman »Martin Salander« noch einen zweiten folgen lassen wollen, der den Titel »Arnold Salander« tragen sollte. Er ist dazu nicht mehr gekommen, weil seine Lebenskraft sich erschöpfte. Vier Jahre nur trennen das Erscheinungsdatum von »Martin Salander« vom Todesjahr 1890, in dem Keller am 15. Juli, nur wenige Tage vor seinem 71. Geburtstag stirbt.

Kehren wir zum Schluß noch einmal zu der merkwürdigen, um nicht zu sagen rätselhaften Beobachtung zurück, daß da einer lange Strecken seines Lebens unordentlich und ungefestigt lebt, sich darauf in die Zwangsjacke eines Staatsamtes begibt, das ihm wenig Zeit zum Schreiben läßt, und gerade dies bei ihm zu einer deutlichen Steigerung seines künstlerischen Könnens, ja zu Souveränität führt. Adolf Muschg wie auch Kurt Guggenheim deuten übereinstimmend in ihren Keller-Biographien an, daß Keller selbst die Annahme des Staatsamtes und dessen so gewissenhafte Ausübung als Opfer oder Sühne verstanden hat.

Muschg zitiert in diesem Zusammenhang Maria Waser, die gesagt hat, man habe nur dann das Recht, Opfer zu bringen, wenn man zugleich auch die Kraft aufbringe zu verschweigen, daß es Opfer seien. Opfer, Sühne – das sind religiös-ethische Begriffe, von denen her noch einmal abschließend nach dem Bewußtsein Kellers gefragt werden soll.

1881 schreibt ein Lehrer, Paul Nerrlich, der den »Grünen Heinrich« und die »Gesammelten Gedichte« von Keller eben besprochen hat, in einem Brief an den Autor:

»Ich würde, wenn mich nichts gehindert hätte, vor allem unser Jahrhundert als das Ende des Christentums und das Aufblühen der neuen Weltanschauung, welche in dem Satz gipfelt ›Der Mensch ist Gott‹, gepriesen haben. Ich würde dann hervorgehoben haben, daß unter allen Dichtern unserer Zeit kein einziger sich mit Ihnen messen kann, weil Sie allein der geniale Dichter dieser Weltanschauung sind.«

Halten wir das fest: Keller als der hervorragendste literarische Vertreter des Atheismus! Lassen wir hier die Bemerkung aus dem

Spiel, daß dies Ende des 19. Jahrhunderts offenbar nicht ausgesprochen werden durfte, jedenfalls nicht im Feuilleton der bürgerlichen Presse. Kellers Atheismus stammt von Feuerbach, den Keller kannte und dessen Denkergebnis sich auf die Formel bringen läßt: Gott – das ist nichts anderes als der Mensch.

An diesem Punkt knüpft Leopold Ziegler an, der sich 1961 in einem Aufsatz mit dem Titel »Dreiflügelaltar« mit Kellers Bewußtsein auseinandergesetzt hat. Ziegler meint, aus der von Feuerbach konstatierten Situation ergäben sich für den Menschen zwei Möglichkeiten. Entweder er fühle sich nun aller Verantwortung ledig, oder aber er sehe sich veranlaßt, »das Erbe der Götter auf edle, will sagen ›menschliche‹ Weise geschichtlich anzutreten, es weiter zu betreuen und das Äußerste daran zu setzen, den Pegel des Menschseins vor dem Absinken zu bewahren.«

Im Sinn dieser zweiten Alternative sieht Leopold Ziegler Kellers Bewußtsein, und ich meine, daß sich sowohl von Kellers Lebenslauf wie von seinem Werk her zahlreiche Verweise ergeben, die diese Vermutung bestätigen. Ziegler schreibt:

»Kein Zweifel, daß sich der Dichter des ›Grünen Heinrich‹ für diese zweite Möglichkeit klar entschieden hat. Kein Zweifel auch, daß Keller mit dieser Entscheidung dem Atheismus Feuerbachs eine Tiefe gibt, um welche ihn manch theistische Dogmatik beneiden könnte. Denn dieser Entscheidung zufolge ist der den totgesagten Gott überlebende Mensch zum Schuldner einer Welt geworden, in welcher, Paradox aller Paradoxe, der Gottlose für den Gott unbedingt haftet: der sich selbst so nennende Atheist für den von ihm verneinten Theos!«

Jeder mag für sich selbst entscheiden, wie stark uns die Problematik eines solchen Bewußtseins heute noch betrifft.

1819 19. 7.: Gottfried Keller wird als Sohn des Drechslermeisters Rudolf Keller und seiner Frau Elisabeth, geb. Scheuzer, geboren.
1822 Geburt der Schwester Regula.
1824 Tod des Vaters.
1826 Wiederverheiratung der Mutter.
1831 Besuch des Landknabeninstituts in Zürich.
1833 Eintritt in die Kant. Industrieschule.
1834 Verweis von der Schule. Scheidung der Mutter.
1837 Malunterricht bei Rudolf Meyer.
1840 Als Künstler in München.
1842 Rückkehr nach Zürich.
1842–48 Teilnahme am ersten und zweiten Freischarenzug. Volontär auf Eschers Staatskanzlei. Bekanntschaft mit deutschen Emigranten.
1848 Stipendium der Zürcher Regierung. Geht nach Heidelberg.
1849 Einfluß Feuerbachs. Kontakt mit Verleger Vieweg.
1850 Reise nach Berlin.
1850–55 In Berlin. Unglückliche Liebe zu Betty Tendering.
1851 Der erste Band des »Grünen Heinrich« erscheint.
1855 Der letzte Band des »Grünen Heinrich« erscheint (erste Version). Rückkehr nach Zürich.
1856 Der erste Teil von »Die Leute von Seldwyla« erscheint. Journalismus. Politischer Festdichter.
1861 Wahl zum 1. Staatsschreiber der Zürcher Regierung. »Das Fähnlein der sieben Aufrechten« erscheint in Auerbachs Volkskalender.
1864 Tod der Mutter.
1869 Ehrendoktorwürde zum 50. Geburtstag. Freundschaft mit den Geschwistern Exner. Ferienreise nach Österreich.
1872 »Sieben Legenden«.
1874 »Die Leute von Seldwyla«, Band I und II.
1876 Aufgabe des Stadtschreiberamtes. »Züricher Novellen« erscheinen.
1879 Die ersten drei Bände der zweiten Version des »Grünen Heinrich« erscheinen.
1880 Vierter Band der Neufassung des »Grünen Heinrich«.
1881 »Das Sinngedicht«.
1882 Umzug an den Zeltweg in Zürich.
1883 Die »Gesammelten Gedichte« erscheinen.
1884 Beginn der Freundschaft mit A. Böcklin.
1886 Vorabdruck von »Martin Salander« in der »Deutschen Rundschau«. Buchausgabe im selben Jahr.
1888 Tod der Schwester Regula.
1889 Offizielle Feiern zum 70. Geburtstag. Kuraufenthalt in Baden.
1890 Seit Januar krank.
15. 7.: Gottfried Keller stirbt.
1899 Seine »Gesammelten Werke« in zehn Bänden erscheinen.

Adolf Muschg: Gottfried Keller, Kindler Verlag, München 1977. (Eine stark von der Psychoanalyse beeinflußte Biographie.)
Bernd Breitenbach: Gottfried Keller in Selbstzeugnissen und Bilddokumenten, Rowohlt Verlag, Reinbek 1968.
Hans Schumacher: Ein Gang durch den Grünen Heinrich, Insel Verlag, Frankfurt/Main 1975. (Eine mit Liebe geschriebene Einführung in Kellers Hauptwerk.)
Kurt Guggenheim: Das Ende von Seldwyla, Huber Verlag, Frauenfeld 1965. (Eine Romanbiographie über die Lebenszeit von der Rückkehr aus Berlin bis zu seinem Lebensende.)

Theodor Storm 1864

BRIGITTE DÖRRLAMM

Theodor Storm: »... im Drang des Tages, Dein Ich behauptend«

Sternlos und kalt ist die Nacht,
Es gärt das Meer;
Und über dem Meer, platt auf dem Bauch,
Liegt der ungestaltete Nordwind,
Und heimlich, mit ächzend gedämpfter Stimme,
Wie'n störriger Griesgram, der gut gelaunt wird,
Schwatzt er ins Wasser hinein
Und erzählt viel tolle Geschichten,
Riesenmärchen, totschlaglaunig,
Uralte Sagen...

So leutselig wie der seinerzeit Seelenheilung suchende Heinrich Heine eine »Nacht am Strande« der Nordsee erlebt hat, kennt der 20 Jahre jüngere Theodor Storm sie nicht. Für ihn, der in der »grauen Stadt« Husum geboren wurde und den größten Teil seines Lebens hier verbracht hat, ist das Meer realer und unheimlicher; es macht ihn einsam.

Am 13. Februar 1843 schreibt der 25jährige Advokat, nachdem er eben vom Studium in Berlin und Kiel nach Hause zurückgekehrt ist, an seinen Freund Theodor Mommsen: »Ich hab Ihnen früher erzählt, wie es abends an unserm Deich und am Strand ist; ich möchte sagen, immer, wenn ich abends und allein dagewesen, hat es in mir zu diesen unheimlichen Gestalten angesetzt, die in den mir über alles unheimlichen Deich- und Strandsagen ihre volle Verkörperung erhalten. Der Schimmelreiter...« Am 9. Februar 1888 wird er endlich zu Papier gebracht sein – er bleibt auch für den greisen Autor eine solch unheimliche Gestalt. Das mag daran liegen, daß Storm, der populäre, der geachtete Storm, Mittelpunkt einer großen Familie und eines weiten Freundeskreises, im Innersten auf seinem 70 Jahre dauernden Lebensweg immer allein gewesen ist. Und wenn auch nicht immer »starkes Unwetter« herrschte, so weiß er doch, wovon der »damalige Erzähler« zu Beginn seines »Schimmelreiter« spricht, wenn dieser nach einem langen Deichritt durch die »wüste Dämmerung«, auf dem ihm »keine Menschenseele« begegnet war und er »nichts als das Geschrei der Vögel« gehört hatte, gesteht: »Ich leugne nicht, ich wünschte mich mitunter in sicheres Quartier.«

Der den Wunsch ausspricht, ist ein wackrer Bürgersmann, der ihn niederschreibt, ist ein Dichter, ein Künstler. Man braucht nicht Hesses »Steppenwolf« gelesen zu haben, um hier den Zwiespalt zu sehen, den Storm mildernd in dem »mitunter« versteckt...

Hans Theodor Woldsen Storm wird am 14. September 1817 als ältester Sohn durchaus wohlhabender, etablierter Bürgersleute in dem abseitig-ruhigen, damals dänischen Schleswig-Holstein geboren. Der Vater war Jurist, akademischer Aufsteiger aus bäuerlichem Handwerk. Die Mutter, Lucie Woldsen, Tochter aus einer patrizischen Senatorenfamilie, in der es keine überlebenden Söhne gab, weshalb der Name wenigstens als Vorname weiterbestehen sollte, garantierte die Wohnsitze – vom Geburtshaus, Am Markt 9, über das Haus Nummer 56 in der Neustadt bis zu dem stattlichen,

Storms Geburtshaus Am Markt Nr. 9

hellen Gebäude mit Hof und Garten in der Hohlen Gasse 3 – alles ›sichere Quartiere‹, wirtschaftlich so wohlgegründet, daß dem späteren Juristen, dem brotlosen Referendar und schmal besoldeten preußischen Assessor von hier aus »mitunter« lebenserhaltende Unterstützung für seine dann schon sechsköpfige eigene Familie kommen wird.

Aber diese Sicherheit ist dennoch brüchig und bedroht. Nicht nur, daß Theodor – ein zierlicher Name, fanden die Eltern – als Achtjähriger 1825 von einer »verderblichen Flut« erfahren hat, »bei der viel Gut und Menschenleben zugrunde ging«, nicht nur, daß in dem geräumigen Haus einige der elf jüngeren Geschwister wieder starben – Vater und Mutter waren dem Jungen auch nicht so selbstverständlich erreichbar, wie es ein Kind braucht: »Ein nahes Verhältnis fand während meiner Jugend zwischen mir und meinen Eltern nicht statt«, schreibt Storm später, sichtlich um Distanz bemüht, an den Literaturhistoriker Emil Kuh, »ich entsinne mich nicht, daß ich derzeit jemals von ihnen umarmt oder gar geküßt worden.«

Wenn der Junge Menschen brauchte, hat er sie sich gesucht, unter den Gleichaltrigen, die zu ihm zum Spielen kamen, aber auch unter den Erwachsenen; nicht nur die Großmutter Magdalena Woldsen, vor allem die Bäckerstochter Lena Wies hat er gefunden. Später beschreibt er den Ort, das »niedrige Häuschen« und »die Wohnstube ... jenen engen aber traulichen Raum, in welchem ich die schönsten Geschichten meines Lebens gehört habe«. Storm hat, so meint er selbst, immer besonders »durch Örtlichkeiten starke Eindrücke empfangen«, mehr als durch Menschen. Gelegentlich mag er die Menschen dazu wohl auch erfunden haben wie jenen Freund Claas Räuber, der ihm beim Licht von Kerzenstummeln die »Geschichten aus der Tonne« erzählt hat ... Und schließlich brauchte er viele von den Figuren, die an den Örtlichkeiten seiner Kindheit und Jugend lebendig waren, gar nicht erst zu erfinden, sie existierten im Volksmund und im Volksglauben, der dortzulande Wind und Meer rauschen und das Gras wachsen hörte.

Mit Bildung – wie im Bürgertum üblich – haben Storms Eltern versucht, die Gespenster und Gruselgestalten vertreiben zu lassen. Eben vierjährig, kommt Theodor in die Klippschule, dann vielfach zu Privatlehrern, und 1826, also mit fast neun Jahren, tritt er in die Quarta der Husumer Gelehrtenschule ein; das ist ein respektabler Bau mit Treppengiebel und Storchennest auf dem Dach, den er 1835 wieder verläßt. Seine Pflichtdichtungen dort – zuletzt aus Anlaß der traditionell abschließenden »Redefeierlichkeit« – werden von Lehrern und Rektor mehr oder weniger unverstanden hingenommen. Die Schulen damals waren noch nicht solche Service-Einrichtungen wie heute, und die Pädagogen einer ehrwürdigen Anstalt leisteten sich »Beurteilungen« wie die folgende: »durch... Fleiß gute Kenntnisse in den gewöhnlichen Schulwissenschaften, namentlich in den alten Sprachen erworben. Mögen sie (es handelt sich um ein Gutachten für zwei)... sich der Liebe ihrer künftigen Lehrer in eben dem Grade würdig zeigen, wie sie sich die meinige zu erwerben gewußt haben.«

Theodor Storm hat immer gewußt, was zu tun, zu ertragen oder zu erstreben war. Zunächst hat es die bürgerliche Familie dem bürgerlichen Sohn sicher und unsentimental vorgeschrieben, dann hat er es selbst getan, aus eigener Kraft, ohne Zuhilfenahme göttlicher oder gar kirchlicher Ordnungsmächte. Das ersparte ihm, wie er selbst sagt, »bedeutende Entwicklungskämpfe«:

Der eine fragt: Was kommt danach?
Der andre fragt nur: Ist es recht?
Und also unterscheidet sich
Der Freie von dem Knecht.

Die beiden Prima-Jahre, 1835 bis 1837, am Katharineum erweitern den Kreis des 18/19jährigen auf Lübecker Maße. Sie verlaufen aber keineswegs ungezügelt. Erste Orientierungsversuche in der Dichtkunst führen dazu, daß er Heine für das »größte lyrische Talent des 19. Jahrhunderts« hält und mit dem Lübecker Emanuel Geibel, der aus seinem Studienort Bonn in die Semesterferien kommt, in gebührender Ehrfurcht konkurriert, was er sich später fast übelnimmt. Auch in diesem Bereich gelten gutbürgerliche Maßstäbe.

Nach der Schule träumt er von Studium und Studentsein: »... ein Gemisch aus ritterlicher Galanterie, traulicher Heiterkeit, Begeisterung für seinen freien Stand, Geist, Herz und Gefühl für alles Schöne«. Auch wenn es nicht Jura – wie schon bei seinem Vater – gewesen wäre, sondern eine andere Fakultät, für die man »keine besondere Neigung« braucht, diese Träume wären immer enttäuscht worden. Nach einem Anfang in Kiel versucht er es in Berlin: Bildungserlebnisse, Theaterabende, eigene Laienspielaktivitäten, Diskussionen, eine Reise nach Dresden, Gemäldegaleriebesuche... und – 1839 – enttäuscht nach Kiel zurück. Auch jetzt findet er in der damals 20000-Einwohner-Stadt nicht die Studenten seiner Träume, aber er findet Eingang in eine »kleine übermütige und zersetzungslustige Schar«, in der vor allem die Brüder Mommsen, Theodor und Tycho, eine »bedeutende« Rolle spielen. Sie verständigen sich in künstlerisch-literarischer und in politischer Hinsicht. Als gewissermaßen Lernziele erkennt der junge Storm damals Liberalismus im Sinne der französischen Julirevolution und Emanzipation: »Und also unterscheidet sich der Freie von dem Knecht.« – Wie akademisch aber diese wichtige Freundschaft ist, zeigt das »Sie«, mit dem sich die Kommilitonen gegenseitig anreden.

Es gibt wenig Intimes in diesen Verhältnissen. Da, wo man es am meisten erwarten könnte, bei einem Anfang-Zwanzigjährigen, erscheint es objektiviert, als Problem, das bewältigt werden muß, »... alles war mein heißes Blut«, wie es zuvor in Schülertagen »konventionell-formale Koketterie und Grazie zwischen den tugendhaften Bürgermädchen und den bürgerlichen Jünglingen« (so Fritz Böttger 1959) gewesen ist. Oder es wird stilisiert zum Geheimnis: die Geliebte als »Spiegel aller Weltenwonne«, an einen fiktiven, einen literarischen Ort gebannt: »Auf dem Wege nach Düsternbrook an der hohen Allee liegen viele hübsche Gartenhäuser, ich möchte sagen, mit Gemüt und Phantasie gebaut und dekoriert, deren Besitz ich mir oft kindisch gewünscht habe. Unter diesen liegt eins verborgen unter Jasmin und den blühenden Gesträuchen der Heckenrose. Auf das Dach rankt sich Geißblatt und bekränzt auch unten das Fenster des lieblichen Häuschens. Die Hälfte des lauschigen Fensters verhängt eine dunkelrote Gardine, die in das Innere des Stübchens einen gar lieblichen Dämmerschein zurückwirken muß, in welchen durch das offene Fenster Blütenduft und Nachtigallenschlag hineinströmen mit dem Hauch der lauen Sommernacht. In dieses Häuschen bin ich verliebt, oder eigentlich nicht in das Häuschen, sondern in das, was drinnen sein könnte, in die braunen Locken, in die süßen Lippen, in das Herz; in die Brust, die nur für mich pocht, mit einem Worte in die schöne, schlanke Jungfrau, die mich aus dem wunderbaren umlaubten Fenster anschauen könnte. Oh, nur ein Kuß in heimlich duftender Sommernacht durch dieses Fenster, und mein stilles Sehnen ...« – Ein Poesiealbumblatt, die »Gartenlaube«, womit verglichen die Realität so ängstigend ist, daß Storm ein Verlobungsversprechen am Nachmittag des Tages, an dem er es gegeben hat, schon wieder bereut und später zurücknimmt. Oder daß er schließlich ein zehnjähriges Kind, das ihm bei Verwandten begegnet, Bertha von Buchan, zum Gegenstand so verstandener Liebe und zur Adressatin poetischer Geschenke, unter anderem seines Märchens »Hans Bär«, macht.

Im Oktober 1842 ist das Mädchen 16¾, wie ein Biograph pedantisch registriert, aber die Werbung wird von ihr und der Pflegemutter abgewiesen.

Im Februar 1843 kehrt der graduierte Jurist Theodor Woldsen Storm, wie gesagt, nach Husum zurück, endlich! nach zu langem Studium, wie der zahlende Vater feststellt. Nun muß er im wirklichen Sinn Bürger werden, und wie entschieden er das will, verrät ein Satz aus einem Brief an den Freund Theodor Mommsen: »Ich lebe in angenehmen Verhältnissen zu meiner Familie, bekomme nach und nach Praxis, mehrere meiner öffentlichen Plaidoyers sind von urteilsfähigen Praktikern sehr belobt, meine schriftlichen Arbeiten findet mein Papa nicht selten ganz vortrefflich, kurz in dieser Beziehung fehlt mir nichts.«

Die glatte Fassade, die er dem ehemaligen Fakultätskollegen präsentiert, und vor allem die Einschränkung »in dieser Beziehung« verdecken Einsamkeit bei dem 25jährigen. Mitbürgerliche Achtung isoliert den Ledigen. Die normierte Lösung des Problems heißt Heirat. Und Theodors einsamer Entschluß zielt auf seine Cousine Constanze, älteste Tochter des Segeberger Bürgermeisters Ernst Esmarch, dem der überraschte Bräutigamsvater brieflich kundtut: »Im allgemeinen bin ich nicht für Familienheiraten, und im besonderen kann ich mir nicht verhehlen, daß die alleinige Bedenklichkeit in meines Sohnes Charakter liegt, der, wie ich bekennen muß, launenhaft ist, wie ich Deiner Tochter geradezu erklärt habe. Das Fortkommen des jungen Paares erscheint mir, soweit menschliche Voraussicht geht, ziemlich gesichert. Er ist sehr gescheit und arbeitstüchtig, und wenn er mit Anstrengung daran geht, kann ihm, wenn ich noch einige Jahre lebe, die gesicherte Existenz nicht fehlen...« Es folgt eine Abmachung über möglichst dosiertes und kontrolliertes Zusammensein der beiden Verlobten, »weil ein solches Verhältnis die Arbeitslust vermindert«. Deutlicher kann die Ehe als bürgerliche Form der Existenz kaum gekennzeichnet werden. Theodor Storm empfindet sie als eine Hypothek, die in seinem Fall durch wachsende Zuneigung schließlich abgetragen wird. Die Hochzeit findet nach dreijähriger Anwartschaft im September 1846 statt – leidenschaftslos oder in »anfangender Liebe«, wie der Ehemann später korrigierend feststellen wird.

Gewissermaßen im Schutz der deklarierten Bindung erlebt er dann bereits nach einem Jahr, daß »die rote Rose Leidenschaft« noch einmal in seinen Schoß fällt:

> Noch einmal weht an meine Stirn
> Ein juniheißer Sommertag.

Ein dreiviertel Jahr lang schweigt Constanze zu der rückhaltlosen Hingabe des »weißen Schmetterlings« Doris Jensen, einer neunzehnjährigen Husumer Bürgerstochter. Dann wird Storm Vater; Constanze, die in ihrer 18jährigen Ehe nach Hans noch zwei Söhne und vier Töchter zur Welt bringen und im Kindbettfieber sterben wird, hat die Feuerprobe als Ehefrau bestanden.

Für Theodor Storm bringt die Liebesbeziehung zu der Frau, die er als 50jähriger Witwer 1866 heiraten wird, die Wende vom Gelegenheitspoeten, der in den preußisch-österreichisch-dänischen Wirren des schleswig-holsteinischen Revolutionskrieges sogar einmal für den eigenen Gesangverein ein Lied auf den dänischen König verfaßt hat, zum Lyriker und – und für heutige Leser vielleicht wesentlicher! – zum Novellenautor.

Nach dem Gedichtzyklus »Ein Buch der roten Rosen« entsteht 1849 »Immensee«, der zu seinen Lebzeiten meistaufgelegte schmale Text, in dem bereits die ganze Eigenart Storms im meist erinnernden Umgang mit Situationen und Stationen erkennbar wird: Der Alte, ein »wohlgekleideter Mann« mit poetischer Begabung und »dunkeln Augen, in welche sich die ganze verlorene Jugend gerettet zu haben schien und welche eigentümlich von den schneeweißen Haaren abstachen«, denkt eines Abends angesichts eines kleinen Bildes »in schlichtem schwarzem Rahmen« an Elisabeth, eine Kinderfreundschaft und Studentenliebe, die er als überraschend stille Frau eines andern, Wohlsituierten, später noch einmal wiedergesehen hat, um sich dann von dem Licht, das die Haushälterin auf den Tisch stellt, in die augenblickliche Wirklichkeit zurückholen zu lassen: »Dann rückte er auch den Stuhl zum Tisch, nahm eins der aufgeschlagenen Bücher und vertiefte sich in Studien, an denen er einst die Kraft seiner Jugend geübt hatte.« – Dieser Alte, das Medium zwischen Autor und Leser – später wird es oft der oder einer von mehreren Erzählern sein –, objektiviert nicht nur einen persönlichen Anlaß, die Beziehung zu Bertha von Buchan zum Beispiel, er verkörpert auch die stetig vergehende Zeit in ihrer inneren und äußeren Dimension.

Zwar bezeichnet sich Storm selbst als »einen wenig politischen Menschen«, zwar hat vor allem Preußen dem Justizbeamten immer wieder Mäßigung und Zurückhaltung, um nicht zu sagen, totale Abstinenz in Sachen Regierungskritik abverlangt, seine Heimat zumindest – und nachdem die schleswig-holsteinische Unabhängigkeitsbewegung gescheitert war, verstand er darunter ein Deutschland in nationaler Einheit – wollte er frei von der Willkür der Fürsten sehen. »Liever düt as Slav!« soll die Losung heißen, aber:

Wer der Gewalt gegenüber steht
In Sorgen für der Liebsten Leben,
Der wird zuletzt von seinem Ich
Ein Teil und noch ein Teilchen geben.
Und dürstet er nach reinster Luft,
Er wird zuletzt ein halber Schuft.

Die Gewalt liegt damals wie heute bereits in den Strukturen, in die das Individuum eingespannt ist. »Ausgehalten!« bedeutet das für den starken Storm, jeder für sich; und der in der Epoche des bürgerlichen Realismus Schreibende weiß, daß einer solchen Isoliertheit in der Erfahrung gesellschaftlicher Wirklichkeit die »Beschränkung und Isolierung der Momente« in der Novelle entspricht, im Gegensatz etwa zum Roman, der Zusammenhang und Entwicklung erfaßt. Die Isolierung, die aus der dichterischen Existenz kommt, wird paradoxerweise sowohl verstärkt als auch aufgehoben durch den 36 Jahre lang, zeitweilig unter äußerster Anspannung ausgeübten bürgerlichen Beruf, der Storm keinerlei Erfüllung bietet, der aber seine Lebensführung und damit auch sein Schreiben bestimmt, bis dahin, wo es aus Geldmangel in größter räumlicher Enge zwischen der wachsenden Kinderschar zu geschehen hat. Storm ist ein Handwerker der Kunst, der seine Texte mit dem Ungenügen dessen aus der Hand gibt, der selber die Diskrepanz zwischen dem Entwurf und dem fertigen Werkstück am deutlichsten sieht. Wie um sich zu beruhigen, schickt er Pläne, Gedichte und Erzählungen an die Mommsens, an Eduard Mörike, den er auch einmal in Stuttgart besucht, und später an Gottfried Keller, sie kritisieren zu lassen und sie dann zu ändern, nicht mit Skrupeln, sondern durchaus selbstverständlich. Sein Selbstbewußtsein ist so sicher, wie er seine Grenzen kennt, und die wiederum hängen zusammen mit den Grenzen seiner Heimat als jenem »offenen Schacht des Lebens«, aus dem der Dichter »den Edelstein der Dichtung hebt«, oder im bekanntesten Beispiel des Lyrikers unmittelbar angesprochen als:

Die Stadt

Am grauen Strand, am grauen Meer
Und seitab liegt die Stadt;
Der Nebel drückt die Dächer schwer,
Und durch die Stille braust das Meer
Eintönig um die Stadt.

Es rauscht kein Wald, es schlägt im Mai
Kein Vogel ohne Unterlaß;
Die Wandergans mit hartem Schrei
Nur fliegt in Herbstesnacht vorbei,
Am Strande weht das Gras.

Doch hängt mein ganzes Herz an dir,
Du graue Stadt am Meer;
Der Jugend Zauber für und für
Ruht lächelnd doch auf dir, auf dir,
Du graue Stadt am Meer.

Storm muß, als es für ihn unmöglich wird, von den inzwischen wieder zuständigen Dänen eine Zulassung als Rechtsanwalt zu bekommen, seine Stadt und seine Heimat verlassen und ins deutsche, genauer: ins preußische Ausland gehen, zunächst 1853 für drei Jahre nach Potsdam, wo Theodor Fontane über seine »Husumerei« mit Lämpchen und Teekessel spöttelt, und dann für acht – wie er rückblickend sagen wird – glückliche Jahre nach Heiligenstadt, in eine ehemals kurmainzische Residenz gut 20 Kilometer südöstlich von Göttingen. Als Kreisrichter muß Storm hier nicht mehr so schuften wie in Potsdam, aber die Bezahlung sichert der stetig wachsenden Familie kaum das Existenzminimum. Selbst mit den allerdings geringen Einnahmen aus den Veröffentlichungen reicht es nur für die dritte Klasse im preußischen Dreiklassenwahlrechtsstaat, was man gelegentlich gesellschaftlich zu spüren bekommt. Ansonsten zählt man sich gemäß dem Selbstverständnis des Bildungsbürgertums mit Landrats, Bürgermeisters, Staatsanwalts und Kreisgerichtsrats zu den »ungefähr zwanzig ersten Familien« in der ländlichen Kleinstadt, die insgesamt 6500 Einwohner hat. In solcher Lage verbietet sich selbstverständlich eine liberale Kritik des Bourgeois an der Unterdrückung des Bürgers, der in Preußen noch lange der Untertan bleiben wird. Storm schreibt – wie schon früher – Gedichte, Spukgeschichten, Märchen und einige Novellen und gründet – wie einst in Husum – einen Gesangverein.

Als sich schließlich 1864 unter der provisorischen Regierung von Schleswig-Holstein die trotz alledem mit Heimweh ersehnte Möglichkeit ergibt, nach Husum zurückzukehren, wird Storm dort zunächst Landvogt. Constanze wird ein »Opfer der Heimkehr«, so meint jedenfalls ihr Mann, als sie ein Jahr später am Kindbettfieber stirbt, weil diese Krankheit »hier epidemisch zu werden scheint«.

Begrabe nur dein Liebstes! Dennoch gilt's
Nun weiterleben; – und im Drang des Tages,
Dein Ich behauptend, stehst bald wieder du.

Nach einem Jahr mit Dorothea Jensen verheiratet, bezieht der Amtsrichter Storm im Oktober 1867 das Haus Wasserreihe 31, wo ihm am 4. November 1868 sein achtes Kind, die Tochter Friederike, geboren wird.

Trotz der Sorgen mit den Großen, die der Vater bemerkenswert frei, aber nicht ohne gelegentliche Schläge erzogen hat, widmet er sich jetzt deutlicher der Schriftstellerei. Konnte Fontane den Dichter in Heiligenstadt noch als »nicht bändereich, nicht enorm – doch Storm...« anreimen, so erscheint jetzt die erste Ausgabe »Sämtliche Schriften« bei Westermann, und es entstehen in rascher Folge zahlreiche Erzählungen: »Zwei Kuchenesser der alten Zeit«, »Eine Halligfahrt« (1871), »Viola tricolor«, »Beim Vetter Christian«, »Pole Poppenspäler«, »Im Nachbarhaus links« (1875), »Aquis submersus« (1876), »Carsten Curator«, »Renate« (1878), »Zur Wald- und Wasserfreude«, »Im Brauerhause« und »Eekenhof« (1879).

Am 1. Mai 1880 wird Theodor Storm, zuletzt Amtsgerichtsrat, vorzeitig pensioniert. Er verkauft sein und das Haus seiner Eltern, nachdem Vater (1874) und Mutter (1879) gestorben sind, und erfüllt sich den Wunsch nach einer Villa als Alterssitz. Es ist ein »großes steinernes Haus« in Hademarschen, einem Dorf, 60 Kilometer südöstlich landeinwärts. Das »Castell«, wie der stolze Besitzer es nennt, hat neben dem Arbeitszimmer mehrere Wohn- und Schlafräume, Terrasse und Veranda. Hier macht der Patriarch aus Weihnachten, das er seit je besonders begangen hat, ein großes Familienfest, hierhin lädt er Paul Heyse und den Literaturhistoriker Erich Schmidt ein, und von hier aus reist er 1884 noch einmal nach Berlin. In der Hauptstadt des nunmehrigen Kaiserreichs wird er gefeiert, nachdem ihm vorher vom Bayerischen König bereits der »Maximilianorden für Kunst und Wissenschaft« verliehen wurde, eine Auszeichnung, die ihn mit Eichendorff, Mörike, Hebbel, Grillparzer, Keller, Reuter und Heyse in eine Reihe stellt.

In seinem »neuen Leben« ist Theodor Storm Dichter im Hauptberuf, und so theoretisiert er auch. Oder ist die »zurückgezogene Vorrede aus dem Jahr 1881«, die ursprünglich als Vorwort des elften Bandes der Gesamtausgabe gedacht war, reine Polemik gegen »den frechen Juden Ebers«, den »Esel«, der eine Novelle »als ein Ding bezeichnet, das der Dichter sich nach dem eigentlichen Kunstwerk, dem dreibändigen Roman, wohl einmal zur Erholung erlauben dürfe«? – Keller, dem Storm wie auch Heyse und Schmidt das Korrekturexemplar der Vorrede zugeschickt hat, weist zunächst die Verknüpfung von Judentum und Degradierung einer Literaturgattung zurück, erinnert dann an entsprechende Aussagen eines Herrn von Gottschall sowie des sonst verständigen Gustav Freytag und rät schließlich, ebenso wie die andern Gefragten, die »Vorrede an der geplanten Stelle weg(zu)lassen, da die Küchenrezepte nicht zu den Gastgerichten auf die Tafel gehören«. Nun scheint es sich allerdings weniger um ein Kochrezept als um eine durchaus interessante Lageeinschätzung der gesamten Nahrungs- und Genußmittelbranche zu handeln, wenn der zugegeben befangene Storm urteilt:

»Die Novelle, wie sie sich in neuerer Zeit, besonders in den letzten Jahrzehnten, ausgebildet hat und jetzt in einzelnen Dichtungen in mehr oder minder vollendeter Durchführung vorliegt, eignet sich zur Aufnahme auch des bedeutendsten Inhalts, und es wird nur auf den Dichter ankommen, auch in dieser Form das Höchste der Poesie zu leisten. Sie ist nicht mehr, wie einst, ›die kurzgehaltene Darstellung einer durch ihre Ungewöhnlichkeit fesselnden und einen überraschenden Wendepunkt darbietenden Begebenheit‹; die heutige Novelle ist die Schwester des Dramas und die strengste Form der Prosadichtung. Gleich dem Drama behandelt sie die tiefsten Probleme des Menschenlebens; gleich diesem verlangt sie zu ihrer Vollendung einen im Mittelpunkte stehenden Konflikt, von welchem aus das Ganze sich organisiert, und demzufolge die geschlossenste Form und die Ausscheidung alles Unwesentlichen; sie duldet nicht nur, sie stellt auch die höchste Forderung der Kunst.

Daß die epische Prosadichtung sich in dieser Weise gegipfelt und gleichsam die Aufgabe des Dramas übernommen hat, ist nicht eben schwer erklärlich. Der Bruchteil der Nation, welchem die Darstellung der Bühne zugute kommt, wird mit jedem Tage kleiner, hinter dem wachsenden Bedürfnis bleibt die Befriedigung immer mehr zurück; dazu kommt, daß gerade die poetisch wertvollen neueren Dramen nur selten die Bühne erreichen oder nach dem ersten Versuche wieder davon verschwinden, sei es wegen der Unzulänglichkeit unserer deutschen Schauspieler oder weil, vielleicht im Zusammenhange mit dem ersterwähnten Umstande, den Dichtern ein gewisses praktisches Verständnis für die Darstellbarkeit abging. So haben sich denn andere Leute der Bühne bemächtigt, und man begnügt sich dort lieber mit Sachen, welche den besten der Iffland-Kotzebue-Periode nicht einmal das Wasser reichen; aber was solcherweise der dramatischen Schwester entzogen wurde, ist der epischen zugute gekommen.

Im übrigen geht es mit der Novellistik wie mit der Lyrik; alle meinen es zu können, und nur bei wenigen ist das Gelingen, und auch dort nur in glücklicher Stunde.«

Man kann die »glückliche Stunde« getrost als Metapher außer acht lassen, wenn man sich die im Winter 1885/86 entstandene solide Auftragsarbeit »Aus engen Wänden« für die Zeitschrift »Deutsche Jugend« ansieht. Um die merkantile Seite des Dichterhandwerks hat sich Storm auch in seinem sogenannten Altershumanismus durchaus gekümmert; so meint er gegenüber Gottfried Keller: »... wir Schreibenden sollten uns untereinander um den materiellen Erwerb durch unsere Schriften etwas mehr verständigen, um bei diesen unangenehmen Buchhändlerverhandlungen etwas sicherer verfahren zu können.« Am 9. Februar 1886 geht das Manuskript als »Bötjer Basch« schließlich an die »Deutsche Rundschau«. Die »wunderliche Geschichte«, Paul Heyse gegenüber ausdrücklich als keine Novelle annonciert, erscheint 1887 noch einmal zusammen mit »Ein Doppelgänger« und dann doch als »Zwei Novellen«. Ob die Buchhändler auf das Markenzeichen des Autors nicht verzichten wollten? – Immerhin hat der fleißige Novellist inzwischen noch »Die Söhne des Senators« (1880), »Der Herr Etatsrat« (1881), »Hans und Heinz Kirch« (1882) und »John Riew« (1885) auf den literarischen Markt gebracht – um nur die bekanntesten Titel zu nennen. Er ist arriviert. Die »kleinen Leute«, auf die der Obertitel der »Zwei Novellen« verweist, kennt Theodor Storm nicht nur, aber auch und wesentlich vom Hören-Sagen, welches, wenn man es wörtlich nimmt (beides!), zeitlebens seine wichtigste Quelle gewesen ist.

In Husumer Kindertagen erzählte man sich von einem Meister Basch, der sich im Brautloch, einem »jener schwarzen Wasser, die nach der Sage unergründlich sind«, habe ertränken wollen ... und so erzählt er, der Landvogt, der Storm selbst einmal war, wie es dazu kam.

Seine Geschichte fängt da an, wo Theodor Storm 1866 auch wieder angefangen hat, nur daß der Böttcher »oder auf plattdeutsch der Bötjer« zuvor nicht Familienvater war. »Daniel«, sagt zu ihm die 20 Jahre ältere Schwester und Haushälterin, »du bist erst funfzig ...« Und dann, als er rechnet: »... laß nur das Kalkulieren; die alte Frauke Michels in St. Jürgen ist gestorben, ihre Kammer ist leer, und die Herren werden mich wohl hineinnehmen, wenn ich bitte; wir sind ja Meisterkinder aus der Stadt hier.« – Selber Meister, hält der Bruder, der wie sein Autor »wußte, was er wollte«, um die Hand der 37jährigen Line Peters, Tochter des Hafenmeisters, an, heiratet sie, wird Vater eines Sohnes und ein paar Jahre darauf einer kleinen

Tochter, die aber, da das Leben wie »das Glück auf leichten Flügeln geht«, stirbt und die Mutter mitnimmt. »Fritz«, sagt da der Vater zum Sohn, »se kemmt nimme wedder, vergitt är nich!« Und nach zwei Gedankenstrichen fügt der Chronist lakonisch hinzu: »Am andern Abend waren Mutter und Kind begraben.«

Nach einiger Zeit, die der Schreiber an den Pflanzen und Bäumen im Garten abliest, befindet der Sohn, »der schon so früh für sich selber stehen wollte«: »... ich brauch keine Mutter, ich bin ein Junge.« Man bestätigt es allenthalben: er ist ein »Waghals«, ein »Gewaltsbengel«, der den humanistisch gebildeten Kollaborator, den Lateinlehrer, ärgert, aber dessen Töchterchen Magdalena hilft, der mit jungen Seehunden um die Wette schwimmt und die versäumte Stunde in der Werkstatt seines Vaters nacharbeitet: »Fix oder nix!« Als oberstes Motto über der Zeit, die vergeht, steht der von einem domestizierten Dompfaff geflötete Liedanfang »Üb immer Treu und Redlichkeit!« Eine Leerformel bürgerlicher Moral, und es ist realistisch, daß der Autor seine Figuren die Ironie, die darin liegt, nicht bemerken läßt.

Sie üben. Dennoch fällt ein »großes Sterben, ein Typhus, wie die Ärzte sagen, ... auf die Stadt«. Der Kollaborator stirbt, seine Frau, der alte Brauer Petersen, Hauptauftraggeber des Böttchermeisters, »und die Witwe hatte den Mut zur Fortsetzung des Geschäfts verloren«. Auch die alte Schwester stirbt in ihrem Stift, während Fritz, der zuerst in Hamburg gearbeitet hat, nach Kalifornien ausgewandert ist, wo es – im Goldrausch! – schon schwieriger ist mit der Redlichkeit. So kommt denn auch zu Meister Basch, der das leere Haus an eine alte Jungfer vermieten muß, um zu überleben, die falsche Nachricht, sein Sohn sei durch einen Messerstich ums Leben gekommen... Man weiß ja, wie so was geht: Ein Bruder von Storms zweiter Frau Dodo war nach Amerika ausgewandert, und was die Trunksucht angeht, die im Spiel gewesen sein soll, so hat Vater Storm seit Jahren Sorgen mit seinem Medizin studierenden Ältesten... »Üb immer Treu und Redlichkeit...«

Der »kunstreiche Vogel« gefällt auch Tiberius – »Ist denn das ein christlicher Name?« –, dem schielenden und böse aussehenden verwaisten Sohn des Kollaborators, und so verschwindet der einzige Trost des alten Basch eines Tages, eben als ein fürchterliches Unwetter die nächtliche Suche nach dem Tier zu einem wahren Himmelfahrtskommando werden läßt. Der Alte überlebt's dennoch, wird aber danach wunderlich, geht immer öfter auf den Friedhof und ist schließlich so lebensmüde, daß er, umgeben von einer Schar junger

Burschen – »die allen Menschen eingeborene Begier, das Letzte, Schauerliche einmal selbst aus nächster Nähe zu erleben, trieb sie vorwärts« –, haltlos auf das schon erwähnte Brautloch zuläuft. Er wird gerettet, und der Erzähler bekennt, als ob er auf Distanz zu der herzlosen Grausamkeit seiner Mitbürger bestehen wollte: »Die überraschenden und schnell sich folgenden Vorgänge, welche ich jetzt zu erzählen habe, sind es wohl eigentlich, welche uns in der kleinen Seestadt das Gedächtnis des einfachen Mannes bewahren ließen und mich veranlaßten, den kleinen Spuren seines Lebens nachzugehen ...« Nun sind es nämlich die Spuren des erfolgreichen Sohnes, der – die Novelle entsteht in den sogenannten Gründerjahren – den Vater fortsetzt.

Fritz Basch, der »Wetterjunge«, der »Teufelskerl«, ist redlich, kommt zurück, arbeitet wie wild, »amerikanisch«, wie die es nennen, die ihm aus reiner mitbürgerlicher Bewunderung Aufträge geben. Er wird Meister und will Magdalena heiraten, die zuvor den redlichen Dompfaff zurückgebracht hat. –

Während die »heiße Lebenszuversicht« bei den Jungen berechtigt zu sein scheint, denkt der Alte ohne Angst – »Ach, wer das doch könnte!« – daran, bald zu seiner Frau zu kommen: »Ein Jahr noch etwa hat er hiernach gelebt; am Morgen vor der Hochzeit von Fritz und Magdalena fanden sie ihn mit gefalteten Händen in seinem Bette sanft entschlafen.

– – Das ist es, was ich aus diesen engen Wänden zu erzählen hatte.«

Bürgerleid – Bürgerglück zwischen Vorurteilen, Mißgunst, Hilfsbereitschaft, Neugierde, Ehrgeiz und Zufriedenheit, Krisen wie Unwetter ausgeliefert, solchen Bürgermeistern anvertraut wie jenem »Lüders ..., der damals als ein heftiger Selbstherrscher regierte, aber auch stets allen tüchtigen Einwohnern ein bereiter Helfer und Berater war«.

Nicht, daß der Autor das alles gut findet, aber er findet es, und damit er es sich ein bißchen vom Leib hält, findet er immer auch einen Erzähler.

Die Novelle »Ein Doppelgänger« ist ebenfalls eine Rahmenerzählung. Aber während »Bötjer Basch« unter Handwerkern und Meistern spielte, auch wenn sie schon von Fabriken bedroht waren, reicht diese Geschichte in das Milieu der Proletarier. Es geht um den »tüchtigen« Soldaten – Arbeiter – Arbeitslosen – Einbrecher – Zuchthäusler und Vater John Hansen oder wie er – verfremdet sogar für die eigene Tochter – nach dem Ort seiner Strafverbüßung genannt wird: John Glückstadt.

Ort der Handlung ist wieder die Vaterstadt, aus der der Erzähler, der »schlichte Advokat« sich inzwischen »ausgebaut« hat – man erinnert sich: das steinerne Haus in Hademarschen! Die alte Schinderkate und der Schinderbrunnen befanden sich natürlich seinerzeit in gebührendem Abstand von den Bürgerhäusern. Die Erinnerung muß deshalb mosaikartig zusammengesetzt werden, aus aktuellen Andeutungen und aus dem eigenen nächtlich angeregten Gedächtnis des Advokaten, der während einer Reise beiläufig von einem ihm unbekannten Oberförster-Ehepaar – er: fünfzig, sie: Enddreißigerin – eingeladen wird. Die Frau ist die Tochter John Hansens, den wie Fritz Basch in seiner Jugend die Lust überfällt, »auch seinerseits einmal den Hals zu wagen«. Da aber die Verhältnisse für ihn nicht so sind, ist alles, was er tun kann, bei einer Gelegenheitsarbeit auf dem Schinderacker ein hübsches Bettelmädchen, das mit einer andern Arbeiterin in Streit gerät, vor dem Sturz in den alten Brunnen zu bewahren und zu heiraten. »Schade um den Burschen«, sagen einige »unter den städtischen Honoratioren, daß er ein Spitzbube geworden! Sieht er nicht aus, als hätte er General werden müssen?« Nun steht er, wie der nachdenkliche Bürgermeister noch meint, vor dem niemals lösbaren Rätsel: »Wie find ich meine verspielte Ehre wieder?« Zunächst versucht das Paar, für seine kleine Tochter zu sorgen, da aber die andern immer wieder »erbarmungslos an jene offene Wunde seines Lebens« rühren, schafft es die »große Liebesfreude« nicht, das Glück zu halten. Wenn sie nichts mehr zu essen haben, verprügelt John seine Frau. »Wer wüßte nicht, wie oft es denen, die wir ›Arbeiter‹ nennen, zum Verhängnis wird, daß ihre Hand allein ihr Leben machen muß! Wo in der Leidenschaft das ungeübte Wort nicht reichen will, da fährt sie, als ob's auch hier von ihr zu schaffen wäre, wie von selbst dazwischen, und was ein Nichts, ein Hauch war, wird ein schweres Unheil.«

Das schwere Unheil ist hier folgerichtig der Unfalltod der jungen Frau während eines Streites. Ein unbescholtener Nachbar, Tischlermeister, bürgt gewissermaßen für die Unschuld des Ehemannes und macht den Sarg für die Tote. Küsters-Mariken, »eine jener sauberen Bettlerinnen, wie wir manche bei uns zu Hause haben«, übernimmt die Aufzucht und sogar die erste Bildung des Töchterchens. Die Alte »war eine Schullehrertochter vom Lande, hatte in ihrer Jugend in der Stadt gedient und dort einen kleinen Handwerksmann geheiratet. Nach dessen Tode hatte sie jahrelang mit ehrlicher Arbeit sich um die Lebensnotdurft abgemüht, dann war sie früh gealtert und verarmt.« Als ihr John Hansen ihr Betteln, das er für eine »Schande« hält, vorwirft, weist sie ihn zurecht: »Das ist kein Betteln! Das geben mir meine früheren Herrschaften und ihre Freunde, das gehört sich so; ich bin ein alter Dienstbot', den dürfen sie nicht verhungern lassen!«

Die drei überstehen den eiskalten »Winter in den vierziger Jahren«, allerdings nicht, ohne daß der Vater, um es wenigstens am Heiligen Abend ein bißchen warm zu haben, den Bretterverschlag, den er seinerzeit als Sicherung über dem alten Brunnen angebracht hatte, verheizt. So fällt er, als er im darauffolgenden Herbst auf demselben Acker ein paar Kartoffeln stehlen will, getrieben vom eigenen, immer intakten Gewissen, in diesen Schicksalsbrunnen, über den der sinnende Gastfreund so viele Spukgeschichten und Gerüchte kennt, die sich ihm nun alle plötzlich erklären...

Als Leser, der das alles aufgeladen bekommt, ist man manchmal geneigt, die eindringlich-nüchterne Darstellung und die stahlharten bürgerlichen Lebensmaximen für zynisch zu halten, bis hin zu dem Übernamen des Doppelgängers; aber dann sieht man ein: der Erzähler kann nichts dafür: Glückstadt gibt es wirklich in Schleswig-Holstein, und dort befindet sich tatsächlich eine Strafanstalt. –

Der Ehemann der Frau Oberförsterin übrigens mutmaßt, als ihm das Ganze erzählt wird: »... das ist aber Poesie; Sie sind am Ende nicht bloß ein Advokat!« Darauf der Erzähler kopfschüttelnd: »Nennen Sie es immer Poesie, Sie könnten es auch Liebe oder Anteil nennen, die ich rasch an meinen Wirten genommen hätte.«

Die Wirte freilich, die Oberförstersleute, sind wohlsituierte, angesehene Bürger. Als sie den Anwalt-Poeten bald darauf wieder einladen, meldet der Brief: »Sie kommen just zur rechten Zeit, der Junge (das ist der hoffnungsvolle Sohn des Paares!) ist auch da mit seinem Examenszeugnis in der Tasche...« Ein Aufsteiger also, eine Individuallösung!

So ist es am Ende doch nicht »Liebe oder Anteilnahme« des Dichters an einem »von der Gesellschaft ausgestoßenen Proletarier«, wie der sozialdemokratische Theaterkritiker und Redakteur Johannes Wedde 1888 schreibt, sondern an seinen literarischen Figuren, deren eine meint: »... solche Leute fühlen anders als unsereins.« Der Kritiker hilft sich, indem er den »schneidigen Protest gegen Zustände, die so edle Volkskraft so jammervoll zugrunde gehen lassen«, als »vielleicht unbewußt« unterstellt.

Aber der von ihm rezensierte Autor ist kein Revolutionär, wenn er auch einmal – welch ein Wagnis! – mit einem Schlapphut anstelle des erwarteten Zylinders vor dem Herzog von Weimar erschienen ist. Storm ist sich dessen sehr wohl bewußt. Den Hut bezeichnet er als »Revolutionsattrappe«, und in der Tat sind weder mit Büchern noch mit Hüten je Revolutionen gemacht worden. Außerdem ist, abgesehen von dem lange verpaßten Zeitpunkt für eine politische Veränderung, der sein Ich behauptende Bürgerdichter zu Solidarität kaum fähig. Sein immer drängender werdendes Problem ist das Alleinsein und das Sterbenmüssen. Kaum eine Novelle, in der nicht einer stirbt, möglichst beiläufig, alt und lebensmüde oder mit naturgesetzlicher Notwendigkeit. An Mörike schreibt Storm einmal: »Einsamkeit und das quälende Rätsel des Todes sind die beiden furchtbaren Dinge, mit denen ich jetzt den stillen unablässigen Kampf aufgenommen habe.« Und im »Doppelgänger« sagt John Glückstadt zu seiner Tochter: »...wir dachten... nicht an den Tod!... aber er ist immer bei uns; streck nur den Finger aus, so kommt er schon« – »Up Land un See«, wie es bei Bötjer Basch auf dem Türsturz steht.

Theodor Storm 1887

Für sich selbst wird auch der 70jährige nicht damit fertig. Er hätte sein letztes Werk, den »Schimmelreiter«, nicht mehr schreiben können, wenn die Familie die Magenkrebsdiagnose, die er nachdrücklich zu erfahren wünschte, nicht in ein harmloses Leiden umgelogen hätte...

Von Literaturhistorikern ist diese Novelle – »Schwester des Dramas« – mit Goethes »Faust« verglichen worden, und wie dieser jenen, so begleitet der Schimmelreiter-Stoff Theodor Storm sein ganzes Leben hindurch. Schließlich hat der Dichter, wie er sagt, »den sagenhaften Stoff ins rein Menschliche hinübergezogen«. Diesmal braucht er dafür drei Vermittler: eine frühkindliche Erinnerung an die Urgroßmutter und »Pappes Hamburger Lesefrüchte«, darin einen »damaligen Erzähler« und einen »kleinen hageren Mann in einem abgeschabten schwarzen Röcklein«, den Schulmeister, der »in seiner Jugend einmal Theologie studiert« hat und »zu den Aufklärern« gehört. Die Version der Deichgraf-Wirtschafterin wird nicht erzählt, nur erwähnt, so bleibt dem Leser Spielraum für eine eigene Erklärung des Schimmelreiters als Vorboten des Todes.

Für Hauke Haien, den Sohn eines kleinen Marschbauern, beginnt alles damit, daß er mehr wissen will über das Meer und seine Bändigung durch den Deich. Der Vater verweist den Jungen an ein Buch von Euklid, und weil das auf holländisch geschrieben ist, braucht er auch noch eine holländische Grammatik. Die Einsicht, die der Wißbegierige aus dem Euklid und den praktischen Erdarbeiten am Deich gewinnt, schreit er »mutterseelenallein« draußen den gakkernden Möwen entgegen: »Ihr könnt nichts Rechtes... so wie die Menschen auch nichts können!« – Und tatsächlich sind sein Vater und alle andern machtlos gegenüber den Leichen, die das Meer im Frühjahr regelmäßig antreibt und gegenüber dem Grauen und den dunklen Nebelgestalten. »›Seid ihr auch hier bei uns?‹ sprach er mit harter Stimme; ›ihr sollt mich nicht vertreiben!‹... doch niemals soll er seinem Vater oder einem andern davon erzählt haben.« Wo er handeln muß, ist er allein. Allein und entschlossen tötet er den Angorakater der alten Trin' Jans, als dieser ihm an die Jagdbeute, einen besonders schönen Eisvogel, will, und allein oder fast allein setzt er sich als Kleinknecht gegen Ole Peters, den Großknecht des Deichgrafen Tede Volkerts, durch: »... die Welt, oder das was ihm die Welt bedeutet, wurde ihm klarer, je länger sein Aufenthalt in diesem Hause dauerte; vielleicht um so mehr, je weniger ihm eine überlegene Einsicht zu Hülfe kam und je mehr er auf seine eigene Kraft angewiesen war, mit der er sich von jeher beholfen hatte.« Mit dieser Kraft – ständig konkurrierend – gewinnt er die Zuneigung der Tochter des Hauses. »Schade nur, ... daß der Bengel nicht den gehörigen Klei unter den Füßen hat.« – Da es aber in dieser Gesellschaft immer noch Leute gibt, die weniger besitzen, stellt sich Hauke jedem Wettkampf, selbst wenn er, wie das Eisboseln, nicht nur mit fairen Mitteln ausgetragen wird. Aber nicht allein er bemüht sich, seine Chancen zu vergrößern, auch sein Vater verkündet, bevor er stirbt, daß er während der Dienstzeit seines Sohnes »knapp gelebt« habe, um das Erbe zu vermehren. Das Geld, in Form einer Leibrente hilfsbereit einer alten Frau gezahlt, bringt Hauke jetzt den ganzen Besitz der im Sterben Liegenden. Das »Rätsel des Todes« – in dieser kapitalistischen Gesellschaft wird es zur Berechenbarkeit des Menschen.

Aber die Konkurrenz schläft nicht: Auch Ole Peters, »sein alter Widersacher, hatte jüngsthin eine Erbschaft getan und begann ein wohlhabender Mann zu werden ... sie sahen ihn [Hauke] alle mit bösen Augen an; da faßte ihn ein Groll gegen diese Menschen ..., denn sie wollten ihn von dem Amte drängen, zu dem von allen nur er berufen war ... und so wuchsen in dem jungen Herzen neben der Ehrenhaftigkeit und Liebe auch die Ehrsucht und der Haß.« Nicht, daß Storm hier Moral predigte, er beschreibt nur die Normen, die gelten, und die Mechanismen, die greifen im »Menschlichen«, so wie er es erlebt; danach isoliert sich Hauke mit solcher Haltung, selbst gegenüber Elke, der heimlichen Braut, mit der er allerdings die Fähigkeit des Rechnens gemeinsam hat. Als der alte Deichgraf Tede Volkerts stirbt, gibt »es eine große Leiche im Dorf«, und als ob sie den Tod bannen wollten, schreiben sie auf den Grabstein unter das Bild des Knochenmannes »mit stark gezahnten Kiefern« die Verse:

»Dat is de Dod, de allens fritt,
Nimmt Kunst und Wetenschop di mit;
...«

Als der Oberdeichgraf den Nachfolger bestimmen will und den Fähigsten für dieses Amt sucht, trägt Elke ihre Berechnung vor: »Euer Gnaden, ... mein Pate, Jewe Manners, sagte Ihnen, daß Hauke Haien nur etwa zwanzig Demat in Besitz habe; das ist im Augenblick auch richtig, aber sobald es sein muß, wird Hauke um soviel mehr sein eigen nennen, als dieser, meines Vaters, jetzt mein Hof an Dematzahl beträgt; für einen Deichgrafen wird das zusammen denn wohl reichen ... ich werde vor der Hochzeit meinem Bräutigam die Güter übertragen. Ich habe auch meinen kleinen

Stolz... ich will den reichsten Mann im Dorfe heiraten!« Und schließlich: »... einem rechten Manne wird die Frau wohl helfen dürfen.« Das ist das, was auch heute noch solide Bürger für eine solide Basis des Zusammenlebens halten möchten – gegen den einkalkulierten Neid der andern. »Deichgraf von seines Weibes wegen«, höhnt man. Das stachelt Hauke Haiens Ehrgeiz zu großen Plänen an: ein neuer »Koog von zirka tausend Demat!« Hinter einem Deich, den er konstruieren will, mit neuem, modernem Profil! Elke, die jetzt in der gemeinsamen Schlafkammer oft vergeblich auf den Mann warten muß, deutet an, was für ein Opfer das kosten wird, wenn sie sich erinnert, daß, weil einem alten Aberglauben gemäß »was Lebigs« in den Deich gehört, vor hundert Jahren »ein Zigeunerkind verdämmet worden« sei.

Der tüchtige Deichgraf wird immer einsamer, »sein Verkehr mit anderen Menschen außer in Arbeit und Geschäft verschwand fast ganz, selbst der mit seinem Weibe wurde immer weniger«. Als dann die Eingabe an den Oberdeichgrafen gemacht ist, wird auf der gegenüberliegenden Hallig ein merkwürdiger, nicht aufzuklärender Pferdespuk beobachtet, und Hauke Haien kommt mit einem billig gekauften, alten Schimmel vom Pferdemarkt, den, als er rausgefüttert ist, keiner außer ihm reiten kann. Er überwacht damit die großen und wegen ihrer Neuheit und Kühnheit auch umstrittenen, teuren Arbeiten am Deich. Privat – und diese Trennung ist deutlich und systembedingt –, privat wird ihm im neunten Ehejahr eine Tochter geboren, schwachsinnig, wie sich das Paar erst viel später eingesteht. Die Wöchnerin erkrankt so schwer am Kindbettfieber, daß Hauke Haien in seiner Ausweglosigkeit anfängt zu beten. »Er hatte sich sein Christentum zurechtgerechnet«, und dabei gesteht er Gott zu: »... du kannst nicht allezeit, wie du willst, auch du nicht... du mußt nach deiner Weisheit tun...« – Wie hatte er anfangs die Möwen und die Menschen beschimpft: Ihr könnt nichts Rechtes! – Die Gläubigen, zumal die besonders Frommen aus dem Konventikel, erkennen seinen Hochmut, aber nur, um ihn in ihrem hartherzigen Urteil zu überholen: »... der ist von Gott gefallen und suchet den Feind Gottes, den Freund der Sünde, zu seinem Tröster; denn nach irgendeinem Stabe muß die Hand des Menschen greifen.« Da Elkes Krankheit durch die Kunst des alten Arztes besiegt wird, greift Hauke Haien zunächst wieder nach der der Ehefrau: »Ja Hauke, wir sind uns treu; nicht nur, weil wir uns brauchen!«

Den Leuten, die er für die Deicharbeiten braucht und in seinem Ehrgeiz mißbraucht, schreit er zu, was er auch von sich selbst verlangt: »Ausgehalten, Leute! Ausgehalten.« Dann aber – und das gehört zur Humanität wie heutzutage der Tierschutzverein – rettet der Aufgeklärte einen kleinen Hund, den sie dem alten Aberglauben gemäß als »was Lebigs« verdämmen wollen, und bringt ihn seinem blöden Töchterchen.

Der schwer erarbeitete Koog wird »nach einer der herrschaftlichen Prinzessinnen ›der neue Karolinenkoog‹ getauft«, aber die Leute nennen ihn Hauke-Haien-Koog. Das stolze Werk, so fest es steht, bleibt gefährdet, durch den anschließenden alten Deich ebenso wie durch Versäumnisse beim Bau des neuen, die Hauke Haien Gewissensbisse verursachen... »und mit niemandem, selbst nicht mit seinem Weibe, durfte er davon reden«.

Als ein Sturm losbricht, reitet er auf seinem Schimmel über den Deich und verhindert gerade noch, daß auf Befehl des nunmehrigen Deichbevollmächtigten Ole Peters, seines alten Widersachers, der neue Deich durchstochen wird, um einen Bruch des alten zu verhindern. Eben als dieser dann doch bricht, sieht Hauke Haien, daß seine »getreue Elke« ihr Haus auf der sicheren Werft verlassen hat und mit dem Kind im Wagen, vielleicht von Sehnsucht, vielleicht von Todesangst getrieben, auf ihn zu kommt...

Als die Wasser Pferd und Wagen, Frau und Kind verschlungen haben und »unheimlich rauschend sein Heimatdorf zu überfluten begannen«, sprengt er hinein: »›Vorwärts!‹ rief er noch einmal, wie er es oft zu festem Ritt gerufen hatte. ›Herr Gott, nimm mich, verschon die andern!‹ – ... ein kurzer Kampf.«

Ein letzter Versuch, den Tod als Opfer zu überhöhen und ihn damit faßbarer zu machen, das »Rätsel des Todes« zu lösen? »... der Hauke-Haien-Deich steht noch jetzt nach hundert Jahren...«, sagt der Schulmeister.

Hans Theodor Wolsen Storm, geboren am 14. September 1817 um Mitternacht, ist am 4. Juli 1888 zwischen vier und fünf Uhr nachmittags gestorben.

Auch als Lyriker, und nicht erst als 70jähriger, wie es in dem Entwurf einer Tischrede heißt, steht Theodor Storm Vergehen und Tod gegenüber:

Meine verehrten Freunde und Verwandten!
Der siebzigste Geburtstag ist wohl deshalb ein großes Fest, weil es für den Jubilar zugleich ein schmerzliches ist; denn der Volksmund hat recht: 70 Jahr ein Greis! Und das Greisentum hat wesentlich mit dem Tod zu rechnen, und die Aussicht auf den grünen letzten Hügel will dem Siebenziger nicht mehr verschwinden. Aber da wacht im Herzen der Menschen die Liebe auf; noch einmal wollen sie das Herz des alten Geburtstagskindes mit rechter Freude füllen, mit Rosen soll die trübe Perspektive verdeckt werden.

So sind auch Sie alle hieher gekommen, um mir über diesen Lebensabschnitt hinwegzuhelfen, und ich sage Ihnen nochmals meinen Dank dafür; die Erinnerung daran wird bei mir bleiben auf der Strecke Weges, die mir noch übrig ist; denn Sie haben mir wahrhaft Freude gebracht.

Meine verehrten Freunde, es sind unter den Grüßen, ich weiß es, einige, die dieses Fest als ein bloßes Familienfest ansehen wollen; ich aber kann mich der Erkenntnis nicht entziehen, daß es dem *Dichter* gilt. So lassen Sie mich ein Wort in dieser Richtung sagen:

In der Landschaft, wo ich geboren wurde, liegt, freilich nur für den, der die Wünschelrute zu handhaben weiß, die Poesie auf Heiden und Mooren, an der Meeresküste und auf den feierlich schweigenden Weideflächen hinter den Deichen; die Menschen selber dort brauchen die Poesie nicht und graben nicht danach. Ich hatte, als mein Vater mich aus der Prima der alten Husumer Gelehrtenschule auf das Lübecker Gymnasium schickte, keine Ahnung, daß gleichzeitig mit mir Dichter wie *Uhland* oder *Eichendorff* auf der Welt seien. In Lübeck aber, wo eine höhere Luft war, traten zwei für mich bedeutende Ereignisse in mein Leben: Ich lernte Goethes »Faust« und ich lernte Heines »Buch der Lieder« kennen; mag man von diesem sagen, was man will oder kann, ein Dichter wird ihn nie verleugnen können. Mir war – ein Jüngerer wird sich von dem Eindruck keine Vorstellung machen können –, als sei plötzlich ein Vorhang und noch einer fortgerissen und ich sähe zum erstenmal in eine Welt, aus der die Poesie mit ihren Sternenaugen auf mich blickte. Dann kam noch *Eichendorff* und später, in den letzten Universitäts[jahren] Eduard *Mörike* hinzu; und so war ich mit denen bekannt, die bestimmend auf meine eigene Kunst einwirkten; ich wurde ihr Schüler, niemals ihr Nachahmer; davor bewahrte mich meine zu selbständige Natur.

Schon auf der Husumer Schule hatte ich mich in Versen versucht, aber es war eine inhaltslose Spielerei; in Lübeck wurde der Ton ein etwas anderer; aber es war immerhin nur noch ein schülerhaftes Flügelprüfen; auch aus der Universitätszeit ist nur weniges stehngeblieben.

Erst als ich in meiner Vaterstadt Advokat geworden, als ich absolut für mich selbst verantwortlich geworden war und mein Leben einen festen Inhalt gewonnen hatte, wurde meine Lyrik fertig. Und als ich die schicksalsschweren Lieder, welche die kleine Dichtung »Immensee« tragen, geschrieben hatte – »Meine Mutter hat's gewollt« und das »Lied des Harfenmädchens« –, als dann auch noch das »Oktoberlied« entstanden war, da war mir, auch ich sei jener seltenen reinen und tiefen Lyrik mächtig, die ich nur bei Goethe, Uhland, Eichendorff, Heine und Ed. Mörike gefunden hatte (und bei allen diesen auch nur in einzelnen Gedichten). Und dies Gefühl – ich darf es, dem Lebensende so nahe, wohl aussprechen, denn wehe dem, der nicht im Alter an das glaubt, was er stets für seine beste Lebensarbeit angesehen hat (trotzdem eine junge Gesellschaft in Berlin, die, mit mehr Feuer als Fähigkeit, schon den Literaturzügel in der Hand zu haben meint, mich schon zu den Abgetanen werfen möchte und obschon über ein Menschenalter hinaus kaum wenige von meiner Lyrik etwas wußten) – dies Gefühl ist jetzt meine feste Überzeugung.

Oktoberlied

Der Nebel steigt, es fällt das Laub;
Schenk ein den Wein, den holden!
Wir wollen uns den grauen Tag
Vergolden, ja vergolden!

Und geht es draußen noch so toll,
Unchristlich oder christlich,
Ist doch die Welt, die schöne Welt,
So gänzlich unverwüstlich!

Und wimmert auch einmal das Herz –
Stoß an und laß es klingen!
Wir wissen's doch, ein rechtes Herz
Ist gar nicht umzubringen.

Der Nebel steigt, es fällt das Laub;
Schenk ein den Wein, den holden!
Wir wollen uns den grauen Tag
Vergolden, ja vergolden!

Wohl ist es Herbst; doch warte nur,
Doch warte nur ein Weilchen!
Der Frühling kommt, der Himmel lacht,
Es steht die Welt in Veilchen.

Die blauen Tage brechen an,
Und ehe sie verfließen,
Wir wollen sie, mein wackrer Freund,
Genießen, ja genießen!
(28./29. Oktober 1848)

Über die Heide

Über die Heide hallet mein Schritt;
Dumpf aus der Erde wandert es mit.

Herbst ist gekommen, Frühling ist weit –
Gab es denn einmal selige Zeit?

Brauende Nebel geisten umher;
Schwarz ist das Kraut und der Himmel so leer.

Wär ich hier nur nicht gegangen im Mai!
Leben und Liebe – wie flog es vorbei!
(Februar 1875)

Elisabeth

Meine Mutter hat's gewollt,
Den andern ich nehmen sollt;
Was ich zuvor besessen,
Mein Herz sollt es vergessen;
Das hat es nicht gewollt.

Meine Mutter klag ich an,
Sie hat nicht wohlgetan;
Was sonst in Ehren stünde,
Nun ist es worden Sünde.
Was fang ich an?

Für all mein Stolz und Freud
Gewonnen hab ich Leid.
Ach, wär das nicht geschehen,
Ach, könnt ich betteln gehen
Über die braune Heid!
(14. Februar 1849)

Lied des Harfenmädchens

Heute, nur heute
Bin ich so schön;
Morgen, ach morgen
Muß alles vergehn!

Nur diese Stunde
Bist du noch mein;
Sterben, ach sterben
Soll ich allein.
(1851)

Geh nicht hinein

Im Flügel oben hinterm Korridor,
Wo es so jählings einsam worden ist
– Nicht in dem ersten Zimmer, wo man sonst
Ihn finden mochte, in die blasse Hand
Das junge Haupt gestützt, die Augen träumend
Entlang den Wänden streifend, wo im Laub
Von Tropenpflanzen ausgebälgt Getier
Die Flügel spreizte und die Tatzen reckte,
Halb Wunder noch, halb Wissensrätsel ihm
– Nicht dort; der Stuhl ist leer, die Pflanzen lassen
Verdürstend ihre schönen Blätter hängen;
Staub sinkt herab; – nein, nebenan die Tür,

In jenem hohen dämmrigen Gemach
– Beklommne Schwüle ist drin eingeschlossen –,
Dort hinterm Wandschirm auf dem Bette liegt
Etwas – geh nicht hinein! Es schaut dich fremd
Und furchtbar an.
Vor wenig Stunden noch
Auf jenen Kissen lag sein blondes Haupt;
Zwar bleich von Qualen, denn des Lebens Fäden
Zerrissen jäh; doch seine Augen sprachen
Noch zärtlich, und mitunter lächelt' er,
Als säh er noch in goldne Erdenferne.
Da plötzlich losch es aus; er wußt es plötzlich
– Und ein Entsetzen schrie aus seiner Brust,
Daß ratlos Mitleid, die am Lager saßen,
In Stein verwandelte –, er lag am Abgrund;
Bodenlos, ganz ohne Boden. – »Hilf!
Ach Vater, lieber Vater!« Taumelnd schlug
Er um sich mit den Armen; ziellos griffen
In leere Luft die Hände; noch ein Schrei –
Und dann verschwand er.
Dort, wo er gelegen,
Dort hinterm Wandschirm, stumm und einsam liegt
Jetzt etwas; – bleib, geh nicht hinein! Es schaut
Dich fremd und furchtbar an; für viele Tage
Kannst du nicht leben, wenn du es erblickt.
»Und weiter – du, der du ihn liebtest –, hast
Nichts weiter du zu sagen?«
Weiter nichts.

(Februar 1879)

1817 14. 9.: Hans Theodor Woldsen Storm wird als erstes Kind des Justizrats Johann Casimir Storm und dessen Ehefrau Lucie, geb. Woldsen, in Husum geboren.

1826 Im Herbst kommt Theodor, der bis dahin schon vielfach privat unterrichtet worden ist und die Klippschule besucht hat, in die Quarta der Husumer Gelehrtenschule.

1835–1837 besucht er die Prima des Katharineums in Lübeck; dort lernt er Emanuel Geibel kennen.
Im April beginnt Storm ein Jurastudium in Kiel.

1838 Er studiert in Berlin weiter.

1839 Er ist wieder in Kiel, wo er die Brüder Mommsen kennenlernt und

1842 sein juristisches Staatsexamen macht.

1843 Storm kehrt nach Husum zurück und eröffnet, nachdem er zunächst im Anwaltsbüro des Vaters gearbeitet hat, eine eigene Praxis.

1844 Storm verlobt sich mit seiner Cousine Constanze Esmarch, der ältesten Tochter des Segeberger Bürgermeisters.

1846 15. 9.: Die beiden heiraten.

1847 Theodor hat – toleriert von Constanze – ein dreiviertel Jahr lang ein Liebesverhältnis mit der 19jährigen Husumerin Doris Jensen.

1848 25. 2.: Der erste Sohn Hans des Ehepaars Storm wird geboren.

1849 Die Novelle »Immensee« (in der 1. Fassung) und das Märchen »Der kleine Häwelmann« erscheinen.

1851 30. 1.: Der zweite Sohn Ernst wird geboren.

1852 Die erste Ausgabe von Gedichten, u. a. »Die Stadt«, erscheint.

1853 10. 6.: Der dritte Sohn Karl wird geboren.
18. 10.: Storm wird zum preußischen Gerichtsassessor ernannt; er geht im Dezember nach Potsdam, wo er seinen Kontakt mit Theodor Fontane vertieft.

1855 10. 6.: Als viertes Kind wird die Tochter Lisbeth geboren.

1856 Im Juli wird Storm zum Kreisrichter in Heiligenstadt ernannt.

1860 Als fünftes Kind wird die Tochter Lucie geboren. Theodor Storm schreibt – wie schon früher – Gedichte, Spukgeschichten, Märchen und einige Novellen.

1863 24. 1.: Als sechstes Kind wird die Tochter Elsabe geboren.

1864 Storm wird zum Landvogt des Landkreises Husum gewählt, wohin er zurückgekehrt ist.

1865 4. 5.: Als siebtes Kind wird die Tochter Gertrud geboren.
20. 5.: Storms Frau stirbt am Kindbettfieber.

1866 13. 6.: Storm heiratet seine Freundin aus dem ersten Ehejahr Dorothea Jensen.

1867 Storm wird Amtsrichter.
4. 11.: Sein achtes Kind, die Tochter Friederike, wird geboren.

1867–1880 Es entstehen die Erzählungen: »Zwei Kuchenesser der alten Zeit«, »Eine Halligfahrt«, »Viola tricolor«, »Beim Vetter Christian«, »Pole Poppenspäler«, »Im Nachbarhause links«, »Aquis submersus«, »Carsten

Curator«, »Renate«, »Zur Wald- und Wasserfreude«, »Im Brauerhause«, »Eekenhof«.

1880 1. 5.: Der Amtsgerichtsrat Storm wird vorzeitig pensioniert. Er verkauft das Haus seiner inzwischen verstorbenen Eltern und läßt sich in Hademarschen »ein großes steinernes Haus« bauen.

1881 30. 4.: Die Familie zieht in die »Altersvilla«.

1886 Theodor Storm schreibt »Bötjer Basch«.

1887 Er schreibt u. a. »Ein Doppelgänger«.

1888 9. 2.: Er beendet den »Schimmelreiter«.
4. 7.: Theodor Storm stirbt in Hademarschen.
7. 7.: In der Husumer Familiengruft wird er begraben.

WEITERFÜHRENDE LITERATUR

Georg Lukács: Die Seele und die Formen. Essays, Egon Fleischel & Co, Berlin 1911. (Sonderausgabe der Sammlung Luchterhand, Luchterhand Verlag, Darmstadt und Neuwied 1971.)

Reimer Kay Holander: Theodor Storm, Der Schimmelreiter. Kommentar und Dokumentation. Dichtung und Wirklichkeit, Ullstein Verlag, Frankfurt, Berlin, Wien 1976.

Wilhelm Raabe

ULRICH KONITZER

Wilhelm Raabe – der leidende Bürger

»Ich komme noch aus den Tagen, wo in meines Vaters Haus an der Weser mit Stein, Stahl aus dem Pünnenkasten Licht angezündet wurde. Ich habe einen Herrn gekannt, der noch einen Zopf trug. Ich habe noch einen Mann gesehen, der im Siebenjährigen Krieg mit dabei gewesen ist.« Raabe 1906

Am 8. September 1831 wird dem Aktuar am Amtsgericht zu Eschershausen im Herzogtum Braunschweig, Gustav Raabe und seiner Ehefrau Auguste Johanne Friederike, geb. Jeep, ein Sohn geboren. Nach der Taufzeremonie greift die Hebamme nach dem Kopf des Täuflings und berührt nach alter Tradition eine Säule der Kirche, ruft: »Nu wird er ein berühmter Mann!« Das ist der Junge denn auch geworden.

Der Großvater väterlicherseits ist als Postmeister in Holzminden nicht nur ein belesener Mann, sondern zugleich ein schreibender, der die Ereignisse der lokalen Geschichte berichtet. Er hat sogar ein Handbuch für die Kindererziehung verfaßt, zudem einen »Briefsteller für Kinder«. Im alten Posthaus wird der Enkel vor verstaubten alten Büchern und seltsamem Krimskrams aus vergangenen Zeiten, in hohen Schränken aufbewahrt, stehen, wird tagträumend auf das zerfallende riesige Palmenblatt schauen, das ein Onkel aus dem Unabhängigkeitskrieg der Nordamerikaner zusammen mit einem Degen mitgebracht hat. Dort in der Poststube hat sich der Zehnjährige einmal einen Schwips angetrunken, als der Großvater das Dienstjubiläum feierte.

Der Vater, umfassend gebildet, besitzt eine umfangreiche Bibliothek, auf die sich der Sohn stürzt. Er fährt mit ihm nach Wolfenbüttel, um die gerade eröffnete Eisenbahnlinie zu zeigen. Der Vater möchte, daß Wilhelm das Spielen eines Musikinstrumentes erlernt, aber der zeigt wenig Neigung dazu. Ob die Abneigung Raabes, das Unverständnis gegenüber musikalischen Veranstaltungen auf die Vaterzwänge zurückgeht? Vielleicht ist auch der väterliche Starrsinn auf den Sohn überkommen. Seine Unkirchlichkeit macht »ihm Gegner, auch beruflich«. Wenn man will, sagt der Vater, kann man alles zustande bringen. Ein solches Erziehungssystem wird auf die Dauer zur Last. Der Sohn hat seinen Vater darum auch nicht ungern sterben sehen! Später sagt er: »Einer mußte weichen.« Geht Raabes

Skepsis und Distanz aller Autorität gegenüber auf eine verwundete Sohnesseele zurück?

Der Vater gab gar keinen Anlaß, kindliche Zuneigung sich entfalten zu lassen. Nichts erfuhr der Junge vom Innern des Vaters, hörte allenfalls aus nächtlichen Elterngesprächen über die »schauderhafte Arbeit« am Gericht, an der der Vater fast zugrunde zu gehen scheint. Er hört die Mutter: »Wirf doch lieber alles weg und laß uns nach Amerika gehen.« Mutter und Sohn stehen in inniger Verbindung. Beide gegen den Vater, den Störenfried in der Mutter-Sohn-Beziehung. Im Alterswerk Raabes wird sein Mutterbild gezeichnet, nirgends finden wir die Figur des Vaters. Einmal wird er schreiben: »Meine Mutter ist es gewesen, die mir das Lesen aus dem Robinson Crusoe beigebracht hat. Was ich nachher an Wissenschaften zuerworben habe, heftet sich alles an den lieben feinen Finger, der mir ums Jahr 1836 herum den Punkt über dem i wies.« Raabe weiß, wieviel seiner schriftstellerischen Fähigkeiten er der Mutter verdankt. Sie hat ihm »das närrischste Teil ihres lieben Intellektes mit auf den Lebensweg gegeben«. Zwei Wochen nach ihrem Tode schreibt er: »Ich habe unendlich viel verloren, denn ich habe geistig ununterbrochen mit ihr gelebt.«

Was treibt Wilhelm in der Schule? Das Gymnasium hat ihn nicht nur geplagt, sondern verängstigt. Argwöhnische Beobachter seines Schullebens sind zwei Onkel, am gleichen Gymnasium tätig. Mühsam paukt sich der phantasievolle Junge die Vokabeln toter Sprachen ein. In sich gekehrt, grüblerisch und selbstquälerisch verbringt er den Tag. Unter den Lehrern entsteht das Bild eines insgeheim rebellierenden Schülers. Höchstens die Deutschlehrer haben sein Talent entdeckt; ihre Korrekturnotizen beweisen es. Sicherlich auch ein Zeichenlehrer, denn ein »Zeichnenbuch« zeigt gekonnte jugendliche Versuche. Er malt kleine Ölbilder. Ein bunter General hängt später in seinem Arbeitszimmer.

Ein Schulheft aus dem Jahre 1848 läßt uns in einige Aufsätze blicken. Eine Tiergeschichte über Schwalben und Sperlinge sollte geschrieben werden. Der Schüler Raabe zeigt erste Merkmale kommender Schreibweise. Anschauliches Erzählen paart sich nämlich mit spöttischer, ironischer Kritik, wenn er den Storch, d. i. der Lehrer, Sinnloses verzapfen läßt. Phantasieerfüllt ist eine Erzählung über die Einnahme Roms 1525 durch deutsche Landsknechte. »An der Landstraße« stellt uns den jugendlichen Schreiber als antiautoritären Gymnasiasten vor, der für Freiheit und Nation kämpfen möchte. Trägt er doch an der Schülermütze die schwarz-rot-goldene Kokarde! Wilhelm zeichnet einen Barrikadenhelden aus dem März

1848, mit dem er sich wohl identifiziert. Was mag er am 24. Februar 1848 erlebt haben? Eine Tagebuchnotiz von 1890 mit gleichem Monatsdatum lautet: »Vor 50 Jahren.«

Der Schüler Wilhelm Raabe schafft das Pensum nicht. Mit 17 Jahren, ohne Abitur, geht er von der Schule. Das Abgangszeugnis bemerkt: »Im deutschen Stil und im freien Handzeichnen hat er einen Grad der Vollkommenheit erlangt, wie es auf der Bildungsstufe, auf welcher er steht, nicht häufig ist.« Was soll Raabe ohne Abitur machen? Seine Neigungen liegen im Literarischen. Also soll er es mit einer Buchhändlerlehre versuchen. Er wird dazu »nach Magdeburg geschickt«. Ein Abschnitt seines Lebens ist beendet, jener nämlich, der ihm mütterliche Geborgenheit gab. Da draußen wartet auf ihn die rasende deutsche Industrialisierung, die Verfestigung der Herrschaft aus Kapital und Grundbesitz. »Das Biedermeier ist zuende!« (Chronik der Sperlingsgasse)

»Es ist eigentlich eine böse Zeit!«

Der Versuch, Buchhändler zu werden, »mißlang vollständig«, doch der junge Mann beginnt, den Weg auf den berühmten Mann hin zu gehen. Der Lehrling wohnt in einem sagenumwobenen Haus aus dem 16. Jahrhundert. Nächtliche Gänge durch die Gassen der Stadt erregen seine Phantasie, er fühlt sich versetzt in die Geschichte Magdeburgs. Alles wird »zu einem Bilderbuch«. Raabe liest und liest: aus dem Antiquariat Chroniken, lernt Englisch, um Sterne, Fielding, Dickens besser verstehen zu können. Freiligrath und Heine schärfen den politischen Sinn. Er hört den abendlichen Diskussionen in der Wohnung seines Lehrherrn über den Philosophen Feuerbach aufmerksam zu. Im Bücherladen erfährt der junge Buchhändler die neuen Mechanismen des literarischen Marktes. Eine zeitgenössische Stimme meint: »Die Zeitschriften sind an die Stelle der Bücher getreten. Eine neue Macht will eigene Münze haben, und die Journale locken und zahlen.« Fabrikmäßig massenhaft werden die Zeitschriften produziert, fabrikmäßig schnell produzieren die Autoren ihre Manuskripte, nach Form und Inhalt gewünscht. Auch Raabe wird einmal zum Lieferanten werden!

Am Ende dreier Jahre hat er »eine ziemliche Menge sehr verworrenen Wissens« angehäuft. Es drängt ihn nach Systematisierung der Kenntnisse, die er seiner Meinung nach nur auf der Universität erlangen kann. Er fürchtet sich vor dem Leben als Buchhändler, vor den verkaufsarmen Sommermonaten, dann werden im Buchladen

»nur Fliegen gefangen«. Der abgebrochene Gymnasiast will unbedingt das Abitur nachholen. Die bildungsbürgerlichen Vorstellungen der Zeit bringen Raabe dazu, ein Studium als notwendige Voraussetzung schriftstellerischer Existenz anzusehen. Denn für eine solche hat er sich entschieden. Vorläufig aber ist der Weg dorthin gänzlich ungesichert. Asthma und andere psychosomatische Störungen deuten auf eine Lebenskrise des 22jährigen hin. Ängste erfüllen ihn, sein selbstquälerisches Gemüt lastet, »krank kam ich nach Hause zurück«. Jahre später wird manche bittere Erfahrung dieser Monate in seinen Erzählungen ihren Niederschlag finden. Von dem Gottesbild der Kirche hat sich Raabe längst losgesagt.

In den kommenden widerwärtigen Monaten schirmt die Mutter ihn gegen das bösartige Draußen ab. Klatsch und Tratsch bemächtigen sich der abgebrochenen Schullaufbahn, der abgebrochenen Lehre, der Krankheit an Leib und Seele. Hatte der Vater nicht behauptet, »jeder könne, was er wollte«? Der Sohn muß die Fragwürdigkeit dieser erzieherischen Maxime bestätigen: Er schafft nicht das Abitur als Externer. Aber der Starrsinn des Vaters findet sich bei Wilhelm auf ganz andere Weise wieder. Er überlegt, ob er sich nicht als Gasthörer an der Universität zu Berlin einschreiben soll. Er möchte seine »Weltkenntnis mehr in ein übersichtliches Ganzes« bringen, denn diese Ganzheit will er literarisch vermitteln.

Also geht Raabe um Ostern 1854 nach Berlin. Dort wird er auf sich »selbst beschränkt« leben, versuchen, sich »im Getümmel eine eigene Welt« zu bilden. Er stürzt sich ins Studium, belegt eine Unzahl von Vorlesungen, darunter viele gebührenfrei. Der junge Mann muß sparen, die Pension der Mutter ist begrenzt. Er hört Kunstgeschichte, Geschichte des Mittelalters, deutsche Literatur, Ästhetik, Rechtsphilosophie. Daneben verschlingt er aus einer Leihbibliothek neueste Literatur. Ein Kollegheft vom Dezember 1855 dokumentiert seinen außerordentlichen Bildungsfleiß, z. B. ackert er ein Werk über Jean Paul durch. Seine Notizen geben Aufschluß, wie der 23jährige sich mit ihm zu identifizieren sucht, indem er dessen gegensätzliche Charaktereigenschaften und dessen literarisches Schaffen auf sich bezieht. Wie sein Vorbild notiert er Impressionen, Reflexionen, denn alles ist ihm literarisch verwendbar:

»Die über die Dächer ragende alte Kirche. Orgelton, Glocken, Lichterglanz der Weihnachtsmarktfrühkirche. – Im Sommer – im Winter. – Die bemoosten Apostelbilder. Das Zifferblatt. – Die Krähen. – Niemals eine bloß ins Kleine malende Schilderung, sondern stets durchwoben mit lebenden Bildern. – Stets das Gegenteil des Kommenkönnenden, wenn auch noch so paradox, aufzustellen versuchen: Originalität! Register machen, was zu lesen ist.«

Wir wissen über seine Erlebnisse nichts. Was mag sich am 29. November 1854 Unter den Linden zugetragen haben? Das Tagebuch des 29. 11. 1879 verrät nichts: »Vor 25 Jahren Unter den Linden.« Er besucht die Volksbühnen, geht zur Tanzstunde, wofür er seine Schillerausgabe versetzen muß. Ein Trinklied aus dem Wintersemester 1855/56 ist in froher Stimmung des Studiosus geschrieben:

> Drink, drink, drink!
> Oh, Mylords and gentlemen!
> Fill the cup and fill the can!
> Go ahead! Hurrah, hurrah!

Meistens ist Raabe aber allein, in sich gekehrt, verschlossen, schaut durch das Fenster auf das Treiben der Spreegasse. Wem mag er dort begegnet sein, welchen Mädchen? Gab es sie wirklich, die Marie, »die niedliche Putzmacherin«, die am Fenster gegenüber näht, aus dem Erstlingswerk? Oder Klärchen, das Waisenkind? Gewiß hat Raabe vernommen, »das dumpfe Murren und Rollen der Arbeit« im industrialisierenden Berlin. Gewiß hat er den Arbeiter mit dem Beil in der Hand gesehen, den erst der Tod aus den Ketten der Ausbeutung befreien wird. Am »Federansetzungstag«, dem 15. November 1854, bei Schneetreiben vorm Fenster, geschieht ihm, um mit Benn zu reden, die »Chronik der Sperlingsgasse«. Er reißt urplötzlich aus einer Zigarrenkiste das gelbe Einwickelpapier und beginnt beim Schein einer Öllampe zu schreiben. Die Niederschrift wird, wie der Autor später formuliert hat, zu einer »pathologischen Merkwürdigkeit«. Schreibt doch ein ganz junger Mann in der Gestalt eines ganz alten Mannes eine Chronik, eine Darbietung von Vergangenem, weit jenseits von Jugend. Der Alte hat sich in seiner Stube von der Gegenwart abgewandt, nicht verzweifelnd über die »böse Zeit«, durchaus nicht, sondern nachdenklich wie ein Weiser in seiner Höhle. »O ihr Dichter und Schriftsteller Deutschlands, sagt und schreibt nichts, euer Volk zu entmutigen ... scheltet, spottet, geißelt, aber hütet euch, jene schwächliche Resignation ... zu befördern oder gar sie hervorrufen zu wollen.« Raabe schreibt aus dem schmählichen Erlebnis der mißratenen bürgerlichen Revolution von 1848 heraus. Die Weltwirtschaftskrise der endenden 50er Jahre wirft ihre Schatten, der Krimkrieg könnte zum großen Krieg werden. Die Figuren der Erzählung werden zu Trägern politischer

Die Spreegasse (Sperlingsgasse) in Berlin

Haltungen, damit zur politischen Kundgebung des Verfassers. Der alte Handwerker schwärmt »vom fremden Franzosenland, wo das Volk der Plackerei und Adelswirtschaft müde geworden war und reinen Tisch machte«. Da ist Roder, »einer jener Volkslehrer, wie sie nur Deutschland hervorbringt, der im Jahre 1849 nach Amerika gejagt« worden ist, denn »sie fürchteten sich gewaltig vor ihm«.

Viel Sentimentalität und Moralisieren sind in diesem Erstling verpackt. Zugeständnisse an das Publikum oder jugendliches Engagement? Traditionelle Figuren der Volksliteratur werden eingesetzt, z. B. der verelendete Amerikaauswanderer, die Witwen und Waisen, der adlige Bösewicht, der ausgemergelte Proletarier. Gelungen dagegen, wie der Autor das Unruhige, die Widersprüchlichkeit der Epoche in der Erzählstruktur vermittelt: sprunghafter Wechsel der Erzählräume und Erzählweise, Kontrastierung von Heute und Gestern.

Das Ganze in einer Romanzeitung unterzubringen, gelingt dem jungen Schriftsteller noch nicht. Unbekannt wie er ist, soll ein Pseudonym zum Erfolg verhelfen. Nennt er sich doch Corvinus, in Anlehnung an Corvus, d. i. Rabe. Oder ob der wegen Hochverrats 1853 angeklagte Heidelberger Professor Gervinus bei der Namensgebung inspirierte? Raabe findet mit Hilfe eines Freundes in Berlin einen Verleger. Der publiziert das Buch im Herbst 1856, ohne dem Autor ein Honorar zu zahlen, vielmehr muß dieser noch einen Druckkostenzuschuß geben, den er sich zur Hälfte beim Bruder ausleiht. Er bekommt wenigstens 50 Freiexemplare, die flugs an Literaturkritiker versandt werden. Damit hat Raabe einen nicht ungeschickten Versuch unternommen, auf den Markt, d. h. in die Zeitschriften zu gelangen. Beurteilen die Kritiker günstig, so werden die Verleiher der Romanzeitungen aufmerksam. Die Rezensionen sind in der Tat wohlwollend bis begeistert. In der Vossischen Zeitung heißt es: »Ein reizendes Buch, warm wie die Märzsonne, die uns über die Blumenbretter ins Fenster schaut, heiter wie der Frühlingshimmel, doch zugleich sinnvoll ernst, mild melancholisch wie ein Herbstsonnenuntergang.« Eine andere Stimme vergleicht Raabe mit Jean Paul: »Die Persönlichkeiten, die er vorführt, sind echtmenschliche, die Situationen einfach und wahr.« Nach der vergnüglichen Lektüre solcher Pressestimmen ist der junge Autor von sich überzeugt: »Doch habe ich das Gefühl, als könnte ich Bücher solcher Art, vielleicht auch bessere noch mehr und vielerlei zutage fördern.« Er ist überzeugt davon zu wissen, was das deutsche Leserpublikum zu lesen wünscht. Die Zeitschriftenverleger werden nun tatsächlich aufmerksam. Eine »Berliner Illustrierte Damenzeitung« meldet sich. Postwendend antwortet Raabe, daß er gerne für sie arbeiten möchte, und liefert gleich ein albernes Prosastückchen zur gefälligen Unterhaltung: »Bitte, bitte, schönste Leserin.« Bewußt stellt er sich auf »Sentimentalität für die deutsche Damenwelt« ein, so im Brief an den Verleger. Raabe will auf den Markt kommen.

Doch die »Chronik« wird kein Geschäft. Die lebenskluge Mutter hatte schon nach der Lektüre des Manuskriptes ausgerufen: »Ach, Wilhelm, es wird ja doch wieder nichts!« Ein Vertreter meinte ärgerlich: »Mit solchem Zeug soll man Geld machen!« Die Leserschaft kommt nicht zurecht mit dem Buch. Ungewohnt sind die vielen Episoden, ist der Mangel an fortlaufender Handlung, ist der reflektierende Gegenwartsbezug, ist der Mangel an erzählter Historie. Erst ab 1877, mit Illustrationen versehen, bringt die »Chronik« Gewinn. Bis zum Tode des Autors werden 70 000 Exemplare gedruckt, bis heute sind es eine halbe Million. Raabe hat im Alter sein Buch als »abgestandenen Jugendquark« bezeichnet, nur brauchbar, um Honorare zu erhalten.

Mittlerweile ist er wieder in Wolfenbüttel bei seiner Mutter. Der verlorene Sohn ist heimgekehrt, wird als honoriger Schriftsteller in die Honoratiorenschaft aufgenommen. Onkel Justus liest stolz aus dem Buch des Neffen im Unterricht vor, Onkel Christian aber versucht, schulmeisterhaft den Stil des Neffen zu verbessern. Merkwürdig genug, daß der sich den pedantischen Korrekturmaßnahmen jahrelang unterworfen hat, so z. B. in der Abänderung des Relativpronomens »der« in »welcher«. Sechs Jahre lang wird der Sohn in einer Junggesellenbude bei der Mutter wohnen. Als Gesellschaft hat er einen gezähmten Raben bei sich, an den Wänden hängen ein Garibaldi-Bild und das bunte Generalsbildchen aus der frühen Jugendzeit, im Zimmer steht Großvaters Schreibsekretär. Die Freunde wissen wenig über seine schriftstellerische Arbeitsweise. Sie amüsieren sich über den Pessimisten, der dauernd »Pestilenz, Krieg und Hungersnöte« prophezeit. Manchmal stört seine Reizbarkeit. Mehrmals die Woche wandert er meilenweit zum Theater in Braunschweig. Zur Musik hat er kein Verhältnis, sie stimuliert ihn allenfalls zum Schreiben wie Kaffee und Alkohol.

Raabe verfaßt in Wolfenbüttel fünf Romane und über ein Dutzend Erzählungen. An Lyrik versucht er sich ziemlich unkritisch, schreibt im Dezember 1857: »Ich entdecke, daß ich Verse machen kann.« Und er kann gar nicht! Er schickt einiges an eine Zeitschrift. Ein »unfreundlicher Brief« ist die Antwort. Später einmal wird ihn die »Scham des Verseschmiedens« überkommen, und ein Paket Gedichte wird im Feuer verschwinden. Einige abgelegte Stücke hat er in seine Prosa nachher eingeschmuggelt. Überflüssig, schlecht, es kommt nur Nachempfundenes, Nachgemachtes zustande.

Fast die Hälfte seiner Erzählungen erscheint in den eben gegründeten »Westermanns Monatsheften«. Mit einem ihrer Redakteure fühlt sich Raabe freundschaftlich verbunden, der bringt ihn als Autor unter. Insgesamt werden von ihm dort 32 Titel abgedruckt werden. Die meisten Themen in Erzählung und Roman sind in der deutschen Geschichte angesiedelt. Anfangs unterscheiden sie sich nicht von der damals viel verschlungenen historisierenden Literatur, man liest auch die Abhängigkeit von Vorbildern heraus, z. B. Scott und Dickens, Dumas und Heine. Noch ist eine Menge episodenhaft Anekdotisches zu finden, viel bilderbuchartige Sentimentalität, auch naiver Erziehungsoptimismus. Gesellschaftskritik wie in »Ein Frühling« bleibt plakativ, obwohl in drohend visionärer Sprache, paßt auch gar nicht in den Textzusammenhang. Raabe gelingt es vorläufig noch nicht, Frauenfiguren zu schaffen, die der Wirklichkeit entsprechen. Da gibt es die männermordende reife Frau, eine »Bildsäule des Verderbens«, die reine Unschuld, mit »frohem Herz und freudigen« Augen ausgestattet, oder die Ehefrau als »Genius dieses gesicherten Reiches häuslicher Heimlichkeit«. Aber solche Frauenfiguren haben gewiß nicht das Interesse der Leser geschmälert, sie entsprechen den bekannten Mustern der Romanzeitungen.

Doch wir finden bereits Spuren, die von der Erzählweise zeitgenössischer Literatur hinwegführen. So die Form der Rückblende, der zeichenhaften Bezüge zur Gegenwart oder die Gleichsetzung von Figuren und Ideen. Hier scheinen die Leser nicht mitgemacht zu haben. Sie wollen Fluchthilfe (Schenda) aus der Wucht der Industrialisierung, aus dem Wellental der Weltwirtschaftskrise. Sie wollen Unterhaltung, die vom belasteten Dasein wegführt. Jemand hatte schon in den 30er Jahren die Entwicklung bissig gekennzeichnet: »Mitten in der Novellenleserei der Trägheit, wo der Leser recht zu faulenzen glaubt, muß (die Literatur) ihm einen Floh ins Ohr setzen, und muß ihn allmählich durch Gebilde eines glückseligeren, kräftigeren, hochherzigen Lebens überraschen, daß er vor Ungeduld und Sehnsucht ganz unbändig wird.« Bei solchem Leserverhalten findet »Ein Frühling« in einem Jahr ganze 100 Abnehmer! Der sehr bekannte Verlag Vieweg in Braunschweig hatte den Roman extra als Vorabdruck im neu eingerichteten Feuilleton seiner Hauszeitschrift besorgt. Raabe bekam 150 Taler für zehn Monate Arbeit.

Die abfälligen Kritiken mit ihren Hinweisen auf Mängel der erzählerischen Komposition oder sein Verlieren in Bilderbögen hört Raabe gar nicht gerne: »Was für gute Ratschläge habe ich schon seit

Beginn meiner schriftstellerischen Laufbahn bekommen, aber glauben Sie mir, Frische und Originalität werden nicht leichter vernichtet, als durch Befolgung guter Ratschläge.« Aber Jahrzehnte später hat der reife Autor das Frühwerk abgetan als »Gequadder«, als »Jugendsünde«, als »Seitensprung« oder als »Literatur-Küken«, den »Frühling« wollte er »völlig ausrotten«.

»Wenn ihr wüßtet, was ich weiß, sprach Mahomet, so würdet ihr viel weinen und wenig lachen.« (Abu Telfan)

Der bekannte junge Schriftsteller leistet sich nun eine längere Reise von April bis Juli 1859 nach Sachsen, Österreich und Süddeutschland. Fleißig schreibt er der lieben Mutter, welche berühmten Leute er gesprochen, welche Sehenswürdigkeiten er genossen. Stolz berichtet er: »Es ist doch ganz hübsch, wenn man bloß seinen Namen zu nennen braucht, um überall freundliche Gesichter zu sehen.« Er pflegt Beziehungen zu Verlegern, alles in allem »eine sehr nutzbringende Reise«. Einmal lesen wir: »Die Gegend ist so schön, man möchte sich seine Braut da herausholen.« Dazu sollte es auch kommen, nur kommt die Braut nicht aus dem Süden, sondern aus der Heimat. Begann alles am 28. Oktober 1860? Das Tagebuch meldet: »Tanz mit Frl. B. L. Um 12 Uhr nach Hause.« Im März 1861 verlobt sich der bekannte Schriftsteller mit der Honoratiorentochter Bertha E. W. Leiste, der vier Jahre jüngeren, mit kupferrotem Haar, selbstbewußt, erzogen im französischen Pensionat in der Schweiz, ausgestattet mit 13 000 Talern Mitgift. Das ist sehr, sehr viel Geld. Raabe erhält 1862 für einen Roman nach einjähriger Arbeit 700 Taler. Die Hochzeit ist ein Jahr später, am 24. Juli 1862. Am selben Tage reist das junge Paar ab, nicht auf die Hochzeitsreise, sondern gleich nach Stuttgart, dem neuen Wohnsitz.

Warum gerade Stuttgart, nicht Berlin oder München? Was will Raabe dort in der Fremde, linkisch, verschlossen, mit auffälligen norddeutschen Spracheigentümlichkeiten, z. B. »wir waren inn'n Wald« oder »Fäderzeichnung« statt Federzeichnung? Man muß wissen, daß Stuttgart damals ein Zentrum des Buchmarktes war: 60 000 Einwohner und 56 Buchläden, dort werden 55 Zeitschriften herausgegeben. Ein Umschlagplatz für Literatur, dem im nördlichen deutschen Sprachraum nur Leipzig Konkurrenz machen kann. Raabe hatte seinerzeit auf seiner Reise dort wohlwollende Aufnahme gefunden. Er verspricht sich eine Menge davon, im persönlichen Kontakt mit Produzenten von Literatur zu sein. Nach einem Jahr wird er schreiben: »Für mich als Schriftsteller wie als Mensch könnte ich jetzt in Deutschland keinen besseren Aufenthaltsort finden.« Nach zwei Jahren lesen wir im Tagebuch: »Grau. Der Gedanke von Stuttgart fortzugehen.« Was ist geschehen?

Zunächst ist alles im schönen Einklang, der reinste Honigmond. Die jungen Leute improvisieren erst ihre Wohnungseinrichtung, denn der Tischler hat schlecht gearbeitet. Man konnte auch nicht alles an ererbtem schönem Mobiliar mitnehmen. Raabe läßt sich zu Hause mit liebender Duldung von Frau Bertha ziemlich gehen, draußen gibt er sich als Beau, was gar nicht zu ihm paßt. Für die junge Frau wird ein Logenplatz im Theater abonniert, »daneben einen zweiten für mich zu mieten, stand mir gar nicht mehr nach dem Sinn. Das war gut so. Denn auch sie wurde rasch schaumüde, und nun mußte ich da ihr Abonnement absitzen. Das Billet durfte doch nicht verfallen. Aber ich ärgerte mich schmählich und beneidete (die), die sich derweil beim Abendschoppen behaglich fühlten und mich auslachten, wenn ich nachkam.«

Umwelt und Eheglück versetzen ihn in ein Hochgefühl. Er stürzt sich in die Arbeit, beginnt frühmorgens, endet spät in der Nacht. Zeitweise schreibt er drei, vier Stücke gleichzeitig. Während er am »Hungerpastor« arbeitet, entstehen eine Novelle und eine Erzählung. Bald wird das erste Kind, eine Tochter, geboren. Warum nun zum Jahresbeginn 1865 diese trübsinnige Bemerkung? Hier ist es angebracht, sich mit Raabes Seelenzustand zu befassen. Das Tagebuch mag als hinweisendes Psychogramm dienen. Es beginnt am 1. Oktober 1857 und endet wenige Tage vor dem Tode. Er trägt es immer bei sich, um nachzuschlagen. Die Eintragungen sind nicht Markierungen persönlicher Vorgänge, sondern ein Sammelsurium aus Wetterberichten, Krankheitszuständen, Honorarabrechnungen, Lektüre, registrierter Post, von Geselligkeiten, Reiseterminen, Hotelrechnungen, Anfang und Ende seiner Arbeiten auf Stunde und Minute genau. Wir finden so gut wie nichts an Ausgeformtem über seine Erlebnisse und Empfindungen, seine Träume und Sehnsüchte, seine Freunde und seine Frau. Stimmungen werden höchstens angedeutet: »Ekel schal und unersprießlich.« Mit 37 Jahren trägt er ein: »Müde vom Leben.« Dieses Tagebuch paßt zu seiner Scheu, sich darzustellen, sein Inneres aufzuweisen. »Daß mir das nicht in die Zeitung kommt«, hat er einmal gesagt, als jemand über ihn berichten wollte. Ein Gedicht über die Ängste in einer Krankheit läßt er nicht publizieren. Niemandem gibt er, auch nicht seiner Frau, Einblicke in den Schaffensprozeß.

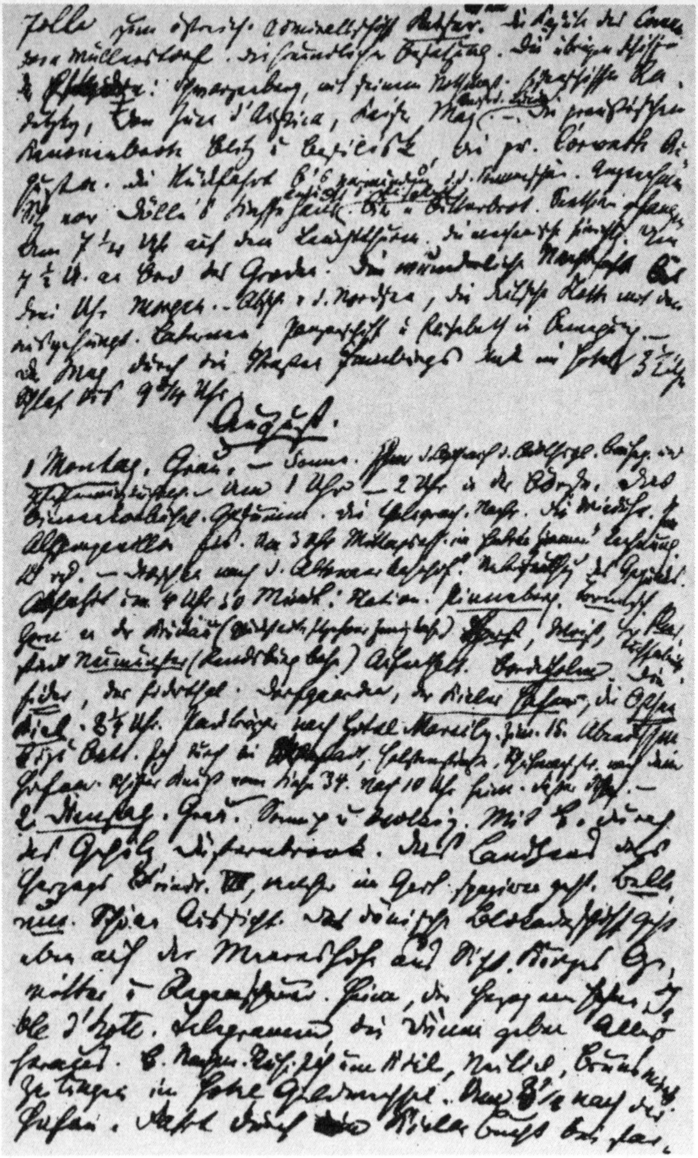

Ein Ausschnitt aus Raabes Tagebuch

Was ist das für eine Scheu! Nur einmal ist Raabe über sie hinweggesprungen, und zwar teilt er sich im Mai 1861 in wenigen Sätzen mit, wohl im Überschwang der Gefühle: Er hatte sich gerade verlobt. Noch Jahre später ist er bitterböse über den Abdruck dieser biographischen Bemerkungen. Ein Mensch habe ihm, »der sich nachher als ein ziemlicher Lump erwies, die Notizen und den Brief abgelockt.« Zeigt uns das Tagebuch mit den pedantischen Reihungen von Daten und Personen, der rigorosen emotionalen Distanz nicht einen unsicheren, sogar verängstigten Menschen, der sich an diesen Reihungen festhält? Die Freunde in Wolfenbüttel hatten ihn doch wegen seiner Schwarzseherei aufgezogen? Über die Untiefen seiner Seele legt Raabe dieses Faktenmaterial einer äußeren Wirklichkeit, um die innere zu verbergen. Auffallend im Gespräch ist seine Angewohnheit, »unberufen« zu sagen, Furcht vor dem Zukünftigen ausdrückend. Ganz sicherlich haben Erbanlagen ihre Spuren hinterlassen: »Er hatte immer erst eine schwere Last trüber Gedanken abzuschütteln, ehe er das leichte, flatternde Gewand der Freude fassen konnte. Zur Heiterkeit des Daseins konnte er sich nur mittelbar erheben, und so ward sie ihm niemals ganz rein, ganz ungetrübt gegeben«, schreibt Raabe autobiographisch in einem Roman.

Die paar biographischen Bemerkungen vom Mai 1861, über die er sich so geärgert hat, deuten einiges an: »Es stecken eine Menge Gegensätze in mir, und seit frühester Jugend habe ich mich selbstquälerisch mit ihrer Analyse beschäftigt ... Im gesellschaftlichen Leben wird niemand in mir den Poeten erkennen; ein ästhetisches Gespräch kann mich in den Sumpf jagen. Ich liebe einen Kreis guter Gesellen, eine gute Zigarre und wenn's sein muß einen guten Trunk ... Von Natur etwas blöde und scheu, werde ich deshalb oft für hoffärtig und anmaßend gehalten.« Also die Gegensätzlichkeit, man kann auch sagen: das Gespaltensein. An zwei Gedichten aus dem gleichen Jahr 1861 lesen wir Raabes Zwiespältigkeit ab: Sie sind am selben Tag niedergeschrieben worden, eines vormittags, das andere in der zweiten Tageshälfte: Weltverfinsterung, Welttrauer einmal, dann strömende, beschwingte Weltbejahung (Pongs). Jeweils eine Strophe soll hier wiedergegeben werden.

»Legt in die Hand das Schicksal dir den Kranz,
So mußt die schönste Pracht du selbst zerpflücken;
Zerstören wirst du selbst des Lebens Glanz
Und weinen über den zerstreuten Stücken.«

»Nun ist's geschehen,
Vom Weltenraum
Ward mir gegeben
Ein süßer Traum.
Nun sind umschlossen
Vom engsten Ringe
Im stillsten Herzen
Weltweise Dinge...
Lichtblauer Schleier.

Raabe erwähnt seine Stammtischleidenschaft. Dort passiert manches, was er nicht im Tagebuch notiert. Er ist gar kein Kostverächter, wenn »saftige Geschichten« die Runde machen, trägt dazu bei, auch schriftlich: »Es reget sich der Frühling unbedingt/In der Knappschaft edelsten Gliedern.« Andererseits wollen ihm »die kaufkräftigsten Regungen erotischen Trieblebens nicht aus der Feder, namentlich drückt er sich gern um den traditionellen Höhepunkt marktgängiger Novellisten: die Liebeserklärung«, schreibt ein Freund. Das Moralisieren ist Raabe gar nicht fremd. Über einen seiner ehemaligen Freunde zieht er her: »Trunk und Brunst haben ihn geliefert. Dieser Mensch besaß kein Atom Selbstbeherrschung. Die Dienstmädchen verfolgte er brüllend bis in ihre Dachstuben, und wenn er beim Weine saß, da klebt er wie Pech am Stuhle.« – »Über Eheirrungen selbst der geistigsten Art brach er mit herber Entschiedenheit den Stab«, berichtet einer der Bekannten. Er gibt sich gerne in der Pose des Einsichtigen, des Beherrschten. Keiner erfährt, daß er seiner Frau ein Manuskript aus der Hand reißt, daraus ganze Seiten zerreißt, weil sie unerlaubt einen Blick hineintat. Keiner schaut ihm zu, wenn er Ränder seiner Manuskripte oder von Rechnungen oder Briefumschläge mit Zeichnungen bekritzelt. Merkwürdig Abgründiges kommt da zustande, z. B. sehen wir auf einer Zeichnung vom 19. 9. 1874 spukartige, fast gespenstische Tierwesen. Bedrohende Angst in erfolglosen Monaten und die Krankheit der Mutter mögen ihren bildhaften Niederschlag gefunden haben. Aber der rundliche Amor auf dem Rücken des wölfischen Tieres? Welche tief angesiedelten Wünsche geraten hier an die Oberfläche? Woanders taucht über dem Meer eine riesige Windsbraut auf, das winzige Schifflein bemerkt man kaum: Die weibliche Figur ist ganz nackt. Ist das überhaupt eine Windsbraut?

Einen tiefen Einblick in Raabes gegensätzliche Existenz gibt uns die Begegnung mit Marie Jensen. In Stuttgart trifft er auf Wilhelm Jensen, den »Redakteur mit der schönen Frau«, einen damals beliebten Schriftsteller. Raabe und Jensen, beide engagierte Parteigänger Bismarcks, werden wegen Zwischenrufen aus einer politischen Veranstaltung hinausgeworfen. Eine lebenslange Freundschaft erwächst. Raabe begegnet in Marie Jensen einer für ihn ungewöhnlichen, aufregenden Frau. Sehr jung, temperamentvoll, künstlerisch begabt, sich ihrer Persönlichkeit bewußt, besitzt sie Züge, die er an der Mutter so gerne mochte. Hat sie nicht auch jenen »närrischen Teil« ihres Intellektes? Eine Freundschaft entfaltet sich, die nur mühsam ihre erotischen Seiten verhüllen kann. Charakteristisch für Raabe ist, daß er auf die Avancen der 21jährigen reagiert in der klassischen Pose des weit älteren Mannes, der doch ihr Vater sein könnte. (Er ist 14 Jahre älter.) Verlegen, unsicher entzieht er sich, aber sitzt ihr trotzdem Porträt. Sie lockt ihn, fordert ihn heraus, er antwortet, indem er ihr eine Holunderblüte sendet. Er ist schreibfaul, sie reagiert, indem sie die Lektüre eines historischen Romans mit Raabes Namen in Verbindung bringt, sich mit der »Ägyptischen Königstochter« identifiziert. Auf Dauer gesehen, fühlt sich der Angeschwärmte belastet, versucht, ihre erotischen Anspielungen zu übergehen, z. B. solche: »Ärgert es Sie, daß Sie sich so recht auf Liebesgeschichten darin eingelassen haben?« Was geht in ihm vor?

Da schreibt er eine Erzählung herunter, in der ein Vierziger über sich nachdenkt: »Ich bin zu solide gewesen und bereue es heute in Kummer, Schmerz und im Sylter Badekostüm.« Bei den Jensens eingeladen, flüchtet er sich in sein Asthma, die Freundin vermutet richtig, »ihm ganz unerträglich zu sein«. Später wird er Krankheit vorschützen, um sie nicht besuchen zu müssen, was sie aber gleich entdeckt. Zehn Jahre nach dem Umzug der Freunde nach Flensburg gibt sich Raabe mit 46 Jahren ganz als alter Mann, sozusagen jenseits von Gut und Böse. Tagträumend, einen Tag vor ihrer beider Geburtstag, erzählt er ihr: »Wie froh bin ich, daß ich Dich vor meinem Eintritt ins Greisenalter, am Eingang in die richtige Torfgegend und Lüneburgerheide-Stimmung des Daseins noch einmal in Deiner Jugend erblickt habe.« Wie es so ist, im Alter werden Briefe schließlich nur noch kärglich gewechselt. Und was sagt Frau Bertha zu allem, die von Marie Post bekommt, in der allenfalls von »Herbstscheuertagen« und Kinderkrankheiten die Rede ist? Sie beobachtet sehr feinsinnig, bemerkt die Heiterkeit ihres Mannes beim Umgang mit Marie, unterdrückt meistens Kommentare solcher Art: »Daß Wilhelm seine Wallfahrt – Deinetwegen – nicht ausgeführt hat, daran bin ich ganz gewißlich nicht schuld.« Wollte doch der Ehemann seinen Geburtstag bei Marie verbringen, während seine Anverwandten ihn bei sich haben wollten. Einen soliden

Ehestreit gab es, als die Jensens Stuttgart verließen, worüber wir noch lesen werden.

Die Gegensätzlichkeit in Raabes Existenz alleine auf Anlage und Sozialisation zurückzuführen, befriedigt auch nicht. Er erlebt »eine böse Zeit«. Ökonomische Krisen und politische Niederlagen des liberalen Bürgertums lasten. Der Schriftsteller muß sich dem Markt aussetzen, hat damit zu rechnen, auf Ablehnung zu stoßen. So ist die Spanne zwischen eigenem idealen Anspruch und der sozialen Praxis schier unerträglich. Der Schriftsteller droht daran zu zerbrechen. Unter Raabes Erzählfiguren vermitteln besonders eindringlich Lehrerfiguren die Situation. Die Lehrer sind gewöhnlich bei ihm mit ihren rührend anmutenden Bildungsabseitigkeiten der gesellschaftlichen Brutalität ausgeliefert, so z. B. dem Behördenterror. Sie sind widersprüchlich, angepaßt, passive Helden.

»Das ist die Schrecknis in der Welt, schlimmer als der Tod, daß die Kanaille Herr ist und Herr bleibt.« (Der Schüdderump)

Wir erinnern uns, Juli 1862 nach Stuttgart gekommen, will Raabe im Januar 1865 schon wieder weg. Was hatte er sich alles von dieser Stadt versprochen! Was ist geschehen, daß er die Flucht ergreift? Eine Kette von Belastungen macht ihm zu schaffen. Querelen mit Verlegern, Diffamierungen wegen seiner politischen Überzeugung und damit Spannungen im Bekanntenkreis, deprimierende Erkrankungen in der Familie und bei sich, Mißerfolge auf dem Büchermarkt und nicht zuletzt der Fortgang der Jensens.

Der Schriftsteller fühlt sich durch Verleger ausgebeutet, ihnen ausgeliefert. Im Juli 1863 entrüstet er sich: »Ich (suche) mit dem selben Recht so schnell und sicher meine Arbeitskraft zu verwerten wie Herr G. Westermann sein Kapital.« Er weigert sich, fabrikmäßig zu produzieren, fühlt sich beleidigt, beantwortet nicht verlegerische Briefe.

»Weil das deutsche Volk seinetwegen ihnen [den Verlegern] das Abonnement für ihre Zeitschriften« kündigt, kündigen die Verleger ihm, so meint Raabe. Zwei der drei großen Romane der Stuttgarter Zeit werden kein Geschäft. Der Entwurf zum »Hungerpastor« zeigt die Intention des Autors: »Der Hunger nach politischer Freiheit«. Der fertige Roman aber verliert sich im bescheidenen Glück der Hungerpfarre. Immerhin hat Raabe mit gefühlvoller Sprache einen Leserkreis angesprochen. Vom »Abu Telfan« hofft er, »das Buch soll uns auf die Bühne unseres Rufes heben«. Er kann das Manuskript gerade noch loswerden. »Der Schüdderump« findet keinen Verleger, er muß erst den Forderungen eines Verlages nachgeben und den Roman in einer Zeitschrift erscheinen lassen, wozu dieser gar nicht geeignet ist. Da »zieht er sich bandwurmartig durch Über Land und Meer«, schreibt der Verfasser in Anlehnung an den Namen der Zeitschrift und beklagt den Verlust an poetischer Kraft.

Von Anfang an gibt es neben den Spannungen mit den Verlegern auch lebhafte politische Auseinandersetzungen. Raabe macht in der antipreußischen Atmosphäre Süddeutschlands keinen Hehl daraus, daß er eine kleindeutsche Lösung befürwortet. Er schreibt an die Mutter über die »brutale schwäbische Selbstüberheblichkeit«. Seine Frau wird als »Preußenkopp« beschimpft, er schließlich als politisch verdächtig denunziert. Diese Denunziation hängt wohl kaum damit zusammen, daß Raabe ein einseitiger Parteigänger Bismarcks ist. Vielmehr erschüttert ihn die neuerliche Niederlage des Bürgertums im preußischen Verfassungskonflikt, die er zurückführt auf die feige Kompromißhaltung des Bürgertums. 1863 noch fordert er, dem deutschen Volk »bleibt nichts übrig als die Revolution!« So entsteht ein Riß zwischen Raabe und guten Bekannten. Sicherlich hat er sich auch ein wenig leichtfertig über Honoratioren ausgelassen. Mörike bedenkt er mit dem Zweizeiler: »Zierlich ist des Vogels Tritt im Schnee, singt Professor Eduard Mörike.« Dem Philosophen Vischer wirft er taktloses Verhalten als Tischherr gegenüber Frau Bertha vor, »indem er in breitestem Schwäbisch auseinandersetzte, ihre Braunschweigische Mundart höre sich doch einfach scheußlich an«. Das alles trug nicht zur Förderung von Kontakten bei, vielleicht hat Raabe im Lauf der Zeit auf solche auch gar keinen Wert mehr gelegt? Man könne »nach Gesellschaften und im Verkehr mit dem Honoratiorentum Bücher wie den ›Schüdderump‹ nicht schreiben«. Auf die Abwendung des Publikums, die Ablehnung der Verleger, den politischen Ärger reagiert der sensible Raabe mit Depressionen und Erkrankungen, die sich mit den Jahren steigern. »Es ist keine Rettung in der Welt vor der Welt«, heißt es in »Else von der Tanne« 1864. Zudem erlebt Frau Bertha zwei Fehlgeburten. Sie hat sich nur sehr schwer in Stuttgart einleben können. Die lockeren Geselligkeiten der Künstler mißfallen der Honoratiorentochter des Nordens. Sie sorgt sich, daß die Tochter »ein rechtes Schwabenmädle« werden könnte. Dauernd gibt es Krach mit den Hausmädchen.

Raabe verbringt 1868 wochenlang die Nächte »erstickend, würgend und erbrechend«. Der Mangel an Schlaf hindert den Arbeitsablauf, macht ihn noch depressiver. »Ich bin in meinem ganzen Leben noch nicht so verzweifelt vergrellt und lebensüberdrüssig gewesen.« Im Tagebuch häufen sich die melancholischen Notizen: »Nichtigkeit und Albernheit des Lebens« oder »Ekel, schaal und unruhig«; nur »bei Jensens Aufatmen«. Zu allem Elend teilen die am 22. September ihren Fortgang von Stuttgart mit. Darauf bringt die Tagebuchnotiz vom 23. die entscheidende Bemerkung: »Entschluß, nach Braunschweig zu gehen.« Merkwürdigerweise trägt der »Abu Telfan« schon den Untertitel »Die Heimkehr vom Mondgebirge«; der Entwurf zum Roman vom April sagt »Plan zu dem Buche: Die Heimkehr«. Januar 1865 also die Bemerkung über den Fortgang, April des gleichen Jahres das literarische Motiv. Das letzte Beisammensein mit den Freunden, der Freundin besonders! Auf dem Heimweg ist Raabe gänzlich verzweifelt, geht doch die vertraute Freundin von ihm. Frau Bertha ist aufgebracht über den Abschiedsschmerz ihres Mannes. Er erlebt Zustände rasender Verstörtheit an den nächsten Abenden, die bis in die frühen Morgenstunden anhalten. Er versteckt sie im Tagebuch hinter griechischen Bezeichnungen.

Ein Jahr vergeht, im Februar 1870 meldet der Sohn an die Mutter: »Ich schreibe eine Erzählung: Der Marsch nach Hause. Ist das nicht vielversprechend?« Die Ehefrau wird erst Mitte März über Umzugsvorbereitungen in Kenntnis gesetzt. Sie freut sich, daß ihr Mann einen Ort verläßt, an dem er kein »Liebeszeichen und Dankeswort« erhielt. Immerhin gibt es eine glanzvolle Abschiedsfeier, wozu der Scheidende ein umfängliches Gedicht schreibt, in dem wir lesen, daß »stets in deinen Norden dringen wird des Südens warmer Gruß«.

Chaotischer Aufbruch, denn ganz plötzlich hat der Familienvater am 16. Juli die Abreise für den 17. angeordnet. »Du mußt packen, und ich will sehen, ob ich noch einen Möbelwagen und Packer kriege.« Die Familie gerät in die Mobilmachung der deutschen Armeen gegen Frankreich. Raabe ist begeistert von der Einheit der Nation in diesem Kriege: »Wir sind jetzt alle Brüder!«

Doch dann beginnt der Alltag für den Schriftsteller, der in den kommenden Herbsttagen schwer durch Asthma geplagt wird. Melancholie umdüstert ihn. Er hat das Gefühl »eines auf den Rücken gefallenen Käfers«. Der Arzt diagnostiziert eindeutig psychosomatische Symptome. Die nächsten Monate bringen der Familie Krankheiten und Geldsorgen, auch das schwierige Einleben in einer Stadt, in der Raabe vorläufig persönlich keiner kennt. So geht er einer neuerlichen schweren Krise entgegen, ähnlich lastend wie jene von 1868/69.

Ihn bedrängt vor allem nach dem großen Kriege die Erkenntnis, daß sich seine Träume von der Nation der Brüder nicht verwirklichen. Die Welle der Gründerjahre schwappt über. »So war im deutschen Volk der Geldsack aufgegangen und die Taler rollten auch in die Gossen, und nur zu viele Hände griffen auch dort danach. Es hatte fast den Anschein, als sollte dieses der größte Gewinn sein, den das geeinigte Vaterland aus einem großen Erfolg in der Weltgeschichte hervorholen könnte.« Bitterböse Sätze trägt Raabe in sein Notizbuch ein, denen in den nächsten Jahren gleichlautende folgen werden: »Das Geld liegt auf der Straße. Für den deutschen Poeten aber liegt es leider in der Gosse. Will der es aufheben, so steht dem nichts mehr im Wege.« Oder: »die deutsche Nation gibt mehr für papierne Vatermörder [Kragen, ans Hemd geknüpft] und Halskragen aus als für bedrucktes Papier.« Der Schriftsteller ist lange Zeit unfähig, sich mit umfangreicheren Arbeiten zu beschäftigen. In einem Brief gesteht er, er möchte einen Schrei ausstoßen, daß ihn »ein Mensch höre«.

Was ist denn nun am »Abu Telfan« und am »Schüdderump«, daß diese Werke der Stuttgarter Zeit nicht ankommen? Liegt es daran, daß sich der Autor die Last seiner eigenen Existenz von der Seele geschrieben hat? Der erste Roman ist wenige Monate nach der schicksalvollen Notiz vom 3. 1. 1865 begonnen worden. Raabe benötigt mehrere Anläufe, um ihn zu vollenden. In hohem Alter wird er die Stuttgarter Jahre als die glücklichsten seines Lebens preisen, tatsächlich verklärt er die damalige Situation. Briefe und Notizen weisen auf einen ganz anderen Zustand hin als ein später verklärender Blick.

Im »Abu Telfan« kehrt ein Mann aus afrikanischer Gefangenschaft in die deutsche Heimat zurück, in der er bald aber die »gefahrvollsten, geheimnisvollsten Abenteuer erlebt«, also keine Geborgenheit und Annahme durch die Mitmenschen. Er soll vielmehr sein »ausländisches Wesen abtun«, sich anpassen. Dieser Mann muß sich wehren, als befände er sich in der fremdesten Fremde. Raabe denunziert den deutschen Heimatbegriff, der ihm nichts bedeutet, wenn er individuelle Freiheit nicht zuläßt. »Mir zum Exempel ist es ganz einerlei, ob ich in Braunschweig oder in Neapel wohne, was ich esse, wo ich esse und – was für ein Getöse außerhalb meiner vier Wände herrscht.« Er hat sich am wohlsten gefühlt in einer Großstadt-Etagenwohnung, hat auch wenig Gefalgefunden an heimatlicher Natur. Böse äußert er sich: »Mit der Heimatkunst ist alles Unsinn ... Das mir bis in den Tod verhaßte Wort Heimatkunst.« Im »Horacker« verbergen sich hinter bäuerlicher Idylle Betrug und Feigheit. Im »Abu Telfan« bestimmt in der

Heimat das »germanische Spießbürgertum«. Der Andersdenkende ist ihm ausgeliefert und hat keine Wahl, als zu kapitulieren oder den Angriff auf diese Unmenschlichkeit zu wagen. Dieser Widerstand gelingt dem Heimkehrer im ersten Anlauf nicht. Er muß in selbstgewählter Trennung über ein anderes Vorgehen nachdenken.

Eine der gelungensten Passagen des Buches ist jene zu Beginn des 13. Kapitels, das in der Nacht vor der Entscheidungsschlacht bei Königgrätz geschrieben wurde. Im Sinne seiner Feststellung »Es ist viel Lüge in der Literatur« demaskiert der Autor hier die beliebten trivialen Romane über das deutsche Mittelalter und attackiert indirekt den zeitgenössischen Adel: »Es wird wohl einmal die Stunde kommen, wo der Auktionar mit dem Hammer auf den Tisch klopft und den ganzen Trödel vor dem deutschen Volk versteigert ... Zwölf Durchlauchten für einen Groschen und die dreizehnte dazu!«

Dieser bissige Angriff auf heilige Güter des Bildungsbürgertums stößt die Leser ab. Der kunstfertigen Erzählweise mit so vielen Zitaten und Fremdworten, mit verschlüsselten Bemerkungen, mit den zahlreichen Figurengruppen haben sie auch nichts abgewinnen können. Die sozialkritische Tendenz wie auch die drei Erzählschichten mögen die meisten nicht. Eine enttäuschte Rezension trifft das Empfinden des Publikums: »Ein gewisser Hang nach dem Absonderlichen tritt doch nachgerade zu stark hervor.« Mit buntem Umschlag versehen, werden 1500 Stück der Auflage 20 Jahre später als »Eisenbahnlektüre« in den Handel gebracht.

Nicht anders geht es mit dem »Schüdderump«. Der Titel ist schon abschreckend genug, handelt es sich doch um einen Totenkarren des Mittelalters, mit dem die Pesttoten ins Massengrab geschafft werden. Die allmähliche Arbeitsweise bei der Niederschrift weist auf die Seelenlage Raabes hin: Bedächtig, nachdenklich sich vorwärts tastend, entsteht erst ein Entwurf. Raabe nimmt, entgegen seiner sonstigen Gewohnheit, kein anderes Thema in Angriff. Die Anfertigung verläuft vom Herbst 1867 bis zum Frühsommer 1869, umfaßt also verdüsterte Lebensjahre. In diesen Monaten besorgt er sich Werke Schopenhauers, liest darin am Silvesterabend 1868. Abgründiger Pessimismus hat ihn gepackt. Raabes Glaube an menschlichen Fortschritt ist schwer erschüttert: nirgends ein Zeichen dafür, daß das deutsche Bürgertum sich der 48er Tradition erinnert, nirgends eine Hoffnung, daß sich das Besitzbürgertum seiner humanistisch-aufklärerischen Tradition erinnert. »Sie kaufen und verkaufen alles!« Wem der Bourgeois begegnet, der ist zum Untergang verurteilt. So kann es gar keinen Helden mehr in der Literatur geben, an dem vermittelt werden kann, wie die Welt ins rechte Lot gebracht werden könnte. Im »Abu Telfan« versucht der Heimkehrer Hagebucher, über die Volksbildung die Veränderung einzuleiten, Henning in diesem Roman zeigt »sowohl dem Fell wie dem Charakter und dem Intellekt nach sich als ein ganz regelrechter Esel«. Er paßt sich den Lebensformen des Besitzbürgertums an. Der Kapitalist Häussler hat ihn untergekriegt. Die Guten zerbrechen in dieser entseelten Welt. »Das ist die Schrecknis in der Welt, schlimmer als der Tod, daß die Kanaille Herr ist und Herr bleibt.« In dieser kapitalistischen Gesellschaft wird alles »Liebliche und Schöne« zerstört. Keiner kann sich dem Marktzwang entziehen, jeder lebt in der »Wüste des Lebens ... seinen gewiesenen Gang«. Niemals mehr wird Raabe diese Erkenntnis in seinen Werken außer acht lassen.

Der Verleger Kröner in Stuttgart lehnt das Manuskript ab. Seine Begründung charakterisiert zutreffend die poetische Substanz des Werkes wie auch die unternehmerisch bedingte Ablehnung: »Der Schüdderump (ist) von einer so tief tragischen, düsteren Grundhaltung, daß mir ein Erfolg beim großen Publikum etwas fraglich wurde ... Aber in der Stimmung, in die es mich versetzte, wollte nun einmal keine rechte Unternehmungslust gedeihen.« Unglücklicherweise läßt sich der Autor auf einen Zeitschriftenabdruck ein, wozu der Roman überhaupt nicht geeignet ist, denn er benötigt Geld. Das wiederum führt zu unerquicklichen Auseinandersetzungen um das Honorar.

Solche Bücher finden also keine Leser. Deren Sinn steht nach ganz anderem, mehr nach unterhaltender Belehrung, nach Erbauung, nach Historischem als nationaler Selbstbestätigung. Die Leser möchten keine Sonderlinge und Eigenbrötler Raabescher Machart, lieber feine Leute, brave Leute, am liebsten die »gewaltigen Helden und hehren Weiber« germanischer und deutscher Geschichte. Sie lesen gerne über die Goten, dieses Rassevolk, das ein Reich gründet unter der Führung seines erhabenen Heerkönigs. Gerührt ist man über die »deutsche Treue«, die in der Geschichte waltet. Am schönsten ist aber, über die feinen Leute zu lesen, wie sie bei der Marlitt »Im Hause des Kommerzienrates« wohnen, die in »heilloser Zeit« leben, denen jedoch »nie ein Wort über Geldgeschäfte entschlüpft«, denen die Dienerschaft »nicht um des Geldes willen« dient. Draußen agieren die »Umsturzmenschen«, die Sozialdemokraten. Und eine Fabrik liegt »reizend zwischen hohen alten Bäumen an dem rauschenden kleinen Flusse«. Da zieht Raabe ganz andere Saiten auf!

»Es ist mir immer um das Kunstwerk bei meiner Lebensarbeit zu tun gewesen, nie um den Effekt. Sie nennen mich einen ›stillen und bescheidenen Künstler‹. Das Hauptwort nehme ich an, die zwei schmückenden Beiwörter aber durchaus nicht.« (Raabe in einem Dankesbrief 1901)

Raabe bleibt in den nächsten Jahren Verlegern, Kritikern und vor allem der Leserschaft mißliebig. Der Mißerfolg des Romans »Der Dräumling« macht ihm klar, daß er vorläufig nicht mehr daran denken darf, »einen großen Zeitroman« zu schreiben. Der Autor kommentiert dieses Buch, er habe es gelassen geschrieben während des siegreichen Krieges gegen Frankreich »im geraden Gegensatz zu der jetzt oft so widerlich hervortretenden Selbstverherrlichung des deutschen Philistertums«. Die bürgerlichen Leser zahlen es ihm heim!

Er sucht nun nach neuer Gestaltung. Er experimentiert mit der sogenannten kleinen Form, in der er mit teilweise grotesker Manier und Possenreißerei Phantastisches, Sonderbares, auch Abgründiges produziert. Damit will er auch Verlegerwünschen nachkommen, die ihm Kurzes und Humorvolles abverlangen. Da kann ein Machwerk entstehen wie das Alte-Jungfer-Thema zum 1. April 1875, das die Zeitschrift »Daheim« gar nicht abzudrucken wagt. Freund Jensen ist verärgert, weil eine der Novellen die menschliche Seele mit solcher Schonungslosigkeit seziert, »daß der Leser am Schluß ohne jegliche ethische und poetische Erhebungsmöglichkeit platt zu Boden geworfen ist«. Die Sammlung dieser Erzählungen, die »Krähenfelder Geschichten«, beweist deutlich, daß die kleine Form nicht in der Lage ist, die Zeit darzustellen und zu vermitteln, dazu sind die sozialpsychologischen Vorgänge der 70er Jahre zu komplex, um sie als »einmalige Begebenheit« im Sinne der Novellentheorie zu vermitteln.

Die Last des erfolglosen Jahrzehnts drückt schwer. Die asthmatischen Anfälle verfolgen den Schriftsteller unaufhörlich. »Ich sterbe noch an der Matratze hochgebunden; aber erst muß mein Buch fertig werden.« Auffällig ist, wie er gerade in seinem Geburtsmonat geplagt wird. Seine leidvolle Existenz zwingt sich dem Bewußtsein gerade dann auf, wenn sein Leben im Rahmen des Geburtstagsrituals zum Aufmerken lädt. Frau Bertha erlebt schwere Zeiten. Die Mißstimmungen des Ehemannes trägt sie geduldig, muß aber leider erfahren, daß er, der sonst Gefaßte, mit hämischen Bemerkungen bösartige Frauen gestaltet. Fühlt er sich zeitweise durch die Ehe unter Druck gesetzt? Notizen von 1874: »Heirate nie in eine

Familie, die beim dritten Wort stets unterbricht oder bemerkt: Ich finde aber, daß –.« Und: »Das, was den Menschen den Aufenthalt in dieser Welt am unbehaglichsten macht, ist ein zu zartes Versenken in die Gefühle und Zustände der anderen. Weiber sind dem am wenigsten ausgesetzt.«

Raabe fühlt sich als Mittvierziger ganz alt! Manches in seinem Notizbuch könnte von einem verbitterten Greis stammen: »Die interessantesten Zeiten des Menschendaseins sind nicht die, in welchen man sich der Illusion hingibt, sein Leben selber führen zu können.« Oder zu Neujahr 1875: »Die sonderbare Gemütsstimmung, die bei geistig bevorzugten Naturen ein längeres Leben hervorbringt; daß sie unter den Lasten des Lebens verwundert stehen und sich fragen: Weshalb ich, den es nichts angeht – nichts mehr angeht? Weshalb nicht den andern, die mit Leib und Seele dabei sind? Aber man zahlt eben die Rechnung des Lebens für die andern mit.«

Keiner will ihn lesen. Er reize zum Gähnen, sagt einer; ein anderer wundert sich, daß Kritiker ihn als deutschen Dickens feiern, manch einer versteht die vielen Zitate in den Romanen nicht. Wozu die dauernden Anspielungen, die Hinweise auf europäisches Kulturgut? Sogar Frau Bertha hat ihre Schwierigkeiten: »Nein, Wilhelm, hör zu, wie Du hier anfängst, das versteht wieder kein Mensch!« Er soll endlich einmal ein Buch schreiben, in dem sie sich kriegen, fordern Leserinnen. Alles ist so traurig, geradezu abgründig, ohne richtige Handlung, kurz, so unbequem zu lesen. Erst um 1890 wird dem Schriftsteller eine Lesergeneration zuwachsen, die ihn Satz für Satz verstehen wird, die ihn als Gleichgesinnten in dem Abscheu vor der Wilhelminischen Ära aufnimmt, in dem Abscheu vor Honoratiorenschaft und nationaler Überheblichkeit. Raabe beglückt in einem Brief an einen jungen Leser: »Es ist das Geschlecht, das jetzt zwischen dem 20sten und 35sten Lebensjahr steht, mit welchem nun der von seinen Zeitgenossen bei Seite geschobene Alte zu rechnen hat.« Die junge Leserschaft empfindet »Schmerz, Sorge und Angst«, fühlt »das Leid dieser armen Erde«, fürchtet den »Marsch ins Elend«, den der deutsche Imperialismus geht, der alle in die Weltkatastrophe führt.

Aber vorerst verstehen ihn wenige. Seitenlang ergeht sich der »bei Seite geschobene« Schriftsteller in Briefen und Notizen über die deutsche Nation: Er ist nicht in der Mode, will nicht wieder als deutscher Erzähler auf die Welt kommen, ist jahrelang liegengelassen worden, ist von der Kritik finanziell geschädigt, paßt den Zeitschriften nicht in den Kram, hat jährlich zu Markte ziehen müssen, um Frau und Kinder ernähren zu können. Das ganze Leben ein Kampf ums Dasein! »Ach, die Welt ist ... von Anfang darauf gegründet, daß eine Spinne die andere frißt.«

Und dabei hat Raabe zeit seines Lebens finanziell nichts auszustehen gehabt. Selbst in den traurigen 70er Jahren erhält er Honorare zwischen 3000 und 4500 Mark, kommt sogar auf 4700. Er ist sich seiner Leistung bewußt, will sich teuer verkaufen, schielt dabei aber auch nach ergiebigen Finanzquellen, ist bereit, mal etwas zu streichen, um z. B. in der »Gartenlaube« unterzukommen, fällt da einem Lumpen von Verleger in die Hände. Der smarte Philipp Reclam nimmt ihn ganz hübsch aus: Für 500 Mark überläßt der Autor ihm eine Erzählung für die Heftreihe des Verlages, die er zu seinen besten Sachen rechnet. Er tut es, um in der Öffentlichkeit bekannt zu bleiben. Ein Metallarbeiter bei Krupp erhält 1872 3,39 Mark Tageslohn, ein Bergarbeiter im Aachener Revier 3,24 Mark Schichtlohn. Urlaub gibt es keinen. 1 Kilogramm Brot kostet 36 Pfennig, ein Glas Bier 29 Pfennig. 1880 hat ein Arbeiter in einer Kunstdüngerfabrik einen Jahresverdienst von ungefähr 600 Mark, darin sind Überstunden und Nachtschichten enthalten. Einer von Raabes Stammtischfreunden verfügt als Stadtarchivar über ein Jahresgehalt von 4550 Mark. Das alles zum Vergleich mit dessen Honoraren.

1884 muß Raabe durch ein ganz tiefes Tal. Mittlerweile schrecken die gutwilligsten Verleger zurück, ihn zu drucken. Die Kritik wirft ihm vor, sich in eine Schreibmanier verrannt zu haben, die, wie Fontane meint, »tief und öde« ist. Westermann kündigt das Vertragsverhältnis. Und wie hatte Raabe auf den Verlag gebaut, als er meinte, ein Buch geschrieben zu haben, in dem die Wirklichkeit eingefangen und überzeugend dargestellt ist. Es geht um »Pfisters Mühle«. Der Verlag teilt ihm mit, seine »Bücher gleichen einander zu sehr«.

Titel und Untertitel wecken beim Leser Assoziationen zum Volkslied, erinnern an Eichendorff oder an Heine. Doch ihn erwartet, modern ausgedrückt, eine ökologische Problemstellung, verbunden mit massiver Gesellschaftskritik. Nirgends nostalgische, romantisierende Elemente, sondern Aufforderungen, darüber nachzudenken, was draußen geschieht. Nicht nur im »Schüdderump« von 1869 ging es um kapitalistisches Gebaren, um »Nutzen und Gewinn«, auch in anderen Erzählungen wie »Meister Autor« (1874) oder »Prinzessin Fisch« (1883) deckt Raabe Zerstörung und Vermarktung der Natur durch Gewinnstreben auf. Das folgende Zitat aus dem »Meister Autor« verblüfft, denn so könnte auch in unseren Tagen ein Beamter des Stadtbauamtes enthusiastisch planen: »Es hat uns noch keine

Nivellierung so viele Mühe verursacht als diese hier, aber dafür wird auch keine der neu projektierten Straßenanlagen die Stadtbevölkerung in ihrer Vollendung so sehr überraschen und erfreuen wie diese. Den Kanal hinter den wackligen Mauern füllen wir natürlich aus, da haben wir dann noch die Rudera einer alten Stiftung, die müssen selbstverständlich weg. Die alten Damen verlegen wir vor das Tor in eine gesunde, wahrhaft idyllische Gegend, und so kommen wir hier aus dem Mittelpunkt der Stadt in geradester Linie zum Bahnhof – ohne daß zu dieser Stunde ein Mensch in diesem hier umliegenden Gerümpel eine Ahnung davon hat. Es ist wundervoll!« In »Pfisters Mühle« wird nun die Misere beim Namen genannt: Hier wird der »Übergang der deutschen Nation aus einem Bauernvolk in einen Industriestaat« mit Abscheu geschildert: »Deutschlands Ströme und Forellenbäche gegen Deutschlands Fäkal- und andere Stoffe«.

Da erzählt ein Mann von der Mühle seines Vaters, die vor dem Abbruch steht, weil sie einer Fabrik weichen soll. Er erzählt an wenigen Tagen auf 22 losen Blättern sein Leben, von Alten und Jungen, von Natur und Industrie, »Lustiges, Rührendes«. Seine Sprache verwendet den Studentenjargon, die technische Terminologie, die zweckoptimistischen Phrasen der Gründerzeit. Raffiniert ist die Aufhebung der Zeitfolge: Erzählzeit, erzählte Zeit gehen ineinander über. Nur der Raum bleibt konstant, nämlich die Örtlichkeit der Mühle. Sie steht zeichenhaft für zeitgenössische Vorgänge. Raabe schildert anschaulich die ökologische Situation von 1885; hat er doch selber erlebt, wie in Braunschweig die Trinkwasserversorgung zusammenbrach, als die herbstliche Zuckerverarbeitung in den Fabriken losging. Auf den Gängen zum Stammtischlokal konnte er den Gestank des verdreckten Wassers eines Baches wahrnehmen.

Bei der Lektüre dieser Erzählung, einem »Sommerferienheft«, so im Untertitel, fällt auf, daß der Autor nicht nur ökologisch orientierte Kritik betreibt, sie ist umfassender und trifft bildungsbürgerliche Mentalität mit aller Schärfe. Der Chemiker Asche beschäftigt sich aus dem unbefriedigten Gefühl, »nicht das Ganze des Daseins« zu erleben, mit der griechischen Antike. Ironisch, desillusionierend lauten die letzten Sätze der Erzählung: »Da habe ich mir denn das Griechische ein bißchen wieder aufgefärbt und lese so zwischendurch den Homer, ohne übrigens dir hierdurch das abgetragene Zitat von seiner unaustilgbaren Sonne über uns aus dem Desinfektionskessel heben zu wollen.« Kommentar überflüssig! Raabe hatte »keine üble Meinung« von dem Werk, um so mehr das Publikum.

Die Buchausgabe von 1500 Stück braucht zehn Jahre, um abgesetzt zu werden.

»Nun, Alter, noch nicht des Spiels überdrüssig?« (Die Akten des Vogelsangs)

Und wie sieht Raabes Lebensalltag um die 50 aus? Er meint, das Recht zu haben, »müde zu sein«, könnte nur noch »Winterobst« produzieren, meint, ins Greisenalter zu treten. Er spinnt sich in eine sonderliche Lebensweise hinein, meidet familiäre freundschaftliche Geselligkeit, verhindert sie sogar. Für Musikveranstaltungen hat er nie etwas übrig gehabt, geht also nicht hin, hört höchstens der Musik aus dem benachbarten Gartenrestaurant zu. Theater langweilt ihn, man hat ihn in 36 Jahren sieben Male dorthin »gezerrt«. Auf das Äußere legt er bald keinen Wert mehr: Tagtäglich trägt er einen Gehrock voller Weinflecken und mit Knöpfen versehen, deren Blech unter dem abgegriffenen Stoff hervorguckt. Die »Touristen- und Familienwanderungswüstenei« der Reisen bereitet ihm Unbehagen, Spaziergänge auch. Zu einem verregneten Sommer sagt er: »Da braucht man sich nicht in einem scheußlichen Sommer-Erholungs-Aufenthalt herumzudrücken, da braucht man nicht einmal um den Braunschweiger Wald spazierenzulaufen.«

Schon seit der Mitte der 70er Jahre (er ist da 45!) schränkt er seine Lektüre ein: »Es gibt für mich nichts Bedenklicheres als ein neues Buch, das ich lesen soll.« Von den meisten zeitgenössischen Schriftstellern hat er keine Ahnung. Nach 1900 kennt er nichts von Thomas Mann, Hofmannsthal, George. »Wozu denn, die schreibe ich selber.« Mag er auch keine Geselligkeit, so doch die von Männern am Stammtisch. Er gehört im Laufe der Jahre drei solcher Gruppen an, die aus Honoratioren bestehen. Dort schwadronieren sie »großschnauzig« Abend für Abend, politisieren, machen ihre Herrenwitze, lassen das Berufsleben weg. Gelegentlich gibt es einer dem anderen und Raabe immer mittendrin, mehr zuhörend, aber mit ironischen, paradoxen Bemerkungen einfallend. Ob sie auch mal über gegenwärtige Literatur getratscht haben, von der Raabe der Meinung war, sie enthalte viel »Schweinerei«? Wohl nicht, dafür um so mehr über Bismarck oder Wilhelm II. Der ironische Raabe eines Abends: »Meine Herren, wollen wir aber einmal das leben lassen, was Bismarck hingestellt hat: Seine Majestät der Deutsche Kaiser lebe hoch!« Auch über den Adel oder das Judentum läßt sich der Stammtisch aus. Dazu Raabe aggressiv: »Es ist ja unser ältester Adel, diese

Cohns, Meirs usw. Ihre Vorfahren gingen in schleppenden Gewändern und im Goldschmuck die Treppe zur Davidsburg in Jerusalem empor, als die Ahnen unserer stolzesten deutschen Herren im Urwald mit Fellen bekleidet in primitiven Hütten saßen und am Opferfeuer Menschen schlachteten.« Hat er seine Flasche geleert, den Schlaftrunk in Form eines Punsches hinterher, die Zigarren weggeraucht, macht er sich gegen Mitternacht auf den Heimweg. Zu Hause gibt es noch einen nächtlichen Imbiß, bei dessen Zubereitung durch Frau Bertha die Nachbarn manchmal wachwerden. Bis in den hellen Vormittag bleibt Raabe im Bett, dann beginnt die Arbeit.

Am 4. 12. 1888 notiert er: »Beginn von Stopfkuchen«, an dem er bis Ende Mai 1890 schreiben wird. Wie kaum zuvor identifiziert sich der Verfasser mit der Hauptfigur seines Werkes. Er schreibt, daß »es sich dabei auch ein wenig allegorisch oder symbolisch um den Lebensweg des Autors« handele, daß er den »dicken Schaumann als den dürren Raabe« ansehe. Und woanders: »Dies ist mein wirklich subjektives Buch und ein Kunstwerk insofern, als nur wenige solches aus der Schnurre herausfinden werden.« Der Autor weiß, daß er sich wieder einmal dem »verehrungswürdigen deutschen Publico« mißliebig machen wird, denn Auseinandersetzung mit Literatur mag es ganz und gar nicht. Der Schreiber hat ungemeines Behagen gehabt. Nie vorher habe er sich »am freiesten und sichersten über der Welt empfunden«, habe da eines der »unverschämtesten Bücher« geschrieben, die jemals geschrieben worden sind. Immer wieder hat Raabe den »Stopfkuchen« als sein bestes Werk bezeichnet. Die junge Generation bestätigt ihm dies, die ältere findet tatsächlich wenig an der »Schnurre«, sie moniert das Schnörkelwerk der Darstellung. Einer empfindet das Buch als neue Botschaft des »phantasievollsten und gemütreichsten lebenden Humoristen«. Keinem ist aufgefallen, daß Raabe in diesem Werk seines Alterns, wie er sagt, »die menschliche Kanaille am festesten gepackt« hat.

Der merkwürdig klingende Titel steht sinnbildlich für den Gehalt »in Anbetracht dessen, was ich [Raabe] hineingepropft habe«. Ein Stopfkuchen ist nämlich ein Rest von Kuchenteig, in den die Reste der Backzutaten hineingestopft werden.

Wiederum geht es um herbe Zeitkritik. Ein Er-Erzähler kommentiert den gesellschaftskritischen Zusammenhang und stellt damit eine zweite zeitkritische Ebene her. Damit entstehen drei Zeitstufen: eine Schreibzeit, eine Besuchszeit, eine Jugendzeit. Der Untertitel ist verfremdend, er verspricht eine abenteuerliche Kriminalgeschichte, was überhaupt nicht zutrifft. Ganz im Gegenteil!

Im »Abu Telfan« schon wurden bürgerliche Ideale und Haltungen denunziert. Auf eine höchst sonderbare, geradezu groteske Weise spitzt sich hier die Kritik bürgerlicher Wertvorstellungen zu. Nicht der Dialog, das Gespräch führen zur Selbstfindung, sondern der unaufhörliche »dröhnende« Monolog der Hauptfigur, die sich »zu einem Selbstredner sondergleichen ausgebildet hat«, trägt die Selbstverwirklichung. Niemand kann gegen den jungen Mann anerzählen oder argumentieren, denn selten läßt dieser vom »einmal begonnenen Gedanken leicht ab«. Das Predigen des Schaumann ist reine Selbstdarstellung, egozentrische Darstellung, weist aber anderen unredliche Lebensweise nach.

Als Wert bürgerlicher Existenz gilt die Identitätsfindung zur Persönlichkeit hin. Sie vollzieht sich über die Integration in die Gesellschaft. Und darauf läßt sich Schaumann gar nicht ein. Wozu auch, ist er doch von Kindheit an dem Spott und Hohn wegen seiner körperlichen Verfassung ausgesetzt gewesen? Der dicke Junge, ausgestattet »mit starkem Magen und Verdauung«, gilt als gefräßig und unintelligent. Zielscheibe für Schüler und Lehrer gleichermaßen. »Nette Siegestänze der Überlegenheit habt ihr um mich armen maulfaulen, feisten, schwitzenden Tropf aufgeführt.« Er wäre lieber »als Qualle in der bitteren Salzflut ins Leben gekommen«. Nun verzieht er sich auf der Roten Schanze unter die Hecke. Sie wird zum Symbol für selbstgewählte Isolation, für die Trennung vom unmenschlichen Draußen. Dort erlebt er »lachendes Behagen«. Auf ein Studium läßt er sich nicht ein, arbeitet lieber beim Bauern. Hellsichtig und hellhörig schaut er dem Treiben der Welt zu und registriert ihre Unwahrhaftigkeit. Von der Hecke aus hilft er anderen Geschundenen, sich wieder zu finden, so der Tine. »Vollständig hatte sie den wilden, manchmal halb irren Blick ihrer Kindheit und ›Jugendblüte‹, der aus ihrer trostlosen Verfemung damals stammte, verloren.« Beim Anblick der untergehenden Sonne verhöhnt Schaumann bürgerliche Gefühlskultur als Sentimentalität: »Natürlich ist sie schön ... Sieh mal, da flammt sie gerade in den Fenstern des Schulkarzers, sowie in denen unseres Provinzialgefangenenhauses. Der reine Märchenzauber.«

Nach Vollendung des »Stopfkuchens« hat der Verfasser wenig Lust, an neuen Werken weiterzuschreiben. Zum Jahreswechsel 1890 teilt er den Freunden mit: »So hätten wir, nachdem man uns länger als dreißig Jahre unter der Hecke hat liegen lassen, die Tür der Roten Schanze hinter uns zugemacht.« Zwei Jahre später meint er: »Müßte man nicht in der Tretmühle weiter, so würde dieses Buch mein letztes gewesen sein.« Raabe arbeitet also weiter, zeichnet in »Die Akten des Vogelsangs« die grausame Aktion eines Antibürgers, gerät in der historischen Erzählung »Hastenbeck« wieder »bis über die Ohren in Schulden gegen unsere Leser, nämlich was unsere Verpflichtung, die nicht zu langweilen, anbetrifft«, weil er nicht die geringste Rücksicht auf Ansprüche des Lesers im Hinblick auf historische Erzählungen nimmt. Aber Raabe braucht nichts mehr zu befürchten: Endlich ist er nun so berühmt, wie es damals die Amme in der Kirche prophezeite! Zum einen hat der Generationswechsel nach 1871 ihm jene Leser zugeführt, denen seine scharfe Klinge gegen den Wilhelminismus und die anspruchsvolle Gestaltung liegen. Aber da sind auch solche Leser, die ihm »gütigen Humor« oder »tiefes Gemüt« beimessen. Der Grund für diese merkwürdig anmutende Interpretation liegt in dem Bewußtsein eines Teils dieser Generation, die sich mit dem Bestehenden identifiziert, für die es unverständlich ist, am Kaiserreich zu mäkeln. Raabe hat diese Verkennung seiner Intentionen diesen Lesern attestiert. Er will nicht als Humorist klassifiziert werden von einer Nation, die keinen Sinn für Humor besitzt, zumal er auch den Humor als geistige Einstellung für sich gar nicht beansprucht. Voller Wut sagt er 1909: »Wer ist ein Humorist? Der den winzigsten Nagel in die Wand oder die Hirnschale des hochlöblichen Publikums schlägt, – und die ganze Garderobe der Zeit und aller vergangener Zeit dran aufhängt.«

Der 70. Geburtstag zeigt die Veränderung gegenüber der Misere vergangener Jahrzehnte, es ist der Zenit seines Lebens. Junge Menschen, mit denen er im Alter so gerne umgeht, wie er als junger Mann mit den alten gerne umging, schicken ihm Glückwünsche. Ehrenbürgerbriefe, Ehrendoktorate regnen ins Haus, eine Ehrengabe von 18 000 Mark, gesammelt zum Behagen des wenig Spendablen, dazu Orden und Medaillen, von denen er die niedrig ausgefallene zurückschickt. Es gibt ein Festbankett, von dem er sich mit seinen Zechkumpanen fortschleicht, »schaffen wir die Weiber um die Ecke und gehen zu Herbst« (ihr Lokal). Vorher hatte der alte Schelm als Festrede die vom 50. Geburtstag nochmals abgelesen. Von der Ehrengabe wollte man ihm, dem gemütvollen, humorhaften Dichter, ein kleines Haus aus Fachwerk, mit Weinlaub und grünen Fensterläden erbauen, gerade ihm, der die modernen Etagenwohnungen so mochte und die alten Fachwerkhäuser der Stadt als unwohnlich bezeichnete.

Dieser Geburtstag liefert den Stoff zum letzten Werk des Dichters, der Fragment gebliebenen Erzählung »Altershausen«. Ein alter Mann reflektiert sein Ich, befragt sein Ich, das »jedenfalls noch vorhanden« ist. Das besagt aber nichts. Denn es stellt sich heraus, daß, was »nicht mehr« da ist, für ihn »mehr dabei« ist als das bloß

Vorhandene (Oehlenschläger). So ist hier das Ich nicht mehr das feststellbare erzählende Ich des literarischen Realismus, nach der Wirklichkeit greifend und diese analysierend, sondern das eigene Selbstverständnis ist fragwürdig geworden. Erinnerung an Kindheit und Jugend ist dabei, »aus der Tiefe heraufbeschworen«, nicht die umgebende Wirklichkeit. Ein Ende der Erzählung gibt es nicht. Was sollte Raabe auch noch erdichten? Seit dem Winter 1902 hatte er keine Lust mehr, weiterzuschreiben. »Über das Fragment mag man sich später einmal wundern«, meinte er zu Recht.

Vom 70. Geburtstag an steigen die Neuauflagen, die des »Hungerpastors« z. B. hatte in 40 Jahren nur neun erfahren, bis 1910 kamen noch rund 20 dazu. Der Autor über diesen Erfolg: »Das Volk ist ja völlig befriedigt mit dem mir abgestandnen Jugendquark: Chronik und Hungerpastor und läßt mich mit allem Übrigen sitzen.« Im Briefwechsel mit der Sozialistin Clara Zetkin reagiert Raabe zurückhaltend, als sie pathetisch auf ihre Verpflichtung eingeht, die Massen mit bester Literatur vertraut zu machen. »Der Hungerpastor« gehört mittlerweile zum festen Bestand sozialdemokratischer Volksbüchereien.

Den berühmten Mann überschwemmt tägliche Post aus aller Welt. Einer fordert: »Schaffen Sie mir sofort 300 Mark, oder ich begehe Selbstmord.« Ein anderer: »Ich bin ein talentvoller Schriftsteller, was beiliegende Proben beweisen.« Ein Warenhaus möchte für den Bücherkatalog Bild und Unterschrift. Präsentkörbe sogar aus Übersee treffen ein. In Stuttgart gibt es eine Wilhelm-Raabe-Straße. Den Ehrendoktor der medizinischen Fakultät Berlin soll er mit gemischten Gefühlen angenommen haben, wußte er doch, daß politisch nicht genehme Künstler nicht promoviert worden waren. Die ersten wissenschaftlichen Arbeiten über sein Werk werden in Angriff genommen.

Wenige Jahre vor dem Tode sagte Raabe, es lohne sich, seine Bücher danach zu untersuchen, auf welche Weise er Menschen sterben lasse. Nun schlägt seine Stunde. Im März 1910 schreibt er: »Ich fange an, mich auf Erden zu langweilen.« Am 2. November verzeichnet das Tagebuch die letzte Eintragung. Einmal spricht er nachts: »Ist er denn noch nicht tot?« Am 15. November stirbt der Dichter, am »Federansetzungstag« der Chronik. Für eine Büste, die in einem Museum aufgestellt werden sollte, hatte er sich den Satz gewünscht: »Daß die Kanaille Herr ist und bleibt.« Diesen Spruch hat man ihm versagt.

Pfisters Mühle

Neuntes Blatt

Wie es eben bei dem Doktor Adam Asche noch viel übler roch.*

Lieblich düftevoll lag die Sommernacht vor den Fenstern über dem alten Garten, dem rauschenden Flüßchen und den Wiesen und Feldern. Ein leiser Hauch von Steinkohlengeruch war natürlich nicht zu rechnen; aber er genügte doch, um mich bei den gewesenen Bildern festzuhalten, wenn ich gleich am heutigen Abend nicht mehr meinem Weibe davon weitern Bericht gab.

Es war eben ein Herbst- und Wintergeruch, den weder die dörflichen und städtischen Gäste, noch die Mühlknappen und die Räder und mein armer, fröhlicher Vater ihrerzeit länger zu ertragen vermochten. Und die Fische auch nicht – *jedesmal, wenn der September ins Land kam.*

Damit begann nämlich in jeglichem neuen Herbst seit einigen Jahren das Phänomen, daß die Fische in unserm Mühlwasser ihr Mißbehagen an der Veränderung ihrer Lebensbedingungen kundzugeben anfingen. Da sie aber nichts sagten, sondern nur einzeln oder in Haufen, die silberschuppigen Bäuche aufwärts gekehrt, auf der Oberfläche des Flüßchens stumm sich herabtreiben ließen, so waren die Menschen auch in dieser Beziehung auf ihre eigenen Bemerkungen angewiesen. Und ich vor allem auf die Bemerkungen meines armen seligen Vatres, wenn ich während des Blätterfalls am Sonnabendnachmittag zum Sonntagsaufenthalt in der Mühle aus der Stadt kam und den Alten trübselig-verdrossen, die weiße Müllerkappe auf den feinen grauen Löckchen hin- und herschiebend, an seinem Wehr stehend fand:

»Nun sieh dir das wieder an, Junge! Ist das nicht ein Anblick zum Erbarmen?«

Erfreulich war's nicht anzusehen. Aus dem lebendigen, klaren Fluß, der wie der Inbegriff alles Frischen und Reinlichen durch meine Kinder- und ersten Jugendjahre rauschte und murmelte, war

* Der Chemiker Dr. Asche experimentiert, um ein umweltverschmutzendes »Erdenlappenlumpenundfetzenreinigungsinstitut am Ufer der grauen Spree« zu eröffnen.

ein träge schleichendes, schleimiges, weißbläuliches Etwas geworden, das wahrhaftig niemand mehr als Bild des Lebens und des Reinen dienen konnte. Schleimige Fäden hingen um die von der Flut erreichbaren Stämme des Ufergebüsches und an den zu dem Wasserspiegel herabreichenden Zweigen der Weiden. Das Schilf war vor allem übel anzusehen, und selbst die Enten, die doch in dieser Beziehung vieles vertragen können, schienen um diese Jahreszeit immer meines Vaters Gefühle in betreff ihres beiderseitigen Hauptlebenselements zu teilen. Sie standen angeekelt um ihn herum, blickten melancholisch von ihm auf das Mühlwasser und schienen leise gackelnd wie er zu seufzen:

»Und es wird von Woche zu Woche schlimmer, und von Jahr zu Jahr natürlich auch!«

»Sieh dir nur das unvernünftige Vieh an, Ebert«, sagte der Alte. »Auch es stellt die nämlichen Fragen an unsern Herrgott wie ich. Experimentiert er selber so schon damit im Erdinnern, na, so kann man ja wohl nichts dagegen sagen und muß ihn machen lassen; denn dann wird er's ja wohl wissen, wozu es uns gut ist. Aber – vergiften *sie* es, da weiter oben, in nichtsnutziger Halunkenhaftigkeit *ihm* und mir und uns, na, so müßte er denn wohl am Ende mit seinem Donner dreinschlagen, wenn nicht meinetwegen, so doch seiner unschuldigen Geschöpfe halben. Guck, da kommen wiederum ein paar Barsche herunter, den Bauch nach oben; und daß man einen Aal aus dem Wasser holt, das wird nachgerade zu einer Merkwürdigkeit und Ausnahme. Kein Baum wird denen am Ende zu hoch, um auf ihm dem Jammer zu entgehen; und ich erlebe es noch, daß demnächst noch die Hechte ans Stubenfenster klopfen und verlangen, reingenommen zu werden, wie Rotbrust und Meise zur Winterszeit. Zum Henker, wenn man nur nicht allmählich Lust bekäme, mit dem warmen Ofen jedwedes Mitgefühl mit seiner Mitkreatur und sich selber dazu kalt werden zu lassen!« . . .

»O, ich habe alles gehört«, sagte Emmy. »Erzähle nur ruhig weiter; ich höre alles. Es ist bloß ein Erbteil von meinem armen Papa, wenn den etwas sehr interessierte, was Mama erzählte, und er in seiner Sofaecke saß, und Mama grade wie du sagte: ›Kind, wozu rede ich denn eigentlich?‹ – Er wußte nachher so ziemlich alles, wovon die Rede gewesen war, wenn er auch mit geschlossenen Augen darüber nachgedacht hatte. Und du brauchst mich nur zu fragen, lieber Ebert, ob ich dir nicht auch alles an den Fingern aufzählen kann von dir und den Fischen in Pfisters Mühle – nein, von Pfisters Mühle und deinem Papa und den Enten und allem übrigen, den Studenten und den Gästen aus der Stadt, und wie alles so sehr übel roch jedesmal, wenn seit dem Kriege mit den Franzosen und dem allgemeinen Aufschwung der Herbst kam. Und eben hatten die Leute schon gesagt: ›Es ist Schnee in der Luft!‹ und du saßest in deiner Schülerstube am Fenster und wartetest drauf, und da war dein Papa in die Stadt gekommen, und ihr hattet wieder von den entsetzlichsten Gerüchen euch unterhalten, daß es einem allmählich ganz unwohl dabei wird. Siehst du wohl, ich weiß alles ganz genau, und zuletzt waret ihr grade in euerer äußersten Verzweiflung auf dem Wege zum Doktor Asche, und das ist eigentlich mehr, als du von mir verlangen kannst, denn du hattest seinen Namen noch durchaus nicht genannt; ich habe es mir aber gleich gedacht, auf wen die Sache hinauslief.«

»Ein Prachtmädchen bist du und bleibst du!« stotterte ich ein wenig verwundert und in einigem Zweifel darob, wieviel eigentlich unser Herrgott den Seinigen im Traum zu geben vermag. Aber einerlei, woher das liebe Seelchen es hatte; es war seinem eigenen Ausdruck zufolge vollkommen au fait und blieb helläugig und munter und schlauhörig bis weit über Mitternacht hinaus.

Ein Grund zur Eifersucht war gottlob nicht vorhanden; aber es gab glücklicherweise außer mir keine andern Individuen innerhalb und außerhalb meiner Männerbekanntschaft, die mein Weib so ausnehmend interessierten wie Doktor A. A. Asche und so gut Freund mit ihr waren wie derselbige Herr, Weltweise und Berliner Großindustrielle.

»Ja, setz deine Mütze auf«, sagte mein Vater. »Du kannst mitgehen und anhören, was seine Meinung ist und ob er auf meine Vorschläge in Anbetracht euerer Weihnachtsferien und Pfisters Mühle eingehen will. Es ist mir sogar recht lieb, wenn ich dich als Zeugen habe, der mir im Notfall dermaleinst vor dem Weltgericht bestätigen kann, daß ich mein möglichstes getan habe, um deiner Vorfahren uralt Erbe vor dem Verderben zu bewahren und es vor dem Ausgehen wie Sodom und Gomorra in Schlimmerem als Pech und Schwefel und in Infamerem als im Toten Meere zu erretten. Deine selige Mutter, wie ich sie kenne, stünde schon längst als Salzsäule dran; und in der Beziehung ist es ein Glück, daß sie das nicht mehr erlebt hat. O du lieber Gott, wenn ich mir Pfisters Mühle von heute und deine selige Mutter denke!«

Ich hatte meine selige Mutter nicht gekannt. Ich wußte von ihr nur, was mir der Vater und Christine von ihr berichtet hatten und immer noch erzählten, und ich wußte es in der Tat schon, daß sie und Pfisters Mühle »von heute« nicht mehr zueinander paßten, und daß ihr, meiner jungen, zierlichen, reinlichen, an die beste Luft gewöhnten lieben Mutter, viel Ärgernis und Herzeleid erspart worden war durch ihr frühes Weggehen aus diesem auf die höchste Blüte der Kunst- und Erwerbsbetriebsamkeit gestellten Erdendasein.

Ich setzte meine Mütze auf und nahm den Arm meines alten, einst so fröhlichen Vaters. Er hatte mich sorgsam und nach bestem Verständnis geführt, solange er die alte Lust, das alte Behagen an seinem Leben hatte. Heute abend auf der steilen Treppe, auf dem Wege zu unserm beiderseitigen Freunde, Doktor Adam Asche, überkam mich zum erstenmal die Gewißheit, daß in näherer oder fernerer Zeit an mir wohl die Reihe sein werde, sorgsam und liebevoll seine Schritte zu unterstützen. Es war kein kleiner Trost, daß das lichte, liebe Bild, das er eben durch Erwähnung meiner Mutter wachgerufen hatte, uns freundlich und ruhig und lächelnd voranglitt.

Die Witterung draußen war längst nicht so behaglich, wie sie sich vom Fenster aus ansehen ließ. Der Wind blies scharf, und ich hatte häufig die Kappe mit der freien Hand zu halten auf dem Wege zu »unserm Freunde«.

Der pflegte, wie gesagt, häufig mit seinen Wohnungen zu wechseln, wenn er im Lande war, das heißt, wenn er sich in seiner Vaterstadt aufhielt. Diesmal hatte er sein Quartier in einer entlegenen Vorstadt aufgeschlagen, und zwar, wie immer, nicht ohne seine Gründe dazu zu haben; und ich, der ich, um die Schülerredensart zu gebrauchen, die Gegend und Umgegend natürlich wie meine Tasche kannte, hatte zwischen den Gartenhecken und Mauern, den Gartenhäusern und Neubauten in dem nur hier und da durch eine trübflakkernde Laterne erhellten Abenddunkel mehr als einmal anzuhalten, um mich des rechten Weges zu ihm zu vergewissern.

Ein enger Pfad zwischen zwei triefenden Hecken brachte uns zu einer letzten Menschenansiedlung, einem dreistöckigen, kahlen Gebäude, mit welchem die Stadt bis jetzt zu Ende war und hinter welchem das freie Feld begann. Aber Lichter hie und da in jedem Stockwerk zeigten, daß auch dies Haus schon bis unters Dach bewohnt war, und mancherlei, was umherlag, -hing und -stand, tat dar, daß es nicht grade die hohe Aristokratie im gewöhnlichen Sinne war, die hier ihren Wohnsitz aufgeschlagen hatte.

Bei einer halbwachsenen Jungfrau, die in sehr häuslicher Abendtoilette eben einen Zuber voll Kartoffelschale über den Hof trug, erkundigte ich mich, ob Herr Doktor Asche zu Hause sei, und erhielt in Begleitung einer Daumenandeutung über die Schulter die eigentümliche Benachrichtigung:

»In der Waschküche.«

»Wo, mein Herz?« fragte mein Vater ebenfalls einigermaßen überrascht; doch ein ungeduldiges Grunzen und Geschnaube aus einer andern Richtung des umfriedeten Bezirkes nahm das Fräulein so sehr in Anspruch, daß es nichts von fernerer Höflichkeit für uns übrig behielt. Zu dem Behälter ihrer Opfertiere schritt die vorstädtische Kanephore; und wir, wir wendeten uns einer halboffenen Pforte zu, aus der ein Lichtschein fiel und ein Gewölk quoll, welche beide wohl mit dem Waschhause der Ansiedlung in Verbindung zu bringen waren.

»Du lieber Gott, er wird doch nicht – es ist zwar freilich morgen Sonntag; aber er wird doch nicht jetzt noch sein frisches Hemde selber drauf zurichten?« stotterte Vater Pfister, und ich – ich konnte weiter nichts darauf erwidern als:

»Das müssen wir unbedingt sofort sehen!«

Ich stieß die Tür des angedeuteten Schuppens mit dem Fuße weiter auf. Das vordringende Gewölk umhüllte uns und –

»Alle Wetter!« husteten und prusteten zurückprallend sowohl der Müller von Pfisters Mühle wie sein Kind, – der Dampf, der uns den Atem benahm, stammte wohl von noch etwas anderm als unschuldiger grüner Seife und Aschenlauge; und wie eine menschliche Lunge es hier aushielt, das war eine Frage, zu der wir erst eine geraume Zeit später fähig wurden.

Dagegen begrüßte uns sofort aus dem vielgemischten, entsetzlichen Dunst eine wohlbekannte Stimme:

»Holla, nicht zuviel Zugluft bei obwaltender Erdenwitterung draußen! Tür zu, wenn ich bitten darf! Olga, bist du es, so muß ich dir doch sagen, daß mir so ein Unterrock während meiner ganzen wissenschaftlichen Praxis noch nicht vor Nase und Augen gekommen ist.«

»Olga ist es grade nicht; wir sind's, Doktor Asche«, keuchte mein Vater. »Ich bitte Sie um des Himmels willen –«

Und aus dem vom Herd und aus dem Waschkessel aufwirbelnden Greuel hob sich, wie das Haupt eines mittelalterlichen Alchimisten, der schwarze Struwelkopf unseres letzten Trösters in unseren übeln Erdengerüchen; und Doktor A. A. Asche mit aufgestreiften Ärmeln, in einem Schlafrock, der wahrscheinlich seinesgleichen nicht hatte, sagte gelassen:

»Sie sind es, Vater Pfister? Und der Junge auch? Na – dann kommt nur herein und machen Sie auch die Tür zu, wenn das Ihnen lieber ist.«

»Den Teufel auch!« ächzte der alte Herr von Pfisters Mühle. »Aber Asche – Doktor – Herr Doktor –«

Doktor Asche ließ sich gegenwärtig nicht so rasch stören, wie es für unsern freien Atem wünschenswert sein mochte.

Mit einem langen hölzernen Löffel fuhr er in den Kessel vor ihm, vermehrte durch längeres Suchen und Rühren Gedämpf und Gedüft um ein erkleckliches, holte ein unheimliches Etwas empor, packte das brühheiße Scheußliche mit abgehärtet verwogener Gelehrtenfaust, hielt es, ließ den stinkgiftigen Sud abträufen und sprach wie mit bescheidener Ergebung unter die eben vom Genius auferlegte Last eines ewigen guten Rufes und unsterblichen Namens:

»Meine Herren, Sie kommen zu einem großen Moment grade recht! Ich glaube wirklich in diesem Augenblick sagen zu dürfen: Bitte, treten Sie leise auf! . . . Vater Pfister, halten Sie sich die Nase zu, aber stören Sie gefälligst das Mysterium nicht. Und du, Bengel – ich meine dich, Eberhard Pfister, mein Zögling und mein Freund, tritt heran, glücklicherer Jüngling von Sais, werde mir bleich, aber nicht besinnungslos – ekle dich meinetwegen morgen mehr und soviel du willst, doch gegenwärtig beuge in schaudernder Ehrfurcht dein Knie: so geht man im zweiten Drittel des neunzehnten Jahrhunderts zur Wahrheit!« . . .

Jedenfalls ging er mir um den Herd herum zwei Schritte näher, schlug mir den triefenden, furchtbaren Lappen, den Fetzen vom Schleier der Isis, fast ums Gesicht und grinste:

»Gewichtiger, mein Sohn, als du es meinst,
Ist dieser dünne Flor – für deine Hand
Zwar leicht, doch zentnerschwer für meinen – Beutel; ich meine, Sie, meine Herren, bei der in diesem Raume obwaltenden Atmosphäre nicht darauf weiter hinweisen zu dürfen, daß es keine Kleinigkeit ist, der Natur nicht aus dem Tempel zu laufen, sondern den Stein der Weisen weiter zu suchen, auch auf die Gefahr hin, ihn wieder nicht zu finden.«

Vater Pfister, der seit längerer Zeit von seiner Mühle doch schon an allerlei obwaltende Atmosphäre gewöhnt war, kam vor Atmungsbeschwerden noch immer nicht dazu, die nötige Frage zu stellen. Ich brachte es zu dem gekeuchten Wort:

»Ich bitte dich um alles in der Welt, Asche!« – Doch Doktor Asche ließ sich fürs erste noch nicht stören.

Er hielt jetzt sein geheimnisvolles Gewandstück zwischen beiden Fäusten. Er wrang es aus zwischen beiden Knieen – schweißtriefend. Er entfaltete es, hielt es gegen eine trübe Petroleumflamme, rollte wie wütend es noch einmal zusammen und rang von neuem mit ihm, wie der Mensch eben mit der alten Schlange, dem Weltgeheimnis als Ideal und Realität a priori und a posteriori zu ringen pflegt, seit er sich, sich auf sich selber besinnend, erstaunt in der Welt vorfand. Aber er gelangte, wie immer der Mensch, auch diesmal nur bis zu den Grenzen der Menschheit, und er nahm das *Ding,* nachdem er es zum drittenmal auseinandergebreitet und wieder zusammengewickelt hatte, *an sich,* das heißt, er nahm es jetzt unter den Arm, bot uns die biedere, wenn auch augenblicklich etwas anrüchige Rechte und meinte: »Zu Ihrer Verfügung, meine Herren! Ich hatte doch eben das Laboratorium dem schnöden Alltagsgebrauch zu überlassen. Es wollen noch andre Leute am heutigen Abend im Hause waschen, und das wissenschaftliche Trocknen besorge ich in meinem Falle lieber am eigenen Ofen. Olga! ... Witwe Pohle! ... Stinchen! ... Frau Börstling! ... Fräulein Marie – das Lokal ist frei. Krallen in die Höhe und munter in die Haare einander! Vater Pfister, gehen wir?«

Wir gingen gern; denn schon drängte es sich in die Pforte dieser Waschküche dieser vorstädtischen Mietskaserne – ein zürnend giftig Gewoge aufgeregter, nervösester Weiblichkeit, das, wie wir im eigenen Durchzwängen noch vernahmen, schon seit Mittag auf das Ende der Schmiererei in seinem eigenen, angeborenen Reiche und Bereiche gewartet hatte. Und ein Gewimmel unmündiger Nachkommenschaft war natürlich auch vorhanden, begleitete uns mit teilweise höhnischen, teilweise aber auch wohlwollenden Gefühlsäußerungen über den Hof und verließ uns auch im Innern des Hauses auf den Treppen nicht.

»Tausend Donnerwetter«, ächzte mein Vater, meinen Arm fester fassend. »In Kannibalien an 'ne Insel geworfen werden muß ja ein Labsal hiergegen sein. Hat man denn gar nichts, was man unter sie schmeißen könnte? Hier, halte meinen Stock, Ebert; vielleicht löse ich uns mit meinem Kleingeld aus! Da wage ich mich doch nie in meinem Leben wieder hierher ohne polizeiliche Begleitung heraus. Da ist ja die reine Kommunewirtschaft, Asche; und Sie mitten drin, Doktor, und zwar ganz in Ihrem Esse, wie's den Anschein hat? Das fasse ein anderer!«

»Mein Versuchsfeld, Vater Pfister«, sprach lächelnd Doktor A. A. Asche. »Sie haben mir an jedem andern Orte nach dem zweiten Experiment die Miete aufgesagt. Als ob ich etwas dafür könnte, daß die Wissenschaft in ihrer Verbindung mit der Industrie nicht zum besten duftet. Gleich sind wir aber oben, und zwar in mehr als einem Sinne. Wie sagte man zu Syrakus, Knaben, als die Geldnot am höchsten und der Küchenschrank am leersten war? ›Gib mir, wo ich stehe, und ich setze mich sofort‹ – wenn ich nicht irre! Und das nämliche sage ich jetzt, und – hier stehe ich, und von hier aus hoffe ich in der Tat die Welt aus den Angeln zu heben und allen Sambuken und Argentariern zum Trotz dem Jammer ein wohlgesättigt, ja vollgefressen behaglich Ende zu bereiten, solide Platz zu nehmen auf Erden und Ihnen, Vater Pfister, ganz speziell alles Gute, was Sie an mir vollbracht haben, mit dem eigenen Keller- und Speisekammerschlüssel in der Tasche gerührt zu vergelten.«

Wir standen nämlich jetzt in seinem absonderlichen Daheim, Schlehengasse Numero eins, im Ödfelde, und selbst hier nicht im ersten Stockwerk. Es war aber ein ziemlich umfangreiches Gelaß, in dem er jetzt noch, in Erwartung alles Bessern, sich und seine kuriosen wissenschaftlich-industriellen Studien und Bestrebungen untergebracht hatte. Und Vater Pfister kam noch einmal aus einem übeln Dunst in den andern und hatte Grund, von neuem sich die Nase zuzuhalten und nach Atem zu schnappen.

Ein überheißer, rotglühender Kanonenofen bösartigster Konstruktion war von einem Gegitter von allen vier Wänden her durch den Raum ausgespannter Bindfäden und Wäscheleinen umgeben. Was aber auf den Fäden und Stricken zum Trocknen aufgehängt war, das entzog sich jeglicher genauern Beschreibung. Ich brauche nur mitzuteilen, daß jede Familie im Hause ein Stück ihrer Garderobe dazu geliefert zu haben schien und daß Doktor Adam Asche Olgas Gewand eben auch dazuhing, und darf hoffen, genug gesagt zu haben.

»Und nun, Kinder, setzt euch«, rief der Doktor, im vollsten Behagen sich die Hände reibend und in überquellender Gastfreundlichkeit unter und zwischen seinen Leinen und Lumpen und Fetzen männlicher und weiblicher Bekleidungs- und Hausratsstücke nach Sitzgelegenheiten hin und her fahrend, auf und ab tauchend. »Das ist ja reizend von Ihnen, Vater Pfister. Ein Abend, ganz darnach angetan, um wie in Pfisters Mühle beim Schneetreiben und einem Glase Punsch zusammenzurücken! Nur einen Moment, meine Herren; kochendes Wasser stets vorhanden! Störe mir meine Kreise nicht, das heißt, reiß mir meine Feigenblätter menschlicher Eitelkeit und Bedürftigkeit nicht von der Linie, Ebert, sondern greif behutsam hin und drüber weg: die Zigarrenkiste steht auf dem Schranke gerade hinter dir. Vater Pfister –«

»Jetzt will ich Ihnen mal was sagen, Asche, und zwar am liebsten gleich wieder draußen vor der Tür«, sprach mein Vater, und zwar mit einer wütenden Gehaltenheit in Ton und Ausdruck, die nur selten bei ihm zum Vorschein kam. »Sie werden sich doch nicht einbilden, Adam, daß ich, der ich grade wegen ziemlich gleichem Geruch und noch dazu bei dieser Tages- und Jahreszeit als älterer

Mann mich auf meinen weichen Füßen zu Ihnen herausbemüht habe, hier jetzt in diesen infamen Odörs ein pläsierlich Konvivium bei Ihnen halten will? Behalt deine Mütze auf dem Kopfe, Junge; das haben wir zu Hause auch. Komm wieder mit; ich sehe ein, es ist nicht anders und soll nicht anders sein. Die Welt will einmal in Stank und Undank verderben, und wir Pfister von Pfisters Mühle ändern nichts daran. Bringe mich mit möglichst heilen Knochen wieder hin nach dem Blauen Bock. Samse mag sofort wieder anspannen; wir fahren nach Hause. Es ist wohl nicht das letzte Mal, daß dein Vater sich in das Unabänderliche geschickt hat, Ebert.«

»Holla! Halt da! Nur noch fünf Minuten Aufenthalt«, rief der Doktor. »Was ist es denn eigentlich, Vater Pfister? Das klingt ja verflucht tragisch. Um was handelt es sich, Knabe Eberhard? ... Wenn die Herren sich vielleicht einbilden, daß ich, Doktor A. A. Asche, vorhin aus inniger Neigung in meinem angeborenen Element plätscherte, daß ich hier wie 'ne Kölnische Klosterjungfer gegenüber dem Jülichsplatz in meinem Eau de Cologne schwimme und mich selber mit Wonne rieche, so irren Sie sich. Auch der Gelehrte, der Chemiker bleibt am Ende Mensch – Nase – Lunge! Es ist zwar schön, aber durchaus nicht angenehm, auf dem Gipfel seiner wissenschaftlichen Bestrebungen dann und wann ohnmächtig zu werden; und – wißt ihr was, Leute? Feierabend ist es doch – ich gehe am besten mit euch nach dem Blauen Bock und vernehme dort in gesünderen atmosphärischen Verhältnissen das, worüber Sie meinen bescheidenen Rat einzuholen wünschen, Vater Pfister.«

»Das ist wenigstens ein Wort, was sich hören läßt«, sagte mein Vater. »Das ist sogar ein vernünftiges Wort, Adam, und ich nehme Sie und warte mit dem Ebert so lange draußen auf der Treppe, bis Sie sich hier drinnen gewaschen und angezogen haben. Nicht wahr, Sie nehmen das einem alten Manne, der sonst schon tief genug im Morast sitzt, nicht übel?«

»Durchaus nicht!« lachte der Doktor, und nach fünf Minuten befanden wir uns auf dem Wege nach dem Blauen Bock. Wieviel Verdruß, Ärger und leider auch herzabfressenden Kummer Vater Pfister noch von Pfisters untergehender Mühle haben sollte: das ist mir wenigstens ein Trost, daß er dabei zur Rechten wie zur Linken jemand hatte, der, wie treue Söhne sollen, Leib und Seele hingegeben hätte, ihm seine letzten Schritte durch die schlimme Welt behaglicher zu machen. Er ist doch noch mehr als einmal zu einem vergnüglichen Knurren und herzlichen Lachen in seiner alten Weise gekommen, ehe es aus mit ihm war.

Wo bleiben alle die Bilder?

Stopfkuchen! Wahrlich nicht der Kirchenglocken wegen (obgleich er auch den Versuch gemacht hatte, Theologie zu studieren), sondern einzig und allein der Turmuhr halber stieg er mir nun so hell wie Störzer in der Seele empor, mein Freund Stopfkuchen, mein anderer Kindheits-, Feld-, Wald- und Wiesenfreund Stopfkuchen, den ich nur dann seinen Schritt etwas beschleunigen sah, wenn ihn der alte Konrektor mit der Haselnußgerte im Kreise nicht um die Welt, sondern um die schwarze Schultafel und die ungelöste mathematische Aufgabe jagte.

Ja, zu unserer Zeit kriegte man noch die Prügel, die einem gebührten ... Gott sei Dank! – »Stopfkuchen« nannten wir ihn auf der Schule. Eigentlich hieß er Heinrich Schaumann und war das einzige Kind so dürrer, eingeschrumpfelter, zaunkönighaft-nervöslebendiger Eltern, daß die in der Stadt nicht unrecht zu haben schienen, die da behaupteten, er habe in einem Kuckucksei gelegen und sei schändlich doloser Weise dem Herrn Registrator und der Frau Registratorin Schumann ins Nest geschoben worden. Wie dem auch sein mochte: sie hatten ihn herangefüttert und ihm zu- und in den Schnabel getragen, was sie vermochten; und es war ihm gediehen.

Und wie ein Zaunkönigspaar seine Freude und seinen Stolz in seinem dicken Nestling hat, so hatten auch Vater und Mutter Schaumann ihren Stolz und ihre Freude an ihrem »Dicken« und wollten selbstverständlich auch noch nach einer andern Dimension hin etwas aus ihm machen, nämlich etwas Großes. Natürlich einen Pastor, Regierungsrat, Sanitätsrat oder dergleichen.

»Die Sache könnte mir schon passen, Eduard«, sagte Heinrich damals häufig zu mir. »Wenn nur nicht die verdammten Vorstrapazen wären, das schauderhafte Latein und gar Griechisch und nachher, um einen verrückt zu machen, das Hebräische!« seufzte er dazu und rieb sich nicht selten die Schultern dabei.

»Und die Rote Schanze, Heinrich.«

»Die auch, Eduard, obgleich das nur eine Dummheit von euch andern ist. Na, mir ist's übrigens eins, was ihr Esel von mir sagt und denkt! Und dann läßt sich das auch gar nicht in einem Atem nennen, das Gymnasium und Quakatzen seine Rote Schanze. Herr du mein Gott, wenn mich einer zum Bauer auf der Roten Schanze machen wollte, ich hinge jedes Pastorhaus der Welt drum an den Nagel und schlüge Kienbaum mit Vergnügen dreimal tot!«

»Aber Stopfkuchen?«

»Jawohl, Stopfkuchen! Nennt mich nur so; ich mache mir auch daraus nichts. Wenn ich Kuchen kriege, so stopfe ich; darauf könnt ihr euch verlassen. Und nochmals, was Quakatzen anbetrifft, so mache ich mir gar nichts draus, was die ganze Welt über ihn spricht. Meinswegen kann er Kienbaum sechsmal totgeschlagen haben; darum bleibt er doch der Bauer auf der Roten Schanze und hat's am besten in der ganzen Welt. Und übrigens, bewiesen ist ihm ja von keinem Gerichte was, und wenn jetzt die ganze Welt auf ihn hetzt, beweist das gar nichts gegen ihn. Auf mich hetzt auch die ganze Welt, und wenn ihr morgen Blechhammern, euern Herrn Oberlehrer Doktor Blechhammer, irgendwo am Wege abgegurgelt fändet, dann könntet ihr dreist auch mir die Geschichte in die Schuh schieben und behaupten, ich sei's gewesen und habe mir endlich das Vergnügen gegönnt und meine Rache ausgeübt. Quakatz auf der Roten Schanze hat ganz recht, wenn er am liebsten seinen Wall vom Prinzen Xaver her auch lieber mit Kanonen als bloß mit seinen Dornbüschen bespicken möchte gegen die ganze Welt, die ganze Menschheit. Hu, wenn ich mal von der Roten Schanze aus drunterpfeffern dürfte – unter die ganze Menschheit nämlich, und nachher noch die Hunde loslassen! Du weißt es, Eduard, und kannst es bezeugen, wie reif ich diesmal wenigstens war. Und sie haben mich doch wieder sitzen lassen und nicht mitgenommen in die Obertertia! Da komme du mal nach Hause und habe Freude an deinen Eltern und sonst am Leben. Ne, da soll man wohl zum Eremiten werden und sich hinter seine Kanonen zurückziehen. Da hilft mir nichts als wie die Rote Schanze und die Idee, daß ich ihr Herr wäre! Du läufst mit Störzern, Eduard, und ich liege vor der Roten Schanze – jeder nach seinem Geschmack – und ich denke mich, mit der ganzen Welt und Schule hinter mir, in sie hinein, und wie mir da das Rindvieh Blechhammer kommen könnte. Hier – sieh mal her, Eduard! Daß mich Tinchen Quakatz gestern hier in die Hand gebissen hat, die bissige Katze, das paßt mir ganz. Da soll wohl einer nicht beißen, wenn ihm keiner seine Ruhe lassen will? Übrigens hat die Kröte die Maulschelle, die ich ihr darauf versetzt habe, auch gespürt; und als der Alte dazugekommen ist, hat er jedem von uns recht geben müssen. Spuckt euer Gift aus, hat er gesagt. Es ist besser, als es in sich hineinzufressen, hat er gesagt. Und wenn einer weiß, wie recht er da gehabt hat, so bin ich das. Auf der untersten Bank zu sitzen und zu all Blechhammers Redensarten keinen Muck sagen zu dürfen, das ist zehntausendmal schlimmer, als Kienbaum nicht totgeschlagen zu haben und doch dafür angesehen zu werden. Ja, sieh mich nur so drauf an, Eduard! Du bist auch so einer von denen, die sich stündlich gratulieren, daß sie nicht der Mörderbauer von der Roten Schanze oder Heinrich Schaumann sind.«

»Da verkennst du mich aber riesig, Heinrich.«

»Gar nicht, Eduard; ich kenne euch nur. – Alle kenne ich euch, in- und auswendig.«

ZEITTAFEL

1831 8. 9.: Wilhelm Raabe in Eschershausen geboren.
1845 Tod des Vaters.
1849 Kein Gymnasialabschluß. Er geht in die Buchhändlerlehre.
1853 Er erlangt nicht bei neuerlichem Versuch das Abitur.
1854–56 Gasthörer an der Universität Berlin. Am 18. 11. 1854 Beginn der »Chronik der Sperlingsgasse«.
1856–62 Bei der Mutter in Wolfenbüttel. Die Erzählungen aus diesen Jahren werden vom Verfasser später als wertlos bezeichnet; sie sind meistens in der deutschen Geschichte angesiedelt und fußen auf Urkunden und anderen Quellen.
1862 Heirat und Übersiedlung nach Stuttgart.
1864 »Der Hungerpastor« (Roman).
1866 Beginn der Freundschaft mit Jensens, besonders mit Marie Jensen.
1867 »Abu Telfan« (Roman).
1868 Jensens verlassen Stuttgart.
1869 »Der Schüdderump« (Roman). Die Mißerfolge seiner Romane und der Fortgang von Marie Jensen lösen eine schwere Krise aus, die psychosomatische Züge trägt. Die Novellen dieser Jahre sind nicht nur historische Erzählungen auf quellenmäßig gesicherter Grundlage, sondern versuchen eine allgemeine Aussage über die menschliche Existenz, vielfach pessimistisch.
1870 Übersiedlung nach Braunschweig, der eine der schwersten Krisen in Raabes Leben folgt. Mißerfolge bewegen ihn, neue Formen der Erzählstruktur zu suchen. Er ist erschüttert, daß die Reichsgründung 1871 keinen sozialen und politischen Fortschritt bringt.
1872 »Der Dräumling« (Roman).
1874 Tod der geliebten Mutter.
1879 Sammlung von Novellen, die »Krähenfelder Geschichten«.
1884 Dritte tiefe Krise im Zusammenhang mit der Ablehnung der Erzählung »Pfisters Mühle« durch den Verlag.
1891 »Stopfkuchen« (Roman).
1892 Tod der Lieblingstochter trifft Raabe schwer.
1896/1900 »Die Akten des Vogelsangs« – »Hastenbeck« – »Altershausen«.
1901 Ehrendoktorate zweier Universitäten. Seit einem Jahrzehnt durchgehende Anerkennung als Dichter; die Auflagen seiner Bücher steigen.
1910 15. 11.: Tod des Dichters.

Hans Kolbe: Wilhelm Raabe, Vom Entwicklungs- zum Desillusionierungsroman, Akademie-Verlag, Berlin 1981. (Eine vorzügliche literatursoziologische Untersuchung der Werke Raabes aus der DDR.)

Lesenswert als werkimmanente Analyse, damit im Gegensatz zur Literatursoziologie, und als umfangreiche Inhaltsangabe der Werke Raabes:
Hermann Pongs: Wilhelm Raabe, Leben und Werk. Quelle & Meyer, Heidelberg 1958.

Theodor Fontane 1890

Hans Christian Kirsch

Theodor Fontane: »Effi Briest« und »Der Stechlin« als Beispiele realistischer Romankunst

Für Heidi Holliger-Lee

Das Publikum ist eine einfache Frau,
Bourgeoishaft, eitel und wichtig.
Und folgt man, wenn sie spricht genau,
so spricht sie nicht einmal richtig.

Eine einfache Frau, doch rosig und frisch
und ihre Juwelen blitzen.
Und sie lacht und führt einen guten Tisch.
Und es möchte sie jeder besitzen.
Theodor Fontane

Lebensweg

Er kommt einen langen Weg. Geboren am 30. Dezember 1819 in Neu-Ruppin. Beide Eltern sind französischer Abstammung. Der Vater, »ein großer, stattlicher Gascogner voll Bonhomie, dabei Phantast und Geschichtenerzähler«, ist ein wohlhabender Bürger, lebt aber über seine Verhältnisse, macht Spielschulden, muß die große Apotheke aufgeben und in die »tiefere Provinz« absteigen, nach Swinemünde. Hier empfängt der Sohn Eindrücke, die ihn später dazu drängen werden, einen Störtebeckerroman zu versuchen: etwas Sozialkritisches, die »Likedeeler«. Er kommt nicht sehr weit damit und beginnt statt dessen den »Stechlin«. Der wird sein Meisterwerk.

Aber soweit sind wir noch lange nicht. Ein weiter Weg, wie gesagt. Nur ein Jahr, von 1832 bis 1833, besucht der Junge das Gymnasium. Dann scheint die wirtschaftliche Situation der Eltern noch prekärer geworden zu sein. Sie werden sich später trennen, aber nicht scheiden lassen. Für zwei Jahre besucht Theodor Fontane in Berlin eine Gewerbeschule. Dann beginnt er eine Apothekerlehre. Er wohnt in dieser Zeit in einer typischen Mietskaserne der sich rasch ausweitenden Großstadt, Zimmer an Zimmer mit Prostituierten, bei einem Onkel, einem gescheiterten Künstler.

Zum Bekanntenkreis des Onkels gehört auch ein gewisser Rat Kummer, eine Gestalt wie aus einer Erzählung von E. T. A. Hoffmann, ein »Erfinder von Reliefkarten und Globen«, hier eigentlich nicht der Erwähnung wert, hätte er nicht ein Pflegekind, das auf den jungen Fontane starken Eindruck macht: Emilie. – Die französische Juli-Revolution von 1830 stärkt auch in Deutschland das Verlangen nach einer demokratischen Umgestaltung. Die Herrschenden reagieren mit verstärktem Druck. Es ist eine Zeit der »Demagogenverfolgung« und der verschärften Pressezensur. Demokratische Schriftsteller müssen emigrieren. Unter ihnen auch drei Männer, die der dichtende Jüngling Theodor Fontane sich zu Vorbildern nimmt: Heine, Herwegh und Freiligrath. Der Protest liberaler Professoren, der »Göttinger Sieben«, gegen Reaktion und Willkür der Fürsten, führt 1837 zu deren Entlassung.

Bereits als Gewerbeschüler besucht Theodor gar nicht so selten die sogenannten »Zeitungscafés«, um dort zu schmökern.

»Ich zählte«, schreibt er später in seiner Autobiographie, »so jung ich war, doch ganz zu denen, die das Anbrechen einer neuen Zeit begrüßten, und fühlte mich unendlich beglückt, an dem erwachenden politischen Leben teilnehmen zu können. Allwöchentlich hatte ich, neben sonstigen Freistunden, auch einen freien Nachmittag, und mit der Feierlichkeit eines Kirchgängers, ja sogar in der sonntäglichen Aufgeputztheit eines solchen, begab ich mich, wenn dieser freie Nachmittag da war, regelmäßig zu Stehely, um hier allerlei Zeitungen: die Kölnische, die Augsburger, die Leipziger Allgemeine etc. zu lesen. Dieser Wunsch wurde mir freilich immer nur sehr unvollkommen erfüllt, denn es war die Zeit der sogenannten ›Zeitungstiger‹, die sich unersättlich auf die Gesamtheit aller guten Zeitungen stürzten und diese, grausam erfinderisch, entweder auf dem Stuhl, auf dem sie saßen, oder unterm Arm – oder auch vorn in den Rock geschoben – unterzubringen wußten. Ein Einschreiten dagegen war nicht möglich, denn die betreffenden Herren waren nicht nur Stehelysche Habitués, sondern zugleich auch Leute von gesellschaftlicher Stellung.

Es hieß also sich in Geduld fassen, und manchmal wurde man auch belohnt. Aber selbst wenn alles ausblieb, so verließ ich trotzdem das Lokal mit dem Gefühl, mich eine Stunde an einer geweihten Stätte befunden zu haben.«

1840 steht Fontanes erstes Gedicht im »Berliner Figaro«. Er arbeitet in Apotheken in Leipzig und Dresden, kehrt 1844 nach Berlin zurück, um dort seinen Militärdienst abzuleisten. Er wird Mitglied verschiedener literarischer Vereine und Clubs. Der bekannteste ist der literarische Sonntagsverein »Tunnel über der Spree«, ein Treffpunkt für Interessierte, Amateure und Dilettanten. Fontane wird dort im September 1844 aufgenommen. Sein Freund

Theodor Fontane 1843 (Zeichnung von Friedrich Georg Kersting)

und Förderer ist ein gewisser Traugott Wilhelm von Merckel, der Prototyp eines preußischen Reaktionärs, der etwas später in einem Agitationsgedicht schreiben wird: »Gegen Demokraten helfen nur Soldaten.«

Verständlicherweise finden in diesem Kreis vor allem Fontanes Balladen über Heroengestalten der preußischen Vergangenheit Anklang. Gedichte mit sozialkritischem Inhalt werden abgelehnt. Bezeichnend ist in diesem Zusammenhang das »Tunnel«-Protokoll vom 30. Juli 1843 über Fontanes Gedicht »Der Trinker«:

»Eine kräftige ergreifende Schilderung der Trunksucht als Folge des Elends! Man ließ dem Dichter in so weit allgemeine Gerechtigkeit angedeihen, als man ihm zugab, er habe den beabsichtigten Effekt, ein grelles erschreckendes Bild eines menschlichen Zustandes, wirklich hervorgebracht. Indessen machte sich von einigen Seiten die Meinung geltend, daß eine solche Aufgabe, so verdienstlich sie auch in moralischer oder publizistischer Hinsicht sein möge, aus dem ästhetischen Standpunkt doch nicht gebilligt werden könne: daß dieses Gedicht ein tüchtiges versifiziertes Plädoyer oder ein gereimter ergreifender Artikel eines Fortschritts-Journals oder ein vortrefflicher Mäßigkeits-Gesellschafts-Präsidenten-Vortrag, kurz alles – nur kein Gedicht sei.«

1845 hat sich Fontane mit der »feurig-schwarzäugigen Orientalin«, mit jener schon so lange bewunderten Emilie Rouanet-Kummer verlobt.

Seine Verse aus dieser Zeit weisen die typischen Mängel eines Anfängers auf. »Ihre Geistigkeit«, so urteilt Edith Bialke, »und ihre Form sind erborgt, ihre Gefühle sind wirr und sentimental, gelegentlich exaltiert, die Handlungsgebärden scheinen gespreizt und ohne Wirklichkeit.« Manches ist auch von unfreiwilliger Komik:

Liebchen komm,
vor dieser Zeit der schweren
Schutz zu suchen in den Cordilleren...

1847 besteht Fontane seine Fachprüfung als Apotheker und wird in A. Jungs Apotheke Zum Schwarzen Adler in der Neuen Königsstraße angestellt. In diesen Jahren verschärfen sich in Deutschland die Klassengegensätze. In Schlesien ist es 1844 zum Weberaufstand gekommen, der blutig niedergeschlagen worden ist. Eine Wirtschaftskrise im Jahre 1847 führt in der Unterschicht zu immer größerer Not. In ganz Deutschland kommt es zu »Hungerrevolten«. Wie es im Proletariat zugeht, davon erhält Fontane durch seine Umgebung und die Kundschaft, die in die Apotheke kommt, ein recht genaues Bild:

Er schildert die Apotheke als ein »glänzend fundiertes Geschäft, aber von vorstädtischem Charakter, so daß das Publikum vorwiegend aus mittlerer Kaufmannschaft und kleineren Handwerkern bestand. Dazu viel Proletariat mit vielen Kindern. Für letztere wurde seitens der Armenärzte meist Lebertran verschrieben – damals, vielleicht auch jetzt noch, ein bevorzugtes Heilmittel –, und ich habe, während meiner ganzen pharmazeutischen Laufbahn, nicht halb soviel Lebertran in Flaschen gefüllt wie dort innerhalb weniger Monate. Dieser Massenkonsum erklärt sich dadurch, daß die durch Freimedizin bevorzugten armen Leute gar nicht daran dachten, diesen Lebertran ihren mehr oder weniger verskrofelten Kindern einzutrichtern, sondern ihn gut wirtschaftlich als Lampenbrennmaterial benutzten.«

Als im März 1848 in Berlin die Revolution ausbricht, als das Volk in den Straßen Barrikaden errichtet und der König gegen die Bürger sein Militär einsetzt, kämpft Fontane aktiv auf Seiten der Revolutionäre mit. Andererseits dürfte seine Begeisterung für Freiheit und Bürgerrechte durch die Beobachtung des Geschehens der Märztage einen starken Dämpfer bekommen haben.

Kurz nach der unterdrückten Erhebung kommt Fontane am Krankenhaus der Diakonissenanstalt Bethanien als Apotheker unter. Vielleicht ein Versuch der Mutter, den Sohn, der sich exponiert hatte, vor Schwierigkeiten zu bewahren. Er bleibt dort nicht lange. Seine Lage ist ziemlich mißlich. Seine Braut drängt darauf, daß man endlich heirate. Er ist im März 1849 zum zweiten Mal schon Vater eines unehelichen Kindes geworden. (Ein Brief, in dem er davon berichtet und einen Freund bittet, ihm finanziell beizuspringen, weil er Alimente zahlen muß, kam erst 1960 wieder zum Vorschein, nachdem die Erben ihn in allen Briefausgaben bis dahin unterdrückt hatten.)

Weder über die Mütter dieser Kinder noch über die Kinder selbst ist später etwas bekannt geworden. Man war diskret damals in solchen Dingen!

Man kann aber sicher sein, daß bei einem so gewissenhaften Menschen wie Fontane von solchen Vorgängen Schrammen auf der Seele blieben.

Vielleicht haben wir hier den Antrieb für seine so sehr gegen den Strich der Zeit laufende Anteilnahme an der unterdrückten und entrechteten Stellung der Frau, wie sie sich später in seinen großen Romanen des Alterswerks spiegelt.

Bestürzend für den Beobachter dieses Lebens ist nun die Revision des politischen Standpunktes – zumindest nach außen hin –, denn daß Fontane sein kritisches Bewußtsein nicht aufgegeben hat, geht aus vielen Briefen hervor. Seine Reaktion ist bezeichnend für die des Bürgertums insgesamt nach der gescheiterten bürgerlichen Revolution in Deutschland: Äußerlich paßt man sich an, innerlich behält man vielleicht seine Vorbehalte.

Fontane nimmt eine Stelle beim »Literarischen Kabinett«, der Zensurbehörde der preußischen Regierung an. Er schafft so die nötige finanzielle Voraussetzung zu der immer wieder hinausgeschobenen Eheschließung mit Emilie Rouanet-Kummer.

Über ein Jahrzehnt von nun an, selbst während eines mehrjährigen Englandaufenthalts, bleibt er nun auf die eine oder andere Weise im Dienst der preußischen Regierungspresse.

Seine Aufgaben sind dabei alles andere als ehrenvoll. Man darf sie wohl ruhig schmutzig nennen. Fontane selbst hat sich in dieser Beziehung, wie wir aus Briefen an Freunde wissen, selbst nichts vorgemacht. Beispielsweise ist er einige Zeit dafür zuständig, die Provinzpresse im Sinn der Regierungspolitik zu beeinflussen. Ein bezeichnendes Briefzitat Fontanes:

»Ich habe mich heute der Reaktion für monatlich 30 Silberlinge verkauft.«

Inzwischen ist auch ein Kind da, ein Sohn, geboren am 14. August 1851. Der Versuch Fontanes, zu einer vom preußischen König auszusetzenden Poetenpension zu kommen, scheitert. Der Innenminister hat auf den Rand des Gesuchs geschrieben: »Die politische Gesinnung des p. Fontane ist nicht ganz lauter.«

Dreimal reist Fontane nach England: 1844 als Tourist, 1852 als Korrespondent und 1855 (bis 1859) als halbamtlicher Presseagent der preußischen Regierung.

Bei dem letzten Aufenthalt holt er auch Emilie und die Kinder nach England nach. Fontanes Urteile über diese Zeit im Ausland sind recht unterschiedlich. Da heißt es: »London hat einen unvertilgbaren Eindruck auf mich gemacht... Es ist das Modell oder die Quintessenz einer ganzen Welt.« An anderer Stelle aber auch: »Nach vier Jahren England! Wenn man vier Jahre Zuchthaus gehabt hätte, könnt' es nicht schlimmer sein.« Beachtenswert, daß im »Stechlin« es eine Frau ist, aus deren Sicht viele Erlebnisse in England erinnert werden. Fontanes »Lieder und Balladen frei nach dem Englischen« verraten, was ihn persönlich besonders anzog: Folklore, Außenseiter, Rebellen, Freiheitskämpfer, Ehrlosgewordene. Von der zeitgenössischen englischen Romanliteratur hat vor allem Thackerays die Szenerie einer Gesellschaft schildernder Roman »Jahrmarkt der Eitelkeit« auf ihn großen Eindruck gemacht. Man könnte in diesem Buch das Vorbild für seine eigenen Romane sehen.

Nach der Rückkehr aus England tritt für Fontane ein neuer Fron an die Stelle des alten. In diesem Jahre 1860 kommt seine Tochter Martha (Mete) zur Welt. Sie wird sein Lieblingskind. Als später im Alter sein Verhältnis zu seiner Frau Emilie immer problematischer wird, macht er Mete zu seiner Vertrauten. Ihre Erlebnisse und Probleme sind in viele Geschichten Fontanes mit eingegangen.

Wieder in Berlin, bewirbt sich Fontane, dem Staatsdienst endlich entgangen, trotz starker innerer Vorbehalte wegen der Tendenz des Blattes, nun bei der erzreaktionären »Kreuzzeitung«.

Über das Aufnahmegespräch berichtet er mit dem ihm eigenen Sarkasmus: »Pünktlich erschien ich in der Bernburger Straße, wo

Emilie Fontane und eines ihrer Kinder

der Chefredakteur der Kreuzzeitung schräg gegenüber der Lukaskirche wohnte.

Matthäi wäre wohl besser gewesen, aber Lukas war auch gut. Endlich in der zweiten Etage glücklich angelangt, zog ich die Klingel und sah mich gleich darauf dem Gefürchteten gegenüber. Er war aus seinem Nachmittagsschlaf kaum heraus und rang ersichtlich nach einer der Situation entsprechenden Haltung. Ich hatte jedoch verhältnismäßig wenig Auge dafür, weil ich zunächst nicht ihn, sondern nur sein unmittelbares Milieu sah, das links neben ihm aus einem mittelgroßen Sofakissen, rechts über ihm aus einem schwarz eingerahmten Bild bestand. In das Sofakissen war das Eiserne Kreuz eingestickt, während aus dem schwarzen Bilderrahmen ein mit der Dornenkrone geschmückter Christus auf mich niederblickte. Mir wurde ganz himmelangst, und auch das mühsam geführte Gespräch, das anfänglich zwischen dem Eisernen Kreuz und dem Christus mit der Dornenkrone hin und her pendelte, belebte sich erst, als die Geldfrage zur Verhandlung kam...«

Die Anstellung bei der »Kreuzzeitung« ermöglichte es Fontane immerhin, einen langgehegten Plan zu verwirklichen: Die Mark Brandenburg zu durchwandern, »die Scholle zu schildern ... was sie trägt und was sie getragen hat«.

Da Deutschland gerade eine Phase der Industrialisierung durchmacht, werden Fontanes zunächst in der Zeitung, dann, zwischen 1862 und 1882 auch in Buchausgaben erscheinenden, die Relikte einer versunkenen Zeit beschreibenden und alte Tugenden preisenden Berichte mit dem Titel »Wanderungen durch die Mark Brandenburg« ein Publikumserfolg. Dabei spielt gewiß auch eine Rolle, daß in diesen poeto-historischen Texten sich Fontane eine seinen Neigungen und Fähigkeiten wie auf den Leib geschnittene Form geschaffen hat.

Weit weniger erfolgreich hingegen sind seine Kriegsbücher. 1864 ist Fontane als Kriegsberichterstatter nach Schleswig und Dänemark gereist. 1866 ist er auf den Schauplätzen des Krieges zwischen Preußen und Österreich. 1870, während des deutsch-französischen Krieges, wird er in Domremy irrtümlich als Spion verhaftet und auf der Insel Oléron interniert. Seine Erlebnisse in Frankreich veröffentlicht er in dem Band »Kriegsgefangen« (1871).

Der Mißerfolg der Kriegsbücher läßt sich damit erklären, daß Fontane sich des damals geschätzten Hurrapatriotismus, des Schwärmens für militärische Stärke und Gehässigkeiten gegenüber den Kriegsgegnern fast völlig enthält. Für seine kritische Besinnung bezeichnende Sätze finden sich in der Novelle »Schach von Wuthenow«. Es heißt da:

»Es gibt eine preußische Beschränktheit, die nur drei Glaubensartikel hat; erstes Hauptstück: Die Welt ruht nicht sicherer auf den Schultern des Atlas als der preußische Staat auf den Schultern der preußischen Armee. Zweites Hauptstück: Der preußische Infantrieangriff ist unwiderstehlich. Und drittens und letztens: Eine Schlacht ist nie verloren, solange das Regiment Garde du Corps nicht angegriffen hat.«

Stellt man solche Sätze neben Fontanes preußische Kriegshelden verherrlichende Balladen, so wird eine zunächst merkwürdige Ambivalenz erkennbar. Fontane rühmt Preußen und kritisiert es immer heftiger.

Zu erklären ist das vielleicht so: Er hat ein Ideal von Preußen, aber das tatsächliche Staatswesen, in dem er lebt, entspricht diesem Ideal immer weniger. Ob die Vergangenheit so herrlich, damals die Adligen und Soldaten nur von »echtem Schrot und Korn«, voller Verantwortungsgefühl und altruistischen Tugenden gewesen sind, wie sich das nach den Fontaneschen Gedichten darstellt, ist natürlich auch höchst fraglich.

Die Kritik an Preußen wird im Alter bei Fontane noch schärfer werden. Immer mehr scheint Fontane vor allem davon überzeugt, daß der Adel als staatstragende und privilegierte Schicht seine geschichtliche Rolle ausgespielt hat:

»Preußen«, schreibt er 1897, »und mittelbar ganz Deutschland, krankt an unserem Ostelbien. Über unseren Adel muß hinweggegangen werden: man kann ihn besuchen wie das Ägyptische Museum ... aber das Land ihm zuliebe zu regieren, in dem Wahn, dieser Adel sei das Land – das ist unser Unglück.« Schon 1895 hat er sich gegenüber seinem liberalen Bekannten, dem Richter Friedlaender, so geäußert:

»Mein Haß gegen alles, was die neue Zeit aufhält, ist in einem beständigen Wachsen, und die Möglichkeit, ja die Wahrscheinlichkeit, daß dem Sieg des Neuen eine furchtbare Schlacht vorausgehen muß, kann mich nicht abhalten, den Sieg dieses Neuen zu wünschen.«

Wer oder was mit dem Neuen gemeint ist, ergibt sich aus einem Briefzitat aus dem Jahre 1886:

»Alles Interesse ruht beim vierten Stand. Der Bourgeois ist furchtbar, und der Adel und Klerus sind altbacken, immer dasselbe... Diese neue, bessere Welt fängt erst beim vierten Stand an... das, was die Arbeiter denken, sprechen, schreiben, hat das Denken der altregierenden Klassen tatsächlich überholt... Sie, die Arbeiter... haben nicht bloß neue Ziele, sondern auch neue Wege.«

In den Romanen wird deutlich werden, daß solche Einsichten fast contre cœur, wider ganz andere Neigungen, durch genaues und kritisches Beobachten der Wirklichkeit erwachsen sind. Solche Ehrlichkeit, Unbestechlichkeit zusammen mit einem gewissen Stoizismus lassen einem Fontane immer wieder sympathisch werden.

Von 1870 bis 1899 arbeitet Fontane als Theaterkritiker für die bürgerliche »Vossische Zeitung«. Als Kritiker geht er weitgehend von den Idealen der Lessingschen Dramaturgie – Humanität, Gerechtigkeit und Freiheit – aus. Er sieht in Shakespeare den großen Dichter für alle Volksschichten. Auf die Frage, was denn ein gutes Stück sei, antwortet er: »Ein gutes Stück ist ... wenn die Menschen und Situationen sich eben so sehr innerhalb des gesunden Menschenverstands wie der Wahrscheinlichkeitsgesetze halten, mit anderen Worten, wenn Unsinnigkeiten und Willkürlichkeiten gleichmäßig vermieden werden.«

Wenn Fontane im Theater »Wahrheit« fordert, so meint er damit historische Genauigkeit, die Abwesenheit alles Geschraubten und Gekünstelten, die Darstellung des Menschen in seiner vollen Menschlichkeit, ohne Rücksicht auf die Tabus der gesellschaftlichen Moral.

Von solchen Kriterien her ist es denn nicht erstaunlich, daß Fontane als schon fast 70jähriger die ersten Stücke des Naturalismus begrüßt hat und über Ibsen schreibt:

»Das Gebäude der überkommenen Ästhetik kracht in allen Fugen ... was hier gepredigt wird, ist echt und wahr bis auf das letzte Tüttelchen, und in dieser Echtheit und Wahrheit der Predigt liegt ihre geradezu hinreißende Gewalt.«

Gerhart Hauptmanns Erstling »Vor Sonnenaufgang« hat Fontane an die »Freie Bühne« empfohlen. Das Stück wird in einer geschlossenen Vorstellung aufgeführt, um so die geltenden Zensurbestimmungen zu umgehen. Fontane als Theaterkritiker – d. h. einmal mehr: Unabhängigkeit des Urteils und Redlichkeit. Der junge Hauptmann widmet Fontane sein zweites Stück »Das Friedensfest«. Das hindert Fontane keineswegs daran, an diesem Werk des jungen Autors »ein Zuviel an Elendiglichkeit und ein Zuwenig an künstlerischen Gegensätzen« zu kritisieren.

Er verteidigt und hilft, den Realismus in der Bühnenkunst durchzusetzen, aber er macht auch klar: »Mit dem bloßen Daguerrotyp (Fotografie) des Lebens ist es freilich nicht getan, die Kunst erheischt mehr, aber das unverkennbare Streben nach Wahrheit, nach Emanzipation von jenem konventionellen Plunder, der Ziererei und Idealität verwechselt, dies Streben muß notwendig dahin führen, wieder Menschen auf unseren Bühnen heimisch zu machen.«

Immer wieder in diesen Jahrzehnten versucht er die leidige, aber nötige »Brotarbeit« im Journalismus aufzugeben. Wenn er spät zum Romaneschreiben kommt, so hat das auch, ja vor allem damit zu tun, daß Versuche, so etwas wie eine Sinekure zu bekommen, fehlschlagen.

1876 übernimmt er das Amt seines Ersten Sekretärs der »Akademie der Künste«. Gerade von März bis Mai dauert diese Tätigkeit.

Dann kündigt er, weil ihn der bürokratische Betrieb aufregt und empört. Was die Menschen um ihn von diesem Schritt halten, steht in einem Brief an seine weibliche Vertraute, Mathilde von Rohr:

»Alle Welt verurteilt mich, hält mich für kindisch, verdreht, hochfahrend. Ich muß es mir gefallen lassen. Das Sprechen darüber habe ich aufgegeben. Es führt doch zu nichts. Ich muß durch Taten beweisen, daß ich nicht leichtsinnig gehandelt habe ... die Stelle ist mir, nach der persönlichen wie nach der sachlichen Seite hin, gleich zuwider. Alles verdrießt mich; alles verdummt mich; alles ekelt mich an. Ich fühle deutlich, daß ich immer unglücklich sein, daß ich gemütskrank, schwermütig werden würde ... Ich habe furchtbare Zeiten durchgemacht, namentlich in meinem Hause. Meine Frau ist tiefunglücklich, und von ihrem Standpunkt aus hat sie recht. Andererseits konnte ich ihr diese schmerzlichen Wochen nicht ersparen ... Die Weisheit der Menschen nutzt mir nichts. Was sie mir sagen können, habe ich mir in hunderten schlaflosen Stunden längst gesagt. Die Glücksarten der Menschen sind eben verschieden: ›Den enen sin Uhl is den annern sin Nachtigal!‹ Mir ist die Freiheit Nachtigall, den anderen Leuten das Gehalt ...«

Fontane ist 56 Jahre, als er endlich den Sprung, als freier Autor zu leben, wagt. 1876 nimmt er die Arbeit an dem schon 1863/64 begonnenen Roman »Vor dem Sturm« wieder auf. Es wird bis zu seinem Tod im Jahr 1898 dauern, ehe dieses umfangreiche Romanwerk vollendet ist.

Vorsichtig hat sich Fontane auf dem Weg über die Novelle der großen Form des Romans angenähert. Novellen und Romane werden, ehe sie als Bücher erscheinen, fast immer in Familienzeitschriften und Zeitungen abgedruckt. Der Kauf eines Buches war für eine bürgerliche Familie im letzten Drittel des 19. Jahrhunderts immer noch Gegenstand langer Überlegungen, denn es kostete im Durchschnitt einen Taler oder drei Mark, ein Preis, der für eine Arbeiterfamilie schon nahezu unerschwinglich war. Die durchschnittliche Auflage eines Romans lag damals in Deutschland bei 1000 Exemplaren. Keines der Bücher von Fontane hat zu seinen Lebzeiten mehr als fünf Auflagen erreicht. Hingegen waren »Familienblätter« wie »Über Land und Meer« oder »Vom Fels zum Meer« mit 200000 Exemplaren für die Mittel- und Unterschicht weit eher erschwinglich. Hier lag der durchschnittliche Bezugspreis bei 6 Mark im Jahr. Diese Blätter waren also zahlungskräftig und verhalfen einem in ihnen abgedruckten Autor zu einer sonst nie zu erreichenden Breitenwirkung.

Andererseits durfte einem breiten Publikum literarisch nicht zu viel zugemutet werden. Die Leute wollten Anreize zum Tagträumen, sie wollten »heile Welt«, Melodramatik und einen Schuß Märchen. Dies ihnen zu geben, und dennoch »große Literatur« zu verwirklichen, ist das Kunststück, das nun von Fontane wieder und wieder verlangt wird.

Seit 1880 veröffentlicht er fast jedes Jahr eine größere Prosaarbeit. Es scheint so, als fühle der so spät zur erzählenden Prosa gekommene Autor einen fast manischen Drang, nun doch noch möglichst viele Erzählungen und Romane in der Lebensfrist, die ihm bleibt, fertigzustellen. Man muß aber auch sehen, daß Fontane durch seine lange Lebenserfahrung in verschiedenen Berufen hervorragende Voraussetzungen mit einbringt, als er sich endlich an die Abfassung seiner realistischen Gesellschaftsromane macht.

Sowohl das Zeitungs- wie das Familienblatt-Publikum hat seine Tücken und Mucken. 1882, als gerade »Schach von Wuthenow« in der »Vossischen Zeitung« abgedruckt wird, begegnet Fontane zufällig einer seiner Leserinnen:

»Die Frau Professorin zeigte mir die neueste Nummer der ›Vossin‹ und sagte: ›Eben hab ich von Ihnen gelesen ... sehen Sie hier. Es ist so spannend, man kennt ja alle Straßennamen.‹«

»Das ist nun das gebildete Publikum, für das man schreibt«, kommentiert Fontane resignierend...

Beim Abdruck von »Irrungen, Wirrungen« in der »Vossischen Zeitung« kommt es zu einer Anfrage von seiten eines der Mitinhaber, wann denn diese gräßliche Hurengeschichte endlich einmal aufhöre. Fontane rettet sich in den Sarkasmus. Seinem nächsten (kleinen) Roman, »Stine«, stellt er, gleich als Motto, gewissermaßen entschuldigend, einen Vers voran, wie er auch nur ihm einfallen kann:

Will dir unter den Puppen allen
Gerade Stine nicht recht gefallen,
Wisse, ich finde sie selbst nur soso,
Aber die Witwe Pittelkow.
Graf, Baron und andere Gäste,
Nebenfiguren sind immer das Beste,
Kartoffelkomödie, Puppenspiel,
Und der Seiten nicht allzuviel.
Was auch deine Fehler sind,
Finde Nachsicht, armes Kind.

»Effi Briest« und »Der Stechlin« sind die beiden großen Romane der allerletzten Lebensjahre. Gewiß kann man sich darüber streiten, welchen Roman man einem Leser von heute für eine erste Begegnung mit Fontane empfehlen soll. Fontane ist einer jener Autoren, die einer entweder »mit Haut und Haar« mag oder gar nicht. Heinrich Mann hat ihm nachgerühmt, er habe den modernen Roman für Deutschland erfunden, verwirklicht und auch gleich vollendet. Thomas Mann hatte ihn gewissermaßen als seinen ganz speziellen Lieblingsschriftsteller adoptiert. Er schreibt:

»Mir persönlich sei das Bekenntnis erlaubt, daß kein Schriftsteller der Vergangenheit oder Gegenwart mir die Sympathie und Dankbarkeit, dies unmittelbare und instinktive Entzücken, diese unmittelbare Erheiterung, Erwärmung, Befriedigung erweckt, die ich bei jedem Vers, jeder Briefzeile, jedem Dialogfetzen von ihm empfinde.«

Demgegenüber fand Gottfried Benn, gerade dieses Pläsierliche entziehe Fontane den hohen Rang. Sein literarisches Werk bleibe als »existentieller Stoff mediokerx« (mittelmäßig). Beide Meinungen scheinen mir gut und gerne vertretbar. Wer sich aber einmal von Fontane einnehmen läßt, wer bei ihm Feuer fängt, der wird dieses unmittelbare und instinktive Entzücken, von dem Thomas Mann spricht, so lange nicht missen wollen, wie er weiß, daß es noch einen Vers, eine Briefzeile, einen Dialogfetzen von Fontane gibt, den er nicht kennt.

Wenn ich mich für eine ausführlichere Auseinandersetzung gerade mit »Effi Briest« und »Der Stechlin« entschieden habe, so nicht zuletzt auch deswegen, weil diese beiden Bücher, abgesehen von dem Lesevergnügen, das sie bereiten, einem auch zu einer wichtigen Lektion in deutscher Gesellschaftsgeschichte verhelfen.

Max Tau hat über Theodor Fontane einmal geschrieben, er sei das Symbol für den Dichter, der über den Parteien immer auf der Seite der Menschlichkeit stehe. Gerade darum habe er Gestalten schaffen können, die die Zeit überlebt hätten und aktuell geblieben seien. Wenn man sieht, wie häufig – und unter welch unterschiedlichen Akzentuierungen des Geschehens – beispielsweise »Effi Briest« von den 30er Jahren bis heute verfilmt worden ist, wird man dieser Feststellung zustimmen müssen. »Ich möchte hoffen«, fährt Max Tau fort, »daß junge Menschen, die heute die Schule verlassen, in ihm (Fontane) ein Vorbild für ihr eigenes Schaffen finden.« Tatsächlich hat auch Fontane selbst sich als Schriftsteller zu einer Haltung der Parteilichkeit für den Menschen bekannt. Ernst von Wolzogen berichtet davon, wie ihm Fontane den guten Rat gegeben habe, »es mir nur ja, wenn mir meine künstlerische Reputation lieb sei, abzugewöhnen, als Dichter überhaupt etwas Menschliches zu verurteilen. Sehen, so richtig sehen, deutlich gestalten und den Leser zum gerechten, wenn nicht gar liebevollen Verständnis zu führen, das sei unsere ganze Aufgabe. Basta!«

Das ist ein Realismusprogramm, ein Humanismusprogramm. Ein Programm, an das sich Leser *und* Autoren in Deutschland erinnern sollten, wenn es darum geht, Traditionen zu reaktivieren und fortzuführen.

Effi Briest – »Ein weites Feld...«

Am Ende denken zwei alte Leute darüber nach, wer denn was falsch gemacht habe. Es ist September. Ihre Tochter ist tot. Sie liegt unter einer Marmorplatte im Garten begraben. Vor ihrem Tod hat sie noch verlangt, man möge auf den Grabstein ihren Mädchennamen setzen, dem Namen ihres Ehemannes habe sie keine Ehre gemacht.

Jetzt, auf die Ereignisse zurückblickend, die mit Effis Tod geendet haben, meint die Mutter, mit mehr Zucht hätte vielleicht alles nicht so kommen müssen. Sie spricht sich von Schuld zwar nicht frei, aber ihr letztes Wort ist dann doch, die »arme Effi«, die jetzt dort drüben unter dem Stein im Garten modert, sei vielleicht einfach zu jung gewesen, als sie die Ehe mit Geert Baron von Innstetten einging, die sie ins Unglück geführt hat.

Dann schüttelt ein Hund den Kopf, und der alte von Briest, dem Fontane manches von seiner eigenen Gesinnung und seinem eigenen Charakter mitgegeben hat, spricht jenen Satz, der im Bildungsbürgertum der folgenden Generation fast zu einem geflügelten Wort geworden ist.

»Ruhig sagte der alte Briest:

›Ach, Luise, laß ... das ist ein zu weites Feld.‹«

Es lohnt sich, einen Augenblick bei diesem Satz, dem letzten des Romans, zu verweilen. Was drückt er aus? Welches Lebensgefühl, welche Haltung stehen hinter ihm?

Zunächst könnte man vielleicht meinen, der alte Herr wolle sich um die Gewissenserforschung und um die Schuldzuweisung drükken, zu der seine Frau angesetzt hat. Frau von Briest hat mit beträchtlicher Schärfe verurteilt. Sie nennt den örtlichen Pastor, die Instanz für Moral und Gewissensfragen, immerhin »eine Null«.

Sie kritisiert bei ihrem Mann dessen beständige »Zweideutigkeiten«. Sie macht diese in gewissem Sinn mitverantwortlich für die Katastrophe. Freilich hat sie die Gebote des Christentums hinreichend verinnerlicht, um zu wissen, daß man so streng mit anderen kaum ins Gericht gehen darf, ohne nicht auch das eigene Verhalten in Frage zu stellen, sich selbst seinen Teil Schuld zuzuweisen. Doch sie deckt in diesem Schlußgespräch nun eben gerade nicht jene Fehler auf, in denen, wenn man so will, ihre Mitschuld besteht. Mit ihrer Bemerkung, »ob sie nicht doch vielleicht zu jung war›«, schiebt sie Gewohnheit und Sitte, also der Gesellschaft, die Schuld zu. Nach der in diesen Kreisen herrschenden Auffassung war es nicht problematisch, sondern eher sogar erwünscht, wenn ein sehr junges Mädchen einen um viele Jahre älteren Mann »von Charakter, von Stellung und von guten Sitten« heiratete.

Entsprechend dieser Meinung handelt Frau von Briest auch zu Anfang des Romans. Sie hat, als der um vieles ältere Baron um Effis Hand anhielt (viel früher hat er sich übrigens auch schon einmal um die Mutter bemüht!), zu ihrer Tochter gesagt, sie werde einmal »mit zwanzig Jahren da stehen, wo andere mit vierzig stehen«.

Der gesellschaftliche Ehrgeiz der Eltern, die Vorstellung, daß gesellschaftliches Prestige unbedingt gleichbedeutend mit Glück sei, haben also damals eine nicht unwichtige Rolle gespielt.

Aus der Gewissenserforschung bei Frau von Briest wird im Schlußgespräch nicht so sehr ein Bekenntnis zur eigenen Mitschuld, vielmehr verdrängt sie diese.

Man kann sicher sein, daß der alte Briest diesen Abwehrmechanismus durchschaut, der im Bewußtsein seiner Frau abgelaufen ist. Aber er mag da nicht tadeln. Er weiß, so ist diese Frau, seine Ehefrau, nun einmal. Sie wird sich nicht ändern. Er wird sie nicht ändern.

Herr von Briest dürfte auch finden, ein Streit sei dem, worum es hier geht, unangemessen.

Er ist ein Mensch, der es vermeidet, wo immer möglich, über andere zu richten. Er ist sich darüber im klaren, daß Leben, es mag noch so gewissenhaft und bewußt geführt worden sein, unumgänglich mit Schuld verbunden ist. Positiv ausgedrückt: Er ist der Meinung, daß es gegenüber dem, was da geschehen ist, im Grund nur eine angemessene Haltung gibt, nämlich die der Demut.

Wir werden bei der Interpretation von »Der Stechlin« noch sehen, wie Demut – nicht nur in einem religiösen, sondern durchaus auch in einem »weltlichen« Verständnis des Begriffs –, in der Wertordnung Fontanes ganz oben ansteht.

Das Wort »Demut« aber zu gebrauchen, widerstrebt dem alten Briest bzw. seinem märkischen Sinn für Nüchternheit. Außerdem liefe es ja eigentlich dann auch auf einen Tadel, eine Belehrung seiner Frau hinaus, woran ihm, voller Verständnis für ihren Schmerz, überhaupt nicht gelegen ist. So kommt es denn zu dem beschwichtigenden, den Übergang zu einem anderen Gesprächsthema möglich machenden Satz, der außerdem die Grundstimmung und die Kompliziertheit dessen, was in dieser Geschichte dargestellt und verhandelt worden ist, noch einmal treffend zusammenfaßt:

»Ach, Luise, laß ... das ist ein zu weites Feld.«

Wenn Sprachkunst bedeutet, »Sätze bis an den Rand des Möglichen mit Sinn aufzuladen«, und wenn es ein konkretes Beispiel für diese Definition zu suchen gelte – dieser Schlußsatz von »Effi Briest« könnte gut dafür stehen.

Dieser Satz ist kein besonderer Satz. Er entspricht den Sprachgesten eines Gesprächs. Er ist überschaubar, scheint sofort verständlich. Er enthält direkt keine der großen Worte, die er mit meint, und legt diese trotzdem nahe.

Er ist, von allem anderen abgesehen, auch ein Beleg für die Gesprächskultur dieser Zeit und dieser sozialen Gruppe.

Genug damit an Hinweisen auf die Bedeutung einzelner Sätze bei Fontane. Genug damit auch der Hinweise darauf, was realistische Erzählkunst vermag.

So vorbereitet, wenden wir uns der Handlung des Romans zu. Was also geschieht in dem Roman »Effi Briest«?

Effi, ein junges Mädchen von noch nicht 18 Jahren, Tochter eines märkischen Landadligen, wird von ihren Eltern mit Baron von Innstetten, einem wohlmeinenden, pflichteifrigen und karrierebewußten, wesentlich älteren Mann, einem Juristen und Landrat in einer Kleinstadt an der Ostseeküste, verheiratet.

Von Anfang an wird klar, daß Effi und Innstetten, die sich vor der Ehe praktisch nur in Briefen kennengelernt haben, sehr verschieden sind. Aus der Hochzeitsreise macht der Baron eine Bildungstour durch fast alle Gemäldegalerien Deutschlands, Österreichs und Oberitaliens. Als Effi sich darüber in einem Brief an die Eltern vorsichtig beschwert, erklärt ihr Vater:

»›... und wenn ihr Mann, unser Herr Schwiegersohn, eine Hochzeitsreise machen und bei der Gelegenheit jede Galerie katalogisieren will, so kann ich ihn daran nicht hindern. Das ist eben das, was man verheiratet nennt.‹

›Also jetzt gibst du das zu‹, antwortete Frau von Briest, ›mir gegenüber hast du's immer bestritten, daß die Frau in einer Zwangslage sei.‹«

Damit ist gewissermaßen das Hauptthema des Romans angesprochen: die Zwangslage der Frau.

Es ist nicht nur der Altersunterschied, der Unterschied in den Interessen, im Temperament, was dazu führt, daß es von Anfang an zwischen Effi und Innstetten nicht recht »stimmt«. Es besteht ein noch weit grundsätzlicherer Unterschied zwischen den Ehepartnern. Er nimmt Moral und Konvention als unverrückbare Normen hin, was ihm nicht weiter schwer fällt, weil er in dem so abgesteckten Rahmen durchaus seine Ambitionen befriedigen kann, während die Frau in ihrem Bedürfnis nach Erfahrungen, Anregungen und Abwechslung davon eingeengt, ja fast erwürgt wird. Das grausame Unrecht, das eine patriarchalische Gesellschaft Frauen als eigenständigen Wesen antut, ist – vielleicht mit Ausnahme von Flauberts »Madame Bovari« – kaum anderswo in der Literatur des 19. Jahrhunderts von einem Mann so eindringlich beschrieben worden wie von Fontane in diesem Roman. Denn selbstverständlich wird von Effi erwartet, daß sie sich völlig dem Lebensstil und den Wertvorstellungen ihres Ehemanns unterordnet, der schließlich auch noch zu höchst raffinierten und grausamen Erziehungsmechanismen greift, um die Anpassung seiner Frau an das, was er für richtig hält, durchzusetzen.

Effi bringt eine Tochter zur Welt. Jetzt fehlt eigentlich kaum noch etwas zum standesgemäßen Glück der Innstettens. Aber mehr und mehr leidet Effi unter den Beschränkungen, zu denen sie gemäß der Rolle einer Ehefrau aus gehobenen Kreisen verurteilt ist. Sie langweilt sich. Unter den Honoratioren des kleinen verschlafenen Nests an der Ostseeküste lernt sie Major Crampas kennen, einen »Damenmann«, d. h. einen Mann, dem der Ruf vorausgeht, auf Frauen Eindruck zu machen.

Crampas ist verheiratet. Seine Frau ist häufig krank. Er hat künstlerische Neigungen. Beim amateurhaften Theaterspielen kommt man sich näher. Bei Crampas findet Effi Verständnis für ihr Bedürfnis nach Romantik und Phantasie.

Zwischen ihr und Crampas bahnt sich das an, was man eine Affäre zu nennen pflegt. Über die genaueren Einzelheiten läßt der Erzähler den Leser zunächst im unklaren.

Großartig, wie nun die spätere Katastrophe und der Zusammenhang zwischen Tod und Liebe samt einem Hinweis auf die grausamen Seiten der gültigen Gesellschaftsmoral in dem folgenden Gespräch zwischen Crampas und Effi vorausgespiegelt werden:

»›. . . bei Heine‹, sagte Crampas, ›liegt es aber anders: alles ist Leben, und vor allem versteht er sich auf die Liebe, die doch die Hauptsache bleibt. Er ist übrigens einseitig darin . . .‹

›Wie meinen Sie das?‹

›Ich meine, er ist nicht bloß für die Liebe (...) er ist auch sehr für das Romantische, was freilich gleich nach der Liebe kommt und nach Meinung einiger sogar damit zusammenfällt. Was ich aber nicht glaube. Denn in seinen späteren Gedichten, die man die romantischen genannt hat, oder eigentlich hat er es selbst getan, in diesen Dichtungen wird in einem fort hingerichtet. Allerdings vielfach aus Liebe. Aber meistens doch aus gröberen Motiven, wohin ich in erster Reihe die Politik, die fast immer gröblich ist, rechne. Karl Stuart zum Beispiel trägt in einer dieser Romanzen seinen Kopf unter Arm und noch fataler ist die Geschichte von Vitzliputzli...‹

›Von wem?‹

›Von Vitzliputzli. Vitzliputzli ist nämlich ein mexikanischer Gott, und als die Mexikaner zwanzig oder dreißig Spanier gefangengenommen hatten, mußten die zwanzig oder dreißig dem Vitzliputzli geopfert werden. Das war da nicht anders, Landessitte, Kultus und ging auch alles im Handumdrehen, Bauch auf, Herz raus...‹«

Was sich bald herausstellen wird, ist dies: So viel weniger grausam sind die modernen Landessitten im zivilisierten Mitteleuropa auch nicht. Auch hier kann es passieren, daß einem das Herz aus dem Leib gerissen wird!

Nach einiger Zeit wird Innstetten ins Ministerium nach Berlin versetzt. Die Familie übersiedelt mit in die Hauptstadt. Damit hat die Beziehung zwischen Effi und Crampas ein Ende.

Ihrem Mann zu erzählen, was vorgefallen ist, kann Effi bei dem konventionellen Verhältnis der Ehepartner zueinander auch dann nicht wagen, als sie mit Crampas gebrochen hat.

Nach mehr als sechs Jahren findet Innstetten in Abwesenheit seiner Frau durch Zufall Briefe, aus denen hervorgeht, daß sich Effi häufig mit dem Major getroffen hat und die beiden erwogen hatten, miteinander fortzugehen. In einem dieser Briefe von Crampas an Effi heißt es aber auch: »... wir müssen schließlich die Hand segnen, die diese Trennung über uns verhängt.«

Nach diesem Fund bittet Innstetten einen Freund, den Geheimrat Wüllersdorf, zu sich, um sich mit ihm darüber zu besprechen, wie er sich verhalten soll, und um ihn eventuell zum Sekundanten zu gewinnen. Wüllersdorf rät Innstetten zunächst entschieden davon ab, sich mit Crampas zu schießen. Innstetten versichert ihm, er fühle sich zwar gekränkt und hintergangen, sei aber »ohne jedes Gefühl von Haß oder gar von Durst nach Rache«, er liebe seine Frau trotz dem, was vorgefallen sei, immer noch. Er sei sogar eigentlich geneigt, ihr zu verzeihen, aber:

»Man ist nicht nur ein einzelner Mensch, man gehört einem

Ganzen an, und auf das Ganze haben wir beständig Rücksicht zu nehmen, wir sind durchaus abhängig von ihm. Ginge es, in Einsamkeit zu leben, so könnt ich es gehen lassen; ich trüge dann die mir aufgepackte Last, das rechte Glück wäre hin, aber es müssen so viele leben ohne dies – rechte Glück –, und ich würde es auch müssen und auch können. Man braucht nicht glücklich zu sein, am allerwenigsten hat man einen Anspruch darauf und den, der einem das Glück genommen hat, den braucht man nicht notwendig aus der Welt zu schaffen. Man kann ihn, wenn man weltabgewandt weiterexistieren will, auch laufen lassen. Aber im Zusammenleben mit Menschen hat sich ein Etwas ausgebildet, das nun einmal da ist und nach dessen Paragraphen wir uns gewöhnt haben, alles zu beurteilen, die anderen und uns selbst. Und dagegen zu verstoßen geht nicht; die Gesellschaft verachtet uns, und zuletzt tun wir es selbst und können es nicht mehr aushalten.‹«

Dem »tyrannisierenden Gesellschafts-Etwas«, von dem sich Innstetten gezwungen sieht, mit Crampas ein Duell auszutragen, unterwirft sich schließlich auch Wüllersdorf, wenn er antwortet:

»›Ich finde es furchtbar, daß Sie recht haben, aber Sie haben recht. Ich quäle Sie nicht länger mit meinem Muß es sein? – Die Welt ist einmal wie sie ist, und die Dinge verlaufen nicht, wie wir wollen, sondern wie die anderen wollen. (...) Unser Ehrenkult ist ein Götzendienst, aber wir müssen uns ihm unterwerfen, so lange der Götze gilt...‹«

Es ist wichtig, dieses Gespräch im Wortlaut zu zitieren. Hebt man nur den einen oder den anderen Satz hervor, so erhält man damit Belegmaterial für eine bestimmte eigene Deutung. So sind die Regisseure bei den insgesamt vier Verfilmungen des »Effi-Briest«-Stoffes zwischen 1939 und 1980 vorgegangen. Fontane und seiner Botschaft im Roman wird man damit aber kaum gerecht.

Auch die folgende Reflexion Innstettens nach seiner Rückkehr vom Duell, bei dem er Crampas getötet hat, muß man dabei mit in Rechnung stellen:

»›Schuld, wenn sie überhaupt was ist, ist nicht an Ort und Stunde gebunden und kann nicht hinfällig werden von heut auf morgen. Schuld verlangt Sühne; das hat einen Sinn. Aber Verjährung ist etwas Halbes, etwas Schwächliches, zu mindestens was Prosaisches...‹ aber im selben Augenblick, wo dies für ihn feststand, warf er es auch wieder um. ›Es muß eine Verjährung geben, Verjährung ist das einzig Vernünftige; ob es nebenher auch noch prosaisch ist, ist gleichgültig; das Vernünftige ist meist prosaisch. Ich bin jetzt fünfundvierzig. Wenn ich die Briefe fünfundzwanzig Jahre später gefunden hätte, so wäre ich siebzig. Dann hätte Wüllersdorf gesagt: ›Innstetten, seien Sie kein Narr.‹ Und wenn es Wüllersdorf nicht gesagt hätte, so hätt' es Buddenbrook gesagt, und wenn *der* nicht, so ich selbst. (...) Aber wo fängt es an? Wo liegt die Grenze? Zehn Jahre verlangen noch ein Duell, und da heißt es Ehre, und nach elf Jahren oder vielleicht schon nach zehneinhalb heißt es Unsinn. Die Grenze, die Grenze, wo ist sie?‹«

Überlegen wir uns, worin die erzählerisch-psychologische Kunstfertigkeit dieser letzten Passage vor allem besteht: Einerseits empfindet der Leser durchaus Sympathie für Innstetten, andererseits sind es gerade die Zweifel eines so korrekt-angepaßten Menschen, die die Argumente gegen die Lösung des Konflikts durch ein Duell noch verstärken, ja die Vorstellung, Ehre könnte in einem Duell wiederhergestellt werden, ad absurdum führen. Das steigert sich dadurch noch weiter, daß Fontane den Leser mit anhören läßt, wie auf der Ebene der Dienstboten im Haus Innstetten das Problem beurteilt wird: »›Nein, Johanne, unser gnäd'ger Herr, der soll auch leben, alles soll leben. Ich bin nicht für totschießen und kann nicht mal das Knallen hören ...‹«

Die gesellschaftlichen Sanktionen gegen Effi nach der Entdeckung der Briefe sind – überlegt man es recht – ungeheuerlich. Bei der Scheidung wird, da sie als schuldiger Teil gilt, dem Vater das Kind zugesprochen. Nicht einmal bei ihren Eltern findet Effi zu diesem Zeitpunkt einen Zufluchtsort. Ihre Mutter schreibt ihr: »... was nun Deine Zukunft angeht, meine liebe Effi. Du wirst Dich auf Dich selbst stellen müssen und darfst dabei, soweit äußere Mittel mitsprechen, unserer Unterstützung sicher sein. Du wirst am besten in Berlin leben (in einer großen Stadt vertut sich dergleichen am besten) und wirst da zu den vielen gehören, die sich um freie Luft und lichte Sonne gebracht haben. (...) Und was das Traurigste für uns und für Dich ist (auch für Dich, wie wir Dich zu kennen vermeinen) – auch das elterliche Haus wird Dir verschlossen sein; wir können Dir keinen stillen Platz in Hohen-Cremmen anbieten, keine Zuflucht in unserem Hause, denn es hieße, dies Haus vor aller Welt abzuschließen, und das zu tun sind wir entschieden nicht geneigt. Nicht weil wir zu sehr an der Welt hingen und ein Abschiednehmen von dem, was sich ›Gesellschaft‹ nennt, uns als etwas unbedingt Unerträgliches erschiene; nein, nicht deshalb, sondern einfach, weil wir Farbe bekennen und vor aller Welt, ich kann Dir das Wort nicht ersparen, unsere Verurteilung Deines Tuns, des Tuns unseres einzigen und von uns so sehr geliebten Kindes, aussprechen wollen ...«

Ja, ja, Strafe muß sein, denn wo käme es sonst hin mit der bürgerlichen Weltordnung!

Sarkasmus, so kann man sicher sein, läßt Fontane selbst in den traurigsten Situationen seiner Geschichten mit einfließen. So kommentiert denn Effis Bekannte aus den Badeferien in Bad Ems, die von dem Skandal durch eine Zeitungsnotiz erfahren hat, in einem Brief an eine Freundin: »Es ist unglaublich – erst selber Zettel und Briefe schreiben und dann auch noch die des anderen aufbewahren! Wozu gibt es Öfen und Kamine?« So kann man die Katastrophe auch sehen, wenn man nicht beteiligt ist.

Gegen Ende der Geschichte gibt Fontane Effi einmal Gelegenheit, rückhaltlos ihren Standpunkt vor dem Leser auszubreiten. Nach Intervention durch eine Ministerin hat Innstetten sich endlich entschließen müssen, die Tochter zu der in Schande gefallenen Mutter auf Besuch zu schicken. An dem ständigen »O gewiß, wenn ich darf« des Kindes merkt Effi, wie es vom Vater dressiert und gegen sie eingenommen worden ist. Kaum ist die Tochter aus dem Zimmer, kommt der große Ausbruch, nach dem Roswitha Effi am Boden liegend, »das Gesicht abgewandt, wie leblos« auffindet.

»Ich habe immer geglaubt«, sagt Effi in diesem inneren Monolog, den man sie auf einer Bühne spielen lassen könnte, »daß er (Innstetten) ein edles Herz habe, und habe mich immer klein neben ihm gefühlt; aber jetzt weiß ich, daß *er* es ist, er ist klein. Und weil er klein ist, ist er grausam. Alles was klein ist, ist grausam. Das hat *er* dem Kinde beigebracht, ein Schulmeister war er immer, Crampas hat ihn so genannt, spöttisch damals, aber er hat recht gehabt. Oh gewiß, wenn ich darf. Du brauchst nicht zu dürfen; ich will euch nicht mehr, ich haß' euch, auch mein eigen Kind. Was zuviel ist, ist zuviel. Ein Streber war er, weiter nichts. – Ehre, Ehre, Ehre ... und dann hat er den armen Kerl totgeschossen, den ich nicht einmal liebte und den ich vergessen hatte, weil ich ihn nicht liebte. Dummheit war alles, und nun Blut und Mord. Und ich schuld. Und nun schickt er mir das Kind, weil er es einer Ministerin nicht abschlagen kann, und ehe er das Kind schickt, richtet er's ab wie einen Papagei und bringt ihm die Phrase bei – wenn ich darf –. Mich ekelt, was ich getan, aber was mich noch mehr ekelt, das ist eure Tugend. Weg mit euch. Ich muß leben, aber ewig wird es ja wohl nicht mehr dauern.«

Sie hat sich nicht getäuscht. Zwar kann sie am Ende doch noch in ihr Elternhaus zurückkehren, aber recht gesund wird sie auch dort nicht mehr, wohl weil sie nicht mehr gesund werden will. Ihr letztes Urteil über Innstetten fällt etwas versöhnlicher aus, ist aber auch nicht ohne Stachel: »... er hatte viel Gutes in seiner Natur und war

Illustration zu Fontanes »Effi Briest« (von Max Liebermann)

so edel, wie jemand sein kann, der ohne rechte Liebe ist.«

Das Drama ist zu Ende.

Fontane ist in einer schmerzhaften Weise gerecht. Gelten seine stillen Sympathien vielleicht einen Gran mehr »der armen Effi«, wie er seine Romanfigur in seinen Briefen beständig nennt, so erspart er dem Leser nicht die andere Seite der Katastrophe, die Leiden Innstettens, dessen Leben gleichermaßen vernichtet ist.

Am Ende bleibt beim Leser kalte Wut über soviel sinnloses Leiden. Das führt zu der Frage nach Schuld und Ursache. Zu der

Frage, wie konnte es zu dieser Katastrophe kommen, der Frage, die sich, wir wissen es schon, auch die Eltern von Effi am Ende noch einmal stellen. Diese Frage ist vom Publikum zu verschiedenen Zeiten sehr verschieden beantwortet worden. Soweit sich das aus der Kritik und aus »Leserstimmen« ergründen läßt, sahen die Zeitgenossen Fontanes nicht selten ganz einfach die »Macht des Schicksals« als Ursache an, oder man betonte den Widerspruch zwischen der Institution Ehe und der Liebe als Leidenschaft. Später, das läßt sich an der »Effi-Briest-Verfilmung« »Rosen im Herbst« aus dem Jahr 1955 erkennen, war die Lesart recht verbreitet, alles hinge eben davon ab, daß Innstetten ein herzloser Pedant, also ein Schurke sei. Wer den Text des Romans kennt, kann sich mit dieser Version ebensowenig zufriedengeben wie mit der Ansicht von Effis Mutter, ihre Tochter sei eben für eine Ehe doch noch etwas zu jung gewesen, außerdem hätte man sie als Kind mehr »in Zucht« nehmen müssen.

Nein, die Zusammenhänge sind komplexer: Effi wie auch Innstetten sind die Opfer einer letztlich unmenschlichen Gesellschaftsmoral, die, um die Stabilität der Verhältnisse zu garantieren, Frauen zum Besitztum ihrer Ehemänner macht, die im Besitz einen höchsten Wert sieht, der unbedingt – und ohne Rücksicht auf die Folgen – verteidigt werden muß, und bedeute dies auch den physischen Tod eines und die psychische Vernichtung von zwei weiteren Menschen.

Die bürgerliche Gesellschaftsordnung als Ursache für die Katastrophe zu bezeichnen, heißt nicht Fontane überinterpretieren, ihm ein marxistisches Bewußtsein zu unterstellen, das er bestimmt nicht hatte. Es heißt vielmehr, einzusehen, daß ganz ohne theoretischen Anstoß, allein durch genaue Menschenbeobachtung, einem eher konservativ orientierten Autor Zustände auffallen, die ihm um der Menschen willen unerträglich sind und von denen er mit Trauer und Empörung erzählt, vielleicht gar nicht einmal mit der Hoffnung, etwas ändern zu können, sondern nur mit der bescheidenen Erwartung, Menschen, die in eine solche Situation geraten, wissen zu lassen: du bist nicht allein.

»Der Stechlin« – »...anderen leben und der Armut das Brot geben!«

Im Mai 1897 schreibt Fontane: »Ich stecke so drin im Abschluß eines großen, noch dazu politischen (!!) und natürlich märkischen Romans, daß ich gar keine anderen Gedanken habe und gegen alles andere auch gleichgültig bin.«

Ein andermal faßt er die Handlung dieses Romans so zusammen: »Zum Schluß stirbt ein Alter und zwei Junge heiraten sich; das ist so ziemlich alles, was auf 500 Seiten geschieht.«

In der Tat, so kann man es sagen. Andererseits geschieht unerhört viel auf diesen 500 Seiten. Sie enthalten Fontanes letztes Wort zu einer Weltanschauung, die sich in einem langen Leben entwickelt hat.

Etwas unterscheidet zudem den »Stechlin« von allen anderen Romanen des Autors. In ihm wird nicht nur gezeigt, was ist, sondern auch, was sein sollte. Es wird gewissermaßen ein Ideal aufgerichtet und propagiert ... in Worten und in der Gestalt eines alten Mannes, eines Adligen, wie ihn sich Fontane nur zu sehr wünschte und wie er für diesen Stand zu dieser Zeit gar nicht mehr repräsentativ war.

Man hat den »Stechlin« drei Romane in einem genannt: einen politischen Roman, einen Gesinnungsroman und einen poetischen Roman. Damit ist ein Netz geknüpft, durch dessen Maschen das Beste dann doch noch hindurchschlüpfen würde. Auch eine Inhaltsangabe besagt in diesem Fall wenig, gibt höchstens eine Vorahnung, was einen da erwartet.

Versuchen wir, uns dessen bewußt, trotzdem eine Skizze der Handlung:

Da ist der alte Dubslav von Stechlin auf seiner Besitzung mit jenem merkwürdigen Stechlin-See, durch den sich die Ereignisse der fernen und großen Welt in der nahen und kleinen Welt kundtun. Durch sein Naturphänomen mahnt der See »und predigt«, offen zu sein für das »andere«, nämlich für sich ankündigende gesellschaftliche Veränderungen, aber auch für den anderen, den Nächsten.

Das ist eine Gesinnung, wie sie dem alten Stechlin gefällt, zu dessen Lieblingsdevisen der Satz gehört: »Unanfechtbare Wahrheiten gibt es überhaupt nicht, und wenn es welche gibt, so sind sie langweilig.« Dubslav ist ein Mann mit einer »aus dem Herzen kommenden Humanität«, jemand, der »seinem ganzen Wesen nach überhaupt hinter alles ein Fragezeichen« macht.

Um Dubslav gruppiert nun Fontane mit großer Sorgfalt Personen, die letztlich für die verschiedenen gesellschaftlichen Gruppen seiner Zeit und deren Ansichten stehen: Da ist seine Schwester, eine Stiftsdame, in der wir den Adel in seiner völligen Versteinerung erleben, da ist Pastor Lorenzen, der die Gesinnung »der jüngeren Christsozialen« markiert, da ist Gundermann, der intrigierende Parvenü, Rex, der fromme Ministerialassessor, und Superintendent Koseleger, der Mann der »christlichen Bekenntnisformeln«.

Beim Besuch von Dubslavs Sohn, Woldemar, mit zwei Freunden im Haus des Vaters beginnt eine Folge von Gesprächen, in denen sich diese und andere Personen als mehr oder minder repräsentant für eine ganze Gesellschaft zu erkennen geben und verraten, was sie am meisten beschäftigt, nämlich die Furcht vor einer Revolution, von der alle wissen, daß sie kommen wird.

Wie wichtig Fontane dieses Thema ist, geht unter anderem daraus hervor, daß sich der preußische Gardeoffizier Czako, Woldemars Freund, fragt, auf welche Seite sich so etwas Dummes und Träges wie ein Mooskarpfen im Falle einer Revolution wohl schlagen werde?

»Die ›gute Gesellschaft‹«, schreibt Hans Scherpe in einem Aufsatz über Fontane als Romancier, »findet einen ergiebigen Gesprächsstoff in dem, was ihr eigentlich gar nicht paßt: die Revolutionsgefahr. Das heikle Thema bleibt eingebunden in die sinnliche Evidenz des wahrgenommenen Geselligkeitsrituals. Fontane läßt seine Romangesellschaft der Junker und Offiziere, des Geldadels, der Oberförster und Pastoren durchaus aus eigenem gusto, aber nicht unverblümt darüber reden. (...) Der Roman vermeidet es aus Prinzip, Weltgeschehen, und schon gar revolutionäres, als ›Handlung‹ darzustellen. Was bleibt, ist die Rede darüber. Und dies ist sofort einsichtig, wenn man die soziale Physiognomie der Gesprächspartner anschaut: Keinem von ihnen ist bestimmt, agitatorisch zu reden und die Welt zu verändern. Die in der zeitgenössischen Klassengesellschaft konfrontierten Machtblöcke – das seine Repräsentanz verlierende, zur Anpassung an die Kapitalisierung gezwungene Junkertum, die neue Bourgeoisie und das aufstrebende Proletariat – bestimmen jene historische Lage, von der im Roman als ›Zwangslage‹ die Rede ist.«

Weite Passagen des Romans handeln von Woldemars Umgang mit den beiden Schwestern Armgard und Melusine, den Töchtern des Grafen Barby in Berlin. Der Leser wartet gespannt, welcher der beiden jungen Damen der etwas blasse Woldemar seinen Antrag machen wird. Selbst die Dienstboten erörtern schon diese Frage. Man wünscht Woldemar die lebhafte, selbstbewußte und durch eine gescheiterte Ehe erfahren gewordene Melusine, aber es kommt anders. Er entscheidet sich für Armgard, die einmal gesagt hat: »Elisabeth von Thüringen ist mir lieber als Elisabeth von England. Anderen leben und der Armut das Brot geben – darin allein ruht das Glück.«

In seinem Dorf unterliegt der alte Stechlin als Kandidat für den Reichstag dem sozialdemokratischen Kandidaten.

Ist schon die Schilderung der Wahl selbst symptomatisch dafür, wie unpolitisch in diesem Buch Politik dargestellt wird, so wird bei der Begegnung Dubslavs mit dem alten Tuxen, der nach dem Wahlgang betrunken am Weg liegt, auch noch darauf hingewiesen, daß es der Unterschicht letztlich doch an klarer politischer Urteilskraft fehle.

Dubslav scheint zwar vom Sieg des vierten Standes auf kurz oder lang genauso überzeugt wie Fontane selbst, aber dieser Überzeugung ist auch ein beträchtliches Maß an Skepsis beigemischt. Die Schwierigkeit des Alten wie des Neuen liegt, seiner Meinung nach, im gesellschaftlichen Egoismus des Menschen, und der soll, zumindest innerhalb des Personenkreises der Heldinnen und Helden des Romans, durch einen idealistischen Bund überwunden werden, geschlossen im Zeichen Joao de Deus' aus Portugal, eines christlichen Sozialreformers, dem es gelungen ist, »die Minister vom Hofe und die Gelehrten und die Handwerker« und auch »die Fabrikarbeiterinnen« zusammenzuschließen.

Ist diese Metapher für soziale Versöhnung wenig überzeugend, so verweist sie gerade dadurch einmal mehr auf Fontanes Unsicherheit in sozialen und politischen Fragen und auf die Brüche in seinem Bewußtsein, über die nicht hinweggesehen werden kann. Er legt seine ambivalente Haltung der Gräfin Melusine in den Mund, die er über ein ganzes Kapitel hin nach der Besichtigung des Stechlin-Sees mit Pastor Lorenzen einen »politischen Diskurs« führen läßt: »Ich respektiere das Gegebene. Daneben aber freilich auch das Werdende, denn eben dies Werdende wird über kurz oder lang abermals ein Gegebenes sein. Alles Alte, soweit es Anspruch darauf hat, sollen wir lieben, aber für das Neue sollen wir recht eigentlich leben.«

Woldemar heiratet Armgard. Melusine verbindet sich mit Pastor Lorenzen unter dem Motto: »Es ist nicht nötig, daß die Stechline weiterleben, aber es lebe der Stechlin.« Gemeint ist damit das Prinzip der Demut und Nächstenliebe, aber auch Aufgeschlossenheit für das andere, die Welt Bewegende, das sich durch den See den Menschen in Erinnerung bringt.

Man kann sagen, daß Fontane seinen Lesern vielleicht mit keiner anderen Gestalt soviel »unmittelbare Anteilnahme« (Gerhard Friedrich) abnötigt wie mit der des alten Stechlin. Von ihm, von seiner so unerhört lebendigen Darstellung, lebt das Buch. Dubslav ist in vieler Beziehung widersprüchlich, aber gerade darin liegt sein Charme. Wäre er in seinen Haltungen, Meinungen und Handlungen eindeutiger, er würde uns nicht so gefallen.

Er ist ein Meister der Plauderei. Wir sehen es ihm nach, wenn er nach einer seiner funkelnden Sentenzen achselzuckend erklärt, auch das Gegenteil könne möglicherweise wahr sein. Er hat Liebenswürdigkeit, menschliche Wärme, er hat das, was Fontane am preußischen Adel verehrt haben mag und was eigentlich weniger Eigenschaft eben jener sozialen Schicht war als Fontanes eigene Ideale, die er auf sie projizierte.

Man mache einmal das Experiment: Man lese ein paar von Fontanes Briefen – er war ein geradezu leidenschaftlicher Briefschreiber, 15 000 Briefe hat er im Laufe seines Lebens geschrieben – und man wird verblüfft bemerken: zwischen dem Ton der Briefe und dem Gesprächsstil der Romangestalt Dubslav von Stechlin ist kaum ein Unterschied.

Als der alte Stechlin stirbt, ist Agnes bei ihm, jenes Mädchen, das auf poetische Weise mit dem Neuen in Zusammenhang steht. So willkürlich ist dieser Zusammenhang nicht, wie er sich vielleicht in der Verkürzung hier ausnehmen mag. Er wird auch von Dubslavs Schwester, Domina, ins Spiel gebracht, die in Agnes' roten Strümpfen ein Zeichen sieht, »eine hochgehaltene Fahne (...) die Revolution«.

Und gewiß will es ebenfalls metaphernhaft verstanden sein, wenn Engelke, der alte Diener von Dubslav, und das Kind nach dem Tod des Stechlin die unter dem das Land zudeckenden Schnee hervorbrechenden ersten Blumen pflücken und sie dem Toten in den Schoß legen. Daraus nun gleich interpretierend »Dubslavs Himmelfahrt in die proletarische Revolution« zu machen, wie das Klaus Scherpe tut, scheint mir aber doch eine Überzeichnung.

Letztlich gilt auch für Fontane, was Pastor Lorenzen in seiner Totenrede auf Dubslav von Stechlin sagt:

»Er hatte ... das, was über alles Zeitliche hinaus liegt, was immer gilt und immer gelten wird: ein Herz ... er war die Güte selbst ... Er hielt es mit den guten Werken ... er hatte die Liebe.«

Und so endet Fontanes Lebensroman: Es ist der 20. April 1898. Seine Frau ist verreist. Er beginnt einen Brief mit dem Satz: »Diese sind also die letzten Zeilen ...« Er schreibt, es fehle ihm an der rechten Freudigkeit, weil die Kräfte nicht mehr ausreichten. »Das prädominierende Gefühl bleibt doch immer: ›Lägst du nur erst wieder im Bett.‹« Über einen Witwer orakelt er: »Dieser Trauernde wartet das Trauerjahr nicht ab; eine der beiden Nichten muß es werden. Wohl die mit dem ›goldenen Humor‹ seiner (toten) Frau. So geht es. Und die Witwen sind noch flinker als die Witwer. Empfiehl mich allerseits auf das herzlichste ...«

Am Abend dieses Tages geht er nach dem Essen ins Nebenzimmer, dort findet ihn seine Tochter Martha wenige Minuten später, tot über das Bett gelehnt.

Neunundzwanzigstes Kapitel

Der Heimweg war gemeinschaftlich angetreten worden, aber doch nur bis an die Dorfstraße. Hier teilte man sich in drei Gruppen, eine jede mit verschiedenem Ziel: Dubslav, Tante Adelheid und Armgard gingen auf das Herrenhaus, Uncke und Rolf Krake auf das Schulzenamt, Woldemar und Melusine dagegen auf die Pfarre zu. Woldemar freilich nur bis an den Vorgarten, wo er sich von Melusine verabschiedete.

Lorenzen, solang er Woldemar und Melusine sich seiner Pfarre nähern sah, hatte verlegen am Fenster gestanden, kam aber, als das Paar sich draußen trennte, so ziemlich wieder zu sich. Er war nun schon so lange jeder Damenunterhaltung entwöhnt, daß ihm ein Besuch wie der der Gräfin zunächst nur Verlegenheit schaffen konnte; wenn's denn aber durchaus sein mußte, so war ihm ein Tête-à Tête mit ihr immer noch lieber als eine Plauderei zu dritt. Er ging ihr denn auch bis in den Flur entgegen, war ihr hier beim Ablegen behilflich und sprach ihr – weil er jede Scheu rasch von sich abfallen fühlte – ganz aufrichtig seine Freude aus, sie in seiner Pfarre begrüßen zu dürfen. »Und nun bitt ich Sie, Frau Gräfin, sich's unter meinen Büchern hier nach Möglichkeit bequem machen zu wollen. Ich bin zwar auch Inhaber einer Putzstube, mit einem dezenten Teppich und einem kalten Ofen; aber ich könnte das gesundheitlich nicht verantworten. Hier haben wir wenigstens eine gute Temperatur.«

»Die immer die Hauptsache bleibt. Ach, eine gute Temperatur! Gesellschaftlich ist sie beinah alles und dabei leider doch so selten. Ich kenne Häuser, wo, wenn Sie den Widersinn verzeihen wollen, der kalte Ofen gar nicht ausgeht. Aber erlassen Sie mir gütigst den Sofaplatz hier; ich fühle mich dazu noch nicht ›alte Dame‹ genug und möchte auch gern en vue* der beiden Bilder bleiben, trotzdem ich das eine davon schon so gut wie kenne.«

»Die Kreuzabnahme?«

»Nein! Das andre.«

»Die Lind also?«

»Ja.«

* Aus dem Französischen: Gegenüber.

»So haben Sie das schöne Bild in der Nationalgalerie gesehn?«

»Auch das. Aber doch freilich erst seit ganz kurzem, während ich von Ihrer Aquarellkopie schon seit ein paar Monaten weiß. Das war auf einer Dampfschiffahrt, die wir nach dem sogenannten Eierhäuschen machten, und der Ausplauderer über das Bild da vor mir war niemand anders als Ihr Zögling Woldemar, auf den Sie stolz sein können. Er freilich würde den Satz umkehren, oder sage ich lieber, er tat es. Denn er sprach mit solcher Liebe von Ihnen, daß ich Sie von jenem Tag an auch herzlich liebe, was Sie sich schon gefallen lassen müssen. Ein Glück nur, daß er sich draußen verabschiedet hat und nicht hören kann, was ich hier sage ...«

Lorenzen lächelte.

»Sonst hätten sich diese Bekenntnisse verboten. Aber da sie nun mal gemacht sind und man nie weiß, wann und wie man wieder zusammenkommt, so lassen Sie mich darin fortfahren. Woldemar erzählte mir – Pardon für meine Indiskretion – von Ihrer Schwärmerei für die Lind. Und da horchten wir denn auf und beneideten Sie fast. Nichts beneidenswerter als eine Seele, die schwärmen kann. Schwärmen ist fliegen, eine himmlische Bewegung nach oben.«

Lorenzen stutzte. Das war doch mehr als eine bloß liebenswürdige Dame aus der Gesellschaft.

»Um es kurz zu machen«, fuhr Melusine fort, »Woldemar sprach bei dieser Gelegenheit wie von Ihrer ersten Liebe« (und dabei wies sie lächelnd auf das Bildchen der Lind) »so auch von Ihrer letzten – nein, nein, nicht von Ihrer letzten; *Sie* werden immer eine neue finden –, sprach also von Ihrer Begeisterung für den herrlichen Mann da weit unten am Tajo, von Ihrer Begeisterung für den Joao de Deus. Und als er ausgesprochen hatte, da haben wir uns alle, die wir zugegen waren, um den ›Un Santo‹ geschart und einen geheimen Bund geschlossen. Erst um den ›Un Santo‹ und zum zweiten um Sie selbst. Und nun frag ich Sie, wollen Sie mittun in diesem unserm Bunde, der ohne Sie gar nicht existierte? Mir ist manches verquer gegangen. Aber ich bin, denk ich, dem Tage nahe, der mich ahnen läßt, daß unsre Prüfungen auch unsre Segnungen sind und daß mir alles Leid nur kam, um den Stab, der trägt und stützt, fester zu umklammern. Ich darf leider nicht hinzusetzen, daß dieser Stab (möglich, daß er sich einst dazu auswächst) das Kreuz sei. Meiner ganzen Natur nach bin ich ungläubig. Aber ich hoffe sagen zu dürfen: ich bin wenigstens demütig.«

»Wenigstens demütig«, wiederholte Lorenzen langsam, zugleich halb verlegen vor sich hinblickend, und Melusine, die Zweifel, die sich in der Wiederholung dieser Worte deutlich aussprachen, mit scharfem Ohre heraushörend, fuhr in plötzlich verändertem und beinah heiterem Tone fort: »Wie grausam Sie sind. Aber Sie haben recht. Demütig. Und daß ich mich dessen auch noch berühme. Wer ist demütig? Wir alle sind im letzten doch eigentlich das Gegenteil davon. Aber das darf ich sagen, ich habe den Willen dazu.«

»Und schon *der* gilt, Frau Gräfin. Nur freilich ist Demut nicht genug; sie schafft nicht, sie fördert nicht nach außen, sie belebt kaum.«

»Und ist doch mindestens der Anfang zum Bessern, weil sie mit dem Egoismus aufräumt. Wer die Staffel hinauf will, muß eben von unten an dienen. Und soviel bleibt, es birgt sich in ihr die Lösung jeder Frage, die jetzt die Welt bewegt. Demütig sein heißt christlich sein, christlich in meinem, vielleicht darf ich sagen in *unserm* Sinne. Demut schrickt vor dem zweierlei Maß. Wer demütig ist, der ist duldsam, weil er weiß, wie sehr er selbst der Duldsamkeit bedarf; wer demütig ist, der sieht die Scheidewände fallen und erblickt den Menschen im Menschen.«

»Ich kann Ihnen zustimmen«, lächelte Lorenzen. »Aber wenn ich, Frau Gräfin, in Ihren Mienen richtig lese, so sind diese Bekenntnisse doch nur Einleitung zu was andrem. Sie halten noch das Eigentliche zurück und verbinden mit Ihrer Aussprache, so sonderbar es klingen mag, etwas Spezielles und beinahe Praktisches.«

»Und ich freue mich, daß Sie das herausgefühlt haben. Es ist so. Wir kommen da eben von Ihrem Stechlin her, von Ihrem See, dem Besten, was Sie hier haben. Ich habe mich dagegen gewehrt, als das Eis aufgeschlagen werden sollte, denn alles Eingreifen oder auch nur Einblicken in das, was sich verbirgt, erschreckt mich. Ich respektiere das Gegebene. Daneben aber freilich auch das Werdende, denn eben dies Werdende wird über kurz oder lang abermals ein Gegebenes sein. Alles Alte, soweit es Anspruch darauf hat, sollen wir lieben, aber für das Neue sollen wir recht eigentlich leben. Und vor allem sollen wir, wie der Stechlin uns lehrt, den großen Zusammenhang der Dinge nie vergessen. Sich abschließen heißt sich einmauern, und sich einmauern ist Tod. Es kommt darauf an, daß wir gerade *das* beständig gegenwärtig haben. Mein Vertrauen zu meinem Schwager ist unbegrenzt. Er hat einen edlen Charakter, aber ich weiß nicht, ob er auch einen festen Charakter hat. Er ist feinen Sinnes, und wer fein ist, ist oft bestimmbar. Er ist auch nicht geistig bedeutend genug, um sich gegen abweichende Meinungen, gegen Irrtümer und Standesvorurteile wehren zu können. Er bedarf der Stütze. Diese Stütze sind Sie meinem Schwager Woldemar von Jugend auf gewesen. Und um was ich jetzt bitte, das heißt: ›Seien Sie's ferner.‹«

»Daß ich Ihnen sagen könnte, wie freudig ich in Ihren Dienst trete, gnädigste Gräfin. Und ich kann es um so leichter, als Ihre Ideale, wie Sie wissen, auch die meinigen sind. Ich lebe darin und empfind es als eine Gnade, da, wo das Alte versagt, ganz in einem Neuen aufzugehen. Um ein solches ›Neues‹ handelt es sich. Ob ein solches ›Neues‹ sein soll (weil es sein muß), oder ob es *nicht* sein soll, um diese Frage dreht sich alles. Es gibt hier um uns her eine große Zahl vorzüglicher Leute, die ganz ernsthaft glauben, das uns Überlieferte – das Kirchliche voran (leider nicht das Christliche) – müsse verteidigt werden wie der salomonische Tempel. In unserer Obersphäre herrscht außerdem eine naive Neigung, alles ›Preußische‹ für eine höhere Kulturform zu halten.«

»Genau wie Sie sagen. Aber ich möchte doch, um der Gerechtigkeit willen, die Frage stellen dürfen, ob dieser naive Glaube nicht eine gewisse Berechtigung hat?«

»Er hatte sie mal. Aber das liegt zurück. Und kann nicht anders sein. Der Hauptgegensatz alles Modernen gegen das Alte besteht darin, daß die Menschen nicht mehr durch ihre Geburt auf den von ihnen einzunehmenden Platz gestellt werden. Sie haben jetzt die Freiheit, ihre Fähigkeiten nach allen Seiten hin und auf jedem Gebiete zu bestätigen. Früher war man dreihundert Jahre lang ein Schloßherr oder ein Leinenweber; jetzt kann jeder Leinenweber eines Tages ein Schloßherr sein.«

»Und beinah auch umgekehrt«, lachte Melusine. »Doch lassen wir dies heikle Thema. Viel, viel lieber hör ich ein Wort von Ihnen über den Wert unserer Lebens- und Gesellschaftsformen, über unsre Gesamtanschauungsweise, deren besondere Zulässigkeit Sie, wie mir scheint, so nachdrücklich anzweifeln.«

»Nicht absolut. Wenn ich zweifle, so gelten diese Zweifel nicht so sehr den Dingen selbst, als dem Hochmaß des Glaubens daran. Daß man all diese Mittelmaßdinge für etwas Besonderes und Überlegenes und deshalb, wenn's sein kann, für etwas ewig zu Konservierendes ansieht, das ist das Schlimme. Was mal galt, soll weiter gelten, was mal gut war, soll weiter ein Gutes oder wohl gar ein Bestes sein. Das ist aber unmöglich, auch wenn alles, was keineswegs der Fall ist, einer gewissen Herrlichkeitsvorstellung entspräche ... Wir haben, wenn wir rückblicken, drei große Epochen gehabt. Dessen sollen wir eingedenk sein. Die vielleicht größte, zugleich die erste, war die unter dem Soldatenkönig. Das war ein nicht genug zu preisender Mann, seiner Zeit wunderbar angepaßt und ihr zugleich voraus. Er hat nicht bloß das Königtum stabilisiert, er hat auch, was viel wichtiger, die Fundamente für eine neue Zeit geschaffen und an die

Stelle von Zerfahrenheit, selbstischer Vielherrschaft und Willkür Ordnung und Gerechtigkeit gesetzt. Gerechtigkeit, das war sein bester ›rocher de bronce‹.«

»Und dann?«

»Und dann kam Epoche zwei. Die ließ, nach jener ersten, nicht lange mehr auf sich warten, und das seiner Natur und seiner Geschichte nach gleich ungeniale Land sah sich mit einem Male von Genie durchblitzt.«

»Muß das ein Staunen gewesen sein.«

»Ja. Aber doch mehr draußen in der Welt als daheim. Anstaunen ist auch eine Kunst. Es gehört etwas dazu, Großes als groß zu begreifen ... Und dann kam die dritte Zeit. Nicht groß und doch auch wieder ganz groß. Da war das arme, elende, halb dem Untergange verfallene Land nicht von Genie, wohl aber von Begeisterung durchleuchtet, von dem Glauben an die höhere Macht des Geistigen, des Wissens und der Freiheit.«

»Gut, Lorenzen. Aber weiter.«

»Und all das, was ich da so hergezählt, umfaßte zeitlich ein Jahrhundert. Da waren wir den andern voraus, mitunter geistig und moralisch gewiß. Aber der ›Non soli cedo-Adler‹ mit seinem Blitzbündel in den Fängen, er blitzt nicht mehr, und die Begeisterung ist tot. Eine rückläufige Bewegung ist da, längst Abgestorbenes, ich muß es wiederholen, soll neu erblühn. Es tut es nicht. In gewissem Sinne freilich kehrt alles einmal wieder, aber bei dieser Wiederkehr werden Jahrtausende übersprungen; wir können die römischen Kaiserzeiten, Gutes und Schlechtes, wieder haben, aber nicht das spanische Rohr aus dem Tabakskollegium und nicht einmal den Krückstock von Sanssouci. Damit ist es vorbei. Und gut, daß es so ist. Was einmal Fortschritt war, ist längst Rückschritt geworden. Aus der modernen Geschichte, der eigentlichen, der lesenswerten, verschwinden die Bataillen und die Bataillone (trotzdem sie sich beständig vermehren), und wenn sie nicht selbst verschwinden, so schwindet doch das Interesse daran. Und mit dem Interesse das Prestige. An ihre Stelle treten Erfinder und Entdecker, und James Watt und Siemens bedeuten uns mehr als du Guesclin und Bayard. Das Heldische hat nicht direkt abgewirtschaftet und wird noch lange nicht abgewirtschaftet haben, aber sein Kurs hat nun mal seine besondere Höhe verloren, und anstatt sich in diese Tatsache zu finden, versucht es unser Regime, dem Niedersteigenden eine künstliche Hausse zu geben.«

»Es ist, wie Sie sagen. Aber gegen wen richtet sich's? Sie sprachen von ›Regime‹. Wer ist dies Regime? Mensch oder Ding? Ist es die von alter Zeit her übernommene Maschine, deren Räderwerk tot weiterklappert, oder ist es der, der an der Maschine steht? Oder endlich, ist es eine bestimmte abgegrenzte Vielheit, die die Hand des Mannes an der Maschine zu bestimmen, zu richten trachtet? In allem, was Sie sagen, klingt eine sich auflehnende Stimme. Sind Sie gegen den Adel? Stehn Sie gegen die ›alten Familien‹?«

»Zunächst: Nein. Ich liebe, hab auch Ursach dazu, die alten Familien und möchte beinah glauben, jeder liebt sie. Die alten Familien sind immer noch populär, auch heute noch. Aber sie vertun und verschütten diese Sympathien, die doch jeder braucht, jeder Mensch und jeder Stand. Unsre alten Familien kranken durchgängig an der Vorstellung, ›daß es ohne sie nicht gehe‹, was aber weit gefehlt ist, denn es geht sicher auch ohne sie; – sie sind nicht mehr die Säule, die das Ganze trägt, sie sind das alte Stein- und Moosdach, das wohl noch lastet und drückt, aber gegen Unwetter nicht mehr schützen kann. Wohl möglich, daß aristokratische Tage mal wiederkehren, vorläufig, wohin wir sehen, stehen wir im Zeichen einer demokratischen Weltanschauung. Eine neue Zeit bricht an. Ich glaube, eine bessere und eine glücklichere. Aber wenn auch nicht eine glücklichere, so doch mindestens eine Zeit mit mehr Sauerstoff in der Luft, eine Zeit, in der wir besser atmen können. Und je freier man atmet, je mehr lebt man. Was aber Woldemar angeht, *meiner* sind Sie sicher, Frau Gräfin. Bleibt freilich, als Hauptfaktor, noch die Komtesse. Für *die* müssen *Sie* die Bürgschaft übernehmen. Die Frauen bestimmen schließlich doch alles.«

»So heißt es immer. Und wir sind eitel genug, es zu glauben. Aber das führt uns auf ganz neue Gebiete. Vorläufig Ihre Hand zur Besiegelung. Und nun erlauben Sie mir, nach diesem unserm revolutionären Diskurse, zu den Hütten friedlicher Menschen zurückzukehren. Ich habe mich bei dem alten Herrn nur auf eine halbe Stunde beurlaubt und rechne darauf, daß Sie mich, wenn nicht bis ins ›Museum‹ selbst (das dem Programm nach besucht werden sollte), so doch wenigstens bis auf die Schloßrampe begleiten.«

1819 30. 12.: Theodor Fontane wird in Neu-Ruppin geboren. Eltern: Henri Theodor und Emilie, geb. Labry.
1827 Die Familie zieht nach Swinemünde.
1832 Besuch des Gymnasiums (Quarta) in Neu-Ruppin.
1836 Beginn der Apothekerlehrzeit in Berlin.
1839 Seine Novelle »Geschwisterliebe« erscheint im »Berliner Figaro«.
1840 Apothekergehilfe.
1844 Militärjahr. Erste Reise nach England. Aufnahme in den »Tunnel-Club«.
1845 Verlobung mit Emilie Rouanet-Kummer.
1848 Approbation als Apotheker erster Klasse.
Teilnahme an den Barrikadenkämpfen in Berlin.
Anstellung im Krankenhaus Bethanien.
1849 Korrespondent der »Dresdner Zeitung«.
1850 Eintritt ins »Literarische Kabinett«.
16. 10.: Heirat.
1851 Geburt des Sohns Emile.
1852 Als Korrespondent in London.
1856 Geburt des Sohns Theodor.
Fontane ist halbamtlicher »Presseagent«.
1857 Emilie kommt mit den Kindern nach London.
1858 Reise nach Schottland.
1859 Rückkehr nach Berlin. Beginn der »Wanderungen«.
1860 Eintritt in die Redaktion der »Kreuzzeitung«.
Geburt der Tochter Martha (Mete).
1861 Balladen.
1862 »Wanderungen durch die Mark Brandenburg« (bis 1882 vier Bände).
1864 Sohn Friedrich geboren. Reisen nach Schleswig-Holstein und Dänemark.
1867 Tod des Vaters.
1869 Tod der Mutter.
1870 Theaterrezensent an der »Vossischen Zeitung«.
Gefangenschaft in Frankreich.
1971 »Kriegsgefangen« erscheint.
1873 »Der Krieg gegen Frankreich 1870–1871« (2 Bände).
1874 Italienreise mit Emilie.
1875 Reise in die Schweiz und nach Oberitalien. Rückreise über Wien.
1876 Kurzfristig Ständiger Sekretär der Akademie der Künste in Berlin.
1878 »Vor dem Sturm. Roman aus dem Winter 1812 auf 13«.
1880 »Grete Minde«.
1881 »Ellernklipp«.
1882 »L'Adultera«, »Spreewald« (= letzter Band der »Wanderungen«).
1883 »Schach von Wuthenow«. Zola-Studien.
1885 »Unterm Birnbaum«.
1887 »Cecile«.
Tod des Sohnes George.
1888 »Irrungen, Wirrungen«.

1890 »Stine«.
Setzt sich als Theaterkritiker für den Naturalismus ein.
1890–91 Erste Gesamtausgabe der erzählenden Werke in zwölf Bänden.
1891 »Quitt«.
1892 »Unwiderbringlich«.
Fontane ist schwerkrank.
1893 »Frau Jenny Treibel«.
1894 »Meine Kinderjahre«.
Ehrendoktor der Universität Berlin.
1895 Beginn der Arbeiten am »Stechlin«.
1896 »Effi Briest«. »Die Poggenpuhls«.
1897 »Der Stechlin« (Vorabdruck. Buchausgabe erst nach Fontanes Tod 1898).
1898 »Gedichte«. »Von Zwanzig bis Dreißig«.
20. 9.: Theodor Fontane stirbt in Berlin.

WEITERFÜHRENDE LITERATUR

Helmuth Nürnberger: Der frühe Fontane. Politik – Poesie – Geschichte. 1840–1860, Hanser Verlag, München 1971.
Helmuth Nürnberger: Theodor Fontane in Selbstzeugnissen und Bilddokumenten, Rowohlt Verlag, Reinbek 1968.
Eine gute Auswahl aus Fontanes Briefen mit überleitenden Texten ist:
Fontane – Ein Leben in Briefen, mit zahlreichen Bildnissen und Faksimiles. Ausgewählt und herausgegeben von Otto Drude, Insel Verlag, Frankfurt/Main 1981.

Gerhart Hauptmann

BRIGITTE DÖRRLAMM

Gerhart Hauptmann – auf einer gewaltigen »Volksströmung« schwimmend

»Ich bin ich.« – Wenn das einer sagt, der – als Hoteliersohn, »Kronen«-Sohn geboren – die Realschule mit einiger Anstrengung nicht erfolgreich absolviert, eine Landwirtschaftslehre überstanden, Bildhauerei gelernt und in Italien praktiziert hat, der in Berlin zwischen dem Beruf des Bildhauers und dem des Schauspielers schwankte, währenddessen, wie er meinte, Geschichte studierte, sich bei alledem als »versprengter Grieche« fühlte und schließlich »den dichterischen Weg« wählte, und wenn er – Deutscher, Schlesier – das zu einem amerikanischen Interviewer der »New York World« sagt, so kann das nur vordergründig als Selbstbehauptung einem Pressemann gegenüber verstanden werden. Der 31jährige Sprecher dieses Satzes formuliert hier sein Programm, den festen Entschluß, sich ins Spiel zu bringen, so wie er sich selbst und die unaufhörlich in ihn eindringende Welt empfindet und versteht. Es ist ein übervolles Programm für einen, der sein Leben aus einem Duodez-System durch das Kaiserreich, durch die Weimarer Republik, durch das Dritte Reich in das sowjetisch eroberte, polnisch gemachte Schlesien tragen wird. Und wenn der Dichter seine »Epoche« einmal auch verkürzte und befand, daß sie 1870 beginnt und mit dem Reichstagsbrand endigt, so hat das Publikum, vor dem er häufig und gern posiert, erlebt, wie er, der sich »nun mal Hypochonder und egozentrisch« und an anderer Stelle »feige« nennt, »vom oppositionellen Dramatiker zum offiziellen Dichter Deutschlands wurde«. Er seinerseits hat alles in allem 40 eigene Premieren erlebt und war 1894, als er der New Yorker Welt Rede und Antwort stand, für die literarische und polizeilich-juristische deutsche Öffentlichkeit kein unbeschriebenes Blatt mehr. »Ich«, Gerhart – seit seiner zweiten Veröffentlichung bestand er auf dieser Schreibweise seines Namens – Hauptmann ist weder zu Lebzeiten noch 37 Jahre nach seinem Tod unumstritten.

Der am 1. Januar 1863 als Gerhard Johannes Robert Getaufte, am

15. November 1862 im schlesischen Ober-Salzbrunn Geborene hat bis 1894 bereits sieben Theaterstücke vor die offiziell abgeschaffte, aber penetrant beobachtete Zensur und an verschiedene Bühnen Berlins gebracht:

Am 20. Oktober 1889 war »Vor Sonnenaufgang«, rezensiert von dem alten Theodor Fontane und karikiert vom »Kladderadatsch«, von der »Freien Bühne« im Lessingtheater aufgeführt worden;
am 1. Juli 1890 hatte »Das Friedensfest«, realisiert ebenfalls von der »Freien Bühne«, im Ostendtheater stattgefunden;
am 11. Januar 1891 waren »Einsame Menschen«, wiederum im Schutz von Otto Brahm und seinem freien Verein, im Residenztheater zu sehen gewesen;
am 16. Januar 1892 war »Kollege Crampton« ins Deutsche Theater gekommen;
am 26. Februar 1893 hatten gegen jahrelangen Widerstand der Behörden »Die Weber« endlich das Neue Theater erreicht;
am 21. September 1893 war »Der Biberpelz« im Deutschen Theater zu sehen gewesen, und
am 14. November 1893 hatte »Hanneles Himmelfahrt« im Königlichen Schauspielhaus begonnen.

Nicht jedes Stück, nicht jede Premiere war prozeß- und skandalumwittert, aber bereits nach dem ersten bürgte der Autor – wie Fontane schrieb, »ein wirklicher Hauptmann der schwarzen Realistenbande« – für Qualität in dieser Hinsicht. Sein »soziales Drama« löste eine Bühnenrevolution aus, zumindest in den Augen der Kritiker und Literaturhistoriker, für die es den Beginn des Naturalismus darstellt.

Gerhart Hauptmann hat, so sagt er, sein dramatisches Werk »aus dem Nichts« geschaffen, womit er die produktive Gestaltungskraft betont, die er während seiner dreijährigen Tätigkeit als Bildhauer an sich gewissermaßen plastisch erlebt hat. In dem 1930 geschriebenen autobiographischen »Abenteuer meiner Jugend« gibt er seine Existenz als Quelle an, aus der er schöpft, besonders die frühe Zeit, die er nie werde ganz auswerten können, all das vielfältig Erfahrene, das sich zu »meiner Art und Bedeutung« verdichtet hat, so daß er wirklich nichts mehr dazu brauchte als vielleicht einen äußeren Anstoß, eine erinnernde Anregung von irgendwoher...

Das Berlin der 80er Jahre bietet viel. Zwar ist der seit dem 5. Mai 1885 mit der glücklicherweise gut betuchten Kaufmannstochter Marie – »Mary« – Thienemann verheiratete Student aus der stetig wachsenden Reichshauptstadt in das noch ländliche Erkner umgezogen, aber auch von hier aus besucht er die mit der neuen Stadtbahn günstig zu erreichenden, gelegentlich konspirativen Zusammenkünfte des literarischen Vereins »Durch« in Friedrichshagen, wo er Adalbert von Hanstein, Max Kretzer, Leo Berg, die Brüder Hart und vor allen Bruno Wille und Wilhelm Bölsche trifft.

Der kränkliche junge Mann aus einer bürgerlichen, zunächst wohlsituierten Vier-Kinder-Familie, der als Eleve auf dem Gut seines schlesischen Onkels herrnhutisch beeinflußt worden ist, engagiert sich nicht politisch, er hat vielmehr, wie er nachträglich meint, »Anwandlungen und Anfechtungen einer patriarchalischen Humanität«, und er hält in diesen Jahren, in denen das Bismarcksche Sozialistengesetz gilt, »die Wochenzeitschrift ›Die neue Zeit‹, die den wissenschaftlichen Sozialismus vertrat«. Seine praktischen Erfahrungen sind weitläufig; der junge Bohemien ist schon viel herumgekommen, von Breslau, Dresden über Jena nach Zürich, auch nach Hamburg, als Tourist nach Malaga, Barcelona, Marseille, Genua, Neapel ... nach Griechenland, Rom und Berlin – vor allem Berlin! Da bedarf es keiner Theorie, um, wie der fiktive Volkswirt und Soziologe Dr. Alfred Loth in »Vor Sonnenaufgang« es nennt, »die Verkehrtheit unserer Verhältnisse« zu erkennen: »Es ist zum Beispiel verkehrt, den Mord im Frieden zu bestrafen und den Mord im Krieg zu belohnen. Es ist verkehrt, den Henker zu verachten und selbst, wie es die Soldaten tun, mit einem Menschenabschlachtungsinstrument, wie es der Degen oder der Säbel ist, an der Seite stolz herumzulaufen. Den Henker, der das mit dem Beile täte, würde man zweifelsohne steinigen. Verkehrt ist es dann, die Religion Christi, diese Religion der Duldung, der Vergebung und Liebe, als Staatsreligion zu haben und dabei ganze Völker zu vollendeten Menschenschlächtern heranzubilden ... Es kostet Mühe, sich durch alle diese Verkehrtheiten hindurchzuringen; man muß früh anfangen« – 1889, »Vor Sonnenaufgang«! Diesen Titel erfand Arno Holz für das ursprünglich »Der Säemann« genannte Stück, an dem Hauptmann von Ende April bis Anfang Juni geschrieben hat.

Es spielt in einem schlesischen Dorf, in dem die Bauern – »Glücksbauern« – durch Kohlenfunde unter ihren Äckern und Wiesen reich und die übrigen Landleute, Knechte und Söhne, zu Bergarbeitern geworden sind. Die neureiche Oberschicht versucht, den Adel und die städtischen Großbürger zu imitieren, jagt, läßt sich Champagner und Austern kommen, hat aber, was Gerhart Hauptmann später auch von seiner Residenz Agnetendorf sagen wird: »keine Kultur, höchstens Agri-Kultur«. So trinken sie aus Langeweile oder saufen, um mit sich und der Welt fertig zu werden.

Um die Komplexität der verkehrten Verhältnisse vorzuführen, lastet der junge Dramatiker alle damals denkbaren Probleme, auch die fälschlicherweise angenommene Erblichkeit von Alkoholismus, der Familie des verwitweten und wiederverheirateten Bauern Krause an, deren Haus und Hof der, wie Fontane urteilte, »stilvolle Realist« mit naturalistisch ausführlichen Bühnenanweisungen vorzeichnet: »Das Zimmer ist niedrig; der Fußboden mit guten Teppichen belegt. Moderner Luxus auf bäuerliche Dürftigkeit aufgepfropft. An der Wand hinter dem Eßtisch ein Gemälde...« Hierhin kommt Alfred Loth, Gymnasialfreund des herrschaftlichen Schwiegersohns und jetzigen Grubenbesitzers Hoffmann, der mit seiner schwangeren Frau die unmittelbar bevorstehende Geburt seines zweiten Kindes erwartet. »Loth ist mittelgroß, breitschultrig, untersetzt, in seinen Bewegungen bestimmt, doch ein wenig ungelenk; er hat blondes Haar, blaue Augen und ein dünnes lichtblondes Schnurrbärtchen, sein ganzes Gesicht ist knochig und hat einen gleichmäßig ernsten Ausdruck. Er ist ordentlich, jedoch nichts weniger als modern gekleidet. Sommerpaletot, Umhängetäschchen, Stock.« – Auch wenn der hinter solch detaillierter Beschreibung stehende Dr. Alfred Plötz, den Gerhart Hauptmann vom Breslauer Freundeskreis seines vier Jahre älteren Bruders Carl her kannte, dem Premierenpublikum kein Begriff war, so hatte es sich ansonsten durch die vorherige Lektüre des im Verlag C. F. Conrad erschienenen Textes doch gut vorbereiten können, denn der Lektor Moritz Heinemann, der Königlich-Schwedische Hofbuchhändler Samuel Fischer, überhaupt die Kollegen vom »Durch«, hatten den neuen Mann – Hauptmann – werbewirksam unters literarisch interessierte Volk der Millionenstadt gebracht. Die Halböffentlichkeit bzw. literarische Exklusivität, die der Verein der Freien Bühne herstellte, tat das Ihrige zu der geradezu multimedialen Publikation des in diesen Kreisen modischen, irgendwie an Ibsen erinnernden Stücks:

Der journalistisch tätige Gesellschaftsreformer Loth also kommt nach Witzdorf, um vor Ort die Lebens- und Arbeitsbedingungen der Bergleute zu studieren, was der politisch taktierende Opportunist Hoffmann mit allen Mitteln verhindern will. Er setzt seine 21jährige, noch ledige Schwägerin Helene, die sich für soziale Belange zumindest theoretisch interessiert und deren Weiblichkeit Hoffmann bereits ebenso skrupellos wie beiläufig selbst genossen hat, als Köder ein, was den Abstinenzler Loth und das mit einem stotternden Rohling aus der reichen Nachbarschaft versprochene Mädchen schnell zusammenbringt. Leider erfährt der Erbreinheits- und Gesundheitsfanatiker erst jetzt, und zwar von dem zynisch-blasierten

Frauenarzt Schimmelpfennig, daß es sich sowohl bei Helenes Schwester, die währenddessen hinter der Bühne eine Totgeburt hat, als auch bei deren dreijährig verstorbenem erstem Söhnchen und – was für den Verlobten schlimmer ist – bei ihrem Vater um Alkoholiker handelt. Der Menschheitsbeglücker läßt um seiner größeren Aufgabe willen die rasch gewonnene Braut, »das keuscheste Geschöpf, was es gibt«, in dem Sumpf von Ehebruch, Inzest und Suff und geht zu dem ebenfalls der »Frauenemanzipation« als Ideal anhängenden Studienfreund Schimmelpfennig, während Helene sich mit einem Hirschfänger ersticht ...

Ein der Literaturgeschichte namentlich bekannter Zuschauer, ein gewisser Dr. Kastan, der eine vorsorglich mitgebrachte Geburtszange habe auf die Bühne schleudern wollen, als die handelnden Personen nach Hebamme und Arzt riefen, soll sich nachher entschuldigt haben; der auf das Publikum damals enttäuschend blaß wirkende Autor, dem erst spätere Polemik das »Lumpengesicht« eines Revolutionärs zuschrieb, hat sich mehrfach verbeugt, und der Kritiker der »Vossischen Zeitung«, Theodor Fontane, hat im Begleitschreiben der Kritik an seinen Chefredakteur geschrieben: »Bezwingen Sie nach Möglichkeit Ihre persönliche Abneigung gegen die Richtung (Gefühle respektiere ich durchaus), aber lassen Sie mich als ›alten Knopp‹ die festeste Überzeugung aussprechen, daß hinter einem Manne, der so schreiben kann, mehr steckt als hinter der anderen Blase, die alle bloß nach der ›Tantieme‹ schielen.«

Was hinter dem »letzte(n) völlig naive(n) Dichter« (Carl Zuckmayer) wirklich steckt, ist bis heute nicht wirklich klar. Aber wenn der Dichter-Rezensent damals gemeint haben sollte, daß der »stilvolle Realist« nicht nach der Tantieme schielte, so hatte er Unrecht, genauer: so hat ihn der viel bewunderte Mann, der mit seiner 83 Jahre währenden Lebenszeit ihn um vier Jahre übertrumpft, je später, desto mehr ins Unrecht gesetzt: Gerhart Hauptmann, in dessen Elternhaus schon über die Verhältnisse gelebt wurde, der bald für zwei Frauen und für vier Söhne standesgemäß zu sorgen haben wird, Gerhart Hauptmann, der seine Dichterklausen – und nicht nur die –, der täglich seinen Wein, später seinen Kognak braucht, wird für Geld schreiben und für Ruhm, was oft auf eins hinausläuft, für Orden und Auszeichnungen. Und er wird den geringwertigen Roten Adlerorden, den er 1915, also noch im Kaiserreich, bekommt, weil Seine Majestät unter anderen seinen »Kriegsdichtungen ... besonderen Wert beimaß«, sehr wohl von dem Adlerschild des Deutschen Reiches, der höchsten Auszeichnung der Republik, den der Reichspräsident Ebert ihm zum 60. Geburtstag verleiht, zu unterscheiden wissen, aber beide gern annehmen, ebenso wie fünf Ehrendoktorhüte und natürlich den Nobelpreis, dessen geldlichen Teil er nach einem Jahr für ausgegeben erklärt. – Gorki schreibt 1912, indem er die Verleihung des Preises begrüßt: »... Es lebe Hauptmann und die Demokratie, die ihn geboren hat.« Man kennt die Perversion dieser Demokratie. Der Freund Alfred Kerr, der mit dem Dichter »den ganzen Weg des Daseins zusammengegangen ist« und der »der Wächter seines Werks in Deutschland« war, wird 22 Jahre später feststellen, daß Hauptmann dem braunen »Raubgesindel« schmeichelte, daß er »ehrlos« geworden ist und »zu den Gegnern« ging. 1934, im Exil, urteilt der gefürchtete Kritiker:

»Ich schritt und ritt mit ihm durch dick und dünn. (Auch durch dünn.) Ich hieb nach rechts und links, wenn man ihn angriff. Ich schlug ihn selber, wenn er nachließ. Ich gab ihm Zuversicht, wenn er sich raffte. Sein Wiederaufstieg im Alter war mir ein Glück.

Und ich liebte, jenseits von allem Dramengeschreib, den Menschen, den Freund in der Stille, den Unverwechselbaren, den Seltenen, den Umleuchteten.

...

Ich weiß, Hauptmann, was Du mir (mit schlechtem Gewissen) sagen würdest: ›Eine gewaltige Volksströmung...‹ Du belügst – auch Dich... Du siehst, Hauptmann, die Eigner eines Hyänenstalls – und hast Dich ihnen leise genähert. Du hattest nicht das Zeug, ihrem Angebot zu widerstehen, als sie, durch die versprochene Darstellung eines Deiner Stücke Dich lockten ... behufs Höhung ihres von der Welt bespieenen Namens. Du bist ihr Zutreiber geworden.

Ehrlos, ehrlos, ehrlos.

...

Hauptmanns Lebensform war auf alle diese Erbärmlichkeiten von Einfluß. Ich bin kein Unmensch, und ich glaube nicht, daß nur der Wein die Schuld trug; seit Jahren ist ihm das Dasein unmöglich ohne zwei Flaschen am Tag als Minimum. Er wähnt, daß er sonst zur Nachtzeit Fieber habe. Gott laß ihm die Ausred' – und ich hab's ihm allemal gegönnt. Nein: mit demselben täglichen Maß an Rüdesheimer oder Mâcon war genau das Entgegengesetzte denkbar: ein ehrlicher Entschluß, ein menschliches Aufbegehren, ein mutiger Schritt.

Nicht der Wein: das Geld hat sein Tun beeinflußt. Schrecklich das zu sagen. Doch es ist nicht das erstemal, daß ich es ihm vorwerfe. Und ich schämte mich, wenn es das erstemal jetzt wäre. Hauptmanns Geldbedarf ließ ihn Stücke, die nicht gar gewesen sind, in aller Unfertigkeit auf den Markt werfen ... und Romane schmieren, darin sein Genie nur kennbar blieb unter dem Schutt.

Geld kosten seine drei Wohnsitze: Agnetendorf in den Bergen; Hiddensee am Salzwasser; Rapallo in der Sonne. Geld kostet der Sohn, der mit dreißig Jahren die dritte Frau hat. Geld kostet der ganze snobistische Train dieses Weberenkels. Der weltberühmte Dichter eines antikapitalistischen Dramas wurde durch Geld zu Strecke gebracht.«

Das ist das Stichwort und der Maßstab: »Die Weber« – an diesem Stück wird Gerhart Hauptmann gemessen. Aber ist es »antikapitalistisch« im ernstzunehmenden Sinn des Wortes? Ist es »sozial«? – »... ein sozialistisches Tendenzstück und damit basta!« konstatiert Franz Mehring, allerdings durch den polemischen Mund des Klassengegners. – »... die christliche und allgemein menschliche Empfindung, die man Mitleid nennt«, habe sein Drama schaffen helfen wollen, läßt Hauptmann seinen Anwalt vor Gericht erklären; im Gespräch unter vier Augen mit dem sozialdemokratischen Redakteur Max Baginski soll er ähnliche Hoffnungen zum Ausdruck gebracht haben: Er, Hauptmann, »will das werktätige Mitgefühl in den Gutgestellten erwecken. Mitleid, freilich ein tatkräftiges Mitleid, das den Armen eine wirkliche Erleichterung ihres Loses verschafft.«

Als er das formuliert, geht er im Februar 1891, begleitet von dem Journalisten, durch die Weberorte des Eulengebirges und hat, wie sein Begleiter meint, das Stück im großen und ganzen schon fertig. Seit 1888 sitzt er an der Sache, die vielleicht mit den »Durch«-Kontakten, gewisser aber mit Züricher Anregungen zusammenhängt. »... das soziale Drama, wenn auch zunächst nur als leeres Schema, lag als Postulat in der Luft«, meint Hans Schwab-Felisch, und für diese Luft hat der Autor seit »Sonnenaufgang« eine besonders gute Nase, geradezu die Wahrnehmung eines Mediums. Er selber sagt in dem unterdrückten Satz eines Geleitworts: »Ich habe wohl kaum beim Werden meiner Werke anders als gewissermaßen schweigend zugeschaut und sozusagen medial gedient.«

Vordergründig gesehen und besonders auf Berlin bezogen, ergibt sich hier ein stimulierender Kreislauf: Der Dichter erkennt die »Preisaufgabe« (Schwab-Felisch) der Epoche, seine Lösung wird von der Kritik aufgegriffen, be- oder verurteilt, und plötzlich ist »Hauptmann ... Mode geworden und man gibt sich ein literarisches Relief, wenn man ihn applaudirt«, so die »Hamburger Nachrichten« am

1. Oktober 1894. Die Neugier weckenden Verbote der Behörden tun ein Übriges.

Zuerst in schlesischer Mundart geschrieben und »De Waber« genannt, dann in Teilen ins Hochdeutsche und in ein spezielles Hauptmann-Schlesisch übertragen, ist der Text wie schon »Vor Sonnenaufgang« auf dem Buchmarkt, bevor er auf der Bühne erscheint. Da er außerdem geschrieben ist, bevor der fast 50 Jahre zurückliegende Handlungskern, der schlesische Weberaufstand von 1844, durch Mißernten und Krisen in seiner Problematik 1890 wieder aktuell wird, erhält das Gespräch über das »Armeleut-Drama« wiederholt neue Nahrung aus der Wirklichkeit und bietet seinerseits »Zündstoff für die Revolution«, so die »Hamburger Nachrichten«, deren Korrespondent auch noch meint: »Die Polizei ist zweifellos in vollstem Rechte gewesen, die Aufführung zu verbieten; ich stehe«, schreibt der vorsichtige Biedermann, »obwohl ich wahrhaftig keinerlei ›reactionaire‹ Neigungen besitze, entschieden auf dem Standpunkte, daß es besser gewesen wäre, in Zeiten wie der heutigen, ein solches Stück nicht zu geben. Es ist immer gefährlich, mit dem Feuer zu spielen.« Daß Gerhart Hauptmann sein Feuer aus dem eigenen Blut oder auch nur aus Familienerzählungen bekommen hätte – sein Großvater war, bevor er zum Militär ging und dann auf Kellner und schließlich auf Gastwirt umsattelte, Weber, wenn auch nicht der allerärmste –, ist wohl ein nachträglicher Begründungsversuch im Zusammenhang mit dem Vorspruch des Schauspiels:

»Meinem Vater Robert Hauptmann widme ich dieses Drama. – Wenn ich Dir, lieber Vater, dieses Drama zuschreibe, so geschieht es aus Gefühlen heraus, die Du kennst und die an dieser Stelle zu zerlegen keine Nötigung besteht.

Deine Erzählung vom Großvater, der in jungen Jahren, ein armer Weber, wie die Geschilderten hinterm Webstuhl gesessen, ist der Keim meiner Dichtung geworden, die, ob sie nun lebenskräftig oder morsch im Innern sein mag, doch das Beste ist, was ›ein armer Mann wie Hamlet ist‹ zu geben hat. Dein Gerhart.«

Was dem Schreibenden tatsächlich an Material zunächst zur Verfügung stand, ist die Darstellung, die der »kühne, treue, edle Vorkämpfer des Proletariats« Wilhelm Wolff unter der Überschrift »Das Elend und der Aufruhr in Schlesien« in dem 1845 von H. Püttmann herausgebrachten »Deutschen Bürgerbuch« gegeben hat. Franz Mehring zeigt 1892/93, »in wie umfangreichem Maße die Darstellung Wolffs zum Knochenbau von Hauptmanns Drama geworden ist«.

Da der Dichter trotz des »klassischen Boden(s)«, den er anläßlich seines Lokaltermins 1891 im Eulengebirge zu betreten glaubt, und trotz des »Elend(s) in seiner klassischen Gestalt«, das er dort sieht, keine klassische Tragödie mit Held, Pflichtenkollision, Peripetie usw. aus dem Stoff macht, sondern sich dem »konsequenten Realismus« verpflichtet, kann man das Drama für die Geschichte nehmen, wenn man registriert, daß der Autor eine bestimmte Ereignisauswahl trifft, Situationen und einzelne Charaktere zuspitzt und z. B. Namen, wie Zwanziger in »Dreißiger«, Christ in »Heide«, umwandelt. Unter den »Dramatis personae« findet sich der Hinweis: »Die Vorgänge dieser Dichtung geschehen in den vierziger Jahren in Kaschbach im Eulengebirge sowie in Peterswaldau und Langenbielau am Fuße des Eulengebirges.« Es folgt wie vor jedem der fünf Akte eine ausführliche, etwa dreiviertelseitige Beschreibung der Szenerie, eines Zimmers im Hause des Fabrikanten Dreißiger, wo die Weber, Männer, Frauen, Kinder, das fertige Parchentgewebe abliefern und nach kleinlichster Prüfung ihres Produkts eine Entlohnung empfangen.

Die Gespräche, die sich dabei ergeben, zeigen ebenso wie das Bitten und Betteln um Vorschuß und um Erlaß von Rückzahlungen die nackte Not. Aus dem anonymen, gleichmachenden Elend heben sich einzelne Gestalten ab, die ihren Namen stellvertretend für alle, auch für die 200, die nächstens für noch geringeren Lohn eingestellt werden, zum Expedienten Pfeifer tragen: der alte Baumert, der eben sein Hundl zum Braten hat schlachten lassen, weil er sich selber »eemal kee Herze nich fass'n« konnte, Heiber, dessen kranke Tochter über und über mit Ausschlag bedeckt ist – »Unreenichkeit ieber und ieber«, sagt der Vater –, der aufmüpfige rote Bäcker . . .

Angeblich haben es diese Parchentweber immer noch besser als die beklagenswerten Leinenweber, aber die ausführlichste Klage steht selbstverständlich dem Fabrikanten zu: »Die Geschäfte gehen hundsmiserabel, das wißt ihr ja selbst. Ich setze zu, statt daß ich verdiene. Wenn ich trotzdem dafür sorge, daß meine Weber immer Arbeit haben, so setze ich voraus, daß das anerkannt wird. Die Ware liegt mir in Tausenden von Schocken, und ich weiß heute noch nicht, ob ich sie jemals verkaufen werde. – Nun hab' ich gehört, daß sehr viele Weber hierum ganz ohne Arbeit sind, und da . . . na, Pfeifer mag euch das Weitere auseinandersetzen. – Die Sache ist nämlich so, damit ihr den guten Willen seht . . . ich kann natürlich keine Almosen austeilen, dazu bin ich nicht reich genug, aber ich kann bis zu einem gewissen Grade den Arbeitslosen Gelegenheit geben, wenigstens 'ne Kleinigkeit zu verdienen. Daß ich dabei ein immenses Risiko habe, ist ja meine Sache. – Ich denke mir halt: wenn sich ein Mensch täglich 'ne Quarkschnitte erarbeiten kann, so ist das doch immer besser, als wenn er überhaupt hungern muß. Hab' ich nicht recht?« Es entspricht dem Willen zum Realismus, daß der Autor seine Weber zustimmen läßt: »Ja, ja, Herr Dreißiger!«

Erst in ihrer dunklen, schlechten Stube hören sie's anders: »Mir brauchen o erscht kee Fleesch, fer uns essen's de Fabrikanten. Die waten im Fette rum bis hieher. Wer das ni gloobt, der brauch ock nuntergehn nach Bielau und nach Peterschwalde. Da kann ma sei Wunder sehn: immer e Fabrikantenschloß hintern andern. Immer e Palast hintern andern. Mit Spiegelscheiben und Türmeln und eisernen Zäunen. Nee, nee, da spiert keener nischt von schlechten Zeiten. Da langt's uf Gebratnes und Gebacknes, uf Eklipaschen und Kutschen, uf Guvernanten und wer weeß was ...« Nachdem Moritz Jäger, der für seine Verhältnisse weit herumgekommene ehemalige Soldat, so erzählt hat, liest er den hungernden Heimarbeitern auch noch das Dreißigerlied, »das Blutgericht«, vor, das die Literaten später die Marseillaise der Weber nennen:

...
Ihr Schurken all, ihr Satansbrut,
ihr höllischen Kujone,
ihr freßt der Armen Hab und Gut,
und Fluch wird euch zum Lohne.

Der Zuschauer bekommt die Folgen zunächst einmal ganz allgemein vorgeführt, in Wirtshausgesprächen, an denen sich unter anderen ein Tischler, ein Bauer, ein Förster, ein Reisender und ein Lumpensammler beteiligen. Als auch Weber dazukommen, geht es um Frankreich als revolutionäres Vorbild: »Is's etwa ei Frankreich im guden gangen? Hat etwa d'r Robspier a Reichen de Patschel gestreechelt? Da hieß's bloß: Allee, schaff fort! Immer nuf uf die Giljotine! Das muß gehn, along sangfang ...« Und als dann Jäger erscheint, werden wiederum Strophen des »Blutgerichts« gesungen, obwohl der Polizist Kutsche es bei Strafe verbietet. Sie wollen zu Dreißiger ziehen. – »A jeder Mensch hat halt 'ne Sehnsucht«, kommentiert der Lumpensammler »solche Tollheeten«.

Bei dem Fabrikanten ist Besuch. Pastors sind zu einer Whistrunde gekommen. Während der Hausherr mit seinen murrenden Leuten zu tun hat, verweist der würdige Gottesmann dem Kandidaten, Erzieher der Dreißiger-Söhne, sein unangebrachtes Engagement: »Die Not unter den Webern wird, wo sie vorhanden ist, nicht gemildert. Der soziale Friede dagegen wird untergraben.« Keiner sagt etwas dagegen.

Die Unruhe vor dem Haus wächst. Zuerst werden firmeneigene Färber, dann wird die Polizei gerufen. Jäger wird gefesselt, abgeführt und wieder befreit. »Das wäre ja Revolution«, meint der Pastor angesichts der letzten Nachricht, vorläufig noch im Konjunktiv. Dreißigers fliehen. Die hereinstürmenden Weber sind voll Wut und Rachedurst, und der alte Baumert erinnert an eine authentische Aussage des historischen Vorbilds für Dreißiger, indem er mutig – allerdings in Abwesenheit des »Menschenschinders« – befindet: »Kenn mir Gras fressen, friß du Sägespäne.«

Da sich der Autor von 1891 nun einmal in die Vergangenheit begeben hat, bleibt er gleich dabei und dramatisiert, wenn auch nur verbal, die Maschinenstürmerei: »Vo hier aus geh mer nach Bielau nieder, zu Dittrichen, der de mechan'schen Webstihle hat. Das ganze Elend kommt von a Fabriken.« – Abgesehen davon, daß neben diesem Befund noch andere ähnlicher Art stehen – »Von den Leuten (den moralisch schlechten Fabrikanten) kommt's ganze Unglicke« oder »von a Birokratern kommt alles Unglicke« –, muß das Argument gegen die Maschinen am Ende des 19. Jahrhunderts, besonders in Berlin, merkwürdig berühren...

Kaum weniger problematisch geht es in dem »Weberstübchen des alten Hilse« in Langenbielau zu: fromme Gebete, bigotte Reden, über die Hilses Tochter Luise, Mutter unter anderem des auftretenden kleinen Mielchen, sich aufregt, weil sie ihre Kinder und sie nie sattmachen. Als darum die aufgebrachte Masse – bei Hauptmann »vielhundertstimmig« – das Weberlied singt, geht die junge Frau auf die Straße, während einzelne aus dem Zug hereinkommen und vergeblich versuchen, den frommen Hilse zum Mitmachen zu bewegen. Sogar der alte Baumert, der bei den Plünderungen »Schlampancher und Hasengebratnes« ergattert und genossen hat und der einen geschlachteten Hahn mitbringt, wird zurückgewiesen. »... aso denken mir eemal; eher tot, wie aso a Leben noch eemal anfangen«, erklärt Bäcker, »was mir nich gutwillig kriegen, das nehmn mir mit Gewalt.« – Das ist das Stichwort: Militär erscheint. Salven krachen. Hilse – »mit wachsender Ekstase« – setzt sich an seinen am Fenster stehenden Webstuhl: »Hie hat mich mei himmlischer Vater hergesetzt. Gell, Mutter? Hie bleben m'r sitzen und tun, was mer schuldig sein, und wenn d'r ganze Schnee verbrennt.« Weder die blinde alte Frau noch das siebenjährige Enkelkind begreift, daß eine Kugel offenbar getroffen hat, als der Alte auf einmal still bleibt. »Großvaterle!?« und: »... 's kann een'n ja orntlich angst werd'n.« –

Furcht und Mitleid? – Mehrfach ist das Ganze, vor allem dieser Schluß, »melodramatisch« genannt worden. »Und doch ist Herr Hauptmann ein feiner Künstler und die weitaus stärkste Natur im jungen Deutschland der neunziger Jahre«, urteilt Maximilian Harden in der »Zukunft« vom 11. März 1893. Ob es das ist, das Umfeld, das den Dichter bedeutend macht? – Mit vielen großen Zeitgenossen ist er nie zusammengekommen.

Mit dem ein Jahr jüngeren und damals gleichgesinnten Arno Holz diskutierte er zwar im »Durch«, entfernte sich dann aber von ihm; der gleichaltrige Arthur Schnitzler lebte in Wien, ebenso der jüngere Hugo von Hofmannsthal; Ricarda Huch, zwei Jahre jünger als der Schlesier, kam erst später nach Berlin; Frank Wedekind, wie diese 1864 geboren, stand dem Bruder Carl näher als Gerhart, mit dem er konkurrierte und schließlich offen im Streit lag; der 13 Jahre jüngere Rainer Maria Rilke will zwar während eines einzigen Probenbesuchs im Deutschen Theater ein »sozusagen ewiges Verhältnis zu ihm« herausgebildet haben, ist aber wie Stefan George vom Wesen her der Hauptmannschen Art so fremd wie die sieben Jahre jüngere Else Lasker-Schüler ... Überhaupt die Expressionisten! Barlach, Kaiser, Sternheim, obwohl sie Dramatiker waren, fanden nicht zu ihm und umgekehrt. Brecht gar, der nach Hauptmanns Tod ein Werk des ungeliebten Naturalisten bearbeitet hat, konstatiert eine »fehlende ideologische Lösung des sozialen Konflikts«.

Der Ältere bleibt lieber allein: »Ich schmelze an meinem eigenen Feuer«, zitiert er den größten deutschen Dichter, den »Oberkollegen«, während er sich aus eigenen Manuskripten vorlesen läßt. Entsprechend pflegt er besonders in späteren Jahren seine äußerliche Goethe-Ähnlichkeit. – Der Maler Max Liebermann soll einmal erzählt haben: »Treff ick doch neulich Hauptmann im Tiergarten. Ick sahre zu ihm: Herr Hauptmann, wat sind Se doch für'n jlicklicher Mensch! ›Wieso denn?‹ fraacht er. Und nun denkt er, ick wer sahren: Weil Se so'n jrossen Erfolch jehabt ham, oder: weil Se so viel Talent ham. Aber ick sahre: Weil Se so scheen sind.«

Nicht nur in der Berliner Anekdote, auch im Ernst bekommt Gerhart Hauptmann oft recht merkwürdig begründete Anerkennung von den verschiedensten Seiten. So lautet die Widmung des Anfang 1912 erschienenen Bandes »Zur Kritik der Zeit« von dem nachmaligen deutschen Außenminister Walther Rathenau: »An Gerhart Hauptmann. Deinen Namen schreibe ich auf die erste Seite dieses Buches ... Dir, Gerhart, habe ich stets geglaubt, ohne Beweis und ohne Umschweif. Nimm dieses Buch als Zeichen der Dankbarkeit, die ich als Deutscher dem Dichter unseres Zeitalters schulde, und als Gabe herzlicher Freundschaft...« Auch wenn der Verfasser zum Zeitpunkt der Widmung noch Privatmann, Großindustrieller ist, scheint sich dem Leser im »Dichter unseres Zeitalters« schon der Staatsdichter anzudeuten, der allzeit produktive, vielfach verwendbare, repräsentative ... der, der im übrigen selbst seine Zuständigkeit mit der Fixierung der 63 Jahre von 1870 bis zum Reichstagsbrand zwischen ein privates und ein öffentlich-staatliches Datum gestellt hat.

Der Schlesier lebt während dieser Zeitspanne nicht dauernd, nicht einmal überwiegend in Berlin, obwohl er in der Hauptstadt seine Hauptwirkung erzielt und oft dort – »residiert«, müßte man wohl sagen, wenn man an die Prominenten-Suite des Hotel Adlon denkt, die er mit seinem Gefolge vor allem bei festlichen Gelegenheiten immer wieder bezieht. Daneben gibt es eine möblierte Wohnung in der Kaiserin-Augusta-Straße.

1894, nach einer zur Krisenklärung vom schlesischen Schreiberhau aus schnell unternommenen Amerikareise, nehmen die Ehepartner getrennte Wohnsitze: Marie zieht mit den drei Söhnen in ihr heimatliches Dresden, Gerhart wohnt in Berlin, von wo aus er 1897 eine große viermonatige Reise nach Italien und ins Tessin macht, mit Margarete Marschalk, der jungen Schwester des Komponisten Max Marschalk, der u. a. die Musik zu »Hanneles Himmelfahrt« geschrieben hat. Der Dichter, der zeitlebens ein Faible für ganz junge Frauen erkennen läßt, hatte das Mädchen, das bald alle Briefe an ihren Hauptmann mit »Dein Eigentum« unterschreiben wird, früher bereits kennengelernt. Nun gehen beide nach einem Interim in Berlin ins Riesengebirge, um den Bau des Hauses zu überwachen, das der reiche Herr Hauptmann in Agnetendorf errichten läßt: ein Schloß, »burgartig«, mit Turm und Herrenhaus-Teil, das nach den Felsbrocken im Park »Wiesenstein« heißen soll. Der Architekt, Hans Grisebach, nimmt Elemente der deutschen und der niederländischen Renaissance, vermischt mit Gotik, und verbaut schließlich das Dreifache der Kostenvoranschlagssumme. Der Hauptmann-Freund und -Bewunderer Kurt Lothar Tank erinnert sich später: »Geisterhaft und idyllisch mutete der Garten und die Halle, mutete jedes der Zimmer an, das man zu sehen bekam. Da gab es den kleinen getäfelten Speiseraum mit der von Gerhart Hauptmann modellierten Wachsplastik, die den zwölfjährigen Benvenuto darstellte. Da gab es das Biedermeierzimmer, den Musiksaal. Die Bibliothek mit dem Kopf des Sokrates und dem Marmortorso der Aphrodite, dem Wagenlenker von Delphi und den Abbildungen der Tempel von Paestum und Agrigent, den Totenmasken von

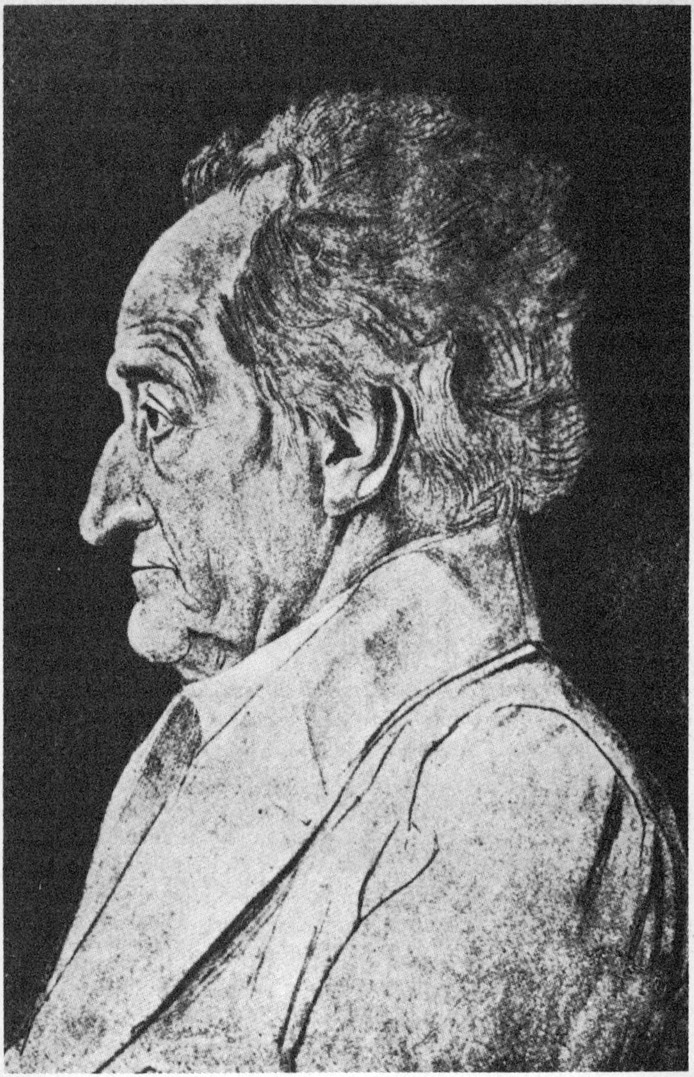

Goethe mit siebenundsiebzig Jahren

Hauptmann mit siebzig Jahren

Napoleon, Goethe und Kainz. Etwas Geisterhaftes und Idyllisches schwebte um die schönen Schiffsmodelle, um den Segler ›Alabama‹, auf dem Lord Byron nach Griechenland gefahren war, und um das naturgetreu nachgeschnitzte Eingeborenen-Kanu aus Kamerun...« – Ein Sammelsurium von Bildung, zumal klassischer Bildung, der der Dichter – möglicherweise in Kompensation seiner frühen schulischen Bemühungen – lebenslang sichtbar und unsichtbar Altäre errichtet.

Am 9. Juli 1904 wird er von Marie geschieden; am 18. September desselben Jahres heiratet er Margarete, die Mutter seines inzwischen vierjährigen vierten Sohnes Benvenuto.

Seit der programmatischen Ich-bin-ich-Offenbarung von 1894 hat der Theatergott inzwischen sieben Stücke geschaffen: »Florian Geyer«, »Die versunkene Glocke«, »Fuhrmann Henschel«, »Schluck und Jau«, »Michael Kramer«, »Der rote Hahn« und »Rose Bernd« – unterschiedliche Stoffe wurden zu Werken unterschiedlicher Qualität, aber sie halten die Kritik bei der Feder und den Autor in der Öffentlichkeit präsent, zumal die Aufführungen fast immer mit prominenten Schauspielern besetzt sind: Max Reinhardt, Josef Kainz, Paula Conrad, Else Lehmann, Hans Marr, Alexander Moissi, die ganz junge Ida Orloff spielen Hauptmann-Stücke. Das »blonde Elfchen mit einem wirklichen Tanzseelchen« (Vossische Zeitung) regt den in der krisenhaften Lebensmitte Schwärmenden zu »Und Pippa tanzt« an – ein Mißerfolg alles in allem, aber auch Durchfälle auf der Bühe waren – gedruckt – Erfolge. Von fast allen Hauptmann-Dramen wurde sechs- oder siebenmal eine 1000-Stück-Auflage herausgebracht und verkauft, dabei stets je dreißig Edelexemplare, numeriert, auf Bütten ... und der geschäftstüchtige Dichter war dem geschäftstüchtigen Verleger-Freund gegenüber hart im Nehmen. Man wußte, was man einander wert war. Sein Marktwert, ganz im Sinne von Angebot und Nachfrage, zeigte sich dem Autor auch auf einem Gebiet, für das er nur wenig, und da – z. B. bei dem umstrittenen »Faust«-Projekt – unglücklich gearbeitet hat: beim Film. Hauptmann verkauft 1913 seinen Roman »Atlantis«, später die Stoffe »Rose Bernd«, »Schluck und Jau«, »Die Ratten«, »Hanneles Himmelfahrt«, »Der Biberpelz«, »Vor Sonnenuntergang«... Manches erscheint nur sehr »frei nach...« auf der Leinwand, aber auch das macht populär.

In seiner Ansprache »auf dem Bankett der Wiener Akademie der Wissenschaften im März 1905« sagt der Autor über »die Sendung des Dramatikers«: »... ich bin mir bewußt, nur einer unter vielen zu sein, die das Gute anstreben und nach Maßgabe ihrer Kräfte verwirklichen. Sie wissen, daß ich kein Redner bin. (Das stimmt wohl: ohne Manuskript soll Hauptmann kein Grußwort, keinen Toast gesprochen haben.) Leute, die sich ein Urteil zuschreiben, sagen: auch kein Dramatiker! Nun, habe ich nicht die Vorzüge dieses hohen, in Betrachtung der Menschheit vielleicht objektivsten Berufs, so habe ich jedenfalls seine Schwächen, und eine der Schwächen ist das Unvermögen, aus der Polyphonie meines Geistes eine Stimme gesondert sprechen zu lassen, und wenn es auch meine eigene wäre! Wie es heute ist, war es ehemals: es meldeten sich in meinem Innern stets viele Stimmen zum Wort, und ich sah keine andere Möglichkeit, einigermaßen Ordnung zu schaffen, als vielstimmige Sätze: Dramen zu schreiben. Ich werde dies weiter tun müssen; denn es ist bis jetzt meine höchste Lebens- und Ausdrucksform... Alles Streben auf Erden ist eine Art Dunkeladaptation. Wissenschaft und Kunst, die beiden Geschwister und wahrhaftigen Kinder der Kultur, besitzen in einer gesteigerten Form diese Fähigkeit, und über alles hinaus wohnt ihnen ein Gefühl des Erhabenen inne, eine Ahnung von überirdischem Licht oder überirdischer Harmonie, die – jetzt das Unzulängliche – einst doch Ereignis wird.«

Der hier auf Goethes Spuren Wandelnde wird 27 Jahre später, anläßlich seines 70. Geburtstages unter dem bezeichnenden Titel »Kunst und Religion« seinen früheren Gedanken aufnehmen: »Was mich betrifft, so hat sich mein Geist seit fünfzig Jahren in einer bestimmten Richtung ausgewirkt: das ist aus innerem Zwange geschehen. Ich vermöchte nicht einmal zu sagen, welche Beweggründe mir dabei bewußt geworden sind. Der dramatische Ausdruck meines Wesens war mir beinahe physiologische Notwendigkeit: ich mußte ihm nachgeben, hätte ihm nachgeben müssen, wenn er auch nicht mit dem geistigen Lebensgefühl, mit dem höheren Leben selbst, ein und dasselbe gewesen wäre. So, und nur im dramatischen Ausdruck, begriff ich das rätselhafte Schicksal der Menschenwelt. Mein Beginnen, mein Tun, mein Müssen hatte äußere Folgen, die mir keineswegs eitel Freude, sondern auch Haß und Feindschaft eintrugen... Ich würde wahrscheinlich, auch ohne irgendeinen Kontakt mit der Öffentlichkeit, meine Dramen und meine übrigen Bücher geschrieben haben, wenn auch allerdings der Anteil meiner Mitmenschen an meinem Werk und ihr teilnahmsvolles Wünschen und Warten im Wege seiner Entwicklung es, wie Regen und Sonne das Wachstum der Felder, gefördert hat... Wir wollen das ehren, was im Ganzen der menschlichen Kultur eine immer wachsende Bedeutung sich errungen hat, nämlich die Kunst, die ohne ihre tief humane Wesenheit nicht zu denken ist. Gewiß ist sie unendlich vielfältig. Frivole und frivolste Zweige mit giftigen Früchten haben Verbindung mit dem gewaltigen Baum. Die großen aber, die wesenhaften Emanationen der Kunst enthalten in sich etwas wie einen ethischen Kern, der an Reinheit den Wassertropfen, an Härte den Diamanten übertrifft und dessen Strahlungen in übermenschliche, außerirdische Gebiete hineinreichen ... Also: ›Kunst ist Religion‹. Das habe ich oft einer meiner Gestalten, der des Michael Kramer, nachgesprochen. Manche stießen und stoßen sich daran. Sie werden weniger Anlaß finden, sofern ich dies Wort dahin abändere: Meine Kunst ist meine Religion! Und in diesem irgendwie religiösen Bereich fühle ich mich mit Ihnen verbunden ... Ich empfinde einen hohen Stolz auf die mir von Ihnen erwiesenen Ehren. Ich mache den Schluß von Ihnen auf mich und genieße so die höchste Freude, den höchsten Stolz, den jemand empfinden kann: denn was könnte es Erstrebenswerteres geben, als sich in der Achtung und Liebe seiner Mitmenschen befestigt zu wissen!«

Hier in dem »tief humanen«, verbindenden, für nicht geladene Gäste freilich etwas nebelhaften Fluidum scheinen zumindest die nicht-materiellen Motivationsstränge des Künstlers Hauptmann zusammenzulaufen, und wenn solche Verbundenheit mit Menschlichem und Übermenschlichem zugleich das soziale Element des Zeitgenossen Gerhart Hauptmann ist, dann wird man auch »Die Ratten«, eine »Berliner Tragikomödie«, die 1909/10 entsteht und am 13. Januar 1911, diesmal nicht im Deutschen, sondern im Lessing-Theater uraufgeführt wird, wiederum als »eine Art Dunkeladaptation« verstehen müssen, die »dieses Sodom Berlin« und darin beispielhaft die gesellschaftlichen Verhältnisse im Kaiserreich intuitiv, emotional erfaßt.

Literarisch, so meinen die professionellen Leser, bezieht das Drama wohl noch einmal die überholte Position des Naturalismus, gegen einen, wer weiß wo gesehenen, klassischen Idealismus, doch beides wird dem Stück wie dem Autor nicht gerecht. Der Titel erinnert mit seinem Pluralbegriff ein wenig an »Die Weber«, aber hier ist Symbolisches im Spiel, wenn auch in dem Dachgeschoß der ehemaligen Berliner Kavalleriekaserne wirkliche Ratten hausen ...

Was in dem frühen Stück der schlesische Dialekt war, ist nun ein, wie wiederum die Kenner sagen, nicht ganz überzeugendes Berlinisch, gesprochen von Jette John, der Frau des zeitweilig in Hamburg-Altona auf dem Bau arbeitenden Maurerpoliers, von der »Lumpenkanaille« Bruno, ihrem Bruder, und von ein paar anderen Bewohnern der heruntergekommenen Mietskaserne. Das Dienstmädchen Pauline Piperkarcka spricht mit polnischem Akzent und gibt damit ihre noch niedrigere soziale Stellung zu erkennen. Die Sitzengelassene kommt schwanger und ratlos zu Frau John, die nach dem Tod ihres »Adelbertchen« vergeblich auf ein zweites Kind wartet. Von ihr läßt sich die junge Selbstmordkandidatin überreden, das Neugeborene abzugeben. Paul John glaubt an den gemeldeten Sohn und kommt nach Hause. Aber auch Pauline kommt zurück und will ihr Kind wiederhaben. Frau John läßt sie sich durch ihren Bruder vom Hals schaffen. Dabei bringt dieser sie mehr zufällig um und muß fliehen. Während die Razzia der Polizei läuft, erfährt John, »der uff'n Ehrenpunkt kitzlich is«, den wahren Sachverhalt. – »Immer pfeif, det se kommen und det se mir festnehmen! Immerzu doch!« (Der Zuschauer denkt vielleicht an Büchners ausweglosen Woyzeck!) »Nu seh ick dir, wie det du bist!« sagt die um ihr Leben betrogene Frau zu ihrem Mann, der, als sie aus dem Zimmer läuft, nur hilflos: »Jebt uff Muttern acht! Mutter! Uffhalten! Festhalten! – Mutter! Mutter!« rufen kann, ohne den Selbstmord zu verhindern.

Die Beurteilung des Ganzen wird sozusagen mitgeliefert; sie kommt aus der zweiten Spielebene, vom Dachboden, wo der verkrachte Jurist und nunmehrige Schauspiellehrer – Theaterdirektor, wie er sich selber nennt – Hassenreuter einen Maskenfundus hat. Seine Schüler, darunter ein ehemaliger Theologiestudent, Pastorensohn und nun Liebhaber seiner Tochter Walburga, sprechen wie er ein verlogenes, gestelztes Hochdeutsch, in dem es von »exemplarischen Beweisen von Undankbarkeit«, von »ehr- und pflichtvergessenem, lockerem Lebenswandel«, von »Geist der Wohlanständigkeit« und von »praktischem Christentum ... dem Knäblein« gegenüber nur so wimmelt ...: »Finden Sie nicht, daß hier ein wahrhaft tragisches Verhältnis wirksam geworden ist?« fragt der schauspielernde Ex-Theologe angesichts des mutterlosen Säuglings, und Direktor Hassenreuter antwortet: »Die Tragik ist nicht an Stände gebunden. Das habe ich Ihnen stets gesagt.« – Der wichtigste Befund aber, der in diesem staatseigenen Hause ausgesprochen wird, kommt von einem, der es wissen muß, von dem Maurerpolier John, einem sozusagen kleinbürgerlichen deutschen Hamlet: »Allens is hier morsch! Allens faulet Holz! Allens unterminiert vom Ungeziefer, von Ratten und Mäuse zerfressen!«

Knapp vier Jahre später beginnt der Erste Weltkrieg. Gerhart Hauptmann, inzwischen Nobelpreisträger, schreibt – gereimt und ungereimt – Ermutigendes für die Soldaten, unter denen seine drei Söhne aus erster Ehe sind. Ein Lieblingsneffe fällt. Wie viele seiner Zeitgenossen wird Hauptmann bald skeptisch und zieht sich zurück,

Gerhart Hauptmann mit seinen Söhnen Ivo, Eckart und Klaus

mal nach Agnetendorf, mal nach Hiddensee. Nach dem Krieg will er Mitglied der sozialdemokratischen Partei werden, gibt aber angesichts der Erwartungen des zuständigen Parteisekretärs den Wunsch wieder auf. Dennoch sieht er sich 1920, wo der eingesetzte Reichspräsident Friedrich Ebert sich der verfassungsmäßig vorgesehenen allgemeinen Wahl stellen sollte, genötigt, ein Gerücht, seine Kandidatur betreffend, zu dementieren. – 1924 steht er so weit über den Dingen, daß er die Friedensklasse des Ordens »pour le mérite« bekommt. Auch in den Jahren der wirtschaftlichen Scheinblüte sind die Zeiten schlecht – nicht nur im Winter, den Hauptmann zwischen 1925 und 1931 immer in Rapallo verbringt. »Ich kann das Grau-in-Grau unserer Nachkriegsjahre auf die Dauer nicht aushalten, und da faß ich eben jeden Zipfel des lebendigsten Lebens, wo er irgend zu packen ist«, läßt der Autor den Mercedes fahrenden Sohn des Geheimrats Clausen in »Vor Sonnenuntergang« sagen.

Dieser eigenhändige demonstrative Schlußstrich unter eine Lebensinszenierung entsteht 1928 und wird am 16. Februar 1932 im Deutschen Theater in Berlin uraufgeführt. Trotz oder gerade wegen der Goethe-Nähe – Ottilie, Egmont, Bettina kommen vor, und »es wechselt Paradieseshelle mit tiefer, schauervoller Nacht« – scheint das fast 70jährige Medium hier nach innen zu hören. Das soziale

Drama, das sich diesmal in den oberen Etagen der Gesellschaft abspielt, behandelt ein besonderes Hauptmann-Problem: der alte Mann und das Mädchen.

Der allseits bekannte und geehrte Verlags- und Druckereibesitzer, Privatgelehrte und Sammler bibliophiler Raritäten Matthias Clausen, 70, seit drei Jahren Witwer, möchte eine »vita nova« beginnen, und zwar an der Hand der 18jährigen gelernten Stenotypistin, Nähterin und nunmehrigen Kindergärtnerin Inken, Nichte eines auf seinen Besitzungen arbeitenden Gärtners. In ihrer Gegenwart erholt sich der alte Herr bald von der Seelenkrankheit, in die er nach dem Tod seiner geliebten Frau verfallen war. Da ist es für ihn logisch, seinen »blonden Kameraden« zu heiraten. Seine vier Kinder und zwei Schwiegerkinder können dieser Logik aus unterschiedlichen Gründen nicht folgen, d. h., der jüngste Sohn Egmont, der mit dem Mercedes, zeigt ein gewisses Verständnis. Der Schwiegersohn dagegen – inzwischen faktisch Leiter des »großen Geschäftsbetriebes« – sieht das Imperium gefährdet. Die aus verarmtem Adel stammende Paula Clothilde bangt um den Ruf der Familie, und die mit einem modischen Ödipuskomplex behaftete Bettina, »dieses ganze, etwas zu kurz gekommene Geschöpf«, fürchtet, den vergötterten Vater an »die Kleine« zu verlieren.

Da Bestechungs- und Erpressungsversuche bei Inken Peters nichts nützen, im Gegenteil, das ungleiche Paar in seinen Aktivitäten beim Umbau des in der Schweiz angekauften Schlößchens noch bestärken, entschließt sich die besitz- und standesbewußte Sippe, den Vater mit der diskreten Hilfe des Hausarztes, Sanitätsrat Steynitz, entmündigen zu lassen – im Namen der abzusichernden Normalität: »Wie die Schablone nun eben ist. Trifft es einen Menschen von Siebzig, so hilft ja das allgemeine Vorurteil. Zum Beispiel aus Gründen des Alters, Schwächung der geistigen Kapazität und so fort.« Unter solchen Umständen bleibt für Clausen nur noch die Karikatur der Rolle des Shakespeareschen König Lear: »Wer unter euch wäre, wenn ich das Meine wie jener alte König verteilte, Cordelia?« Der jüngste Sohn hat die literarisch daherkommende Frage zunächst wohl für eine Art gebildetes Gesellschaftsspiel gehalten und geantwortet: »Ich finde, du neigst zum Humor, Papa.« Der Vater aber meint es ernst, auch wenn er mit fast barockem Pathos verkündet: ». . . Es hat sich alles herausgestellt. – Heult nicht, flennt nicht – quetscht keine Krokodilstränen! Ein Weib hat Katzen, Hunde, Füchse und Wölfe zur Welt gebracht, und sie sind Jahrzehnte hindurch in Kindergestalt in meinem Haus herumgelaufen – fast ein Leben lang sind sie um mich herumgekrochen, haben mir Hände und Füße geleckt – und plötzlich haben sie mich mit den Zähnen zerrissen.«

Daß es Clausen-Hauptmann dabei nicht allein um seine Enttäuschung als Vater, sondern auch als Autor, als Figur der literarisch-kulturellen Öffentlichkeit geht, ist nicht nur dem resignativen Titel des Stücks zu entnehmen: Seine Zeit geht zu Ende, mit der Selbstverständlichkeit, mit der die Sonne untergeht. – »... sehen Sie dieses Messer an. Wenn man mit diesem Messer tötet, blutet es nicht.« Dem dunklen Hinweis folgt die ambivalente Feststellung des aus dem sozialen Zusammenhang Geratenen: »Gewiß. Ich bin vogelfrei ... Bindungen gibt es nicht mehr für mich. Davon wollte ich auf der Stelle Gebrauch machen. Ich bin bürgerlich tot und kann deshalb alles tun, was ich will. Ich kann quietschen wie eine Puppe, miauen wie ein Kater, Sägespäne um mich streuen wie eine Vogelscheuche: man wundert sich nicht. Ich kann im Wasser nach Vögeln angeln und Karpfen aus der Luft schießen, keiner sieht etwas Arges darin.«

In solcher Lage ist »der geachtetste Mann« zu seiner Kindergärtnerin geflohen, »denn heut hat die Gesellschaft ihn ausgespien, er ist nur noch Speichel, den man mit dem Fuß vertritt...«

Geheimrat Clausen, die Figur auf dem Theater, vergiftet sich schließlich, mit einem selbst gemischten Trunk, vor dem er, der unerlöste Erlöser, sechsmal ausruft: »Mich dürstet – mich dürstet nach Untergang.«

Gerhart Hauptmann, der im Goethe-Jahr Mitgefeierte und vor allen mit dem Goethe-Preis Geehrte, hat nach der Aufführung seines Schauspiels noch 14 Jahre vor sich, Jahre, in denen er weiter schreibt und reist, unter anderem zum zweiten Mal, und diesmal offiziell, in die USA, Jahre, in denen eine 17bändige Ausgabe letzter Hand von seinen Werken erscheint, in denen er sich zurückzieht, aber dann wiederum, wenn auch nur über das Radio, seine »lieben Volksgenossen in aller Welt« grüßt, indem er an seinen Florian Geyer erinnert, »damit der deutsche Gedanke sich durchsetzte« ... »Deutschland ist ein gut Land, ist aller Länder Krone«, zitiert er am 15. November 1937 über den Deutschen Kurzwellensender für die Deutschen in Übersee: »ein gut Land«, dessen Kriegsschiffe eben das spanische Almeria beschießen, um Franco im Bürgerkrieg zu unterstützen... »ein gut Land«!.

»Aber wir wissen auch, was seine geographisch gefährdete Lage von jedem Deutschen verlangt: nämlich mit Mut, Gut und Blut jederzeit zu seiner Verteidigung bereit zu sein.

Ich nenne es das dem Deutschtum immanente Wunder, daß es

sich durch alle unzähligen Stürme, Gewitter und Erdbeben der Jahrhunderte erhalten und in seiner Kraft immer wiedergeboren hat.« – Dann erinnert der 75jährige Redner an Napoleon und die Freiheitskriege und fährt fort: »Diese Not und diese Kriege haben den Grund für das zweite und das dritte Reich gelegt. Und wer sieht nicht, wie die furchtbaren Kämpfe des Weltkrieges von der Kraft unseres Volkes bestanden und in ihren Folgen überwunden worden sind?

Genug von dem, worüber man doch nur unzulänglich sprechen kann, weil es zu allumfassend ist, als daß es, wessen Verstand auch immer, bewältigen könnte. Wir können nur den Glauben an das deutsche Wesen, an den Vogel Phönix hineintragen! . . . Ihr Männer und Frauen deutscher Zunge, die ich nicht sehe, nicht höre, obgleich ich mit ihnen verbunden bin – ihr seid selber eines, vielleicht das wichtigste Kapitel des deutschen Schicksals und deutschen Buches! Ich ersehne den Geschichtsschreiber, ersehne den Dichter, der dieses nicht an Grenzen gebundene Deutschland darzustellen und zu glorifizieren berufen ist. Es dürfte kein zimperlicher Moralist oder etwas dergleichen sein – so wenig es die Pioniere gewesen sind, die in leichten Barken den Ozean überschritten haben, todesmutig und muskelhart. Sie waren getrieben von etwas – von was? . . . da war überall zugleich ein beinahe unbewußter kategorischer Imperativ. Es wurde nach einem Befehl gehandelt, dessen Ursprung im Irdischen nicht zu finden ist.« Das tönt nach der Hauptmannschen Dunkeladaptation . . . in diesem Bereich und zu dieser Zeit war sie tödlich.

Der 39jährige Bertolt Brecht, Dichter, Stückeschreiber, und d. h. gewiß nicht gewillt »zu glorifizieren«, dem schon am 8. Juni 1935 die deutsche Staatsbürgerschaft aberkannt worden ist, lebt damals noch nicht in Übersee. In Svendborg schreibt der Emigrant in den Novembertagen des Jahres 1937 seine »Rede über die Widerstandskraft der Vernunft«.

»Sie wissen, daß ich kein Redner bin. Leute, die sich ein Urteil zuschreiben, sagen: auch kein Dramatiker!« kokettiert der arrivierte Bühnenautor 1905. – Noch bevor sein erstes Stück auf die Bretter kam, erschien 1888 in der Zeitschrift »Die Gesellschaft«:

*Bahnwärter Thiel** *Novellistische Studie aus dem märkischen Kiefernforst*

1

Allsonntäglich saß der Bahnwärter Thiel in der Kirche zu Neu-Zittau, ausgenommen die Tage, an denen er Dienst hatte oder krank war und zu Bette lag. Im Verlaufe von zehn Jahren war er zweimal krank gewesen; das eine Mal infolge eines vom Tender einer Maschine während des Vorbeifahrens herabgefallenen Stückes Kohle, welches ihn getroffen und mit zerschmettertem Bein in den Bahngraben geschleudert hatte; das andere Mal einer Weinflasche wegen, die aus dem vorüberrasenden Schnellzuge mitten auf seine Brust geflogen war. Außer diesen beiden Unglücksfällen hatte nichts vermocht, ihn, sobald er frei war, von der Kirche fernzuhalten.

Die ersten fünf Jahre hatte er den Weg von Schön-Schornstein, einer Kolonie an der Spree, herüber nach Neu-Zittau allein machen müssen. Eines schönen Tages war er dann in Begleitung eines schmächtigen und kränklich aussehenden Frauenzimmers erschienen, die, wie die Leute meinten, zu seiner herkulischen Gestalt wenig gepaßt hatte. Und wiederum eines schönen Sonntagnachmittags reichte er dieser selben Person am Altare der Kirche feierlich die Hand zum Bunde fürs Leben. Zwei Jahre nun saß das junge, zarte Weib ihm zur Seite in der Kirchenbank; zwei Jahre blickte ihr hohlwangiges, feines Gesicht neben seinem vom Wetter gebräunten in das uralte Gesangbuch –; und plötzlich saß der Bahnwärter wieder allein wie zuvor.

An einem der vorangegangenen Wochentage hatte die Sterbeglocke geläutet; das war das Ganze.

* Aus: Gerhart Hauptmann, Sämtliche Werke, Berlin 1965. © Propyläen Verlag/Verlag Ullstein GmbH.

An dem Wärter hatte man, wie die Leute versicherten, kaum eine Veränderung wahrgenommen. Die Knöpfe seiner sauberen Sonntagsuniform waren so blank geputzt als je zuvor, seine roten Haare so wohl geölt und militärisch gescheitelt wie immer, nur daß er den breiten, behaarten Nacken ein wenig gesenkt trug und noch eifriger der Predigt lauschte oder sang, als er es früher getan hatte. Es war die allgemeine Ansicht, daß ihm der Tod seiner Frau nicht sehr nahegegangen sei, und diese Ansicht erhielt eine Bekräftigung, als sich Thiel nach Verlauf eines Jahres zum zweiten Male, und zwar mit einem dicken und starken Frauenzimmer, einer Kuhmagd aus Alte-Grund, verheiratete.

Auch der Pastor gestattete sich, als Thiel die Trauung anmelden kam, einige Bedenken zu äußern:

»Ihr wollt also schon wieder heiraten?«

»Mit der Toten kann ich nicht wirtschaften, Herr Prediger!«

»Nun ja wohl. Aber ich meine – Ihr eilt ein wenig.«

»Der Junge geht mir drauf, Herr Prediger.«

Thiels Frau war im Wochenbett gestorben, und der Junge, welchen sie zur Welt gebracht, lebte und hatte den Namen Tobias erhalten.

»Ach so, der Junge«, sagte der Geistliche und machte eine Bewegung, die deutlich zeigte, daß er sich des Kleinen erst jetzt erinnere. »Das ist etwas andres – wo habt Ihr ihn denn untergebracht, während Ihr im Dienst seid?«

Thiel erzählte nun, wie er Tobias einer alten Frau übergeben, die ihn einmal beinahe habe verbrennen lassen, während er ein anderes Mal von ihrem Schoß auf die Erde gekugelt sei, ohne glücklicherweise mehr als eine große Beule davonzutragen. Das könne nicht so weitergehen, meinte er, zudem da der Junge, schwächlich wie er sei, eine ganz besondere Pflege benötige. Deswegen und ferner, weil er der Verstorbenen in die Hand gelobt, für die Wohlfahrt des Jungen zu jeder Zeit ausgiebig Sorge zu tragen, habe er sich zu dem Schritte entschlossen. –

Gegen das neue Paar, welches nun allsonntäglich zur Kirche kam, hatten die Leute äußerlich durchaus nichts einzuwenden. Die frühere Kuhmagd schien für den Wärter wie geschaffen. Sie war kaum einen halben Kopf kleiner als er und übertraf ihn an Gliederfülle. Auch war ihr Gesicht ganz grob geschnitten wie das seine, nur daß ihm im Gegensatz zu dem des Wärters die Seele abging.

Wenn Thiel den Wunsch gehegt hatte, in seiner zweiten Frau eine unverwüstliche Arbeiterin, eine musterhafte Wirtschafterin zu haben, so war dieser Wunsch in überraschender Weise in Erfüllung gegangen. Drei Dinge jedoch hatte er, ohne es zu wissen, mit seiner Frau in Kauf genommen: eine harte, herrschsüchtige Gemütsart, Zanksucht und brutale Leidenschaftlichkeit. Nach Verlauf eines halben Jahres war es ortsbekannt, wer in dem Häuschen des Wärters das Regiment führte. Man bedauerte den Wärter.

Es sei ein Glück für »das Mensch«, daß sie so ein gutes Schaf wie den Thiel zum Manne bekommen habe, äußerten die aufgebrachten Ehemänner; es gäbe welche, bei denen sie greulich anlaufen würde. So ein »Tier« müsse doch kirre zu machen sein, meinten sie, und wenn es nicht anders ginge denn mit Schlägen. Durchgewalkt müsse sie werden, aber dann gleich so, daß es zöge.

Sie durchzuwalken aber war Thiel trotz seiner sehnigen Arme nicht der Mann. Das, worüber sich die Leute ereiferten, schien ihm wenig Kopfzerbrechen zu machen. Die endlosen Predigten seiner Frau ließ er gewöhnlich wortlos über sich ergehen, und wenn er einmal antwortete, so stand das schleppende Zeitmaß sowie der leise, kühle Ton seiner Rede in seltsamstem Gegensatz zu dem kreischenden Gekeif seiner Frau. Die Außenwelt schien ihm wenig anhaben zu können: es war, als trüge er etwas in sich, wodurch er alles Böse, was sie ihm antat, reichlich mit Gutem aufgewogen erhielt.

Trotz seines unverwüstlichen Phlegmas hatte er doch Augenblikke, in denen er nicht mit sich spaßen ließ. Es war dies immer anläßlich solcher Dinge, die Tobiaschen betrafen. Sein kindgutes, nachgiebiges Wesen gewann dann einen Anstrich von Festigkeit, dem selbst ein so unzähmbares Gemüt wie das Lenens nicht entgegenzutreten wagte.

Die Augenblicke indes, darin er diese Seite seines Wesens herauskehrte, wurden mit der Zeit immer seltener und verloren sich zuletzt ganz. Ein gewisser leidender Widerstand, den er der Herrschsucht Lenens während des ersten Jahres entgegengesetzt, verlor sich ebenfalls im zweiten. Er ging nicht mehr mit der früheren Gleichgültigkeit zum Dienst, nachdem er einen Auftritt mit ihr gehabt, wenn er sie nicht vorher besänftigt hatte. Er ließ sich am Ende nicht selten herab, sie zu bitten, doch wieder gut zu sein. – Nicht wie sonst mehr war ihm sein einsamer Posten inmitten des märkischen Kiefernforstes sein liebster Aufenthalt. Die stillen, hingebenden Gedanken an sein verstorbenes Weib wurden von denen an die Lebende durchkreuzt. Nicht widerwillig, wie die erste Zeit, trat er den Heimweg an, sondern mit leidenschaftlicher Hast, nachdem er vorher oft Stunden und Minuten bis zur Zeit der Ablösung gezählt hatte.

Er, der mit seinem ersten Weibe durch eine mehr vergeistigte

Liebe verbunden gewesen war, geriet durch die Macht roher Triebe in die Gewalt seiner zweiten Frau und wurde zuletzt in allem fast unbedingt von ihr abhängig. – Zuzeiten empfand er Gewissensbisse über diesen Umschwung der Dinge, und er bedurfte einer Anzahl außergewöhnlicher Hilfsmittel, um sich darüber hinwegzuhelfen. So erklärte er sein Wärterhäuschen und die Bahnstrecke, die er zu besorgen hatte, insgeheim gleichsam für geheiligtes Land, welches ausschließlich den Manen der Toten gewidmet sein sollte. Mit Hilfe von allerhand Vorwänden war es ihm in der Tat bisher gelungen, seine Frau davon abzuhalten, ihn dahin zu begleiten.

Er hoffte es auch fernerhin tun zu können. Sie hätte nicht gewußt, welche Richtung sie einschlagen sollte, um seine »Bude«, deren Nummer sie nicht einmal kannte, aufzufinden.

Dadurch, daß er die ihm zu Gebote stehende Zeit somit gewissenhaft zwischen die Lebende und die Tote zu teilen vermochte, beruhigte Thiel sein Gewissen in der Tat.

Oft freilich und besonders in Augenblicken einsamer Andacht, wenn er recht innig mit der Verstorbenen verbunden gewesen war, sah er seinen jetzigen Zustand im Lichte der Wahrheit und empfand davor Ekel.

Hatte er Tagdienst, so beschränkte sich sein geistiger Verkehr mit der Verstorbenen auf eine Menge lieber Erinnerungen aus der Zeit seines Zusammenlebens mit ihr. Im Dunkel jedoch, wenn der Schneesturm durch die Kiefern und über die Strecke raste, in tiefer Mitternacht beim Scheine seiner Laterne, da wurde das Wärterhäuschen zur Kapelle ...

Tobias entwickelte sich nur langsam; erst gegen Ablauf seines zweiten Lebensjahres lernte er notdürftig sprechen und gehen. Dem Vater bewies er eine ganz besondere Zuneigung. Wie er verständiger wurde, erwachte auch die alte Liebe des Vaters wieder. In dem Maße, wie diese zunahm, verringerte sich die Liebe der Stiefmutter zu Tobias und schlug sogar in unverkennbare Abneigung um, als Lene nach Verlauf eines neuen Jahres ebenfalls einen Jungen gebar.

Von da ab begann für Tobias eine schlimme Zeit. Er wurde besonders in Abwesenheit des Vaters unaufhörlich geplagt und mußte ohne die geringste Belohnung dafür seine schwachen Kräfte im Dienste des kleinen Schreihalses einsetzen, wobei er sich mehr und mehr aufrieb. Sein Kopf bekam einen ungewöhnlichen Umfang; die brandroten Haare und das kreidige Gesicht darunter machten einen unschönen und im Verein mit der übrigen kläglichen Gestalt erbarmungswürdigen Eindruck. Wenn sich der zurückgebliebene Tobias solchergestalt, das kleine, von Gesundheit strotzende Brüderchen auf dem Arme, hinunter zur Spree schleppte, so wurden hinter den Fenstern der Hütten Verwünschungen laut, die sich jedoch niemals hervorwagten. Thiel aber, welchen die Sache doch vor allem anging, schien keine Augen für sie zu haben und wollte auch die Winke nicht verstehen, welche ihm von wohlmeinenden Nachbarsleuten gegeben wurden.

2

An einem Junimorgen gegen sieben Uhr kam Thiel aus dem Dienst. Seine Frau hatte nicht so bald ihre Begrüßung beendet, als sie schon in gewohnter Weise zu lamentieren begann. Der Pachtacker, welcher bisher den Kartoffelbedarf der Familie gedeckt hatte, war vor Wochen gekündigt worden, ohne daß es Lenen bisher gelungen war, einen Ersatz dafür ausfindig zu machen. Wenngleich nun die Sorge um den Acker zu ihren Obliegenheiten gehörte, so mußte doch Thiel ein Mal übers andere hören, daß niemand als er daran schuld sei, wenn man in diesem Jahr zehn Sack Kartoffeln für schweres Geld kaufen müsse. Thiel brummte nur und begab sich, Lenens Reden wenig Beachtung schenkend, sogleich an das Bett seines Ältesten, welches er in den Nächten, wo er nicht im Dienst war, mit ihm teilte. Hier ließ er sich nieder und beobachtete mit einem sorglichen Ausdruck seines guten Gesichts das schlafende Kind, welches er, nachdem er die zudringlichen Fliegen eine Weile von ihm abgehalten, schließlich weckte. In den blauen, tiefliegenden Augen des Erwachenden malte sich eine rührende Freude. Er griff hastig nach der Hand des Vaters, indes sich seine Mundwinkel zu einem kläglichen Lächeln verzogen. Der Wärter half ihm sogleich beim Anziehen der wenigen Kleidungsstücke, wobei plötzlich etwas wie ein Schatten durch seine Mienen lief, als er bemerkte, daß sich auf der rechten, ein wenig angeschwollenen Backe einige Fingerspuren weiß in rot abzeichneten.

Als Lene beim Frühstück mit vergrößertem Eifer auf vorberegte Wirtschaftsangelegenheit zurückkam, schnitt er ihr das Wort ab mit der Nachricht, daß ihm der Bahnmeister ein Stück Land längs des Bahndammes in unmittelbarer Nähe des Wärterhauses umsonst überlassen habe, angeblich weil es ihm, dem Bahnmeister, zu abgelegen sei...

Einmal kommt er wegen eines vergessenen Butterbrots unverhofft nach Hause zurück:

Von den Bewohnern der kleinen Kolonie, etwa zwanzig Fischern und Waldarbeitern mit ihren Familien, war nichts zu sehen.

Der Ton einer kreischenden Stimme unterbrach die Stille so laut und schrill, daß der Wärter unwillkürlich mit Laufen innehielt. Ein Schwall heftig herausgestoßner, mißtönender Laute schlug an sein Ohr, die aus dem offnen Giebelfenster eines niedrigen Häuschens zu kommen schienen, welches er nur zu wohl kannte.

Das Geräusch seiner Schritte nach Möglichkeit dämpfend, schlich er sich näher und unterschied nun ganz deutlich die Stimme seiner Frau. Nur noch wenige Bewegungen, und die meisten ihrer Worte wurden ihm verständlich.

»Was, du unbarmherziger, herzloser Schuft! soll sich das elende Wurm die Plautze ausschreien vor Hunger? – wie? – na, wart nur, wart, ich will dich lehren aufpassen! – du sollst dran denken.« Einige Augenblicke blieb es still; dann hörte man ein Geräusch, wie wenn Kleidungsstücke ausgeklopft würden; unmittelbar darauf entlud sich ein neues Hagelwetter von Schimpfworten.

»Du erbärmlicher Grünschnabel«, scholl es im schnellsten Tempo herunter, »meinst du, ich sollte mein leibliches Kind wegen solch einem Jammerlappen, wie du bist, verhungern lassen?« – »Halt's Maul!« schrie es, als ein leises Wimmern hörbar wurde, »oder du sollst eine Portion kriegen, an der du acht Tage zu fressen hast.«

Das Wimmern verstummte nicht.

Der Wärter fühlte, wie sein Herz in schweren, unregelmäßigen Schlägen ging. Er begann leise zu zittern. Seine Blicke hingen wie abwesend am Boden fest, und die plumpe und harte Hand strich mehrmals ein Büschel nasser Haare zur Seite, das immer von neuem in die sommersprossige Stirne hineinfiel.

Einen Augenblick drohte es ihn zu überwältigen. Es war ein Krampf, der die Muskeln schwellen machte und die Finger der Hand zur Faust zusammenzog. Es ließ nach, und dumpfe Mattigkeit blieb zurück.

Unsicheren Schrittes trat der Wärter in den engen, ziegelgepflasterten Hausflur. Müde und langsam erklomm er die knarrende Holzstiege.

»Pfui, pfui, pfui!« hob es wieder an; dabei hörte man, wie jemand dreimal hintereinander mit allen Zeichen der Wut und Verachtung ausspie. »Du erbärmlicher, niederträchtiger, hinterlistiger, hämischer, feiger, gemeiner Lümmel!« Die Worte folgten einander in steigender Betonung, und die Stimme, welche sie herausstieß, schnappte zuweilen über vor Anstrengung. »Meinen Buben willst du schlagen, was? Du elende Göre unterstehst dich, das arme, hilflose Kind aufs Maul zu schlagen? – wie? – he, wie? – Ich will mich nur nicht dreckig machen an dir, sonst – ...«

In diesem Augenblick öffnete Thiel die Tür des Wohnzimmers, weshalb der erschrockenen Frau das Ende des begonnenen Satzes in der Kehle steckenblieb. Sie war kreidebleich vor Zorn; ihre Lippen zuckten bösartig; sie hatte die Rechte erhoben, senkte sie und griff nach dem Milchtopf, aus dem sie ein Kinderfläschchen vollzufüllen versuchte. Sie ließ jedoch diese Arbeit, da der größte Teil der Milch über den Flaschenhals auf den Tisch rann, halb verrichtet, griff vollkommen fassungslos vor Erregung bald nach diesem, bald nach jenem Gegenstand, ohne ihn länger als einige Augenblicke festhalten zu können, und ermannte sich endlich so weit, ihren Mann heftig anzulassen: was es denn heißen solle, daß er um diese ungewöhnliche Zeit nach Hause käme, er würde sie doch nicht etwa gar belauschen wollen. »Das wäre noch das Letzte«, meinte sie, und gleich darauf: sie habe ein reines Gewissen und brauche vor niemand die Augen niederzuschlagen.

Thiel hörte kaum, was sie sagte. Seine Blicke streiften flüchtig das heulende Tobiaschen. Einen Augenblick schien es, als müsse er gewaltsam etwas Furchtbares zurückhalten, was in ihm aufstieg; dann legte sich über die gespannten Mienen plötzlich das alte Phlegma, von einem verstohlnen begehrlichen Aufblitzen der Augen seltsam belebt. Sekundenlang spielte sein Blick über den starken Gliedmaßen seines Weibes, das, mit abgewandtem Gesicht herumhantierend, noch immer nach Fassung suchte. Ihre vollen, halbnackten Brüste blähten sich vor Erregung und drohten das Mieder zu sprengen, und ihre aufgerafften Röcke ließen die breiten Hüften noch breiter erscheinen. Eine Kraft schien von dem Weibe auszugehen, unbezwingbar, unentrinnbar, der Thiel sich nicht gewachsen fühlte.

Leicht gleich einem feinen Spinngewebe und doch fest wie ein Netz von Eisen legte es sich um ihn, fesselnd, überwindend, erschlaffend. Er hätte in diesem Zustand überhaupt kein Wort an sie zu richten vermocht, am allerwenigsten ein hartes, und so mußte Tobias, der in Tränen gebadet und verängstet in einer Ecke hockte, sehen, wie der Vater, ohne auch nur weiter nach ihm umzuschauen, das vergeßne Brot von der Ofenbank nahm, es der Mutter als einzige Erklärung hinhielt und mit einem kurzen, zerstreuten Kopfnicken sogleich wieder verschwand ...

Bald darauf begleitet Lene mit den Kindern den Bahnwärter zu seiner Bude, um »das Stück Land längs des Bahndammes« zu bestellen. Während sie die Kartoffeln steckt, geht Thiel an seine Schranke:

»Paß auf...«, rief Thiel ihr nach, von plötzlicher Besorgnis ergriffen, »paß auf, daß er den Geleisen nicht zu nahe kommt.«

Ein Achselzucken Lenens war die Antwort.

Der schlesische Schnellzug war gemeldet, und Thiel mußte auf seinen Posten. Kaum stand er dienstfertig an der Barriere, so hörte er ihn auch schon heranbrausen.

Der Zug wurde sichtbar – er kam näher – in unzählbaren, sich überhastenden Stößen fauchte der Dampf aus dem schwarzen Maschinenschlote. Da: ein – zwei – drei milchweiße Dampfstrahlen quollen kerzengerade empor, und gleich darauf brachte die Luft den Pfiff der Maschine getragen. Dreimal hintereinander, kurz, grell, beängstigend. Sie bremsen, dachte Thiel, warum nur? Und wieder gellten die Notpfiffe schreiend, den Widerhall weckend, diesmal in langer, ununterbrochener Reihe.

Thiel trat vor, um die Strecke überschauen zu können. Mechanisch zog er die rote Fahne aus dem Futteral und hielt sie gerade vor sich hin über die Geleise. – Jesus Christus – war er blind gewesen? Jesus Christus – o Jesus, Jesus, Jesus Christus! was war das? Dort! – dort zwischen den Schienen... »Ha–alt!« schrie der Wärter aus Leibeskräften. Zu spät. Eine dunkle Masse war unter den Zug geraten und wurde zwischen den Rädern wie ein Gummiball hin und her geworfen. Noch einige Augenblicke, und man hörte das Knarren und Quietschen der Bremsen. Der Zug stand.

Die einsame Strecke belebte sich. Zugführer und Schaffner rannten über den Kies nach dem Ende des Zuges. Aus jedem Fenster blickten neugierige Gesichter, und jetzt – die Menge knäulte sich und kam nach vorn.

Thiel keuchte; er mußte sich festhalten, um nicht umzusinken wie ein gefällter Stier. Wahrhaftig, man winkt ihm – »Nein!«

Ein Aufschrei zerreißt die Luft von der Unglücksstelle her, ein Geheul folgt, wie aus der Kehle eines Tieres kommend. Wer war das?! Lene?! Es war nicht ihre Stimme, und doch...

Ein Mann kommt in Eile die Strecke herauf.

»Wärter!«

»Was gibt's?«

»Ein Unglück!« ... Der Bote schrickt zurück, denn des Wärters Augen spielen seltsam. Die Mütze sitzt schief, die roten Haare scheinen sich aufzubäumen.

»Er lebt noch, vielleicht ist noch Hilfe.«

Ein Röcheln ist die einzige Antwort.

»Kommen Sie schnell, schnell!«

Thiel reißt sich auf mit gewaltiger Anstrengung. Seine schlaffen

Muskeln spannen sich; er richtet sich hoch auf, sein Gesicht ist blöd und tot.

Er rennt mit dem Boten, er sieht nicht die todbleichen, erschreckten Gesichter der Reisenden in den Zugfenstern. Eine junge Frau schaut heraus, ein Handlungsreisender im Fez, ein junges Paar, anscheinend auf der Hochzeitsreise. Was geht's ihn an? Er hat sich nie um den Inhalt dieser Polterkasten gekümmert; – sein Ohr füllt das Geheul Lenens. Vor seinen Augen schwimmt es durcheinander, gelbe Punkte, Glühwürmchen gleich, unzählig. Er schrickt zurück – er steht. Aus dem Tanze der Glühwürmchen tritt es hervor, blaß, schlaff, blutrünstig. Eine Stirn, braun und blau geschlagen, blaue Lippen, über die schwarzes Blut tröpfelt. Er ist es.

Thiel spricht nicht. Sein Gesicht nimmt eine schmutzige Blässe an. Er lächelt wie abwesend; endlich beugt er sich; er fühlt die schlaffen, toten Gliedmaßen schwer in seinen Armen; die rote Fahne wickelt sich darum.

Er geht.

Wohin?

»Zum Bahnarzt, zum Bahnarzt«, tönt es durcheinander.

»Wir nehmen ihn gleich mit«, ruft der Packmeister und macht in seinem Wagen aus Dienströcken und Büchern ein Lager zurecht. »Nun also?«

Thiel macht keine Anstalten, den Verunglückten loszulassen. Man drängt in ihn. Vergebens. Der Packmeister läßt eine Bahre aus dem Packwagen reichen und beordert einen Mann, dem Vater beizustehen.

Die Zeit ist kostbar. Die Pfeife des Zugführers trillert. Münzen regnen aus den Fenstern.

Lene gebärdet sich wie wahnsinnig. »Das arme, arme Weib«, heißt es in den Coupés, »die arme, arme Mutter.«

Der Zugführer trillert abermals – ein Pfiff – die Maschine stößt weiße, zischende Dämpfe aus ihren Zylindern und streckt ihre eisernen Sehnen; einige Sekunden, und der Kurierzug braust mit wehender Rauchfahne in verdoppelter Geschwindigkeit durch den Forst.

Der Wärter, anderen Sinnes geworden, legt den halbtoten Jungen auf die Bahre. Da liegt er da in seiner verkommenen Körpergestalt, und hin und wieder hebt ein langer, rasselnder Atemzug die knöcherne Brust, welche unter dem zerfetzten Hemd sichtbar wird. Die Ärmchen und Beinchen, nicht nur in den Gelenken gebrochen, nehmen die unnatürlichsten Stellungen ein. Die Ferse des kleinen

Fußes ist nach vorn gedreht. Die Arme schlottern über den Rand der Bahre.

Lene wimmert in einem fort; jede Spur ihres einstigen Trotzes ist aus ihrem Wesen gewichen. Sie wiederholt fortwährend eine Geschichte, die sie von jeder Schuld an dem Vorfall reinwaschen soll.

Thiel scheint sie nicht zu beachten; mit entsetzlich bangem Ausdruck haften seine Augen an dem Kinde.

Es ist still ringsum geworden, totenstill; schwarz und heiß ruhen die Geleise auf dem blendenden Kies. Der Mittag hat die Winde erstickt, und regungslos, wie aus Stein, steht der Forst.

Die Männer beraten sich leise. Man muß, um auf dem schnellsten Weg nach Friedrichshagen zu kommen, nach der Station zurück, die nach der Richtung Breslau liegt, da der nächste Zug, ein beschleunigter Personenzug, auf der Friedrichshagen näher gelegenen nicht anhält.

Thiel scheint zu überlegen, ob er mitgehen solle. Augenblicklich ist niemand da, der den Dienst versteht. Eine stumme Handbewegung bedeutet seiner Frau, die Bahre aufzunehmen; sie wagt nicht, sich zu widersetzen, obgleich sie um den zurückbleibenden Säugling besorgt ist. Sie und der fremde Mann tragen die Bahre. Thiel begleitet den Zug bis an die Grenze seines Reviers, dann bleibt er stehen und schaut ihm lange nach. Plötzlich schlägt er sich mit der flachen Hand vor die Stirn, daß es weithin schallt.

Er meint sich zu erwecken; denn es wird ein Traum sein, wie der gestern, sagt er sich. – Vergebens. – Mehr taumelnd als laufend erreichte er sein Häuschen. Drinnen fiel er auf die Erde, das Gesicht voran. Seine Mütze rollte in die Ecke, seine peinlich gepflegte Uhr fiel aus seiner Tasche, die Kapsel sprang, das Glas zerbrach. Es war, als hielte ihn eine eiserne Faust im Nacken gepackt, so fest, daß er sich nicht bewegen konnte, sosehr er auch unter Ächzen und Stöhnen sich frei zu machen suchte. Seine Stirn war kalt, seine Augen trocken, sein Schlund brannte.

Die Signalglocke weckte ihn. Unter dem Eindruck jener sich wiederholenden drei Glockenschläge ließ der Anfall nach. Thiel konnte sich erheben und seinen Dienst tun. Zwar waren seine Füße bleischwer, zwar kreiste um ihn die Strecke wie die Speiche eines ungeheuren Rades, dessen Achse sein Kopf war; aber er gewann doch wenigstens so viel Kraft, sich für einige Zeit aufrecht zu erhalten.

Der Personenzug kam heran. Tobias mußte darin sein. Je näher er rückte, um so mehr verschwammen die Bilder vor Thiels Augen.

Am Ende sah er nur noch den zerschlagenen Jungen mit dem blutigen Munde. Dann wurde es Nacht.

Nach einer Weile erwachte er aus einer Ohnmacht. Er fand sich dicht an der Barriere im heißen Sande liegen. Er stand auf, schüttelte die Sandkörner aus seinen Kleidern und spie sie aus seinem Munde. Sein Kopf wurde ein wenig freier, er vermochte ruhiger zu denken.

In der Bude nahm er sogleich seine Uhr vom Boden auf und legte sie auf den Tisch. Sie war trotz des Falles nicht stehengeblieben. Er zählte während zweier Stunden die Sekunden und Minuten, indem er sich vorstellte, was indes mit Tobias geschehen mochte. Jetzt kam Lene mit ihm an; jetzt stand sie vor dem Arzte. Dieser betrachtete und betastete den Jungen und schüttelte den Kopf.

»Schlimm, sehr schlimm – aber vielleicht ... wer weiß?« Er untersuchte genauer. »Nein«, sagte er dann, »nein, es ist vorbei.«

»Vorbei, vorbei«, stöhnte der Wärter, dann aber richtete er sich hoch auf und schrie, die rollenden Augen an die Decke geheftet, die erhobenen Hände unbewußt zur Faust ballend und mit einer Stimme, als müsse der enge Raum davon zerbersten: »Er muß, muß leben, ich sage dir, er muß, muß leben.« Und schon stieß er die Tür des Häuschens von neuem auf, durch die das rote Feuer des Abends hereinbrach, und rannte mehr, als er ging, nach der Barriere zurück. Hier blieb er eine Weile wie betroffen stehen und schritt dann plötzlich, beide Arme ausbreitend, bis in die Mitte des Dammes, als wenn er etwas aufhalten wollte, das aus der Richtung des Personenzuges kam. Dabei machten seine weit offenen Augen den Eindruck der Blindheit.

Während er, rückwärts schreitend, vor etwas zu weichen schien, stieß er in einem fort halbverständliche Worte zwischen den Zähnen hervor: »Du – hörst du – bleib doch – du – hör doch – bleib – gib ihn wieder – er ist braun und blau geschlagen – ja ja – gut – ich will sie wieder braun und blau schlagen – hörst du? bleib doch – gib ihn mir wieder.«

Es schien, als ob etwas an ihm vorüberwandle, denn er wandte sich und bewegte sich, wie um es zu verfolgen, nach der anderen Richtung.

»Du, Minna« – seine Stimme wurde weinerlich, wie die eines kleinen Kindes. »Du, Minna, hörst du? – gib ihn wieder – ich will ...« Er tastete in die Luft, wie um jemand festzuhalten. »Weibchen – ja – und da will ich sie ... und da will ich sie auch schlagen – braun und blau – auch schlagen – und da will ich mit dem Beil – siehst du? – Küchenbeil – mit dem Küchenbeil will ich sie schlagen und da wird sie verrecken.

Und da... ja mit dem Beil – Küchenbeil, ja – schwarzes Blut!« Schaum stand vor seinem Munde, seine gläsernen Pupillen bewegten sich unaufhörlich.

Ein sanfter Abendhauch strich leis und nachhaltig über den Forst, und rosaflammiges Wolkengelock hing über dem westlichen Himmel.

Etwa hundert Schritt hatte er so das unsichtbare Etwas verfolgt, als er anscheinend mutlos stehenblieb, und mit entsetzlicher Angst in den Mienen streckte der Mann seine Arme aus, flehend, beschwörend. Er strengte seine Augen an und beschattete sie mit der Hand, wie um noch einmal in weiter Ferne das Wesenlose zu entdecken. Schließlich sank die Hand, und der gespannte Ausdruck seines Gesichts verkehrte sich in stumpfe Ausdruckslosigkeit; er wandte sich und schleppte sich den Weg zurück, den er gekommen.

Die Sonne goß ihre letzte Glut über den Forst, dann erlosch sie. Die Stämme der Kiefern streckten sich wie bleiches, verwestes Gebein zwischen die Wipfel hinein, die wie grauschwarze Moderschichten auf ihnen lasteten. Das Hämmern eines Spechtes durchdrang die Stille. Durch den kalten, stahlblauen Himmelsraum ging ein einziges, verspätetes Rosengewölk. Der Windhauch wurde kellerkalt, so daß es den Wärter fröstelte. Alles war ihm neu, alles remd. Er wußte nicht, was das war, worauf er ging, oder das, was hn umgab. Da huschte ein Eichhorn über die Strecke, und Thiel esann sich. Er mußte an den lieben Gott denken, ohne zu wissen, varum. »Der liebe Gott springt über den Weg, der liebe Gott springt iber den Weg.« Er wiederholte diesen Satz mehrmals, gleichsam um uf etwas zu kommen, das damit zusammenhing. Er unterbrach ich, ein Lichtschein fiel in sein Hirn: »Aber mein Gott, das ist ja Vahnsinn!« Er vergaß alles und wandte sich gegen diesen neuen eind. Er suchte Ordnung in seine Gedanken zu bringen, vergebens! s war ein haltloses Streifen und Schweifen. Er ertappte sich auf den nsinnigsten Vorstellungen und schauderte zusammen im Bewußtein seiner Machtlosigkeit.

Aus dem nahen Birkenwäldchen kam Kindergeschrei. Es war das ignal zur Raserei. Fast gegen seinen Willen mußte er darauf ueilen und fand das Kleine, um welches sich niemand mehr gekümert hatte, weinend und strampelnd ohne Bettchen im Wagen egen. Was wollte er tun? Was trieb ihn hierher? Ein wirbelnder trom von Gefühlen und Gedanken verschlang diese Fragen.

»Der liebe Gott springt über den Weg«, jetzt wußte er, was das edeuten wollte. »Tobias« – sie hatte ihn gemordet – Lene – ihr war anvertraut – »Stiefmutter, Rabenmutter«, knirschte er, »und ihr

Balg lebt.« Ein roter Nebel umwölkte seine Sinne, zwei Kinderaugen durchdrangen ihn; er fühlte etwas Weiches, Fleischiges zwischen seinen Fingern. Gurgelnde und pfeifende Laute, untermischt mit heiseren Ausrufen, von denen er nicht wußte, wer sie ausstieß, trafen sein Ohr.

Da fiel etwas in sein Hirn wie Tropfen heißen Siegellacks, und es hob sich wie eine Starre von seinem Geist. Zum Bewußtsein kommend, hörte er den Nachhall der Meldeglocke durch die Luft zittern.

Mit eins begriff er, was er hatte tun wollen: seine Hand löste sich von der Kehle des Kindes, welches sich unter seinem Griffe wand. – Es rang nach Luft, dann begann es zu husten und zu schreien.

»Es lebt! Gott sei Dank, es lebt!« Er ließ es liegen und eilte nach dem Übergange. Dunkler Qualm wälzte sich fernher über die Strekke, und der Wind drückte ihn zu Boden. Hinter sich vernahm er das Keuchen einer Maschine, welches wie das stoßweise gequälte Atmen eines kranken Riesen klang. Ein kaltes Zwielicht lag über der Gegend.

...

Abdruck mit freundlicher Genehmigung des Propyläen Verlages/ Verlag Ullstein GmbH.

ZEITTAFEL

1862 15. 11.: Gerhard (später Gerhart) Johannes Robert Hauptmann wird al viertes Kind des Hotelbesitzers Robert Hauptmann und dessen Ehefra Marie, geb. Straehler, im schlesischen Ober-Salzbrunn geboren.

1868 Gerhard kommt in die Dorfschule.

1874–1878 Er besucht zusammen mit seinem vier Jahre älteren Bruder Car Hauptmann eine Realschule in Breslau.

1879 Gerhard beendet eine Landwirtschaftslehre auf dem Gut seines Onkels

1880–1882 Er besucht, nachdem ein Versuch, die Mittlere Reife nachzumachen gescheitert ist, die Bildhauerklasse der Kunst- und Gewerbeschule i Breslau.

1883 Gerhart Hauptmann reist nach einem Aufenthalt in Jena nach Berli Hamburg und in verschiedene Länder und Städte am Mittelmeer.

1883–1884 Er lebt als Bildhauer in Rom.

1885 5. 5.: Der Student der Universität Berlin heiratet die vermögende Dresc ner Kaufmannstochter Marie – Mary – Thienemann.

1886 9. 2.: Der erste Sohn Ivo Manfred Gerhart wird geboren.
1889 Hauptmann wohnt zweimal eine Zeitlang in Erkner bei Berlin, von wo aus er die Treffen des literarischen Vereins »Durch« frequentiert.
20. 10.: Sein erstes Drama »Vor Sonnenaufgang« wird in Berlin uraufgeführt.
1891 Gerhart Hauptmann arbeitet an dem Stück »De Waber«, später: »Die Weber«, und bereist die entsprechenden Handlungsorte in Schlesien.
1893 Zum Ende des Jahres wohnt die Familie – inzwischen mit drei Söhnen – zusammen mit der des Bruders Carl in einem gemeinsamen Haus im schlesischen Schreiberhau.
1894 Hauptmann folgt von dort aus kurzentschlossen seiner Frau nach Amerika.
Im Herbst trennt sich das Ehepaar; Hauptmann zieht nach Berlin.
1897 Hauptmann reist für vier Monate mit Margarete Marschalk nach Italien und ins Tessin.
1900 Hauptmanns und Margarete Marschalks Sohn Benvenuto wird geboren.
1901 10. 8.: Gerhart Hauptmann zieht in das von dem Architekten Hans Grisebach geplante burgartige Haus »Wiesenstein« in Agnetendorf ein.
1904 9. 7.: Gerhart wird von Marie Hauptmann geschieden.
18. 9.: Er heiratet Margarete Marschalk.
1905–1909 Hauptmann reist nach England, Griechenland und dann zu Lesungen nach Berlin, Hamburg, Wien, Prag, Leipzig, Zürich, München.
1912 Gerhart Hauptmann bekommt den Literatur-Nobel-Preis.
1932 Hauptmann reist zum zweiten Mal, diesmal offiziell im Goethe-Jahr, nach Amerika.
1942 15. 11.: Der Dichter feiert seinen 80. Geburtstag, zu dem eine 17bändige Gesamtausgabe seiner Werke erscheint.
1945 In den ersten Februartagen erlebt Hauptmann die Luftangriffe auf Dresden, wo er sich in einem Sanatorium aufhält.
1946 6. 6.: Gerhart Hauptmann stirbt in seinem Haus in Agnetendorf.

WEITERFÜHRENDE LITERATUR

Hans Schwab-Felisch: Gerhart Hauptmann, Die Weber. Dichtung und Wirklichkeit, hrsg. von Hans Schwab-Felisch und Wolf Jobst Siedler, Ullstein Verlag, Frankfurt, Wien, Berlin 1959.

Brigitte Dörrlamm, geboren 1936 in Marienburg/Westpreußen. Studium der Germanistik und Geschichte; Lehrerin für Deutsch, Geschichte und Gemeinschaftskunde an einer Gymnasialen Oberstufe, außerdem in der Erwachsenenbildung tätig; gelegentlich kleinere journalistische Arbeiten.

Hans-Christian Kirsch (Frederik Hetmann), geboren 1934 in Breslau. Nach dem Studium der Anglistik, der Pädagogik und der Politischen Wissenschaften arbeitete er für den Rundfunk und war Verlagslektor. Er hat mehrere Romane und Biografien und ein Sachbuch zur Geschichte der Schule seit dem 18. Jahrhundert (»Bildung im Wandel«) veröffentlicht. Er hat in Irland und den USA selbst Märchen gesammelt und zahlreiche Bände angelsächsischer und keltischer Folklore (»Amerika Saga«, »Irische Märchen«, »Irischer Zaubergarten«) übersetzt und herausgegeben. Kirsch wurde zweimal, 1965 und 1973, mit dem Deutschen Jugendbuchpreis ausgezeichnet. Er ist Mitglied des PEN-Clubs und lebt heute mit seiner Familie als »freier Schriftsteller« in einem Dorf im Westerwald.

Ulrich Konitzer, geboren 1922 in der Nähe von Danzig. Er studierte Deutsch, Geschichte und Philosophie und trat nach Abschluß seines Studiums in den höheren Schuldienst ein. Gegenwärtig unterrichtet er am Carl-Jacob-Burckhardt-Gymnasium in Lübeck. Der Autor hat einige Zeitschriftenaufsätze über jugendsoziologische und literaturdidaktische Themen veröffentlicht.

Hansjürgen Blinn

Informationshandbuch Deutsche Literaturwissenschaft

Band 7318

Das Informationshandbuch Deutsche Literaturwissenschaft informiert umfassend über die wichtigsten Bücher und Institutionen auf dem Gebiet der Literaturwissenschaft, Literaturdidaktik, Theaterwissenschaft und Medienkunde und führt zu weiteren Informationsquellen hin. Es nennt Spezialbestände und besondere Sammelgebiete der Bibliotheken und Archive im deutschsprachigen Raum. In Kurzkommentaren werden Literaturarchive, Spezialbibliotheken und Datenbanken vorgestellt. Lehr- und Forschungsinstitute, Arbeitsstellen und Institutionen der Literaturvermittlung werden mit ihren Adressen verzeichnet. Literatursoziologischen Fragestellungen kommt es durch die Nennung der wichtigsten Autoren- und Fachverbände, der überregional bekannten Literarischen Gesellschaften und der bedeutendsten Literaturpreise entgegen. – Die Einleitung vermittelt Grundkenntnisse im Bibliographieren, Recherchieren und in der Informationsermittlung. Buchtitel, deren Kenntnis schon für den Anfänger wichtig ist, sind durch besondere Kennzeichen hervorgehoben.

Fischer Taschenbuch Verlag